国家社会科学基金一般项目（项目号：12BZX068）
杭州电子科技大学马克思主义学院学术专著出版资金资助

Pangguan Xianxiang

de Lilun Tantao

yu Shizheng Yanjiu

旁观现象的理论探讨
与实证研究

黄岩 著

ZHEJIANG UNIVERSITY PRESS
浙江大学出版社

目　录

1

罪恶和苦难并不可怕，可怕的是冷漠和麻木，对罪恶与苦难无边无际的冷漠和麻木。

——卢跃刚《大国寡民》

导 论

一、问题的提出及研究意义

社会经济的进步似乎永远伴随着人类道德的困惑与阵痛。法国启蒙思想家在谈到近代资本主义社会成就的同时，曾不无忧虑地告诫人们："随着我们的科学和技术近于完善，我们的灵魂败坏了。我们已经看到美德随着科学与艺术的光芒在我们的地平线上升起而逝去。"①20世纪70年代末开始的改革开放，将中国社会推进到一个崭新的历史发展阶段，极大地增强了中国人民和中华民族的自豪感和凝聚力。然而，伴随着经济的快速发展，我们却屡屡听到人们对道德水平下降的抱怨。国务院前总理温家宝在2011年4月14日，也曾痛心地说："我国改革开放30多年来，伴随经济社会的发展和民主法治的推进，文化建设有了很大进步。同时也必须清醒地看到，当前文化建设特别是道德文化建设，同经济发展相比仍然是一条短腿……近年来相继发生'毒奶粉''瘦肉精''地沟油''彩色馒头'等事件，这些恶性的食品安全事件足以表明，诚信的缺失、道德的滑坡已经到了何等严重的地步。一个国家，如果没有国民素质的提高和道德的力量，绝不可能成为一个真正强大的国家、一个受人尊敬的国家。"②一个社会真正危险的道德状况，不是在于存在食品安全、强盗小偷问题，而是在于人们对他人情感与生命的漠视。

2011年10月13日下午5点30分，广东佛山的广佛五金城里，2岁女童

① 北京大学哲学系.十八世纪法国哲学[M].北京:商务印书馆,1963:146-147.
② 温家宝.加强道德文化建设必须深化政治体制等改革[EB/OL].(2011-04-18)[2018-01-30]. http://www.china.com.cn/policy/txt/2011-04/18/content_22381602.htm.

1

小悦悦在马路上不慎被一辆面包车撞倒并两度被碾压,肇事车辆逃逸,随后开来的另一辆车直接从被碾压过的女童身上再次开了过去。七分钟内在女童身边经过的十几个路人,都对此冷眼漠视,他们对这个挣扎在生死边缘的弱小生命并未施以援手,有人视若无睹地直接走开;有人好奇地看看之后,也选择了快步走开……只有最后一名拾荒阿姨陈贤妹上前施以援手。2011 年 10 月 21 日,小悦悦经医院全力抢救无效,于 0 时 32 分离世。这是一起典型的现代冷漠旁观现象,在这起事件中,路过的 18 个路人,就是旁观者。此事经媒体披露以后,激起人们对司机及路人的冷血反应的愤怒。新闻媒体以“女童倒下能否唤醒沉睡的德行?”“中国人‘病’了?”“唤醒良知,迅速重建道德秩序”“我们是否也是冷漠者?”等为题,对此事进行了跟踪报道和反思。全国政协常委、外事委员会主任赵启正痛彻心扉地说:“在电视上看到佛山小悦悦事件的视频,总共播了 8 分钟,我看的时候恨不得跳进荧屏去唤醒那些麻木的路人。小悦悦事件真是有损中国人的形象。”有网民在新浪微博上写道:“这个社会病得很严重,即使是猫狗也不应该受到如此冷血的对待。”《爱尔兰时报》指出:“‘悦悦’视频是可怕的,但我们都有做‘旁观者’的倾向。”[1]

“见义勇为”“舍生取义”作为中华民族精神的重要组成部分,深深根植于这片土地。儒家创始人孔丘把“爱人”作为道德的根本要求。我国历史上也流传着许多诸如“免人之死,解人之难,救人之患,济人之急者,德也”等颂扬互助精神的不朽格言。在很多人的印象中,中国人应当是与人为善的,中华民族的民风应该是淳朴友爱的。然而,这美好的传统在骨感的现实面前却显得如此脆弱。2011 年小悦悦被碾后 18 人视而不见,2014 年 19 岁少年微博直播自杀网友点赞围观[2],2015 年某女大学生在公交车上遭遇色狼请求停车时却引来纷纷抱怨[3]……这一桩桩冷漠旁观事件,都在拷问着民众、社会,甚至整个中华民族的道德与良知。

几千年来,我们都未曾把“小孩跌倒,要不要扶”“见人自杀,是否围观”作为一个值得思考的问题。到了今天,当我们可以遨游太空,可以与不少西方国家比肩,可以享受富足生活的时候,为何我们都有做“旁观者”的倾向?泱泱大国的民众为何扶不起一个受伤的小孩?有学者指出,当今中国社会正在经历“社会结构断裂”的考验,旁观现象的出现是熟人社会向陌生人社会转型的必然性阵痛。诚

---

① 窦晨.小悦悦事件:愤怒说明还有希望[N].国际先驱导报,2011-12-29.
② 肖婷,孟飞.微博直播自杀[N].华西都市报,2014-12-01.
③ 光明网.女大学生公交遭色狼 乘客:你俩自己下车解决[EB/OL].(2015-07-01)[2018-03-19]. http://legal.gmw.cn/2015/07/01/content_16143603.htm.

然,在中国,尤其是在繁华的大都市中,人们彼此之间就像随处散落的"原子",多数人都是直接的"陌生人"。但这些真实发生在我们身边的冷漠旁观现象,伤害的是人们的道德信仰,危及的是社会风气的清明。"陌生"并不应该成为冷漠旁观的借口,社会再发达,中华传统美德也不能丢,人性温度绝不能因此而冷却。

马克思、恩格斯认为,一切道德归根到底都是经济关系的产物,道德意识也和人类知识的其他部分一样,应该是一同进步的。毫无疑问,在现代社会转型的过程中,不独中国,全世界都面临着陌生人社会的到来,冷漠病、信任危机也已成为全球关注的问题。但旁观这种"自私的阵痛"现象只能是新旧道德观念转型期的暂时性产物,从长远来看,人类注定要在陌生人社会中延续文明的进程。因此,能否顺应现代伦理发展规律,妥善解决旁观现象,在冰冷的规则之外安放好人类的心灵,在建设现代化的同时传承传统美德,这将关系到我们能否真正建立起中国特色的社会主义道德体系,关系到未来朝哪个方向走,又能走多远的根本性问题。

二、旁观现象研究的多学科视角①

"旁观"一词在中国古已有之,本义是指置身事外,从旁观察。如《史记·司马贞补》:"旁观鸟兽之文,与地之宜,近取诸身,远取诸物,始画八卦。"明陆深《摘抄续》:"有志之士,旁观熟虑,乘势而起。"这里的旁观即广泛观察之意。可见"旁观"是一个中性词,既不褒也不贬。本书所研究的旁观现象,泛指当国家、集体或他人处于困难需要帮助时,却没有人给予援助的一种社会现象。旁观现象一般具有以下三个特点:第一,事件的突发性。指当时的情况是紧急危险的,可能造成他人或社会公共利益的损害,即强调事件的情境性。第二,主体的认知明确。强调主体能够理性认识该紧急危险状态可能造成的后果。第三,主体采取了不作为的行为方式。旁观者明知事态紧急,对方急需帮助,但却对此视而不见,没有采取任何救助措施,这充分体现了其内心的淡漠。因此,旁观现象是一种社会不良现象。作为现代都市社会中的常见现象,不同的学科对旁观者的内涵有不同的界定,对旁观现象也有不同的理解。

(一)旁观现象的心理学视角

美国著名心理学家马丁·霍夫曼指出:"当人们目睹有人处在痛苦、危险或任何其他形式的忧伤之中时,他们是朴实自然的旁观者。"②心理学界认为,对任

---

① 黄岩."旁观"现象成因的多维审视[J].南昌大学学报(人文社会科学版),2015(4):35-40.
② 马丁·霍夫曼.移情与道德发展[M].杨韶刚,万明,译.哈尔滨:黑龙江人民出版社,2003:33.

何社会现象的研究都不能缺少对参与者个体心理世界的反思性考察,因为社会是由无数个人组成,社会风气是无数个体思想倾向和行为模式逐渐积累而形成的集合物。正如瑞士心理学家古斯塔夫·荣格所说:"精神分析学家最能了解人类心灵幸福的条件和因素,他们知道,这种心灵幸福在很大程度上依赖各种社会因素的综合作用。在这里,一个时代的社会背景以及政治环境当然是相当重要的,但人们无限地、过高地估计了它们对个人幸福和个人痛苦的意义,以至于把它们当成了唯一的决定因素。在这一方面,我们所有的社会目标都忽视了个人心理的存在,而这些社会目标正是为个人心理设置的。"[①]心理学将一切有益于他人和社会的行为,如助人、分享、谦让、合作、自我牺牲等,称之为亲社会行为,亲社会行为是符合社会道德标准的行为;而将人与人之间情感阻滞引起的感情冷淡、温情匮乏的现象,称之为"低社会行为"(under-social behavior),即强调主体行为与社会价值取向的相背离性。他们对这种"亲社会行为"或"低社会行为"的研究,就在于通过设置一定的情景,诸如"由于受伤或疾病而导致的身体上的疼痛,由于失去或预料到会失去所爱的人而导致的情绪上的痛苦,害怕受到攻击,对失败或财政困难感到焦虑,等等",来验证这些自然朴实的旁观者"是否有助人的动机,如果他有,那么,这种动机在多大程度上是为自我服务的,在多大程度上是以真正关心受害者为基础的"[②]。通过深入的观察研究,霍夫曼提出,个体作为自然的旁观者,当目睹别人遭受痛苦或忧伤(身体的、情绪的)时,具有设身处地的感受和体验的能力,即移情忧伤能力,这种纯粹的移情忧伤是一种亲社会动机。

那么,人类为什么会选择以冷漠的姿态对待陷入困境的他者呢?心理学解释"低社会行为"的最著名理论,是关于"旁观者在场"的理论。1964 年,在美国纽约的一座公园内,年轻的酒吧经理在深夜被人刺死,38 个邻人目睹了该案件的发生或听到了被害者的呼救声,但无一人采取任何方式的救助行为。为了解释这一现象,心理学家达利和拉塔恩(J. Darley & B. Latane)在 1968 年进行了一系列实验。他们设计种种"紧急情况",以观察被试者的助人行为。"在一个实验中,他们让被试者或单独或与其他被试者一起在一间房子里填写一份预备问卷。突然一股烟从墙上的小洞灌入室内,直到烟雾弥漫整个屋子,并且影响被试者的视线和呼吸。主试者在单面镜后观察被试者是否向实验者报告,以及报告速度。如果 6 分钟内不报告,实验就结束。结果发现,当一个人单独在室内时,

---

① 卡尔·古斯塔夫·荣格.未发现的自我[M].张敦福,赵蕾,译.北京:国际文化出版公司,2000:77.

② 马丁·霍夫曼.移情与道德发展[M].杨韶刚,万明,译.哈尔滨:黑龙江人民出版社,2003:33.

75％的人在6分钟内报告,其中50％的人在2分钟内报告。当有两三个被试者同处一室时,6分钟内只有不到13％的人报告。其他实验如另一房间里'受伤'的妇女或'癫痫'发作的病人,都与上述结果差不多。这项实验说明,在紧急情况下,受难的人获救的概率随旁观者的增加而减少。"①由此,两位心理学家提出了"旁观者效应"这样一个概念,即认为正是由于多数人的在场,进而大大减少了个人干预行为的发生。而且,旁观的人数越多,救助行为发生的可能性越小,因为它激活了"责任分散"的假设。假如只有一两个旁观者,他们很可能意识到自己责无旁贷,从而去实施救助行为。

(二)旁观现象的社会学视角

　　社会学将紧急情况下有旁观者而无舍己救人的情形称为群体性坐视不理或群体性冷漠,并认为群体性冷漠实际上是种集体行为,主体是准群体中的群众。因此,在对旁观者的界定上着眼于群体的视角。南京大学朱力教授认为,"旁观者"主要是指紧急事件发生时现场临时聚集起来的众多围观者,他们与事件本身并无联系,但从社会伦理的角度看,他们具有某种不可推卸的道德义务、责任,因而具有某种精神联系。② 社会学家斯坦利·科恩在研究旁观者时,总是把旁观者与作恶者这两个变量紧密联系起来,认为它们在现实生活中,从来没有长期地分离过,而且也总是寻求对方深情而友好的拥抱,在他的理解中,旁观行为就是"没有积极地反对罪恶或预防它的发生"③。社会心理学家齐格蒙特·鲍曼在谈到佩特卢斯卡·克拉克森的观点时,他说,"'所谓旁观者就是这样的一个人:当他人需要帮助时,他并没有积极地行动起来。'为了进一步澄清这个定义,她列举了一些例子。'如果一个人见证了一个有关种族歧视、厌恶妇女或憎恶同性恋者的笑话而没有反对它,那么,他就是在旁观。让一个朋友酒后开车就是旁观。如果你没有面对或帮助因精神紧张、精疲力竭或吸毒而伤残或受困的同事,那么,你就是在旁观'"④。克拉克森通过举例的方式,对"旁观者"做出了一个直接的、常识性的定义,也让人们对之有了更为形象的了解。社会学界认为,要对这种群体性"冷漠行为"进行分析,就必须从社会结构的变迁中寻找原因。

　　现代社会结构的最大变化就在于由人口流动而引起的城市社会的形成。在城市生活中,人们之间的联系只是一种基于功能互补之上的联系,而缺乏相应的情感支持。德国社会学家斐迪南·滕尼斯认为:"无论是对于富人也好,还是对

---

① 魏星.开心钥匙心理现象探幽[M].厦门:福建科学技术出版社,2002:12-13.
② 朱力.旁观者的冷漠[J].南京大学学报(哲学·人文·社会科学版),1997(2):114-125.
③ 齐格蒙特·鲍曼.被围困的社会[M].郇建立,译.南京:江苏人民出版社,2005:210.
④ 齐格蒙特·鲍曼.被围困的社会[M].郇建立,译.南京:江苏人民出版社,2005:215.

这些下层群众也好,大城市纯粹由自由的个人组成。"这些自由的个人在"不断地相互接触,相互交换和共同发挥作用,然而在他们之间却没有产生共同体和共同体意志"①。人们只有在同甘共苦、风雨同舟的经历中,才能真正产生命运相连的情感共鸣。城市自由个体之间的异质性无疑难以产生命运共同体的情感,因而也不可能在舆论上出现公众一致的意向表达。因此,生活在城市中的人群每天"都要努力否认、减少、控制和避免冲突,人们避免彼此面对面,并且不愿意路见不平拔刀相助,更不想当面谴责恶行"②。著名的芝加哥学派城市社会学家刘易斯·沃思更是一针见血地指出,生活在城市中的人们具有匿名性、大规模性、高密度性、高异质性等特点。这些因素共同造就了一种独特的"城市生活文化"。他说,城市生活就是一幅匿名大众的图景,他们与邻里们互不来往,即便由于某些因素不得不相互交流,也只停留在"泛泛之交"的层面,他们不会也不可能真心投入,因为他们与大多数人仅仅维持表面的、短期的关系。③

(三)旁观现象的法律学视角

"见死不救""见危不救"是法学界经常探讨的问题。郭哲认为:"'见死不救'指眼见他人陷入险境,自己有责任救助或有能力救助而袖手旁观。"④西南政法大学李光辉教授认为,"见危不救是指在他人或公共利益处于危难时能救助而不予救助的行为,虽不能救助但能报告、协助而不予报告、协助的行为或者阻止他人救助的行为,主要包括以下几种表现形式:(1)不救助危难。当他人或公共利益处于危难之时,能救助而不救助的行为,这就是我们通常所说的见危不救的最普遍的情形。(2)不报告危难。当他人或公共利益处于危难状态时,自己虽无力救助但能报告治安、医疗或其他有关部门救助而故意不报告的行为。(3)不协助救助危难。当他人或公共利益处于危难情形时,若负责救助的公务人员请求协助救难时,公民能予协助救难而不予协助的行为。(4)阻止救助危难。当他人或公共利益处于危难情形且公民无论自己是否能救助时,阻止别人救助的行为"⑤。法学界关于见危不救的最主要思考,在于对"见危不救者"行为的法律认定,即"见义不为"或"见危不救"的行为是否能够被定罪的问题。

---

① 斐迪南·滕尼斯.共同体与社会:纯粹社会学的基本概念[M].林荣远,译.北京:商务印书馆,1999:334-338.

② 理查德·桑内特.肉体与石头:西方文明中的身体与城市[M].黄煜文,译.上海:上海译文出版社,2006:10.

③ Wirth Louis. Urbanism as a Way of Life[J]. The American Journal of Sociology. 1938(6):20-25.

④ 郭哲.对见死不救的法理学再思考[J].安徽大学学报(哲学社会科学版),2006(5):74-77.

⑤ 李光辉,董玉光.关于见危不救的刑法学思考[J].西南师范大学学报(人文社会科学版),2004(6):60-64.

早在 2001 年的全国人民代表大会上,即有刘如军等 32 位代表提出议案,建议刑法增加新罪名"见危不救和见死不救罪",立法的内容应包括该犯罪行为的法律界定和惩治条款等。上海市政协委员、上海大学法学院教授倪正茂和一些政协委员也曾提出建议——设立"见死不救罪",并同时制定"见义勇为奖励法"。他们认为,"见死不救罪"的量刑依据,可以参考造成事件后果的轻重、事件发生时当事人的处置态度等。见义勇为者奖励可根据当事人当时的施救行为、事件发生时的危急情况,以及所取得的有效后果等来决定。对于增设见死不救罪,社会上也存在许多争议。有法律专家认为对"见死不救"行为,法律追究责任的对象应被圈定在特定人群的范畴内,比如特定公职人员,比如与面临生命威胁者有特殊关系的人,如当时在场的配偶、恋人等。如果只是一般路人,应当或者可以去追究其法律责任吗?见到有人自杀而未施救者有时不止一两人,难道将他们都以"见死不救罪"判个几年吗?同时又如何来判定哪些人看到或没看到呢?也就是说,泛泛设立"见死不救罪"没有可操作性。反对者还认为之所以不宜专门设立"见死不救罪",是因为作为非特定人员,"见死不救"在很大程度上是个道德问题,只能从道德上予以谴责,不能将对一般人而言属于道德层面的问题"法律化",从而混淆道德与法律间的界限。甚至有人认为,将"见死不救"列入法律,是法律对道德行为的过分介入的非理性做法,并会成为一种道德专制或暴力。①

(四)旁观现象的经济学视角

"经济人"是古典经济学鼻祖亚当·斯密在分析商品社会经济行为时提出的一种人性假设,更是现代西方经济学的逻辑前提。经济学对人际关系的解释,是以自利经济人为根基的,即认为人的本性是利己主义的,每个个体都是在资源稀缺的环境中追求自身利益的最大化,即使帮助别人的行为,其终极目的还是帮助自己。"每个人都在力图利用他的资本,来使其生产的产品能得到最大的价值。一般来说:他并不谋求增进公共之福利,也不知道他所增进的公共福利为多少。他所追求的仅仅是他个人的安乐,仅仅是他个人的利益。"②因此,经济学界认为,"成本—收益"分析方法,几乎可以无所不包,同样也可以应用到其他社会领域中去。

罗玲妹在《成本—收益视角下的"见义勇为冷漠"现象探析》一文中就提到,"见义勇为"在本质上是一种交易,一旦见义勇为的行为发生,见义勇为者、政府和受助者三方就会在政治和经济市场之间发生某种交易。当前见义勇为冷漠现

① 毛磊.人大代表建议增加"见死不救"罪名[N].人民日报,2004-12-15.
② 亚当·斯密.国民财富的性质和原因的研究:下卷[M].郭大力,王亚南,译.北京:商务印书馆,1974:246.

象出现的主要原因就在于,见义勇为行为的不确定性、无效率以及不可持续等,导致公民行使见义勇为权利的成本,远远超出了见义勇为行为带来的收益。[①]不过,也有经济学家认为,单纯的经济学是不能解决一系列社会问题的,如经济学家斯蒂格利茨大声疾呼:"我们在错误的道路上已经堕落太久了。唯利是图战胜了道德责任。我们玩命追求高速增长,却不管自然环境和社会是否能够承受起增长的代价。个人主义和市场原教旨主义导致社会弱势群体惨遭粗暴剥削和掠夺,社会基层分化日益严重,人与人之间日益缺乏信任……我们应该深刻反思自己的生存方式,我们应该思考究竟需要一个怎样的社会。"[②]

上述各学科对旁观者及旁观现象的分析,尽管各自的出发点不同,得出的理论结论各异,但人们对旁观现象的共同关注足以表明,这种现象有着广泛而深刻的社会影响。旁观现象作为日常生活中司空见惯的现象,每一个成熟的社会人,都曾经遇到过或者运用自己的知识,对其有过思考乃至道德谴责。相比较而言,心理学侧重对个体心理的分析,将个体心理的变化看作是"低社会行为"成因的决定性影响因素。但它无法解释,为什么这种"低社会行为"在流动的现代性社会中更加普遍,却罕见于传统的俗民社会?社会学从宏观层面提出,当代社会结构秩序的变动是影响人们思想行为的关键因素。经济学则认为助人行为的成本低于预期收益,是导致冷漠旁观形成的机制。事实上,诸如见义勇为之类置自身利益而不顾的行为,并不是人的理性行为,也并非人的本性的体现。爱心有时需要的是道德冲动,过度的理性计算只能导致爱心的匮乏。无论从社会学还是经济学角度,都将无法解释"为什么同一个群体中的个体面对他人需要救助时,会采取不同的行为"这一问题。法律是道德的底线,法学界对旁观者及其行为的考察,无疑有着极为重要的借鉴意义,但"对于普通社会公众,虽然人们认识到社会总是期望有更多的人做出更多的亲社会行为,且施之于人即是施之于己,但这种社会期待只是社会的倡导,而不是与社会角色相对应的社会期待。因此,这种期待对普通社会公众是没有法律约束力的,他们的不救助行为自然不能被认定为犯罪"[③]。"旁观"本质上是道德现象,尽管会涉及社会结构、经济状况和法律制度等诸多因素,但如果从伦理学视角分析,则可以将微观的个体心理基础和宏观的社会经济结构变迁统一起来,从个体道德信仰、公民文化、社会制度等多角度进行深入探讨,这种思维模式将为我们分析旁观现象提供一个更为完整的理论

① 罗玲妹.成本—收益视角下的"见义勇为冷漠"现象探析[J].天水行政学院学报,2011(5):104-107.
② 斯蒂格利茨.自由市场的坠落[M].李俊青,杨玲玲,译.北京:机械工业出版社,2011.
③ 池应华."见死不救"行为的事实认定与法律评价[J].法商研究,2005(6):11-15.

图景。经济学大师熊彼特曾经说过:"社会过程实际上是一个不可分割的整体。在它的洪流中,研究工作者的分类之手人为地抽出了经济的事实……社会事实是(至少直接是)人类行为的结果,而经济事实则是经济行为的结果。"[①]社会科学家们只有摒弃单一学科的偏见,立足于伦理学,同时借鉴多学科、多视角的相关成果,才能真正把握"旁观"的产生机制,并在引导旁观者向见义勇为者转化的研究方面,取得更大的突破和进展。

三、研究方法与逻辑思路

旁观现象是流动的现代性社会中普遍存在的一种社会现象,尽管诸多学科都从各自的学科视角对其进行了一定程度的分析。但旁观现象本质上属于道德问题,只有在伦理学视角中将理论探讨与实证分析结合起来,借鉴多学科的研究成果,才可深刻把握隐藏在旁观现象背后的深刻个体与社会原因,并在此基础上为转化旁观者提供切实有效的、可操作性的对策。

(一)研究方法

旁观现象的出现,既有个体和社会原因,也有当时突发事件的情景原因,促使旁观者向见义勇为者转化的手段也必须多管齐下。本书在研究过程中将主要采用以下几种方法。

1.唯物史观法。任何时代思想和行为的发生都是特定社会经济关系和交往关系的产物。尽管有学者认为,自私是现代社会发展的必然产物,但我们始终认为,随着经济关系的发展,道德总体上来说是进步的。旁观现象只是社会经济转型过程中被媒介夸大了的暂时性现象。坚持辩证的、历史的思维方式,将旁观现象置于构建社会主义和谐社会的特定历史背景下,对旁观现象产生的历史背景以及当代经济变化进行系统分析,能够为有效转化旁观者的对策提供诸多有益建议。

2.实证调研法。公民对当前社会见义勇为整体氛围的认知状况如何,在具体突发情境中助人意愿究竟怎样,公民旁观突发事件的原因是什么,他们对见义勇为品质与行为又有着什么样的认知,深入了解这些情况,无疑是将旁观者转化为见义勇为者的现实基础。因此,课题组特意设计了"当代大学生见义勇为观调查问卷"以及"当代公民见义勇为观调查问卷"两套问卷,以访谈和问卷调查的形式开展实证调研,从而为提出有针对性的对策提供更好的决策依据。

3.案例分析法。案例分析法属于微观研究的领域。为了更好地分析旁观现

---

①　约瑟夫·熊彼特.经济发展理论[M].何畏,易家祥,译.北京:商务印书馆,2009:5.

象的特点及成因,课题组选取了大量具有典型性、代表性的旁观者个案,通过"解剖麻雀"的方式,深入把握旁观现象的成因、特点及变化规律,由此寻找旁观现象的共性和矛盾的根源,从而尝试提出解决的对策。当然,由于旁观现象的发生与多种因素相关,所以对个体性旁观行为的观察,尤其要注意分析各种影响因素之间的相关性,避免武断地得出结论。

4.多学科交叉法。旁观现象是由传统社会向现代社会转型过程中的常见现象。这种现象不独发生在中国,全球化进程中的多个国家中都出现过。不仅伦理学予以关注,心理学、法学、社会学、经济学等多学科都从各自的学科领域试图提出解决方案。旁观行为本质上属于道德问题,但诚如经济学大师熊彼特所言,社会过程实际上是一个不可分割的整体。社会学家们只有摒弃单一学科的偏见,立足于伦理学的研究视阈,综合运用哲学、社会心理学、道德心理学、教育学和现象学等多学科知识和研究方法,才能深入分析道德旁观现象形成、发展的内在原因和外在条件,寻找培育民众良好道德情操的有效途径。

(二)逻辑思路与叙述结构

旁观现象的出现是对社会正常伦理秩序的挑战,其原因也异常复杂。只有对个体心理原因、社会环境原因以及突发情景原因等进行深入系统的理论分析,并真实了解当前公民对见义勇为品质、行为的认知状况,才能够提出改变旁观现象的对策。循此思路,在内容上将本书分为三个部分,主要由导论、正文七章以及结束语构成。

第一部分旁观现象的基本概念及其危害,由导论、第一章、第二章组成,是本书研究的基础。导论部分主要阐明研究旁观现象的必要性,介绍多学科对旁观现象的关注与研究现状,以及基于伦理学视角进行分析的理由。第一章在介绍旁观者内涵的基础上,对旁观行为的本质及类型进行了分析。本书将旁观者与"作恶者""受害者""敢为者"放在一起,运用对比的方法,深刻揭示了旁观者的内涵,并将旁观关系由单纯的人与人之间的关系延伸到人与自然的关系,从而形成了具有全新时代特色的道德理念。第二章对旁观现象从伦理道德的角度进行批判,主要从三个方面进行:理论基础、历史视角、现实维度。从理论上看,涉及了互助进化论、人道主义理论、社会公德理论、后现代伦理学理论;从历史角度看,无论东方还是西方,都曾对旁观现象进行过猛烈批判;从现实的角度看,旁观无论对个体、社会还是国家,都是一种极为有害的不道德行为。这也进一步彰显了本研究的必要性和迫切性。

第二部分旁观现象出现的原因分析,由第三章、第四章、第五章组成,是本书研究的主体。其中,第三章主要从实证的角度,调研公民对见义勇为社会整体氛围、人与人之间应然关系,对在具体突发情境中公民助人的意愿与原因进行分析;第四章和第五章主要基于理论视角,从社会和个体两个维度对旁观成因进行分析,其主要哲学依据是马克思的环境论和人性论。既然人是环境的产物,物质环境和精神环境的变化就必然会影响到个体道德观的产生。旁观现象的出现与消极文化传统、社会结构变迁、现代技术发展都有着密切的关联。既然人性是道德情感产生的精神土壤,人是肉体存在和精神存在、个体性存在和社会性存在的统一,个体就不可能不关心自身的利益。个体心理因素、个体道德品质、突发情景的特点,都可能对主体是否旁观产生影响。只有从理论和现实两个方面对旁观现象出现的原因和规律进行准确把握,才能更好地提出对策。

　　第三部分旁观者的责任及有效转化的对策路径,由第六章、第七章和结束语部分组成,这是本书写作的最终落脚点。第六章主要从法律和道德两个维度探讨旁观者应该承担的责任。旁观行为的法律责任只能由特定的主体承担,对于普通公众而言,在旁观事件中,应该承担的是道德责任,只是责任的大小根据情况的不同而有所不同。第七章主要探讨有效转化旁观者的个体之为与社会之举。从个体的角度来说,应该注意道德修养自觉性的提升与增强、道德上的自我限制与反省、道德生活的投身与体验、道德信仰的培育与确立。从社会的角度说,应该着力培育和弘扬见义勇为精神,推进公民意识教育,尤其要注重全面构建公正的社会制度以及法律规范调控的合理适度。结束语部分强调和谐生活对人类文明的重要意义,重申解决旁观现象的理论和实践意义。

第一章 "旁观者"的内涵、类型与本质

古希腊哲学家亚里士多德认为:"人类不同于其他动物的特性,就是在于他对善恶和是非合乎正义以及其他类观念的辨认。"①正是由于道德的形成,人才从"野兽"中脱离出来,并且有"一半"成了"天使"。既然"旁观"从本质上讲是一种道德现象,那么基于伦理学视角对"旁观者"的内涵、类型及旁观行为的本质进行准确把握,便成为我们研究旁观现象的理论前提。

第一节 旁观者的内涵、特征及概念辨析

旁观者的概念,历来就有广义和狭义之分。人们通常所说的"当局者迷,旁观者清"中的"旁观者",泛指某件事情发生时置身局外的所有人,就具有非常宽泛的意义。而教育学、政治学等领域针对旁观者又有各自的狭义定义。那么,立足于伦理学,旁观者该如何定义呢?

一、旁观者的内涵

伦理学视角下的旁观者,是狭义的"旁观者"。其与广义旁观者的根本区别就在于,这种意义上旁观者的行为可以进行善恶评价,属于道德上的非"善"。对这种"旁观者"有两个不同的思考角度,一类是见人做好事而不参与,诸如对义务献血、社区服务、爱心捐献等公益活动袖手旁观的人。这类人属于"见善不为",其行为不会给其他人带来任何伤害。另一类人是见人做坏事而无动于衷,并且常常为自己的不作为寻找借口,以致受害者遭受损失的人。本书讨论的旁观者就属于后者,即"见恶无为"者。对于这种"见恶无为"的旁观者,无论社会学、心理学还是法学都有自己的定义。但笔者认为,这些概念都难以准确表达伦理学视野中的"旁观者"概念。例如,心理学家马丁·霍夫曼的定义中尽管指出了恶性事件性质,但朴实自然的旁观者显然不属于道德谴责的对象。社会学家朱力

---

① 亚里士多德.政治学[M].吴寿彭,译.北京:商务印书馆,1998:8.

对旁观者的界定,明确了旁观者有不可推卸的道德义务,强调了"旁观者"的群体属性,却忽略了旁观者的个体特性。毕竟现实中,仍存在许多恶性事件发生现场只有极少甚至唯一目击者的现象。斯坦利·科恩对旁观行为的界定较为宽泛,对行为的主体以及客体都没有做出比较明确的说明,因而显得概念过于模糊。克拉克森对旁观者的界定,尤其是她在《仁慈的杀戮》一诗中提到的"你身边有位老人,或一位年轻的妇女,一个儿童或一个婴儿,一条狗,一位朋友或一处住所,忍受着暴力、恶意、邪恶和罪恶,而且,有人站在那里消极地观看,单纯地诉说,畏缩不前,为没有行动寻求借口"①,不仅形象地刻画出旁观者的心态和行为特征——消极观望,而且对行为的客体也有了一定的概括,但仅仅将旁观行为看作个体行为,没有对作为"群体"的旁观者进行研究,这种定义无疑也是不完善的。从法律层面解释的"见死不救"或"见危不救",都是指一种行为,而不是针对行为主体的定义。

从伦理学视角看,旁观者特指在一定的时空环境中,当他人或社会公共利益受到侵害而需要帮助时,没有积极地行动起来,协助受难者摆脱困境的个人或群体。这里所说的个人或群体,既包括本国公民,也涵盖外国公民;"积极行动"则非常宽泛,既包括救助危难的行为,也包括通过拨打110或120报告情况的行为;客体是遭受损失的他人或社会公共利益,特别要提出的是,这里的社会公共利益,不仅指显性的与人有关的利益,也应该包括其他存在物以及与整个人类有关的生态大环境,恰如克拉克森所说的"一条狗或一所住所"等,因为"如今,我们的责任已经扩展到整个'人类'……完全接受'野蛮人''土著居民''部落成员''观光者'和其他类型的没有人性的人、不完全的人、并非真正的人,这依旧是一个'未竟的事业',但是,还没有成为'人'(换言之,还没有成为伦理关注和道德责任的对象)的那些生物的名单在迅速地扩充,他们的扩充速度即便不是更快,也同已经获得居住许可的那些人一样快"②。这里所说的特定时空,是指在公共生活中不确定的时间和地点;所说的困难或危机,可能是危及人身安全或公共秩序的重大事故,也可能是日常生活琐事。

就旁观现象本身而言,可以有作恶者,也可以无作恶者。依此,旁观行为可分为两类,一类是面对突发性灾难,如落水、车祸等,有旁观者而无舍己救人者;另一类是面对被侮辱、被抢夺等受到犯罪分子攻击的行为,有围观者而无见义勇为者,或见义勇为者得不到声援、帮助。③ 此外,由于现代技术的发展,除了"直

① 齐格蒙特·鲍曼.被围困的社会[M].郇建立,译.南京:江苏人民出版社,2005:215.
② 齐格蒙特·鲍曼.被围困的社会[M].郇建立,译.南京:江苏人民出版社,2005:218.
③ 黄岩.旁观者的现代生产及其超越[J].南昌大学学报(人文社会科学版),2013(6):18-23.

接旁观者",还有一种电子媒介所塑造的"间接旁观者"。"直接的旁观者是事件的在场者,就在现场目睹了罪恶、悲剧或苦难的发生,其与事件之间没有中介。电子媒介所塑造的旁观者不是事件的在场者,而是借助电子媒介等中介形式'目睹'了罪恶、悲剧或苦难的发生,是'间接旁观者'。虽然如此,间接旁观者与直接旁观者还是具有'血缘关系'的,拥有直接旁观者的基本'德性'。"[1]当然,由于旁观者在场与不在场的区别,直接旁观者与间接旁观者的道德责任与道德评价均有所不同。

多数旁观者只是出于好奇而围观,希望了解事态的发展及其可能出现的结果。因此,就旁观现象发生的原因来看,它与围观的个人或群体本身并没有必然联系。正如鲍曼所言:"讲粗鲁的和具有侮辱性的笑话,是爱讲笑话的人做出的决定;酒后开车是朋友自己的选择;同事是因为自身行为不端或草率而给自己带来了麻烦。'旁观者'并不为他人做出的这些选择而承担责任,更不会为导致当前困境的一系列过去的选择而承担责任;旁观者并'不真正'为他们看到的恐怖事件承担责任,对于这样的罪行,旁观者是无辜的。"[2]然而,无辜并不能成为原地不动和拒绝出力的借口,从社会伦理的角度来看,旁观者具有某种不可推卸的道德责任、义务,因为"绝对的人类团结这样的假定是所有道德的基石,并且,它与道德立场密不可分"[3]。

从旁观现象诸要素入手,解释"旁观者",这样的定义方式既谈到了旁观者与作恶者、受害者的关系,也涉及旁观者的态度、行为与后果,具有高度的概括性。对公共领域中的旁观现象,以往人们总是怀着道德义愤,进行各种各样的道德谴责。但是一味地把自己放在道德的制高点,不加区别地对"旁观者"进行谴责并不可取。反思是有必要的,但无尽的谴责谩骂则无法触及事件的本质,对见义勇为精神的弘扬也难以起到明显的作用。只有对这一现象进行深入剖析,具体情况具体对待,才有可能真正拯救旁观者、拯救当代看似滑坡的道德水准。

二、旁观者的主要特征

朱力认为,旁观者的主要特点为:在现场围观;人数众多;没有援助行为或有意回避。[4] 高德胜认为,旁观者行为有三个特征:对具有道德意味、道德要求的事件的旁观;旁观者对道德责任的否认;旁观者与作恶者、受害者之间的陌生

① 高德胜.电子媒介与"旁观者"的生产[J].华东师范大学学报(教育科学版),2007(4):30-37.
② 齐格蒙特·鲍曼.被围困的社会[M].郇建立,译.南京:江苏人民出版社,2005:216.
③ 齐格蒙特·鲍曼.被围困的社会[M].郇建立,译.南京:江苏人民出版社,2005:217.
④ 朱力.旁观者的冷漠[J].南京大学学报(哲学·人文·社会科学版),1997(2):114-125.

性。① 周自衡则认为围观群众具有主体成分复杂、认识具有盲目性、情绪具有传染性与易受感染性以及情绪的激化性等特点。② 本书认为,上述界定尚有几个方面的问题有待商榷,如"旁观"存在直接旁观与间接旁观之别,旁观者不一定在现场;旁观者不一定在"围观",比如说半夜在家睡觉,突然听到外面有人呼救而无动于衷者;旁观者的人数既可能是多数,也可能是少数,并不能由人数的多寡来决定其行为的性质;旁观者与作恶者、受害者之间也不一定全然陌生,现实中也存在个别旁观者对熟人受害的旁观,只不过这种旁观相比于对陌生人的旁观更为恶劣。基于此,作者提出,旁观者有以下几个方面的特征。

(一)旁观者身份的不确定性。

现实生活中,旁观事件总是一些不确定的偶发性事件。没有人能够确定旁观现象何时何地以何种方式发生,其发生的性质及后果如何。在事件的发展过程中,哪些人有可能目睹这些事件,更是无法提前预知的。因此,旁观者总是不确定的、偶然的某些人。由于生活和工作本身纷繁复杂,人际交往频繁多样,导致每天都有大量偶然事件的出现。每一个个体作为社会生活的主体和参与者,上至七八十岁的老人,下至十一二岁的小孩,都有可能成为突发事件的旁观者。但有一点是可以确定的:不同的人遇到此类事件时,因道德能力与道德品质的不同,所采取的态度和行为方式不同。按美国社会学家赫伯特·布卢默对群众的分类,旁观者属于偶集人群或者叫"临时人群",是所有人群结构中最松散的那种,它只不过是一群异质性的个人集合体。在这个群体中,旁观者、作恶者、受害者之间基本都是"陌生人",个人处于一种完全的匿名状态,可以不受任何结构性、强制性的情绪控制,对于该如何行为,可以完全依照自身的价值判断做出选择。鲍曼认为,"陌生人最显著的特点就是他们既不是邻居也不是异类。或者更精确一点说——当然这么说是令人困惑、令人烦扰、令人惊骇的——他们既是(或者可能是,谁知道呢?)邻居又是异类。他们是像邻居一样的异类,换句话说,就是陌生人(strangers)。"③正因为彼此之间不认识,相互是像邻居一样的异类,因此才会把受害者看成是一种不相关的存在,对其利益的受损采取无动于衷的态度。如果事件的受害者是自己的熟人(如亲属、朋友、同学等),旁观者的态度可能就会发生转变,转而协助受害者脱离困境。当然,如果面对熟人受难,而不施以援手,那么这种旁观行为较之对陌生人的旁观,其道德上"恶"的程度必然更甚,也会受到更多的舆论或良心的谴责。

---

① 高德胜.电子媒介与"旁观者"的生产[J].华东师范大学学报(教育科学版),2007(4):30-37.
② 周自衡.公安机关面对围观群众的处置对策探讨[J].社会民生,2013(29):170-171.
③ 齐格蒙特·鲍曼.后现代伦理学[M].张成岗,译.南京:江苏人民出版社,2003:181.

（二）旁观者对事件本身的未介入性

旁观是与"介入"相对应的,俗话说的"袖手旁观""冷眼旁观",即强调当事人对事件的未介入性。一般来说,对旁观者而言,无论受害者还是作恶者都是陌生的"他者"。人们之所以成为事件的旁观者,仅仅是因为好奇心的驱使,或者出于偶然作为第三者目击了事件的发生。既然他人的困难与悲惨不因我而产生,也不会同我有任何利害关系,所以完全能够以超然的心态静观其变,并由此获得可供娱乐的谈资和笑料。旁观者奉行"不介入"的行为策略,还因为任何一个偶发性事件,都有可能涉及多方面的利益关系,只要介入其中,就不可避免地会产生利益纠纷。旁观者的心理,即只要自己在冲突中始终保持中立,就可以不用对事件的发生及其后果承担任何责任。"别人不敢碰,我怎么敢碰"就是典型的旁观者心态。因为在他们看来,自己一旦参与到活动之中,如用各种方式救助受害(受难)者,或者挺身而出与犯罪分子搏斗,不但有得不到任何回报的可能,而且自己的利益甚至生命也会面临遭受损害的危险。尽管旁观者的心态各异,可能是幸灾乐祸、明哲保身,也可能是窥私猎奇,但在整个事态中,他们都没有采取任何措施,只是保持中立的姿态。这种未介入行为,体现了一种人际关系上的隔膜和孤立化,如同存在主义哲学家萨特所描述的"他人即是地狱"。既然他人是地狱,那么我又能是什么呢? 因此,未介入行为表面上的非道德性其实包含着对他人和社会的拒斥,其只能导致更多的人在社会公共领域里变为一个冷漠无情的道德"局外人""陌生者"。

（三）旁观者对道德责任的否认

"对道德责任的否认"是旁观行为的重要特征。个人作为道德行为的主体,同时也就是道德责任的主体。马克思曾经说过:"作为确定的人、现实的人,你就有规定、就有使命、就有任务,至于你是否意识到这一点那是无所谓的。"[①]岳飞的"精忠报国",张载的"为天地立心,为生民立命,为往圣继绝学,为万世开太平",都显示着个体的责任义务感和对国家的崇高责任感。在西方,第一次把责任纳入到伦理思想范畴的,是古希腊伦理学家德谟克利特。在他看来,公共利益与公共善是责任的基础。

然而,旁观者总是以各种各样的理由为自己的不作为寻找"这不是我的过错"的借口。斯坦利·科恩认为"否认"是使邪恶的犯罪和冷漠的旁观变得可行的必不可少的条件与手段。鲍曼认为,作恶者和旁观者因为其行动是邪恶的、恶劣的和应该受到惩罚的,因此他们或多或少都会受到社会舆论的指责。但正如

---

① 马克思,恩格斯. 马克思恩格斯全集:第 3 卷[M].北京:人民出版社,1960:329.

真理和价值在多元的社会中不再具有绝对性一样,作恶者与旁观者认为对他们行为的谴责也没有充足的根据。他们总是极为强烈地否认自身行为的"恶",或者说"我根本不知道",或者说"我无能为力"。"'我不知道'一些人在受罪,另一些人在制造痛苦;而且,'我不知道'这种令人毛骨悚然的事情会在行动链条遥远的终端发生,因为我的行动仅仅是许多环节中的一环……如果说来自'无知'的证据不再可信,那么,来自'无能为力'的证据就会站出来声援:'我别无选择',因为其他的选择太可怕了,以至于我不敢去想;此外,我也无法力挽狂澜,因为我太弱小了。"①你的痛苦不是因为我的行为而直接造成,我就有不采取行动的自由,这是旁观者的心态。但鲍曼认为,"我不知道"这样的借口是一种没有经过思考的、近乎草率的反映,尤其是在信息高度发达的时代,这样的借口只能加重罪恶,它不会导致罪孽的赦免。在这样一种情况下,"我做了力所能及的一切"或者"我什么也不能做"似乎就成了可以求助的最后借口。旁观者是否真的已经尽力而别无选择,恐怕只有天知道。在谈到波兰人对犹太人的帮助时,巴托彻夫斯基(Bartoszewski)曾提到过这么一句耐人寻味的话:"只有那些付出了死亡代价的人可以说他已尽力。"②但不管怎样,在今天,像"我别无选择"或者"我什么也不能做"这样推卸责任的现象,相比于过去,确实更为普遍,尽管它有时显得是那样的苍白无力。

（四）旁观者的行为属于道德上的"恶"

从伦理学意义上说,行为是人类社会特有的现象。被誉为西方"行为科学鼻祖"的亚里士多德认为人的行为构成了"根据理性原理而具有的理性生活",是"具有主动意义的生活"③。从伦理学意义上看,行为可以分为道德行为与非道德行为。"所谓非道德行为,就是并非出于道德意志,即非自愿自主的行为,或者不涉及他人和社会利害,既无道德意义,也不能进行道德评价的行为。"④马克思主义伦理学反对将日常生活中的呼吸、饮食、起居、操练,或者人们集中在一起观看表演、电影等的非道德行为,提高到道德角度来评价,避免道德评价上的庸俗化和简单化。因此,对非道德行为"旁观"的当事人显然不是本书研究的"旁观者"。当然,由于事情本身的复杂性和联系的广泛性,道德行为与非道德行为的区分并非铁板一块。如果人们在进行私人娱乐活动时,出现了意想不到的突发事件,需要施以援手,而没有给予及时的帮助,那么,现场的人们就可以被称为

---

①　齐格蒙特·鲍曼.被围困的社会[M].郇建立,译.南京:江苏人民出版社,2005:213.
②　齐格蒙特·鲍曼.现代性与大屠杀[M].杨渝东,史建华,译.南京:译林出版社,2006:263.
③　周辅成.西方伦理学名选辑上卷[M].北京:商务印书馆,1964:287.
④　罗国杰.伦理学[M].北京:人民出版社,1989:380.

"旁观者"。道德行为是指人们有意识、自愿自主而且具有一定社会意义的行为。按照行为的动机与效果,可以将其分为道德的行为与不道德的行为。道德的行为也被称之为善行,指出自善良动机、对他人和社会有利的行为。不道德的行为也被称之为恶行,指出自非善或邪恶动机,对他人或社会利益造成危害的行为,即指在面临他人或社会公共利益受到损害时,旁观者消极观望,畏缩不前,放任邪恶实现它肮脏的目的,并最终导致受害者的利益受到损害。尽管旁观者不在作恶之列,但不可否认,旁观行为是作恶者恶行发生的前提条件之一,"如果说旁观者普遍非抵抗的确定性(或高可能性)对恶意的行动及其后果承担的责任,不轻于许多恶棍在场所承担的责任,那么,没有采取行动至少产生了一个不轻于行动的因果包袱(causal load)"①。因此,旁观者的行为在道德上讲是有罪的,至少是一种因疏忽而致的"恶"。

三、旁观者相关概念辨析

旁观现象发生时,存在着多个不同的主体,通常包括作恶者、受害者、目击者、参与者等。以小悦悦事件为例,受害者是两岁的小悦悦;作恶者是两个逃逸的司机;抱起小悦悦的陈阿婆是参与者,也是我们通常所说的见义勇为者;被众人口诛笔伐的18位路人,就是我们的研究主体"旁观者"。对这些基本的概念及其与旁观者关系的厘清,无疑有助于我们更好地把握旁观者的内涵及其基本特征。

(一)旁观者与作恶者

"恶"是与"善"相对应的概念,基本意思是"不好",经常与"恶劣""恶果""丑恶"等组合在一起。三国时刘备就曾告诫刘禅"勿以恶小而为之,勿以善小而不为",即不要以为坏事小就去做,不要以为好事小就不去做。作恶者简言之就是做坏事的人。在旁观现象中,作恶者是指自己的行为客观上给他人带来了痛苦和苦难或对社会公共生活造成一定损失的当事人,其行为既可能是由自己实施的,也可能是命令他人这样做的。作恶者可以是单个人,也可以是多个人。多个人之间既可能是共同作恶,也可能没有任何关联。在主观意愿上,作恶者的行为可能是故意的,也可能是由于行为的过失而产生。换言之,只要其行为造成了实质性的危害后果,他(他们)就是作恶者。

当然,我们要分析的作恶者是"当事人",是有血有肉、有正常思维能力和行为能力的社会成员,而不是非人之存在。地震等自然灾害给人类或社会造成伤

---

① 齐格蒙特·鲍曼.被围困的社会[M].郇建立,译.南京:江苏人民出版社,2005:217.

害的,其"作恶者"不在本研究之列。斯坦利·科恩认为,"作恶通常同作恶者具有的某种特定的('先天的'或'后天的')特征有关,同样,它同特定的自然或社会环境有关(前者犹如霍布斯的前社会的'所有人对所有人的战争',后者往往伴有非预期的邪恶的意图或后果)。"①也就是说,作恶者行为的原因是复杂的,既有个体原因,也与社会或自然环境有关。孟子在《告子上》中谈到水性总是向下时说:"今夫水,搏而跃之,可使过颡;激而行之,可使在山。是岂水之性也哉?其势则然也。人之可使为不善,其性亦犹是也。"孟子认为,人性本善,但外在的"势",如制度是否合理、社会是否公平等,都可能使人做出"不善"的事。因此,没有谁是天然的作恶者,潜在的作恶者只能"部分地是由自己造成的"。②

旁观者不在作恶者之列,这是旁观者的最主要特征。由旁观者的不作为引起的过错,与因作恶者的行动引起的过错无疑有着本质的区别。从最简单的区分上看,作恶者基本上都要为其行为承担相应的法律责任,而旁观者则只需为自己的不作为过失承担舆论的谴责或来自内心的道德折磨,因而,作恶者是刑法学的分析对象,而旁观者则是伦理学的分析对象。但是,斯坦利·科恩却通过大量的制度选择及其意识形态的注解,指出"作恶"和"不抵抗邪恶"之间,有一种姻亲关系,并认为这种姻亲关系非常明显,任何一个没有受过训练的人都会注意到这种关系的存在。科恩指出,在由作恶引起的罪行与旁观导致的不仅可惜而且可原谅的过失之间,存在一个广阔的灰色区域。"在这个灰色区域中,旁观者不仅面临着'助纣为虐'的危险,也面临着蜕变成作恶者的危险。"③如果旁观者看到有人作恶,却视而不见,无动于衷,这种道德上的迟钝、麻木,实际上助长了恶势力的嚣张气焰,会导致受害者遭受更大的损失。因此,旁观者的不作为为恶行提供了前提条件,"如果他们没有依靠周围人的冷漠和不干预;如果他们不能确信或没有充足的理由相信,目击者不可能转变成行动者;如果他们相信,目击者对他们行为的厌恶与义愤会变成大声的抗议或积极的抵抗,那么,作恶者还会进行邪恶的行为吗?"④鲍曼的一连串强有力反问,直击旁观者的"道德软肋"。在旁观现象这一罪恶链条中,作恶者和旁观者是一个链条上的两个环节,两者之间有一种难以言明的默契。因此,科恩认为,对这两者之间姻亲关系的"盲视"是故意的,是精心策划的。⑤鲍曼更是直接指出:"旁观者是有罪的,至少这是一种因疏

---

① 齐格蒙特·鲍曼.被围困的社会[M].郇建立,译.南京:江苏人民出版社,2005:210.
② 齐格蒙特·鲍曼.被围困的社会[M].郇建立,译.南京:江苏人民出版社,2005:210.
③ 齐格蒙特·鲍曼.被围困的社会[M].郇建立,译.南京:江苏人民出版社,2005:211.
④ 齐格蒙特·鲍曼.被围困的社会[M].郇建立,译.南京:江苏人民出版社,2005:216.
⑤ 齐格蒙特·鲍曼.被围困的社会[M].郇建立,译.南京:江苏人民出版社,2005:212.

忽而致的罪恶。"①旁观行为是一种"仁慈的杀戮",这种道德罪恶(moral guilt)虽不同于法律,但同样应当予以惩罚。"从法律上说,没有一种恰当的和具有约束性的无辜判决可以使被告免除或摆脱道德罪恶。"②对旁观者不作为过失的惩处,无疑有助于更多人的警醒和自觉,提升他们的道德责任感,以达到转化旁观者的目的。

(二)旁观者与受害者

受害者是指在突发事件中,由于外在因素而导致自身利益受到损害的一方。受损的利益包括精神、身体、财产或名誉方面。受害者范围非常广泛,既包括社会成员,也包括非人的物质性存在。2002年发生的清华大学学生刘海洋"硫酸泼熊案"中的熊,同样可以作为受害者。就突发性事件而言,受害者和作恶者都是事件的主体,二者构成一对矛盾,因为作恶者的恶行导致受害者利益的损失。一般而言,作恶者的罪恶目的能否达到,受害者的利益或生命是否会受到侵害,取决于二者的力量对比。如果说受害者在力量上超过作恶者,依靠自己的力量很快就能制服作恶者,从而确保自身的利益乃至生命不受侵害,那么,目击者的行为就显得不是那么重要,也不必进行道德评价。如据《华商报》报道,2014年2月22日凌晨1时许,退役摔跤运动员郭先生在西安的兴庆路与互助路交叉路口附近某银行ATM机取钱,遇一名黑衣男子一手持刀,一手拿狼牙棒抢劫,结果反而被郭先生制服并向郭先生求饶。③案例中,郭先生依靠自己的力量制服了实施抢劫的黑衣男子,在这种情况下,对目击者的行为就可以不进行道德评价。在更多现实案例中,受害者的力量明显弱于作恶者,若目击者不能出手相助,其利益或生命就会受到严重威胁,因而,目击者能够出手便具有重要的道德价值。这里还有一种例外,有些时候,受害者的力量明显强于作恶者,却放弃反抗。据一位南京大屠杀中幸存台湾老兵回忆,在当时五个持枪的日本人就可以屠杀两千手无寸铁的中国人! 两千人,像猪一样任凭五个人杀害,多么可怕的事情啊!在朗兹曼(Lanzmann)拍摄的《大屠杀》中,最让人感到可怕、也是最让人感到羞耻的事情莫过于:屠杀上百万人竟然只需要屈指可数的几个持枪士兵。因此,从广泛的意义上说,受害者之所以成为受害者,其原因也是异常复杂的。

旁观者不是受害者,但旁观者与受害者之间同样有着极为隐蔽的关联。一方面,在公众场合,作恶者之所以敢于作恶,就在于他们对旁观者恐惧心态的了

---

① 齐格蒙特·鲍曼.被围困的社会[M].郇建立,译.南京:江苏人民出版社,2005:217.
② 齐格蒙特·鲍曼.被围困的社会[M].郇建立,译.南京:江苏人民出版社,2005:217.
③ 张龙.男子持狼牙棒抢劫退役运动员被打伤要求赔偿[EB/OL].(2014-02-23)[2018-03-20].
http://news.qq.com/a/20140223/001508.htm.

解。作恶者的一个瞪眼,一句"你敢",都足以令旁观者自我保全的意识膨胀,将道德责任弃置一旁。正因为如此,才会产生诸如有人在公交车上性侵女乘客、男子光天化日持刀抢劫等奇葩新闻。因此,在一定意义上可以说,旁观者就是作恶者的帮凶,是受害者之所以受害的间接责任人。有凤凰网用户在博客中这样写道:"在我眼里,优雅的旁观者,与作恶者是同罪的。所以,不要在我面前表现你的智商,智商并不是一个好东西,'智商'只会教会一个人如何躲避责任,如何自私;我更需要勇敢的蠢货,简单得不知道如何表现自己、保护自己的,有缺点的人。"[①]

另一方面,旁观者可能就是下一个受害者。德国牧师马丁·尼莫拉(Mantion Niemoller)在被纳粹分子杀害之前,留下了一段警世名言:"他们追杀共产主义者的时候,我没有说话,因为我不是共产主义者;他们追杀犹太人的时候,我没有说话,因为我不是犹太人;他们追杀工会成员的时候,我没有说话,因为我不是工会成员;他们追杀天主教徒的时候,我没有说话,因为我是新教教徒;最后他们奔我而来,已经没有人能为我说话了。"社会学家鲍曼认为,在纳粹大屠杀事件中那些注定厄运缠身的人们,之所以被屠杀,在于他们过于相信拿着枪的人们为他们界定和描述的世界。因而在还没有被打上死亡标签时,受害者之间往往相互敌对,暂时充当着旁观者的角色,并成为所有其他人的威胁和敌人。邪恶不是万能的,只要人人都不做他人困境的旁观者,生活中的受害者就有可能最大程度地减少。

(三)旁观者与敢为者

旁观现象发生时,除了作恶者与受害者之外,其他在现场的偶然出现者,都属于目击者。当然,极个别事件中可能只有作恶者和受害者,没有其他目击者(即没有第三者在场)。绝大多数事件都有或多或少的目击者,目睹了整个或局部事件的发生。旁观者和敢为者首先都是目击者,因为在遇到突发事件时,第三方通常对事件不太了解,他们首先要对事件的来龙去脉充分了解,根据自己的认知做出正确判断,然后采取合理的行动。总体上说,目击者在大致了解事情真相后,可以分化为三类,即主动参与者、被动参与者、消极旁观者。主动参与者就是面临突发事件时,能够凭借道德冲动,挺身而出,见义勇为,与作恶者进行斗争,从而制止犯罪活动,有效及时地帮助受害者的人;被动参与者就是面临突发事件时,经历思想上的激烈斗争,受到主动参与者的带动和感染,协助他(她)完成救

---

① 旁观者的快感[EB/OL]. (2016-04-13)[2018-03-20]. http://blog.ifeng.com/article/12416470. html.

助任务的人员;消极旁观者则是指具备行为能力,知道事情的来龙去脉,甚至也能预料到后果的严重性,但在事件发生的过程中,却始终没有任何作为,而只是一味消极观望、任由事态发展的人。由于旁观者没有采取任何行动,而且为了消除内心的不安,寻找种种难以令人信服的借口,因此,人们常常称其为消极旁观者。当然,由于事件本身的复杂性,以及旁观者自身存在的各种不同情况,他们之中既可能有年轻人,也可能有老弱病残,既可能有负有特定的义务和使命的人,也可能只是普通的公民,因此,对旁观者的态度和行为不能一概而论。

敢为者也是从目击者中分化出来的,它是目击者中的参与者,既包括主动参与者,也包括被动参与者。任何目击者在采取行动以前,都需要考虑到整个事件的起因及后果,对作恶者和受害者之间的关系进行权衡,同时考虑到自己出手后可能造成的影响,然后根据自己的判断采取相应对策。所以,敢为者同样存在理性思考和利益权衡问题,只不过他们在关键时刻能够选择把道德义务置于自我保全的理性之上。或者说,在敢为者的理性世界中,社会和他人的利益就应该高于个人利益。鲍曼在分析大屠杀教训的时候,就这样提到:"将自我保全凌驾于道德义务之上,无论如何不是预先就被注定的,不是铁板钉钉、必定如此的。有人被迫这么干,也有人不屈于压力,因此不能把这样做的责任一股脑儿推到那些施加压力的人身上。"①换言之,那种把全部责任都推到作恶者身上的做法,在道德上是值得谴责的。敢为者的行为粉碎了自我保全逻辑的权威,它向人们展示了邪恶"能够被拒于千里之外……它表明了它归根到底才是一个选择"。② 当然,某些突发事件似乎没有思考的余地,如遇到儿童不幸落水,许多人便会奋不顾身跳入水中,舍己救人。从表面上看,这种行为近乎盲目,因为很多时候救人者并未意识到救人的可能性、自己的危险性和救人的合理方法等,但这种道德冲动是敢为者道德信念的外化,是在理性和极大道德勇气激励下产生出来的崇高行为。因为在他们的心中,人的生命重于泰山。

由于目击者的情况不同,道德认知能力和道德行为能力各异,不能指望所有目击者都能够挺身而出、见义勇为。以少年英雄见义勇为的事迹为例,现实生活中我们常见此类报道。但人们在毫不吝啬赞美的同时,多少也会有一种难以消解的沉重——很多年轻的生命因为"勇为"而牺牲。此外,人们的道德境界存在着不同的层次,我们必须承认这种差别存在的合理性。"孔子就曾把达到不同道德境界的人划分为小人、君子、仁人、圣人等几个层次。我国现代著名哲学家冯

---

① 齐格蒙特·鲍曼.现代性与大屠杀[M].杨渝东,史建华,译.南京:译林出版社,2006:269.
② 齐格蒙特·鲍曼.现代性与大屠杀[M].杨渝东,史建华,译.南京:译林出版社,2006:269.

友兰则把人的精神境界区分为自然境界、功利境界、道德境界、天地境界四种。"①因此,在道德行为与道德评价日益理性化的时代,人们对旁观者及其行为的评判,也增加了更多的理性因素。如我国著名主持人崔永元在谈到小悦悦事件时,就称如果自己碰上小悦悦,直接离开的可能性非常大。小悦悦事件发生后,人们在谴责路人的同时,也在思考见义勇为者的权利保护问题,探讨在敢为者的利益受到损失时,社会或被救助者该给予怎样的精神补偿等。鲍曼认为,在签署合同和进行一般商业交易时,人们思考"这事情对我有什么好处""他做了什么值得我帮助他""有什么理由让我为他服务""我做出的牺牲会得到什么样的补偿呢",这都是非常正常的。但是,在遇到紧急事件时,尤其是在道德行为中,这样的问题本身就是不道德的,一旦被提出,人们的行为就不再属于道德范畴。对此,费尔夫指出:"使我们不幸福不满意的非道德行为之所以发生,在于我们坚持将理性运用于错误的场合。在某些情况下,情感更适合于那些正在为人们所理解的事件以及随之做出的决定。"②毫无疑问,旁观者过多的自我利益权衡其实就是将理性运用于"错误的场合",它有可能会导致错过最佳的救助机会,这对受害者而言是不公平的。

第二节 旁观者的主要类型

历史上对旁观者做过最精辟的分类的,莫过于梁启超先生。在《呵旁观者文》一文中,梁先生将旁观者分为浑沌派、为我派、呜呼派、笑骂派、暴弃派、待时派六类。所谓浑沌派,实乃没有脑筋之动物,这种人没有明确的道德认知,不知道何者为善、何者为恶,对国家民族的兴衰存亡毫无概念,与禽兽无异。所谓为我派,这类人头脑清醒,但奉行着"以老聃为先圣,以杨朱为先师"的理念,只要对当下的我没有伤害,或者我还能乘机占点小便宜,亡国又于我何干?梁启超先生认为此类人遗毒遍于天下,"为旁观者中之最有魔力者"。所谓呜呼派,这类人面有忧国之容,对他人的旁观行为也进行猛烈的道义谴责,就是不采取任何行动,在困难来临之际"束手待毙",而且常常以"无可奈何"作为自己不作为的借口。所谓笑骂派,这种人通常把自己置身事外,不管别人如何做,总不免挖苦嘲笑,"彼辈不惟自为旁观者,又欲逼人使不得不为旁观者"。③ 所谓暴弃派,"以我为

---

① 魏英敏.新伦理学教程[M].北京:北京大学出版社,1995:414.

② 费尔夫.西方文化的终结[M].丁万江,曾艳,译.南京:江苏人民出版社,2004:3.

③ 李华兴,吴嘉勋.梁启超选集(上卷)[M].上海:上海人民出版社,1984:131.

无可为之人也""常望人而不望己也"①,即认为自己只不过是芸芸众生中的一个无名小卒,总是把拯救社会苍生的责任寄托在别人身上。所谓待时派,这类人实际上是那种见风使舵的圆滑之徒,只静待良好时机的到来,以坐收胜利之果实。梁启超先生对旁观者所做的归类分析确实入木三分。在复杂多变的新历史条件下,面对腐败现象、贫富分化现象、劳工权益不能得到保障现象,真正能够舍弃自己利益、为民请命、为国赴难的敢为者又能有几人?对照一下梁启超先生定义的旁观者,大抵不在此列中的人为数不多吧。

自由撰稿人寒锋在对清末民初的国民性进行研究时,指出看客种类及心态大抵可分四类:第一类,热闹发生在自己身边时无法控制自己好奇心的普通看客;第二类,觉得生活太无聊想寻求一点刺激的职业看客;第三类,只相信丛林法则,希望能够安全地欺凌弱者的帮闲看客;第四类,希望在奴才圈靠主人提拔,混个"人尖儿"的裁判兼评论员看客。② 也有学者从现代心理学的角度根据旁观者的心态,对旁观者进行不同的分类,如袁浩龙认为除了"旁观者效应"中提到的心理暗示以外,还存在"明哲保身心理""心有余悸心理""幸灾乐祸心理"。

虽然日常生活中的"旁观者"与国难当头时的"旁观者"相比,无论从表现形式还是旁观者心态而言,都有许多相似之处。但毫无疑问,日常生活中的"旁观者"主要是针对生活中的琐事,因此,梁启超先生所进行的"旁观者"的分类只能提供有益的借鉴。旁观现象的出现,不能简单地归结为社会心理问题,出现这种病态心理的根源还在于个体道德责任感问题。为了更好地厘清旁观者的社会责任,基于研究的需要,本书在对旁观者类型进行划分时,遵循着如下标准:一是根据旁观者的实践能力和身体素质状况,将其划分为有行为能力的旁观者和无行为能力的旁观者;二是根据旁观者的职责和义务要求,将其划分为负有专门义务的旁观者和没有专门义务的旁观者;三是根据旁观者内心同情感的不同,将其划分为"麻木不仁"的旁观者、"见义不敢为"的旁观者、"幸灾乐祸"的旁观者。

一、不同行为能力的旁观者

行为能力一词一般是一个法律用语,表示权利主体能够以自己的行为依法行使权利和承担义务,从而使法律关系发生、变更或消灭。从法律的角度来看,不作为犯罪的成立至少应具备三个条件:应为(负有法律义务),能为(有能力履行该特定义务),而不为(不履行该义务,造成或者可能造成危害结果)。因为没

---

① 李华兴,吴嘉勋.梁启超选集:上卷[M].上海:上海人民出版社,1984:132.
② 寒锋.看客的种类及心态研究[EB/OL].(2017-03-16)[2018-03-19].http://blog.163.com/xucanlawyer_2004/blog/static/63702785201011103233393.

有作为的可能性,也就没有作为的义务性。按照法律规定,公民的行为能力并非与生俱来,也非每个公民都具有,只有达到一定年龄并能通过自己的意志或意识对自己的行为进行辨认和控制的公民才具有行为能力。我国《民法通则》将公民的行为能力分为完全行为能力、限制行为能力和无行为能力三种情况。(1)18周岁以上的公民是成年人,可以独立进行民事活动,是完全行为能力人;16周岁以上不满18周岁的公民,以自己的劳动收入作为自己的主要生活来源,视为完全行为能力人。(2)10周岁以上的未成年人是限制行为能力人,可以进行与其年龄、智力相适应的民事活动;不能完全辨认自己行为的精神病人也是限制行为能力人。(3)不满10周岁的未成年人和不能辨认自己行为的精神病人是无民事行为能力人。人类的行为总是受一定思想意识支配的,"思其所为,行其所思",法律设置行为能力制度,是以"自由意志"为理论依据,其目的就在于保障该行为的发生是当事人的真实意思表示。

"旁观"行为是道德意义上的"不作为",我们在对这一行为进行道德评价时,同样应该奉行"没有作为可能性时,也就没有作为义务"这一金律。亚里士多德认为唯有源于行为者自身的行为,才能受到称赞或指责。马克思和恩格斯在批判施米特时,就指出:"如果他要进行选择,他也总是必须在他生活的范围里面,在绝不由他的独自行为所造成的一定的事物中间去进行选择。"[①]当代著名伦理学家罗国杰在谈到道德责任时,也提出:"道德选择以自由意志为前提,又以道德责任为结果,主体在自由地选择对象的同时,也自由地选择了责任。"[②]当然,由于"旁观"这一行为本身的特殊性,有无行为能力不能完全按照法律的规定来决定,必须具体情况具体分析。

所谓有行为能力的旁观者,主要指旁观者中那些理智健全,能够根据现场所发生的事件做出明确判断,并且在体力和技能上可以对受害者实施救助的不特定主体。凡是突发性事件发生时的在场人,无论其职业如何,如军人、农民、工人、干部等,都可能成为行为主体。旁观者的行为能力不同于一般的民事行为能力,除民事行为能力所要求的智力成熟之外,还有两个基本的要求:针对性和现实性。所谓针对性,主要指这种能力是行为者所具有的保护受害者免遭侵犯的能力,而不是指其他的一般能力。例如,张某身体健壮,擅长长跑、打猎等,但是却不会游泳。面对一儿童落水,除了下水救人别无他法时,张某就是属于"无行为能力"的旁观者,因为他不具备"能力针对性"这一客观条件。所谓现实性,是指当受害者的权益受到紧迫而现实的危险威胁时,确保行为者运用其能力保护

---

① 马克思,恩格斯.马克思恩格斯全集:第3卷[M].北京:人民出版社,1960:355.

② 罗国杰.伦理学[M].北京:人民出版社,1989:360.

受害者权益免受侵犯的外在条件是充足的。若旁观者与足以防止伤害结果发生之地相距过远,或缺少足以防止伤害结果发生的工具等,其都不能算是"有行为能力者"。如身体健康的王某,在没有手机或电话、周围也没有其他人的情况下,发现邻居家着火了,除了报警别无他法时,王某就属于"无行为能力"的旁观者,因为防止伤害结果出现的外在条件并不具备。换句话说,只有在旁观者既有实施救助行为的足够能力,客观上又有实现该行为的条件,而旁观者却没有采取救助行动时,才能称得上是"有行为能力"的旁观者。这一规定也充分体现了"道德不强人所难"这句古老格言所蕴涵的人本精神。

所谓无行为能力的旁观者,并不是指道德认知水平没有达到一定的成熟程度,而是指没有实际能力对受害者实施救助的行为主体。这包括老人、儿童、病人、残疾人等不具备救助能力的人,或因缺乏救助所必要的能力、经验、知识、工具等而无法采取救助行为的人。老人、儿童、病人、残疾人等,因其自身能力有限,如果参与了救助活动,可能不仅对救助者无益,反而会使自身遭受意外伤害,因此,在某种意义上他们不能作为行为主体,对他们的旁观行为也不应该过多地进行道德评价。如中国新闻网在 2009 年 10 月 6 日题为"广东南雄四高中男生为救落水女生而遇难"的报道中称:2009 年 10 月 5 日下午广东韶关南雄市,9 名男女学生利用假日到孔江水库边游玩,其中女生李某华(16 岁,在读高一)在水库主坝边不慎失足落水,叶某德等 4 名均不熟水性的男生,见状下水相救,结果不幸溺水身亡。[①] 面对落水女生,这四名遇难男生就属于无行为能力者,即使他们在这件事中采取了旁观的态度,社会也不应该予以道德谴责,因为鼓励无行为能力的人盲目救险,可能会给社会造成更大的伤害。

近年来,几乎每年都有类似未成年人或者"无救助能力人"因救人而失去生命的悲剧发生:2009 年,湖北荆州 10 余名大学生手拉着手组成人梯搭救落水孩子时,其中 3 名大学生遇难;2011 年,安徽六安 4 名小学生救落水同学,不幸均被急流冲走;2012 年,哈尔滨市松花江边 5 名中学生营救落水女同学,其中 4 名中学生遇难……对于这些无行为能力者的见义勇为,我们无论给予怎样的赞美都不过分,无论给予他们多高的荣誉都不算慷慨。在现实生活中,我们应该注重利用这种精神,引导广大青少年树立正确的价值观,引导他们正确看待自己和社会以及两者之间的关系。因为他们是祖国的未来、民族的希望,他们能否健康成长、勇于承担重任,直接关系到国家、民族的兴衰,关系到社会主义事业的成败。邓小平同志曾经强调:"革命的理想,共产主义的品德,要从小开始培养……中小

---

① 中国新闻网.广东南雄四高中男生为救落水女生而遇难[EB/OL]. (2006-10-06)[2018-03-19]. http://www.chinanews.com/sh/news/2009/10-06/1899003.shtml.

学教师和幼儿教育工作者,负有培养革命接班人的幼苗的重任。"[1]

但是,作为教育者,在对无行为能力者进行"血性"教育时,更有责任给他们补上一课:救人不仅要凭热情和勇气,也要讲科学和方法,否则只会酿成更大的悲剧。因为无行为能力者尤其是未成年人,他们往往对灾难的程度估计不足,过分地鼓励他们冒着生命危险去见义勇为,很可能不仅受害者未能获救,反而还搭上自己的性命。我们应该鼓励他们在见义勇为时注意"为"的计谋与策略,而不应该一味蛮干。对此,列宁就曾经讲过:"假定你坐的汽车被武装强盗拦住了。你把钱、身份证、手枪、汽车都交给他们,于是你摆脱了这次幸遇。这显然是一种妥协……但是很难找到一个没有发疯的人,会说这种妥协'在原则上是不允许的',或者说,实行这种妥协的人是强盗的同谋者(虽然强盗可以坐上汽车,又可以利用它和武器再去打劫)。"[2]

当然,有行为能力的旁观者与无行为能力的旁观者之间,并不存在绝对的界限。一方面,即使是中小学生,如果遇到陌生人晕倒在路上,同样可以拨打 110 或 120,救援当事人。另一方面,目前没有救助能力的儿童,随着年龄的增长和心智的成熟,将来很可能会成为见义勇为者。比如《南安商报》在 2014 年就报道了南安市石井泽潭小学学生群体机智救人的事迹,报道称:泽潭小学的娄山山、叶玉莲、叶玉霞、邹南雪、朱建婷 5 个学生,遇见小明(化名)三兄弟落水,5 个小学生在找大人求救无效的情况下,很机智地找来一根 2 米多长的树枝,并将树枝伸向落水者,最终他们齐心协力救出了 2 人。[3] 这个案例中的事迹就是无行为能力者成功助人的事迹,这也进一步阐明了有无行为能力的相对性。基于对无行为能力者自身的保护,我们主张,对无行为能力的人或行为能力欠缺者,我们可以鼓励其见义勇为精神,但不应该过分渲染其英雄事迹,以免造成错位的英雄主义精神。

二、不同职责义务的旁观者

莎士比亚在其剧本《皆大欢喜》中写道:"全世界是一个舞台,所有的男人和女人都是演员,他们各有自己的入口与出口,一个人在一生中扮演许多角色。"人是生活在复杂社会关系中的人,每个人在一定的社会关系和活动中都有一定的定位,形象地借用舞台语言来说,就是"角色"不同。生活在社会中的人们,每个人都需要充当一定的角色,这一点是无法改变的,而且个体只能在"自己生活的

---

① 中共中央宣传部.毛泽东邓小平江泽民论思想政治工作[M].北京:学习出版社,2000:161-162.
② 列宁.列宁全集:第 39 卷[M].北京:人民出版社,1986:17.
③ 佚名.石井泽潭小学学生群体:见义勇为 机智救人[N].南安商报,2014-08-20.

社会生产中发生一定的、必然的、不以他们的意志为转移的关系"①这一点也是无法改变的。有些角色，从个体出生以来就是预定好的，如在血缘关系中，父母、兄弟、姐妹、子女等角色就是无法改变的。社会角色要求人们按照社会的期望和需要(自愿或不自愿地)担负或承诺某项职责并诉诸行动。人们只有按照其社会角色去行动，才能为他人所认识、评价和认可，从而更好地与人交往。角色作为社会地位的外在表现，它不是描述，而是规定，是对个人权利和义务的规定。这种规定反映了人的社会存在价值，反映着人们对于特定地位的人的行为期待。"当人们掌握了一个角色的内容时，他就了解作为该角色的人，人们会对他提出什么期望；同时也了解到他对其互惠角色应有的期望和要求。"②从根本上来说，一个人的生活具有什么样的价值，主要是由社会规定的，他对社会的贡献越大，其人生价值也就越大，因此在日益发展的社会生活中，角色既表明了个人应承担的职责与义务，也是个体发挥自己的潜能、实现自己人生价值的必要途径。

在现实生活中，人们因所扮演的角色和承担的义务不同，常常受到不同的道德评价。中国传统社会就非常注重"以名定责"，如孟子提到的"父子有亲，君臣有义，夫妇有别，长幼有序，朋友有信"(《孟子·滕文公上》)。荀子也强调"君臣、父子、兄弟、夫妇，始则终，终则始，与天地同理，与万物同久，夫是之谓大本"(《荀子·王制》)。在荀子看来，角色伦理是天经地义的，而且要"日切磋而不舍"(《荀子·天论》)。站在这种立场上，依据人们在社会生活中对受害者的生命、财产、利益等是否负有救助的职责，本书将旁观者又区分为负有专门义务的旁观者和没有专门义务的旁观者两类。

所谓负有专门义务的旁观者，主要是指法律法规明文规定负有救助职责的相关人员或专业救助机构，主要指警察、军人、武警、保安、医生等个体以及医院等机构。如《中华人民共和国人民警察法》第21条就明文规定："人民警察遇到公民人身、财产安全受到侵犯或者处于其他危难情形，应当立即救助；对公民提出解决纠纷的要求，应当给予帮助；对公民的报警案件，应当及时查处。人民警察应当积极参加抢险救灾和社会公益工作。"维护社会良好的道德秩序是每个公民都应该承担的义务，但这种义务只能是一定的道德义务，不能完全作为一种强制性的要求。而对于负有特殊使命的人来说，他们则具有特定的义不容辞的责任。比如，对于警察而言，无论是着装值勤还是便装下班时，遇到紧急情况，都必须挺身而出，义无反顾地制止各种犯罪活动，维护广大人民群众的利益和生命安

---

① 马克思，恩格斯. 马克思恩格斯文集：第2卷[M]. 中共中央马克思恩格斯列宁斯大林编译局，译. 北京：人民出版社，2009：591.

② 单兴缘. 开放社会中人的行为研究[M]. 北京：时事出版社，1993：17.

全。此外,他们还负有对其他旁观者进行说服教育,以及疏散相关人员、保护事发现场、维护正常公共秩序的职责。如果他们自始至终作为旁观者,那么,他们不仅应当受到道德谴责,还要受到行政处罚或记过处分,情节严重的可能要接受法律制裁。如《检察人员纪律处分条例(试行)》第 97 条规定:"遇到国家财产和人民群众生命财产受到严重威胁时,能救而不救,情节较重的,给予警告、记过或者记大过处分;情节严重的,给予降级、撤职或者开除处分。"又如《深圳经济特区急救医疗条例》规定:"医疗机构及其相关人员,如果拒绝收治急、危、重伤病员,可视情节对单位处以 3000 元以上 30000 元以下的罚款,对个人处以 1000 元以上 10000 元以下罚款。"

例如,据《山东商报》2012 年 5 月 18 日报道:河南焦作两辆电动车相撞,伤者倒地血流不止,恰在此时,一辆挂有"豫 H3316 警"牌照的警车,正好途经事故现场。结果,车上两名警察竟然以事发地点不在自己管辖区域为由驾车驶离……温县相关部门成立联合调查组对事件展开了调查,对涉事民警停职并进行调查。[①]

除了因特定职务及特定救助机构而承担的义务外,还有一类因救助者与受害者之间的特定关系而引发的义务。这里所讲的特定关系,主要是熟人之间基于信任或因合同而产生的关系,如家庭成员之间、雇主与雇员之间、监护人与被监护人之间、学校与学生之间、船长与乘客之间、危险赛事的组织者和观众之间等。由于他们之间的特殊关系,也就衍生出特定的义务,因而相关人士需要承担的责任和受到的道德评价自然也不同于一般的陌生人。如《兰州晨报》在 2009 年报道的一个典型案例:

2007 年 8 月 10 日,甘肃凉州区村民刘某与其妻王某在家中因琐事发生争吵,气愤不已的王某喝农药自杀。刘某没有当场阻止,也没有送她去医院救治。后王某被他人送到医院后,因抢救不及时死亡。法院认为,刘某放任了王某中毒死亡结果的发生,其行为已构成故意杀人罪,最后以故意杀人罪判处刘某有期徒刑 5 年。[②]

所谓不负有专门义务的旁观者,则是指没有法律法规明文规定其负有实施救助义务的人员。突发性事件中的陌生人,大部分都属于这一类。法律没有特殊规定,并不表明人们就可以心安理得地去做旁观者。针对这一类人员,本书又对其进行了进一步分类。一类是以共产党员为主体的一般国家公职人员或社会公众人物,尽管他们并不负有特定的义务,但因其身份的特殊性,他们的冷漠行

---

① 搜狐新闻. 河南警车"见死不救"续:民警记大过协警被辞[N]. 山东商报,2012-05-18.

② 张春蕾. 见死不救 特定义务人可能获罪[N]. 兰州晨报,2009-08-07.

为,将会对社会产生更大的不良示范作用,对国家公信力和政府形象造成更大的损害。赵汀阳先生认为:"一个人自由地选择了某种责任,就是自由地选择了某种不自由。"①每一个共产党员都是党的组织细胞,党的整体先进性最终要通过党员的行为来体现。共产党员既然选择了人民公仆的社会角色,就应当在公共生活中以全心全意为人民服务的高标准严格要求自己,为全社会树立良好的道德榜样。党风党纪从根本上制约着民风民德,如果共产党员和国家公职人员降低自己的道德标准,把自己混同于普通老百姓,不仅自身会在群众中失去感召力,还会使整个社会的道德失去重心。党的十八大报告指出:"要抓好道德建设这个基础,教育引导党员、干部模范践行社会主义荣辱观,做社会主义道德的示范者、诚信风尚的引领者、公平正义的维护者,以实际行动彰显共产党人的人格力量。"吴潜涛教授等所著《当代中国公民道德调查》一书中的数据也显示,69.90%的受访者认为中共党员应该有比一般群众更高的道德水平。

社会公众人物,是指一定范围内为人们所广泛知晓和关注,具有重要影响并与社会公众利益密切相关的人物。公众人物或掌握公共话语权,或拥有很高的社会地位、良好的社会声誉,作为社会的特殊群体,其所具有的社会影响力远非一般人所能相比。在互联网时代,公众人物尤其知名公众人物粉丝众多,其一言一行都有可能会被聚焦、放大,对社会风尚产生普通公众无法企及的影响力。有些人会把自己欣赏的公众人物作为偶像,模仿对方的一言一行。因此,共产党员尤其是领导干部,以及公众人物尤其是知名公众人物,当他们面对突发事件而袖手旁观,导致事件情节严重、产生恶劣社会影响的时候,其应受到的谴责也远甚于普通意义上的旁观者。

另一类是普通社会公众,对他们的道德要求,要低于党员干部和社会公众人物。每一个社会成员,尽管承担的社会角色不同,但他们作为公民这一"共通"角色的身份却不可能改变。列宁认为,社会公德是"多少世纪以来人们就知道的、千百年来在一切行为守则上反复谈到的、起码的公共生活规则"②。人类公共生活准则,是人类在长期的生活实践中逐渐积累和流传下来的,反映了人类维持公共生活秩序的基本愿望和要求。《世界人类义务宣言》第 10 条规定:"人人应当帮助那些需要照顾者、弱者、残疾者和受歧视者。"③作为公民,他至少应遵循这样一些最起码的公共生活准则,这是全社会成员的道德底线。遇见他人或社会

---

① 赵汀阳.论可能生活[M].北京:生活·读书·新知三联书店,1994:158.
② 列宁.列宁选集:第 3 卷[M].北京:人民出版社,1995:191.
③ 赫尔穆特·施密特.全球化与道德重建[M].柴方国,译.北京:社会科学文献出版社,2001:264-266.

公共利益受到损害时,在不损害自己利益的基础上,使他人或社会公共利益免遭损失,也是每一个有良知的公民应尽的道德义务。比如说,在遇到凭自身力量无法解决的问题时,可以通过报警、大声呵斥作恶者等方式,对受害者进行帮助。当然,不损害自己的利益只能是相对而言的,因为从最严格的意义上讲,任何性质的行为都有可能造成自己利益的损害,如救助他人可能要占用自己的时间、可能要耗费自己的金钱等。如果说负有特定义务者以及党员干部的"见死不救"行为让人感到"愤怒"的话,那么普通社会公众的冷漠则让人"痛心",它反映出社会整体道德水平的下降。总体而言,就旁观这一社会现象的道德责任而言,普通群众、党员干部和公众人物、负有专门义务者三者,其承担的社会义务呈递增趋势,他们所承担的道德责任也呈递增趋势。

三、不同情感体验的旁观者

在面对他人或社会所遭受的不幸事件时,人们常常会产生出一种同情意识或情感,这就是我们通常所讲的同情或怜悯之心。笛卡尔说:"怜悯属于悲哀一类,与对某些人的爱或善意纠缠在一起,这些人,我们认为受到了他们本不应该受到的某种苦难的折磨。"[1]霍布斯认为,同情心是一种将心比心的推论,"发生在一个无辜人身上的苦难,也有可能发生在所有人身上"。它是我们在感受到他人灾难之后产生的,"因为同样的灾难也会发生在我们身上"。[2] 人何以会有同情之心?中国古代思想家孟子认为"恻隐之心,人皆有之",也就是把这种"不忍人之心"看作是做人最起码的要求,是仁德的开端或萌芽。马克思主义伦理学认为,同情是人们在生活实践的种种联系中而产生的社会道德意识和道德情感,体现着人们对自己同类关心爱护的族类精神和整体精神。既然人生活在社会之中,那么人在生活实践中也就很容易养成同情之心,离开了人与人之间的同情怜悯之心,社会就不复为社会。正如著名教育家陈鹤琴先生所说:"同情行为在家庭里、在社会里都是一种非常重要的美德。若家庭里没有同情行为,那父不父,母不母,子不子,家庭就不成为家庭,若社会里没有同情行为,尔虞我诈,人人自利,社会也不成社会了。"[3]尽管思想家们都认为同情心是人之为人、社会之为社会而必然存在的一种情感体验。但是在实践中我们却不难发现,在旁观者身上,同情心不仅表现得形态各异,甚至还会有人毫无同情心。依据同情心的不同表现形式,本书将旁观者分为:"见义不敢为"的旁观者、"麻木不仁"的旁观者与

---

① 莫蒂默·艾德勒.西方思想宝库[M].长春:吉林人民出版社,1988:397.
② 莫蒂默·艾德勒.西方思想宝库[M].长春:吉林人民出版社,1988:397.
③ 范玉华.青少年同情心缺失问题分析及其对策[J].思想理论教育,2005(4):63-66.

"幸灾乐祸"的旁观者三类。

所谓"见义不敢为"的旁观者,是指在面对他人或社会公共利益受到侵害时,无法控制自己的好奇心,参与围观,但常常能推己及人,对受害者所受到的灾难心存恻隐与同情,只是由于内心有太多考量,深知做好事成本太大,或者其他原因,没有积极行动起来,任由受害者受到侵害的人,如下例:

市民怕遭讹诈不敢救助中暑老人

"我看到一个老人摇摇晃晃走在路上,像喝醉了酒,走了几步就倒了下去,一动不动。"阿凯猜想他是中暑了,准备上去帮忙。"别去,小心到时候说是你撞的。"身后的同事吼了一声,阿凯哆嗦了一下,缩回了店门口继续观望。时间一分一秒地过去了,老人一动不动地躺在路上,周围看的人很多,但没有一个靠近,理发店的小姑娘端着一杯水,犹豫了半天,最后也没有走出店门。阿凯说,同事的提醒像定身法,把他们都定住了。

5分钟过去了,一位保安打破了尴尬的沉默,跑上去照顾老伯,还报了警。警车和救护车很快来了,老人被送去医院,围观的人群渐渐散去。"我越想越难过,当时应该上去帮一把。"事情过去10小时后,阿凯说他脑子里都是自己爷爷摔倒却没有人去帮的样子。"但是同事提醒得也没错,一直听说助人为乐反过来被敲诈的事情,那时我到底该不该上去?"一场风波早已过去,但学徒阿凯却陷入了深深的疑惑。[①]

上例中的旁观者,大多属于"见义不敢为"的旁观者。这类人可以同梁启超先生所描述的"呜呼派"与"暴弃派"相通。"如见火之起,不务扑灭,而太息于火势之炽炎;如见人之溺,不思拯援,而痛恨于波涛之澎派。"[②]在突发事件面前,他们常常为受难者所遭受的损失而表示自己的道德义愤,但这种"细若游丝"的同情与义愤很快就被"坚硬如铁"的责任否定所替代:或者认为自己心有余而力不足;或者认为事件本身的性质使自己无法决断;或者认为这样的事情自然有比自己能干的人出面处理。这种旁观者具有同情感,只不过他们的同情感比较淡漠,属于非能动的消极道德情感。这种道德情感对人的行为性质不会产生任何影响,因为它只停留在表面的体验之中,而不能合理地组织人的思想与行为。"消极的情感,即对现实中一定现象形成的肤浅的情绪态度,是以仅仅限于主体体验

---

① 新闻中心.市民怕遭讹诈不敢救助中暑老人[EB/OL].(2008-07-04)[2018-03-20].http://news.sina.com.cn/s/2008-07-04/151915872869.shtml.

② 李华兴,吴嘉勋.梁启超选集:上卷[M].上海:上海人民出版社,1984:131.

为特征,而不产生行为,因为这种被体验的情感没有转化为他的行为的动机。"①
但这种消极的道德情感体验如果遇到适宜的外在条件,就很容易向积极能动的
道德情感发生转化。在面对突发事件时,如果有人振臂一呼,对受害者进行积极
的援助,那么这类旁观者就完全可能受到感染,其同情心的能动性就会被激发,
从而也参与到救助的行动之中。在日常生活中,这样的例子可以说是不胜枚举。
因此,我们也可以把这类旁观者称之为"准被动参与者"。

所谓"麻木不仁"的旁观者,是指在面对他人或社会公共利益受到侵害时,无
动于衷,没有想过要积极行动起来,完全置身事外,任由受害者遭受损失的人。
以"小悦悦事件"为例,事情发生后,《今日早报》的记者根据监控录像调查了几位
当时的路人,被指认者大多否认看见过小悦悦倒地的情景,也有个别人明确表达
了"别人不敢碰,我怎么敢"的心态:

崔先生是一名热心人。他说,根据劳保店的视频,他能认出好几个人,其中
一名骑着摩托车经过时还回头的男子,是出现在视频中的第二个"路人",是劳保
店北侧一家售卖铁线商铺的员工。记者采访了该店铺员工,两名男员工否认了
"指认"。他们说,当晚店铺很早就关门了,员工早就回到了宿舍。但崔先生告诉
记者,他曾找过那家店的员工理论,对方回应:"又不是你的孩子,你管那么多闲
事干吗?"

林女士回忆,那天下午风雨大作,她从学校把5岁的女儿接回店铺的路上,
遇上了瘫倒在地的小悦悦。"我见到一个小女孩躺在路上哭,于是我就问一家店
铺的年轻人是不是他们家的,他说不知道,人家都不敢碰,我怎么敢?"她表示,当
时女孩脚旁有水,她起初以为是女童走路摔倒了。然而,林女士也看到女童的头
旁边有一大摊血,鼻嘴边也有血,"当时没有想到要报120"。

林女士的丈夫杨先生表示,当天妻子到店后曾跟他说过这事,但他太忙,也
没来得及打电话报120。②

上面两个路人,尽管提出了不同的缘由,但有一点是相同的,那就是对别人
的苦难无动于衷。"又不是你的孩子,你管那么多闲事干吗?"一语道出了个别人
对受难者不施援手的心态。在他们的心中,本无什么是与非,一切以自我为中
心,与我无关的事情,我又何必要去管他。再从林女士的表现来看,一般而言,妈
妈通常比一般人更具有同情心,但由"人家都不敢,我怎么敢碰"的心态衍生出的
不作为,却表明这位妈妈并没有比别人做得更好。如果将这一类人的行为与梁
启超先生所划分的类型相对应,则类似"浑沌派"或"为我派"。此类人"饥而食,

---

① 雅科布松.情感心理学[M].王玉琴,译.哈尔滨:黑龙江人民出版社,1988:179.
② 王晓易.两岁女童被两车先后碾过 十多冷漠路人经过视若无人[N].今日早报,2011-10-19.

饱而游,困而睡,觉而起,户以内即其小天地,争一钱可以陨身命","办此事而无益于我,则我惟旁观而已",这种行为看似明哲保身,但实际上"譬之游鱼居将沸之鼎,犹误为水暖之春江;巢燕处半火之堂,犹疑为照屋之出日"。梁启超先生认为,在中国这类人是最多的,"四万万人中属于此派者,殆不止三万五千万人"。面对他人受苦受难而无动于衷,与当事人的受教育程度并没有多大关系,"天下固有不识字、不治生之人而不浑沌者,亦有号称能识字、能治生之人而实大浑沌者"。[①] 我们当然没有权利也没有必要过多地指责业已承受着心理压力的旁观者,因为很多人完全有可能成为那冷漠的第 19 个路人。全国政协委员、著名主持人崔永元在做客手机人民网时,就谈了自己的观点。"如果小悦悦出事时,我正好从旁边经过,我会怎么做?"这是崔永元在小悦悦事件后一直深思的问题。"我觉得自己走开的可能性非常大,"他说,"因为我们每个人对自己的道德感并没有十足把握,帮助别人的想法也并不是下意识能产生的。很多人鼓励自己、支持自己,只因为在众目睽睽之下无可奈何,才去伸出援手。所以为什么《感动中国》那些好人通常也能感动我们?就是因为我们觉得做不到。其实仔细想想我们会发现,那些事情都能做到,只是做与不做。"[②]

所谓"幸灾乐祸"的旁观者,是指在面对他人或社会公共利益受到侵害时,不但不积极行动起来,反而把别人的痛苦和灾难当作取乐的对象,并通过自己的言语或行动,间接地扩大受害者所遭受损失的人。如以下两个案例。

案例一

受骗民工挥刀自残　冷漠看客高呼再来一刀

2005 年 2 月 28 日,在重庆报刊交易市场的出口雨棚上,站着一 40 岁左右的男子,赤裸着上身,右手拿着一把锋利的刮灰刀抵着胸口,周围站着上千名看客。营救行动中一些围观者竟然喊出了:"怎么还没有跳?快点哟!再来一刀噻!"一些围观客竟然还振振有词:"说要跳又不跳,算什么?"围观者的言行再一次刺激了姓刘的男子,他口中乱吼着,刀子一下一下往头上扎。[③]

① 李华兴,吴嘉勋.梁启超选集(上卷)[M].上海:上海人民出版社,1984:133.
② 崔永元.如果我碰上小悦悦走过去的可能非常大[EB/OL].(2012-03-10)[2018-03-20].http://news.sohu.com/20120310/n337308983.shtml.
③ 邹宇.受骗民工挥刀自残 冷漠看客高呼再来一刀[N].重庆时报,2005-03-01.

案例二

女大学生跳楼被围观者起哄 最终纵身跳下受伤

2011年8月23日下午,上海闵行区航华二村三街坊152号,一名年轻女子疑因感情纠纷坐在五楼窗台上试图跳楼轻生,15时50分左右,警方曾向该女子送去面包和水,但被其拒绝。此时,在底楼围观多时的一些好事者认为该女子"在作秀",有人不时向女子高喊:"跳啊,快跳啊。"还有人称:"她哪是在跳楼嘛,要跳就不会等到警察来。""她怎么还不跳啊?"最终在23日16时41分左右,该女子挪动了一下位置,从五楼纵身跳下。就在她跳下后,又有人大声议论:"死不了的,才多高。"①

从案例中围观者的言行可以看出,在整个事件中,他们并不满足于仅仅只做一个看客,而是唯恐天下不乱,希望自己能够在中间客串一个角色,把事情闹得越大越好,以得到自己极端自私的心理满足。在此类旁观者身上,看不到丝毫的怜悯和同情的影子。强调他们没有同情,并不是说这类观众永远没有同情心,而是特指在这件事情上他们是没有同情心的。时下有句时髦的用语"罪恶的旁观者是没有眼泪的",这句话用在他们身上可以说是恰如其分,他们不仅没有眼泪,而且还有欢笑,把自己的快乐建立在别人的痛苦之上。如果说"旁观者不仅面临着'助纣为虐'的危险,也面临着蜕变为作恶者的危险"②,那么"幸灾乐祸"的旁观者就已经是"助纣为虐"。本来人在跳楼的那一刻还在犹豫不决,可让其他人一喊,可能就真的跳了下去。如果说"没有人特别期望恶果,并因而带有恶意去行动,否则他们在道德上就是应当被责备的"③,那么"幸灾乐祸"的旁观者当仁不让就属于应该被责备的一类。

对于当前存在的大量旁观者同情感搁置现象,我们也不必过于担忧,因为人们的道德情感也存在着相互转化的可能性。"如果消极情感在人的情感中,在他对现实的态度中占有越来越重要的位置,则人就会发生完全的蜕变。"④换一种角度思考,如果积极情感在人的情感中占有越来越重要的位置,那么人也会发生完全的蜕变。即便是"幸灾乐祸"的旁观者,在特定条件的刺激下,也完全有可能

① 邬佳文,杨洁.女大学生跳楼被围观者起哄 最终纵身跳下受伤[N].东方早报,2011-08-24.
② 齐格蒙特·鲍曼.被围困的社会[M].邬建立,译.南京:江苏人民出版社,2005:211.
③ 齐格蒙特·鲍曼.后现代伦理学[M].张成岗,译.南京:江苏人民出版社,2003:21.
④ 雅科布松.情感心理学[M].王玉琴,译.哈尔滨:黑龙江人民出版社,1988:181.

向"见义勇为者"转化。因此,一味地对人们的旁观行为进行情绪化的道义谴责,或者只是从理论上分析其产生的某种社会必然性,进而为这种行为的出现提供道德的辩护,这在理论上和实践上都是无益的。如果从理论上为这种行为进行辩护,则只能导致这种现象进一步泛滥。如果仅仅停留在浅层次的指责与谩骂上,说不定昨天的冷漠看客,可能就是今天的指责者;今天的指责者,明天也许会成为一名冷漠看客。因此,本书对当今时代旁观现象的研究,并不止步于"道德滑坡"或"公德缺失"的简单结论,而是要从理论和实践两个维度厘清旁观现象危害,从个体和社会等诸多视角对旁观现象的成因进行深入剖析,既而在此基础上提出切实可行的对策,为实现由旁观者向见义勇为的转化提供必要的理论依据。

第三节 "旁观"行为的本质

万俊人先生曾把旁观现象称之为"道德冷漠",并认为,道德冷漠不同于一般的感情淡薄,它表现为四个方面的特征:人与人之间道德意识沟通的阻塞、道德心理互感的缺乏、道德情感的丧失以及道德行为上的互不关心。他说:"道德冷漠与道德中立或道德宽容截然不同。前者是一种逃避责任、缺乏基本同情感和道德感的态度;而后者则是一种公允的道德评价立场和忍让谦让的道德情怀。无论如何,你都不能把见死不救或给钱才救的行为与加里森敢死队的营救行为相提并论。不独如此,道德冷漠也是一种人性的自我放弃和对人格完善的逃避,因而也是对自我道德主体性的消极否定。"[①]这种冷漠行为实质上是一种道德上的"恶",而且与其他不道德的行为相比有过之而无不及。具体而言,旁观行为作为一种"善"的缺乏,其本质特征体现在三个方面:道德认知失调、道德同情感悬置、道德意志力薄弱。

一、道德认知失调

认知(cognition)是现代心理学的一个重要范畴(特别是认知心理学),是指人们认识、理解事物或现象,保存认识结果并利用有关知识经验解决实际问题的心理活动过程。比如,当我在小区散步的时候,看见远处一个白色的小东西朝着我这边跑过来,根据它的形状以及跑动的特征,我能断定它是一只小动物。随着距离的进一步拉近,我能断定这小动物是一只宠物狗。当它靠近我的时候,我就立即能够认出它是邻居家的且同我熟悉的小狗。这个例子中的猜测、知道、认出,就是一个认知的过程,小动物、小宠物狗、熟悉的小狗,就是作为主体的我认

---

① 万俊人.我们都住在神的近处[M].沈阳:辽宁人民出版社,1998:87.

知的结果。从严格的意义上来说,认知是人类所特有的理性活动。现代著名伦理学家弗洛姆指出:"人是唯一意识到自己的生存问题的动物,对他来说,自己的生存是他无法逃避而必须加以解决的大事。他不可能退回到人类以前的那种与自然和谐共存的状态,他必须优先发展自己的理性,使自己成为自然和自身的主人。"①人们的认知活动主要有自然认知和社会认知两大类。自然认知是建立在对自然知识的了解和掌握之上的认知活动,它侧重于求"真",主要了解世界"是什么""为什么"。所谓社会认知,就是个人对他人的心理状态、行为动机和意志做出推测和判断的过程,主要指对他人表情、性格的认知,对人与人关系的认知,对人行为原因的认知等。道德认知是社会认知的一种重要形式,关注的对象是社会道德现象及其本质。由于社会道德现象的丰富性和复杂性,道德认知的内容至少应该包括关于道德的责任和义务的认识和理解,关于道德的规则的体认和理解,关于道德善、道德恶的知觉和体认,关于道德自律、道德修养、道德舆论、道德教育的知觉和把握等几个方面的内容。② 同自然认知不同,道德认知更倾向于"善"的确立,主要了解"该怎样""应如何"。马克思认为,道德是人类的"实践理性",是"实践—精神"把握世界的方式,这是对道德本质特性的深刻揭示和把握。可以说,人们社会生活的实际和人的实践经验是人类道德生活的丰厚土壤,道德存在的终极价值也在于解决个体生存方式与社会生存方式的协调问题,离开了社会实践,就不可能真正把握道德现象及其本质。"善"以"真"为前提,肯定道德的实践性,并非否认道德认知真理性的存在。只有建立在"真"的基础上,道德才能具有说服力和感召力;缺乏对道德认知真理性的认识,必然会走向抽象道德论和道德唯心主义的泥潭。

作为道德情感、道德意志和道德行为的先决条件,道德认知功能主要包括:道德行为的导向功能、道德自我的培育功能、道德知识的积累功能。道德行为的导向功能,是指道德认知对道德行为发展方向的引导以及对行为结果的价值评判作用。按照辩证唯物主义的理解,"道德具有'知'(认识)与'行'(实践)两个方面。道德不仅是言谈议论的事情,必须体现于生活、行动之中,然后才可成为道德"③。道德实践是道德认知的来源和基础,但道德认知对道德实践具有能动的反作用。古希腊哲学家亚里士多德认为:"人不知道应该做些什么和避免什么,也正是由于这个错误,人们成为不正义的人和根本不道德的人。"④朱熹也说,

---

① 马斯洛.人的潜能和价值[M].林芳,译.北京:华夏出版社,1987:104.
② 窦炎国.论道德认知[J].西北师大学报.2004(6):15-20.
③ 张岱年.中国伦理思想研究[M].南京:江苏教育出版社,2005:19.
④ 科诺瓦洛娃.道德与认识[M].杨远,石毓彬,译.北京:中国社会科学出版社,1983:5.

"人须知耻,方能过而改"(《朱子语类》)。个体只有具备了基本的善恶观念以后,才能产生行善避恶的行为。人的观念,就其影响人的实际生活和行为而言,可以分为三种情况,即引起直接行为的观念、引起人的情绪的观念和引起人们思考反思的观念。[①] 道德认知对行为的导向,主要从以上三个方面展开,如看到残疾人沿街乞讨,心里不免生出怜悯之情,然后给予必要的帮助等。道德自我的培育功能,即个体意识到自身道德的存在,其标志是自我道德的形成,即意识到自己是个有道德的人。[②] 苏格拉底教导人们"认识你自己",孔子提到的"为仁由己",强调的都是道德自我对生命的重要性。可以说,道德自我是道德判断与行为之间连接的桥梁,任何人在做出自己的行为之前,都会思考这么一个问题,即我应该成为什么样的"我"。一个人只有能真正把外在的道德要求转化为内在的道德命令,即由道德他律转向道德自律,他才能真正把握道德自我。道德认知对道德自我形成的作用,主要体现在它为道德判断提供了一种评价工具。个体总是根据一定的认知来判断行为的善恶,进而采取相应的行为措施。一个人愈是具有道德知识,就愈能理解道德原则,愈能做出符合社会要求的道德行为,也就愈能形成道德自我。一个社会中拥有道德知识的人愈多,这个社会的风气也就愈好,也就能塑造出更多道德个体。道德知识的积累功能,指道德认知活动是道德知识不断增加的前提。认知和知识是两个不一样的概念,认知是动态的行为过程,知识则是人们认知的结果和经验,是静态的存在。但这两者又是紧密联系的,知识通过认知活动而获得,没有认识也就没有知识。认识、实践、再认识、再实践,循环往复,以至无穷,这就是人类认识发展的道路和规律,也是人类道德知识积累的规律。同样,个体道德知识的积累,也只有在道德认知这一实践活动的基础上,才能得到不断完善、不断深化。人类社会实践的无止境性,决定了人类道德认知的无止境性。

道德认知表现为一个过程,而且是一个活动过程,一般可以分为三个阶段:自我立法阶段、规则立法阶段、良心立法阶段。在自我立法阶段,道德主体以朴素的自我主义为指导,只根据自身利益或喜好来判断是非;在规则立法阶段,道德主体的行为主要根据业已存在的外在规则,如风俗、规范、法律等,来判断自己行为的是非对错;在良心立法阶段,道德主体能够主动认可和接纳外在道德规范,对道德责任有明确的自觉意识,在没有外在强制力的规约下,能够自觉地调整自己的行为,使之符合社会的要求。按照皮亚杰、科尔伯格等人的道德认知理论,任何成人在理论上都能够达到道德认知发展的高级阶段,即达到苏格拉底所

---

① 贺麟. 文化与人生[M].北京:商务印书馆,1988:127.

② 曾钊新,李建华.道德心理学[M].长沙:中南大学出版社,2002:65.

说的"没有人有意作恶或无意为善"。① 然而,在日常生活中,苏格拉底的观点似乎不一定正确,现实中很多成年人的自我约束力似乎并不很强。如在突发事件中,遇见有人被车撞倒,是否该电话求救,稍有正常理性的成年人对此都能做出正确判断。但现实中却有许多人连这种举手之劳也不愿意做,甚至还常常以"我是普通人"为借口,来推卸自己的责任。

美国社会心理学家费斯汀格提出的"认知失调"理论或许可以对这一现象进行解释。费斯汀格认为,每一认知系统都是由诸多的认知要素构成的,这些认知元素之间的不同构成形成认知系统的不同状态。这些认知元素之间有三种不同的关系,即协调、失调和不相关。当两种元素含义一致、彼此不相矛盾时,就称为协调;当两种含义彼此不牵连时,就叫作不相关;当两种认知彼此矛盾,或含义不一致时,就会出现失调,并导致紧张的心理状态,产生动机冲突。② 对于旁观者而言,他们同时拥有两种矛盾且彼此不能相容的观点:一方面他具有关于行为善恶、正当与否的道德知识,知道自己面对他人苦难而不作为的行为是应该受到惩罚的;另一方面他又试图寻找各种理由为自己的不作为开脱。如果你要问旁观者为什么没有采取救助行为时,恐怕得到的最多回答是,受害者的确需要救助,但自己心中顾虑太多,所以没有行动起来。心理学上把这种现象称为"认知失调",指的是"一个人的态度和行为等认知成分的相互矛盾,从一个认知推断出另一个对立的认知时而产生的不舒适感、不愉快的情绪"。③ 人是一个复杂的动物,当利己主义情感和动机与道德感发生冲突时,希望保持自己习惯了的生活方式的愿望极有可能会"暗示"主体不去完成由道德感而产生的内在要求,因为这样做很可能给他招来一些麻烦。但是,"一个人可能由于性格脆弱而没能完成道德义务,也没有去做任何事情。而当他没有按照与他的道德体验同时产生的道德义务动机去做时,认知失调便会引起他的不满、不安和内疚"。④ 为了缓解自己的心理压力,人们常常会寻找一些理由来为自己的不道德行为进行辩解。对旁观者来说,"我不知道这件事"或者"我无能为力"就是典型的借口。

道德认知失调是人的认知系统的正常状态,从某种意义上说,它具有道德动力学上的意义。因为由认知失调引发的心理压力,必然会促使人产生认知协调的动机。对于旁观者而言,通常有三种方式可以减少认知不协调。一种是改变行为,使自身对行为的认知与对态度的认知相符合。比如由原先的不作为改为挺身而出,

---

① 梯利.西方哲学史[M].葛力,译.北京:商务印书馆,2004:54.
② 叶浩生.西方心理学的历史与体系[M].北京:人民教育出版社,2005:467-468.
③ 叶浩生.西方心理学的历史与体系[M].北京:人民教育出版社,2005:468.
④ 雅科布松.情感心理学[M].王玉琴,译.哈尔滨:黑龙江人民出版社,1988:189.

这样"助人是应该做的行为"与"我帮助了别人",就协调起来了。另一种是改变态度,使自身的态度符合他的行为。比如,认为"人应该帮助人"而又常常袖手旁观的人,若改变行为评价标准,转而认为"人应该是利己的",那么就不存在不协调的问题。还有一种改变是引进新的认知元素,使之与原有的认知成分协调一致。如一个自认为有道德认知而不作为的人,可以找一些借口,包括社会支持力度不够、自己能力有限等,以此来达到协调。尽管从心理学角度,消除不协调的方式多种多样,但马克思主义者认为,人是社会的存在,"作为确定的人、现实的人,就有规定,就有使命,有任务,至于你是否意识到这一点,那都是无所谓的"[①]。在旁观现象中,只有那种真正改变自身的行为,挺身而出的举动,才是值得我们倡导的。

二、道德同情感悬置

道德认知是个体道德行为的逻辑前提,但即便有了正确的道德认知,也未必就会产生相应的道德行为。苏联学者雅科布松认为:"道德及其标准,不是在简单地被人认识的时候,而是当它成为情绪态度的客体的时候,才能成为人的行为的基础。没有把生机勃勃的因素带入所感知的社会道德标准中去的道德感,这些标准实际上对人仍然是格格不入的。"[②]道德主体的任何活动都必然伴随着一定的道德情绪,或者是道德情感。情绪与情感是主体对客体是否满足自身需要而产生的一种内心体验和态度。相比于情绪的情境性和暂时性,情感更具有深刻性和稳定性,而且更多地与人的社会性需要相联系。在日常生活中,情绪与情感常常通用。关于情绪与情感,人们有过多种分类方法。我国古代思想家荀子就曾将它们分为好、恶、喜、怒、哀、乐六大类,并提出"情然而心为之择谓之虑。心虑而能为之动谓之伪。虑积焉、能习焉而后成谓之伪"(《荀子·正名》)。荀子的"伪",即人类的行为。由此可见,在荀子的眼界中,情绪或情感是人类行为的感性基础。法国哲学家笛卡尔则认为,人有惊奇、爱悦、憎恶、欢乐、欲望和悲哀等六种原始的情绪,其他情绪都是它们的组合或分支。道德情感是人类众多情绪或情感中的重要形式之一,"主要指基于一定的道德认识(包括感性认识),从某种人生观和道德理想出发,而对于现实生活中的道德关系和道德行为,所产生的倾慕或鄙弃、爱好或憎恶等情绪态度"。[③] 道德情感与自然情感的最大区别就在于它受道德理性的控制,构成深层心理定势,因而具有恒久性与稳定性等特

---

① 马克思,恩格斯.马克思恩格斯全集:第3卷[M].北京:人民出版社,1960:329.
② 雅科布松.情感心理学[M].王玉琴,译.哈尔滨:黑龙江人民出版社,1988:188.
③ 罗国杰,马博宣,余进.伦理学教程[M].北京:中国人民大学出版社,1985:357.

点。列宁曾经提出:"没有'人的感情',也就不可能有对于真理的追求。"①

古人云:"爱之欲其生,恶之欲其死。"意思是喜爱一样东西就会千方百计地保持它的存在,厌恶一样东西就会千方百计地排除它,甚至消灭它。由此可见,在主体的实践活动中,道德情感是道德行为的重要动机,它在人们的内心世界起着道德调节和道德定向的作用。据《温州日报》2007年6月23日报道,"6·15"广东九江大桥断桥事故发生瞬间,来自河南周口太康县的谢凤运、王文田两位老人恰好乘车经过,成为断桥事故的目击者。但他们没有掉头就跑,而是在距离断桥处五六米远的地方,舍命救下了经过的八辆车。在生死关头,他们宁愿被误为"劫匪",也要舍命拦车救人。事后在接受记者采访的时候,王文田老人说:"当时没想到危险,只想着要拦下过来的车。"在记者询问桥还有进一步坍塌的可能,他们为什么不掉头就走时,谢凤运回答:"这个俺倒没寻思过。你说,咋能眼睁睁地看着车子往江里掉呢。"②在这一行为发生的过程中,道德情感占据了主导地位,正是那种强烈而质朴的情感,驱使着两位老人不假思索地做出了救人行为。在日常生活中,人们面对突发事件时,绝大多数情况下是能够区分什么是善、什么是恶的,但由于缺乏道德情感的驱动,许多人采取了袖手旁观的态度。因此,当代著名伦理学家罗国杰先生说道:"情感是人类道德发生的直接心理基础,也是道德选择的重要心理依据。"③

同情心是道德情感中的核心成分。按照现代心理学的定义,"同情感或同情是人对不幸者持关心、爱护的态度而产生的情感。不幸者包括生理方面的老弱病残,还包括家庭方面的鳏寡孤独、生活无依无靠者,还包括被侵略的民族、受剥削压迫的人民,受冤屈的无辜受害者与受歧视的人,等等。同情感使人产生'助人为乐'的动机与行为"④。这种同情心的由来问题,始终是伦理学史上争论不休的问题。在中国,孟子提出"恻隐之心,人皆有之",荀子把人心(当然包括同情心)看成是"物使之然",朱熹则提出"天理良心"。"在西方,奥古斯丁把人的良心看成是神谕;亚当·斯密和沙甫慈伯里把人的良心说成是某种天然的情感;萨特把人的良心说成是个人心灵中抗拒社会道德规范的唯独一块'绿洲'。"⑤英国思想家亚当·斯密在《道德情操论》中开篇就提出:"无论人如何被视为自私自利,但是,在其本性中显然还存有某些自然的倾向,使他能去关心别人的命运,并以他人之幸福为自

①　列宁. 列宁全集:第20卷[M]. 北京:人民出版社,1989:255.

②　郭莹玉、陈先锋. 佛山九江大桥被撞成断桥,桥面两老人舍命拦住了八辆汽车[EB/OL]. (2018-03-06)[2018-03-20]. http://www.gd.xinhuanet.com/newscenter/2007-06/21/content_10356352.htm.

③　罗国杰. 伦理学[M]. 北京:人民出版社,1989:347.

④　杨清. 简明心理学词典[M]. 长春:吉林人民出版社,1985:111.

⑤　罗国杰. 伦理学[M]. 北京:人民出版社,1989:206.

已生活所必需,虽然除了看到他人幸福时所感到的快乐外,别的他一无所获。这就是怜悯和同情,当我们看到他人的痛苦,或只是想象到他人的痛苦时,都会有这样的情感。我们常常悲人之所悲,忧人之所忧,这是显而易见的事实,无需实例证明;因为像人性的其他所有原始感情一样,这种情感决不只为德行隆厚、秉性仁慈之士所独有,尽管他们可能对此类情感特别敏锐。纵然是罪大恶极的元凶巨憨或冥顽不灵的违法乱纪之徒,在他们身上,这样的情感亦绝非荡然无存。"①

当然,亚当·斯密所说的同情与中国人所理解的同情还是略有区别的,我们所理解的同情心主要指负面的感情,如共同感受忧伤、失望等。亚当·斯密的"同情心"更类似于一种人与人之间的全面的情感共鸣,既包括负面情感共鸣,也包括正面情感共鸣,如共同感受欢乐、美好、希望等。斯密认为,怜悯或同情是人的本性中的一个重要要素,正是这种要素,使旁观者设想自己正遭受这般境遇,进而体会到受害者的情感。现代心理学研究表明,在人的道德情感发展历程中,同情心出现得比较早,如不足一岁的儿童看到别人哭自己也哭,看到别人笑自己也笑。尽管很难说这是道德情感体验,但它却是发展同情心的基础。美国学者大卫·洛耶(David Loye)在《达尔文:爱的理论》一书中,还提出了动物具有同情心的若干证据:

我见过一条狗,它和一只生病的猫是好朋友。狗每次经过那只病猫躺的筐子,都要停下来,用舌头在猫身上舔几下,以示友善。这种感情一定是同情。正是由于同情,狗才会勇敢地攻击侵犯它主人的人。

我再举一个有关同情心和英雄主义行为的例子。这回的主角是一只小小的美洲猴。几年前,伦敦动物园的饲养员给我看了他脖子上深深的、还未痊愈的伤疤,这是他跪在地上时被一只暴怒的狒狒攻击造成的。当时,一只小美洲猴同这只狒狒关在一起。平时小猴和饲养员是好朋友,而非常害怕狒狒。然而,当它看到饲养员有危险时,便不顾一切地冲上来救援,又是尖叫,又是撕咬,把狒狒搞得心烦意乱,饲养员才得以逃脱。后来,外科医生说,如果不是小猴,饲养员恐怕很难活下来。②

现实生活中,这种动物也有同情心的例子似乎并不少见,如有新闻报道"飞车迎面而来,义犬舍身救主""不顾主人打骂,大地震前的瞬间义犬成功救主"等,似乎就是一个佐证。诚然,把人的同情心看作是人的自然属性这一观点是错误的,"不依赖于人而存在的,而人又与之有着密切联系的现实世界是情感赖以产生的源泉"。③ "良心作为义务的内化形式,其客观内容也就必定是社会关系和

---

① 亚当·斯密.道德情操论[M].余涌,译,北京:中国社会科学出版社,2003:3.
② 大卫·洛耶.达尔文:爱的理论[M].单继刚,译.北京:社会科学文献出版社,2004:108-109.
③ 雅科布松.情感心理学[M].王玉琴,译.哈尔滨:黑龙江人民出版社,1988:17.

道德关系,而不可能是神的启示,不可能是先天的情感或理性,也不可能是人的自然本能。"①但无论怎样,同情心确实是道德情感中非常重要的内容,没有对他人的理解、同情与尊重,对他人的需要和利益漠不关心,也就不可能有社会的真正和谐与安定。随着现代社会的发展以及人类对大自然生态保护的深入,人们在强调对他人生命关照与尊重的同时,也意识到我们与这个星球上的所有生命都有着千丝万缕的联系,对同情心的理解也不再局限于人与人之间,而是由人及物地扩展到整个生命的领域。如《中国绿色时报》曾有一则关于"'绿色厨师'张兴国:直面压力拒烹野味"的报道,从1996年到1998年两年时间内,厨艺小有名气的张兴国12次被老板"炒鱿鱼",还有20多次自己"炒"自己,最长的干了不到3个月,最短的不到3天,他对自己的要求是"对厨艺要有创新,对客人要有爱心,对野生动物要有良心"。②

尽管我们不赞同把同情心规定为人的自然倾向,但是,悲天悯人却是人之常情。这种情感不论是先天本能,还是后天社会环境的产物,都不能否认它存在的意义。假如世界缺失了同情心的滋养,人人心硬如铁、冷酷无情,只要不是发生在自己身上,再大的灾难也无人关注,再大的痛苦都无动于衷,那该是一个多么恐怖绝望的景象。古希腊哲学家德谟克利特在论述同情心对个体与社会价值时说:"因自己的同类遭受不幸而欢喜的人,只看到一切人都是安排着受命运打击的;他们也是没有真正的快乐的。"③要获得真正的快乐,就必须同情他人的不幸。"既然我们是人,对人的不幸就不应该嘲笑而应该悲叹。"④不幸者能够从他人的同情中获得心灵的宽慰和生存的勇气,同情者能从对他人的感受中体会到做人的价值,这才是同情心的社会意义。

一般而言,人们在面对他人的痛苦与不幸时,内心深处会自然而然地产生角色交换,仿佛自己正处在与对方一样的境遇中。"旁观者的同情完全来自于下述考虑:如果他落到同样不幸的境地,这也许是不可能的,但还能用自己目前的理性和判断去对这种不幸的境地加以思考,他自己将会是什么样的感觉。"⑤但这样一种本该人皆有之的情感,在旁观者身上,有时却表现得极为薄弱,无法激发

---

① 罗国杰.伦理学[M].北京:人民出版社,1989:207.

② 王左军."绿色厨师"张兴国:直面压力拒烹野味[EB/OL].(2004-04-29)[2018-03-20].http://www.people.com.cn/GB/huanbao/1075/2475956.html.

③ 北京大学哲学系外国哲学史教研室.古希腊罗马哲学[M].北京:生活·读书·新知三联书店,1957:124.

④ 北京大学哲学系外国哲学史教研室.古希腊罗马哲学[M].北京:生活·读书·新知三联书店出版社,1957:107.

⑤ 亚当·斯密.道德情操论[M].余涌,译.北京:中国社会科学出版社,2003:7.

其助人行为的动机,哪怕是顺手打电话救助;有时甚至是完全丧失,个别人对他人的境况不仅麻木不仁,反而幸灾乐祸。"如果他心中没有一丝同情的火花,我们就不应把他看作一个有道德的人,而应把他看作一个反常的人,一个不道德的人。"①万俊人先生认为:"视他人善举为怪诞,置他人危难而不顾,对不义之恶缺少起码的正义感和义务感,对他人之难失却同情,甚至反唇相讥,这一切都是道德冷漠心态的暴露。正因为如此,它的社会后果又与其他不道德行为别无二致。"②我们在对同情心缺失的旁观者进行谴责的时候,忽视了一个最基本的事实,即个人同情心的实现,总是与特定的条件相联系。斯密也认为有些受害者激情的表露,是不能引起人们同感的。换言之,同情心的存在只是"利他"的可能性,而这种可能性能否转化为现实性,是以特定条件为基础的。通常来说,这些条件包括三个方面。

一是受害者激情本身的合宜性。斯密认为:"与我们有特定关系的对象所激发的每一种激情,其合宜性,即旁观者能够赞同,必定存在于某种中庸中。如果激情过于强烈,或过于微弱,均不可能被旁观者赞同。例如,对个人遭遇的不幸和受到的伤害而产生的悲痛和怨恨都极易过于强烈,这在大部分人身上很少有例外。不过这样的激情也有过于微弱的时候,虽然这极为罕见。凡此种种,我们视之为过度、软弱,暴怒、不足、愚蠢、麻木和缺乏生气。所有这些我们都不会认同,而每当目睹这样的情形即深感惊讶、惶惑。"③假如说在一个突发事件中,受害者没有任何反抗,要想引起旁观者的同情心并促使其伸出援助之手,似乎并不是一件容易的事情。同样,如果对本应轻微反映的情绪做出无限的夸大,也难以激起旁观者的同情。对此,斯密指出:"一个人盛怒之下的狂暴举动,多半会激起我们反对他自己,而不是去反对他的敌手。由于我们不知道他发怒的原因,所以就不可能设身处地去感觉,也不可能想象在他的情形中激起的任何激情。"④

二是行为者本身的内在条件。从道德意志自由的角度来讲,无论是积极行动还是消极旁观,均属于个人的行为选择。个人不同的经历会产生不同的世界观和不同的生活策略,在面对突发性事件时,也会引发见义勇为或袖手旁观等不同的行为。美国学者库利认为:"共有一种感情的起因通常是这样,我们感知了某人的符合我们过去的某种感情的特征,这些特征又把过去的这些感情唤起。"⑤同情心具有偏私性,在看到受害者因刺激而产生的反应后,如果旁观者在

---

① 弗兰克·梯利. 伦理学概论[M]. 何意,译. 北京:中国人民大学出版社,1987:178.
② 万俊人. 再谈道德冷漠[N]. 中国青年报,1995-05-09.
③ 亚当·斯密. 道德情操论[M]. 余涌,译. 北京:中国社会科学出版社,2003:25.
④ 亚当·斯密. 道德情操论[M]. 余涌,译. 北京:中国社会科学出版社,2003:6.
⑤ 库利. 人类本性与社会秩序[M]. 包凡一,王源,译. 北京:华夏出版社,1989:89.

经验中有过类似的情绪体验,那么他的同情心就会更容易被激发。一个有过苦难经历的人,对他人所遭受的痛苦也就比较容易形成高度认同感。相应地,个人的同情心和责任感就格外强烈。如果看见有人被抢劫,我们当然会产生同情乃至愤慨的情感,但如果我们自己也有过被抢劫的经历,那么这种愤慨之情就会更加强烈。"因为我经历过苦难的生活,所以我要来援助不幸的人。"①

三是相应的社会环境支撑。人的道德情感有积极与消极之分,积极情感能增加人们助人的可能性,消极情感则会抑制人们助人行为的发生。如果在现实生活中,见义勇为的英雄反遭讥讽,舍己为人、自我牺牲等道德品质受到质疑,而冷眼旁观、明哲保身受到青睐,那么,这些消极的情绪就会侵蚀个体已有的道德信仰,进而抑制其同情心的发生。现代心理学认为:"无论一个人多么关心他人,当碎石掉落下来的时候,个体首先想到的是他或她自己而并不是他人。"②由此看来,创造良好的社会舆论氛围,积极鼓励人们帮助他人,强化社会义务感,为同情心的实现提供良好社会支持,乃是打消个人的行为顾虑、培养献身和奉献精神的根本。

三、道德意志力薄弱

意志问题是伦理学中必然涉及的问题。黑格尔在对道德行为进行阐述时,提出:"意志作为主观的或道德的意志表现于外时,就是行为。行为包含着下述各种规定,即(甲)当其表现于外时我意识到这是我的行为;(乙)它与作为应然的概念有本质上的联系;(丙)又与他人的意志有本质上的联系。"③道德行为不同于一般行为之处,就在于它是基于道德准则的、自觉的,并且同人的意志有着本质联系。一般的意志,以自由为存在状态,主要指人们自觉地将愿望设计为蓝图,为了实现这一蓝图而主动调节自己的行为、积极克服困难的心理过程。意志行动有两个鲜明的特征:第一,意志行动是有目的的活动,离开了自觉的目的,就没有意志可言。第二,意志行动是排难活动。轻而易举就能实现的活动,如用手挠痒痒,也是自觉的、有目的的,但它谈不上是意志行动。就意志本身而言,其引发的行为表现在善恶之间。当个体以情欲、冲动、念想为自己的主要活动提供动力或目标时,其在意志力推动下的行为极有可能会超越社会道德规范界限,成为恶行;如果他能够选取"人生而为大众"作为自己活动的目标,将其个体意志纳于社会意志的统帅之下,他的行为才可能是善的。

---

① 卢梭.爱弥尔[M].李平沤,译.北京:人民教育出版社,1985:293.
② 马丁·霍夫曼.移情与道德发展[M].杨韶刚,万明,译.哈尔滨:黑龙江人民出版社,2003:1.
③ 黑格尔.法哲学原理[M].范扬,张企泰,译.北京:商务印书馆,1961:116.

　　道德意志是在道德活动中的意志,其策动的行为是指向善的,以善为自己追求的目标。所谓道德意志,是指人们在道德活动中的主观心理状态,主要表现为人们按照道德原则和要求进行行为选择时,在自觉克服道德困难、履行道德义务过程中所表现出来的毅力、勇气和坚韧精神。马克思在《新亚美利加百科全书》中写道:"最可靠的心理学家们都承认,人类的天性可分作认识、行为、情感,或是理智、意志和感受三种功能,与这三种功能相对应的是真善美的观念。"①不难看出,马克思这里所说的意志更多是指向人类行为的"善",即道德意志。与一般意志活动相比,道德意志更需要体现在克服困难之中,因为道德本身就意味着使人的行为从"现有"到"应有"的跨越,这种跨越总是具有一定的超前性、引领性。也正因如此,道德意志在社会或个体生活中,才显得弥足珍贵。

　　人们的道德意志总是体现为一种过程,这一过程主要包括两个阶段。第一阶段是确定道德动机,第二阶段是执行道德决定。无论是哪一阶段任务的完成,都需要主体凭借自己意志之努力,克服重重困难方能实现。在第一阶段,道德意志之功能主要体现在解决动机冲突的问题。比如,每个人都有很多心愿,因而便有多种目的。如面对他人危难需要伸手援助时,既想向别人施予援手,又不希望给自己添加任何麻烦,恐怕是大多数人的想法。这样一来,目击者就面临着动机选择的冲突:我究竟该管别人的"闲事",还是该"袖手旁观"? 另一方面,同一目的又可以通过不同的手段得以实现,如遇见歹徒正在施暴,我想出手相救,究竟该采取何种方式,是挺身而出,与歹徒搏斗,还是大声呵斥,或者拨打110,尽可能减少自身的风险更好呢? 这里必然有一个选择的问题。在面对上述突发事件时,知道受害者需要援助,与认为自己应该援助受害者,是两个不一样的概念。前者更多停留在道德认知的阶段,后者则体现在道德认同的阶段。在认知阶段,没有掺杂主体自身的意志力,仅属于理智活动的阶段,目的是为此后的意志活动奠定基础。认同则意味着主体既知道受害者需要帮助,又能够自觉地服从这种社会道德的客观要求,进而把它上升为自身的道德需要。因此主体的认同阶段,反映了理智活动与意志活动的统一,是道德价值判断与价值选择相统一的阶段。因为在认同阶段,主体必须克服一些相对"不善"的动机与欲望,而服从相对"善"的动机与欲望。"面对动机的双重冲突,如果一个人善的欲望和动机克服了恶的欲望和动机,或者层次较高、价值较大的善的欲望和动机克服了较低较小的善的欲望和动机,那么,我们便说他有道德意志,或者说他的道德意志强。反之,如果恶的愿望和动机克服了善的欲望和动机,或者层次较低、价值较小的善的欲望和动机克服了较大的善的欲望和动机,那么,我们便说他没有道德意志,或者说他

---

　　① 陈望衡.中国的马克思主义美学探索者——陈望道[J].创作与评论,2000(1):9-14.

的道德意志弱。"①

明知他人需要帮助,而不愿意伸手援助,毫无疑问是属于道德意志薄弱的表现,因为他未能将社会客观的道德要求内化为自身的道德需要。"有两种东西,我们愈时常、愈反复加以思维,它们就给人心关注了时时翻新、有加无已的赞叹和敬畏:头上的星空和内心的道德法则。"②主体只有从内心深处敬畏这些道德法则,才能在选择行为动机时更倾向于"善"的取向。

个人道德意志的强弱,不仅体现为主体对于自身内部动机冲突的化解,而且体现为主体为达到预期目标对于所遭遇的多种内外困难的克服。所谓外部困难,主要是指行为选择时的环境条件,他人的决定、阻挠等。比如,在现实生活中,突然听到有人落水喊救命,路人会迅速做出救人的决定。可是当他正要下水时,好友阻止自己,此时他是否会改变自己的主意? 所谓内在困难,主要指主体在实现道德决定中所遇到的自身的懒惰、疲劳、不良习惯等。如在照顾患病老人时,当事人本打算给老人养老送终,但因为照顾老人不是一两天的事情,慢慢地可能就失去了照顾的耐心。中国古话讲的"久病床前无孝子",指的就是这种现象。一般而言,人们可以用坚强的意志克服内部的困难,但来自外部的困难,有时却是难以用意志来克服的,比如,在地震、火山喷发、龙卷风等自然灾害面前,人们常常会感觉无能为力。

从确定道德动机与执行道德决定这两个阶段来看,个人道德意志的强弱,更多地体现在后一阶段上,因为确定远大目标,远比执行、实现远大目标要容易得多。试问,谁不曾想过要做一个英雄? 谁不曾想名扬天下? 在街头发现小偷偷窃,很多人或许都有过上前制止的冲动,但真正能做到的又有几人? 行百里者半九十,在日常生活中,真正能够持之以恒地克服内外困难、百折不挠地实现自己远大目标的人又有几个呢? 正因如此,黑格尔才说:"一个人做了这样或那样一件合乎伦理的事,还不能说他是有德的,只有当这种行为成为他性格中的固定要素时,他才是有德的。"③一个人的行为是高尚还是卑劣,不是看他是否做过好事,而要看他是否能长期抵制外界不良因素的诱惑,进而将道德行为持续下去。在革命年代,毛泽东也讲道:"一个人做点好事并不难,难的是一辈子做好事,不做坏事,一贯的有益于广大群众,一贯的有益于青年,一贯的有益于革命,艰苦奋斗几十年如一日,这才是最难得啊!"④一个缺乏坚强道德意志的人,在不良因素

---

① 王海明.新伦理学:下册[M].北京:商务印书馆,2008:1544.
② 康德.实践理性批判[M].关文运,译.北京:商务印书馆,1960:164.
③ 黑格尔.法哲学原理[M].范扬,张企泰,译.北京:商务印书馆,1961:170.
④ 毛泽东.毛泽东文集:第2卷[M].北京:人民出版社,1993:261.

的诱惑下,或者在面对外界困难的情况下,常常会放弃自己的道德理念,而做出错误的抉择。

王海明教授在其《新伦理学》一书中指出:"一个人在执行善的、道德的伦理行为决定时,如果克服了这些困难,实现了所选择的道德动机,那么,他便具有道德意志,或者说他的道德意志强;否则,即使他选择和做出了善的、道德的伦理行为决定,他仍然缺乏足够的道德意志,或者说他的道德意志仍然是较弱的、不够强大的。"[①]将选择行为动机与决定是否实现放在一起来考量道德意志的强弱,肯定有其合理性。因为唯心论者强调动机否认效果,机械唯物论者强调效果否认动机,而马克思主义者从来就主张动机与效果是不可分割的。马克思主义者认为,动机与效果的统一是辩证的、有条件的统一。设想,一个打算救援落水儿童的行人,就在他准备下水之际,突见水中有五六条鳄鱼,在这种根本无法战胜的困难情况下,他不得不改变自己的初衷,打消了救人的念头。对这种行为,我们是否能说,他的道德意志是薄弱的? 如果在这种情况下,他仍然要下水,结果可能是人没救上来,反而搭上自己的性命,对于这样的结果恐怕也并非我们所希望看到的。换言之,道德目标的实现总是要与一定的道德实践能力相联系的,如果主体缺少相应的能力,则不能对其道德意志的强弱做出判断。

从道德意志的角度来考察,旁观者无疑属于意志薄弱者。因为他们在面对他人受困需要援助之时,往往更多地考虑自己行动的困难,而没有积极行动起来,使他人摆脱受难的境地。由于先天和后天等多种复杂原因,人们的道德意志存在不同程度的差异。道德意志之间的差异是正常的,也是无法否认的客观事实。人们道德意志存在差异的原因是多方面的,但最根本的还是道德信念的问题。个体如果对某种现实或观念抱有深刻信任感,就会用该现实或观念来审度事物、判断是非,就会做出意志努力;反之,就会怀疑、疏远它。个体的道德信念从何而来? 马克思主义者认为,道德信念、道德意志的养成固然与个体性格、气质等因素有关,但它的真正基础是在一定主客观条件下,在社会实践尤其是道德实践过程中养成的。正是因为人们的实践不同,各自所追求的利益不同,人们对于什么是"善"、什么是"正当"的理解也存在差异,苏联学者科诺瓦洛娃认为,所谓"正当的"概念,"指的是人的行动或者人的整个行为适合于集体、集团、阶级、社会所采用的道德价值体系。在评价人的行为是正当的行为的时候,是想强调指出,这个人懂得了集体或者社会对他提出的要求,掌握了它们,并用它们来指导自己的行为"。[②] 个体道德意志作为人的心理和观念,往往与历史变迁紧密相

---

① 王海明.新伦理学:下册[M].北京:商务印书馆,2008:1544.
② 科诺瓦洛娃.道德与认识[M].杨远,石毓彬,译.北京:中国社会科学出版社,1983:100.

关,具有鲜明的时代烙印。在革命战争年代,许多人为了民族的独立、国家的解放,发扬革命的英雄主义和大无畏的精神,战胜了重重困难。改革开放新时期,社会的变迁极大地引起了人们心理、观念、情感的变化,此时,对于如何弘扬中国传统的革命道德精神,理论界尚存在较大争议。但毫无疑问的是,随着社会个体化趋势的加强,人们对行为"正当性"与行为"善"的理解也发生了许多变化,人们的道德意志之间、各种行为方式之间的冲突也日益明显。当然,现实的未必都是合理的。我们并不能因为个别旁观者的存在,而否定"人是社会的动物"这一基本信条,抹杀人际互助的道德价值。在某些特殊场合,如面对熊熊燃烧的大火、滚滚而来的洪水或持枪歹徒的威胁,弘扬大无畏的英雄主义精神,在人们感慨道德滑坡的市场经济时代,愈是显得弥足珍贵。日常无法体验的道德意志,唯有在这种特殊境遇下,尤其是面临生与死的抉择时,方能显示伟大的力量。毕竟"在这个行星上,我们都依赖他人,我们的所作所为都与他人的命运联系在一起。从伦理学的观点看,这使我们每一个人都对他人负责。责任就'在那里',不管你是否愿意承认它的存在,不管你是否愿意接受它"。[①]

---

① 齐格蒙特·鲍曼.被围困的社会[M].邹建立,译.南京:江苏人民出版社,2005:17.

第二章 旁观现象的道德批判

　　随着经济的快速增长与社会结构的变迁,"旁观"现象作为当今社会不和谐现象屡屡发生在我们生活中。社会心理学家拉塔内和达利认为,"旁观"现象并不是说人们的冷漠、无动于衷、无感情、无人性,或者说拒绝帮助在道德上是无可挑剔的。"鉴于周围的人无利可图,所以要是有人出来干预倒反而会令人吃惊,因为在紧急情况下进行干预的人很少会得到积极的回报。"[①]不可否认,道德责任的分散是"旁观"现象出现的原因之一,但"旁观"时表现出来的无动于衷,却是人的自我和社会分裂的重要表现。对这种现象,如果我们表示赞许或者不置可否,只能进一步分裂我们的意识,加速我们的异化和非人性化。诺贝尔和平奖得主、纳粹集中营的幸存者韦塞尔(Elie Wiesel)认为,冷漠的社会中只有三种人,即凶手、死者、旁观者(the killers,the victims,and the bystanders)。在这样的冷漠社会中,人们分不清黑暗和光明,分不清早晨和黄昏,分不清罪与罚,分不清残酷与同情,分不清好与坏。人是群居动物,同情被害者才应该是我们最基本的情感,和谐社会尤其不需要冷漠。事实上,对"旁观"现象的批判尤其是道德批判,无论在历史上还是现实中从来就没有停止过。

第一节 旁观现象道德批判的理论基础

　　从道德的角度来看,旁观他人的苦难,并不是认知能力的缺乏,而是道德情感能力的缺乏导致道德心理上的怯懦以及道德行为上的不作为。在一定意义上说,这是一种病态的心理,它内在地蕴含着对他人和社会的拒斥。无论互助进化论、人道主义理论、社会心理学还是新兴的后现代伦理学理论,对这一现象的存在都持坚决的否定态度。

---

　　① 阿尔诺·格鲁恩.同情心的丧失[M].李健鸣,译.北京:经济日报出版社,2001:75.

一、互助进化论基础

在伦理思想史上,专门对冷漠旁观者或旁观现象进行批判的思想家并不多见。但是,对于人类的善良本性诸如互助、友爱、同情、慈善等问题的论述,却成为各种道德理论的主要内容。在人类丰富的道德文化中,存在"性善论""性恶论""性无善无恶""性有善有恶",以及"经济人""道德人""生态人"等各种各样的人性假设,但无一例外的是,各理论对团结互助的精神有着普遍的认同。"唯宽可以容人,唯厚可以载物""一个篱笆三个桩,一个好汉三个帮"等就是人们通过实践得出的真知。从人类社会的形成发展来说,尽管竞争进化论与互助进化论各执一词,但若完全以"弱肉强食""适者生存"来解释人类社会的发展,肯定是有其明显缺陷的。竞争进化论毕竟无法解释人类的同情感、正义感、慈善感以及愧疚感等基本道德情感存在的事实。可想而知,在生产力极度低下的原始社会中,如果人类不能结成集体,共同劳动,互相帮助,单独的个体将无法战胜自然环境而生存下来,"最紧密的和最牢固的团结把部落成员、氏族成员结成一个整体,把他们变成希腊神话中的'百手巨人'"①。正是通过群体内部的相互帮助,人类才得以不断战胜自然灾难,一步步走向文明。从这个意义上说,团结互助恰恰是人类社会存在发展的原始生命力。

两千多年前,孟子就提出人生来就有一种"不忍人之心","今人乍见孺子将入于井,皆有怵惕恻隐之心。非所以内交于孺子之父母也,非所以要誉于乡党朋友也,非恶其声而然也。由是观之,无恻隐之心,非人也;无羞恶之心,非人也;无辞让之心,非人也;无是非之心,非人也。恻隐之心,仁之端也;羞恶之心,义之端也;辞让之心,礼之端也;是非之心,智之端也。人之有是四端也,犹其有四体也"(《孟子·公孙丑上》)。在他看来,这种仁爱之心,是社会团结安定的基因,是一种社会向心力。只要把这种爱心推广出去,社会就能稳定和谐。"老吾老以及人之老,幼吾幼以及人之幼,天下可运于掌。《诗》云:'刑于寡妻,至于兄弟,以御于家邦。'言举斯心加诸彼而已。故推恩足以保四海,不推恩无以保妻子。古之人所以大过人者,无他焉,善推其所为而已矣!"(《孟子·梁惠王上》)

俄国无政府主义学者克鲁泡特金是互助进化论的集大成者。在他看来,用达尔文的"弱肉强食""适者生存",来考察人类社会生活,是对达尔文学说的滥用。人类社会的发展进化快慢,取决于人类互助性的强弱,互助是人类进化的一种重要因素。在《互助论》一书中,他全面而系统地论述了生物界中普遍存在互助这一观点。克鲁泡特金认为,合群如同竞争一样,也是动物生存的一种自然法

---

① 拉法格.思想起源论[M].王子野,译.北京:生活·读书·新知三联书店,1963:70.

则。"但是,作为进化的一个因素来说,它也许更加重要得多,因为它保证了种群的维持和进一步发展,用最少的精力来保证个体的生活的最大幸福以及习惯、特性的发展。"①通过对蚂蚁、鸟类、水牛、海狸等生物的长期观察,克鲁泡特金得出了这样的结论:"不论是在动物界还是在人类中,竞争都不是规律。它在动物中只限于个别的时期才有,而自然选择也不需要它而另有更好的方式。以互助和互援的办法来消除竞争,便能创造更好的环境。"②

美国学者大卫·洛耶认为,达尔文的优胜劣汰理论其实是被曲解的,因为他并没有把生存竞争看作生物进化的唯一动力,相反,"爱"是达尔文主义独有的显著特点。在《达尔文:爱的理论》一书中,洛耶以丰富的材料、翔实的考证、精辟的论述,说明达尔文的确在探索"爱"的方式和它的进化论意义。据大卫·洛耶的考察,"爱"在《人类的由来》一书中竟出现了95次之多;关于"相互帮助"中的"相互",有24条;而关于"竞争"的条目,则只有9条;关于"适者生存"的条目只能找到2条,其中一条还是达尔文讲自己在《物种起源》中夸大了"适者生存"的重要性。洛耶认为,达尔文的《物种起源》强调的是自然选择和适者生存的规律,而《人类的由来》则是另外一种完全不同的、强调"道德意识"进化的、更高尚和更温和的理论,"达尔文意欲在《人类的由来》中超越《物种起源》,把相互冲突的两部分放在一起,完成他的进化论。这就是他的原始想法"③。洛耶进一步指出,在许多野蛮人的部落中,人们并不受宗教信仰的指导,也没有对人类的仁慈之心,但他们中的许多人在陷入敌人之手后,宁愿牺牲生命,也不愿意出卖同伴,这无疑是一种道德的行为。在《人类的由来》中,达尔文明确提出:"有些作家持有这样一种判断,认为在人和低等动物之间的种种差别中,最为重要而且其重要程度又远远超出其他重要差别之上的一个差别,就是道德感或良心,我完全同意这一点……在人的一切属性中,它(道德感,作者注)是最为高贵的,它导致人毫不踌躇地为他的同类去冒生命的危险,或者在经过深思熟虑之后,在正义或道义的单纯而深刻的感受的驱策之下,使他为某一种伟大的事业而献出生命。"④从达尔文的这段论述,我们可以看出大卫·洛耶对达尔文进化论的分析是深刻的。既然低级动物和野蛮人都懂得互助,那么,作为高级的社会化了的人,在自己的同类遇到困难时,有什么理由拒绝对他进行帮助呢?

尽管马克思主义者认为道德情感来源于人们的道德实践,进而反对抽象地

---

① 克鲁泡特金.互助论[M].李平沤,译.北京:商务印书馆,1963:21.
② 克鲁泡特金.互助论[M].李平沤,译.北京:商务印书馆,1963:76.
③ 大卫·洛耶.达尔文:爱的理论[M].单继刚,译.北京:社会科学文献出版社,2004:22.
④ 达尔文.人类的由来(上册)[M].潘光旦,胡寿文,译.北京:商务印书馆,2005:148.

谈论人的本性。但马克思多次强调，个体离不开集体，只有在集体中，个人才能获得全面发展的手段。马克思认为："我们的猿类祖先是一种群居的动物，人，一切动物中最爱群居的动物，显然不可能从某种非群居的最近的祖先那里去寻求根源。"①他还进一步提到："劳动的发展必然促使社会成员更加紧密地互相结合起来，因为他们互相支持和共同协作的场合增多了，并且使每个人都清楚地意识到这种共同体协作的好处。"②也正因为如此，大卫·洛耶才认为，尽管达尔文与同时代的马克思和恩格斯从未谋面，但他们的观点却可以相互印证，这的确让人不可思议。

受互助进化论思想的影响，伟大的革命先行者孙中山先生曾多次公开批评社会达尔文主义在国际竞争中的强权侵略思想，在他看来，"物竞争存之意已成旧说，今则人类进化，非相匡相助，无以自存"③。"物种以竞争为原则，人类则以互助为原则，社会国家者，互助之体也；道德仁义者，互助之用也。人类顺此原则则昌，不顺此原则则亡"④。除了孙中山先生以外，互助论思想对早期马克思主义者均有过深刻影响，这其中包括李大钊、毛泽东等一大批党的领导人。李大钊就曾明确指责无视互助进化理论给世界带来的伦理灾难："从前讲天演进化的，都说是优胜劣败、弱肉强食，你们应该牺牲弱者的生存幸福，造成你们优胜的地位，你们应该当强者去食人，不要当弱者，当人家的肉。从今以后都晓得这话大错。知道生物的进化，不是靠着竞争，乃是靠着互助。人类要是想求生存，想享幸福，应该互相友爱，不该仗着强力互相残杀。"⑤

既然互助是人类社会发展的一种重要因素，那么在人们的生活实践中，当遇到突发事件时，人们之间的互帮互助便合乎情理。反之，旁观现象的存在，则是对爱心和同情的反叛，在本质上具有反道德的特征，不仅应当受到道义谴责，其后果也许会危及共同体的生存，因此人类生活必须拒斥旁观者。

二、人道主义理论基础

"人道主义"一词最早来自古罗马西塞罗的人道精神，指能够促使个人才能得到发挥的具有人道精神的教育制度。现代意义上的人道主义思想产生于欧洲文艺复兴时期。作为一种意识形态，人道主义是与神道主义相对应的概念。人道主义认为主宰人的不是神，而是人自身，人具有高贵的理性和无穷的力量。人

①　马克思,恩格斯.马克思恩格斯选集:第4卷[M].北京:人民出版社,1995:376.
②　马克思,恩格斯.马克思恩格斯选集:第4卷[M].北京:人民出版社,1995:376.
③　孙中山.孙中山全集:第3卷[M].北京:中华书局,1984:360.
④　孙中山.孙中山全集:第6卷[M].北京:中华书局,1984:195.
⑤　李大钊.李大钊文集:第2卷[M].北京:人民出版社,1999:251.

所具有的这种高贵和力量既不是神赐的,也不是遗传的,只能靠个体在后天的生活实践才能取得。因此,应该把人的尊严和幸福放在首位,尊重人,平等待人,满足人的需要和利益。法国著名人道主义哲学家狄德罗认为,人道就是对全人类的仁爱精神,它仅能在伟大而富有感情的灵魂里燃烧。具有人道主义精神的人是高尚卓越而热诚的人,这种人为了解除别人的痛苦而极端烦恼,甚至为了消灭迷信、罪恶和灾难情愿跑遍天下。[①] 在 14—15 世纪的文艺复兴时期,人道主义构成时代的精神主题。当时大多数思想家、艺术家都在各自的领域里提出了或阐述了人道主义思想,如薄伽丘就提出,人类天生是一律平等的,只有品德才是区分人类的标准。

人道主义用人性否定神性,用理性代替神启,用人权对抗神权。他们歌颂人的价值,强调现世生活的意义,大胆提出享乐的尘世要求,追求个人自由和个性解放的实现。意大利人文主义者帕特拉克(1304—1374)就曾大力歌颂现世的生活,他说:"我不想变成上帝,或者居住在永恒中,或者把天地抱在怀里。属于人的那种光荣对我就够了。这是我祈求的一切,我自己是凡人,我只要求凡人的幸福。"[②]尽管人道主义从一开始就是一个充满歧义的理论,但作为人类的基本思想之一,它对人性解放的强调,对人的价值和尊严的强调,对于反对封建专制和宗教神学禁欲主义,却有着非常积极的、革命性的意义。

美国著名伦理学家保罗·库尔茨(Paul Kurtz)是世俗人道主义的主要代表人物,他在反对宗教信仰、关注个人人格的同时,提出了"世界共同体"的概念。库尔茨认为,在全球化时代,"需要去发展全球规模的科学教育、批判性的智力和理性,将其作为解决人类问题和促进人类利益的一种方式"。[③] 我们每一个人都是人类物种中的一员,是地球上的居住者,同时还是世界共同体的一部分,因此我们每一个人都应该承担相应的社会责任。库尔茨相信,整个社会只有形成人人负责的良性生态系统,才能真正确立起人类的尊严,才能真正实现更加和平、繁荣的人类世界。

在无产阶级革命斗争中产生和发展起来的社会主义人道思想,是彻底的人道主义,这种彻底性主要体现在它的现实性和实践性中。在《德意志意识形态》一文中,马克思提到:"共产主义者根本不进行任何道德说教。"[④]但他并不是反对道德,而是反对那种抽象的道德说教。不同于资产阶级人道主义,社会主义人

---

① 周辅成.西方伦理学名选辑(下卷)[M].北京:商务印书馆,1987:35.
② 宋希仁.西方伦理思想史[M].北京:中国人民大学出版社,2004:153-154.
③ 保罗·库尔茨.21 世纪的人道主义[M].肖锋,译.北京:东方出版社,1998:409.
④ 马克思,恩格斯.马克思恩格斯全集:第 3 卷[M].北京:人民出版社,1960:275.

道主义不是从那种抽象的、笼统的、无差别的人出发,而是坚持对人做历史的、具体的分析,坚持把人的本质看成是一切社会关系的总和。恩格斯在谴责资产阶级道德时,就这样说道:"我并不是一个抽象的道德家……可是使我感到痛心的是,严肃的道德正濒临消失的危险,而肉欲却妄图把自己捧得高于一切。"[1]"同他人交往时表现纯粹人类感情的可能性,今天已经被我们不得不生活在其中的、以阶级对立和阶级统治为基础的社会破坏得差不多了。"[2]从这里可以看出,辩证唯物主义学说中包含有或应当包含有"人道主义"的内容,它应当"带着诗意的感性光辉对人的全身心发出微笑",而不能"变得片面,变成几何学家的抽象的感性,变得敌视人"。[3]在《神圣家族》一文中,马克思和恩格斯谈到法国唯物主义中的人道主义学说与共产主义或社会主义的联系时,他们说:"并不需要多大的聪明就可以看出,关于人性本善和人们的智力平等,关于经验、习惯、教育的万能,关于外部环境对人的影响,关于工业的重大意义,关于享乐的合理性等的唯物主义学说,同共产主义和社会主义之间有着必然的联系。"[4]

社会主义人道主义是实践的,在马克思主义的视域中,一切离开实践的纯粹真理在现实中根本不存在,而只存在于虚无缥缈的哲学幻想之中。"正像无神论作为神的扬弃就是理论的人道主义的生成,而共产主义作为私有财产的扬弃就是对真正人的生活这种人的不可剥夺的财产的要求,就是实践的人道主义的生成。"[5]在深入批判资本主义社会金钱道德的基础上,马克思指出,在一个真实的集体中,人与人之间就应该相互关心、相互帮助,对于每一个个体来说,"只有维护公共秩序、公共安全、公共利益,才能有自己的利益"。[6]马克思对资本主义人道主义的批判表明,人道主义要确立起自身的科学性,就必须要关注现实,关注现实的个体,并为解决社会冲突提供理论上的解释。马克思和恩格斯不仅关注现实的他者利益,而且强调将自然纳入自己的关怀视野。在《1844年经济学哲学手稿》中,马克思指出:"这种共产主义,作为完成了的自然主义,等于人道主义,而作为完成了的人道主义,它是人和自然之间、人和人之间的矛盾的真正解决。"[7]尽管这段话存在诸多争议,但不容置疑的是,马克思在对待他人与自然的立场上是坚持人道主义的。马克思和恩格斯认为,随着社会经济的发展,随着阶

[1] 马克思,恩格斯.马克思恩格斯全集:第2卷[M].北京:人民出版社,2005:267.
[2] 马克思,恩格斯.马克思恩格斯全集:第4卷[M].北京:人民出版社,1995:235.
[3] 马克思,恩格斯.马克思恩格斯全集:第2卷[M].北京:人民出版社,1957:267.
[4] 马克思,恩格斯.马克思恩格斯全集:第2卷[M].北京:人民出版社,1957:166.
[5] 埃·弗洛姆.马克思论人[M].陈世夫,张世广,译.西安:陕西人民出版社,1991:112.
[6] 马克思,恩格斯.马克思恩格斯全集:第2卷[M].北京:人民出版社,1957:609.
[7] 马克思,恩格斯.马克思恩格斯全集:第42卷[M].北京:人民出版社,1979:120.

级的消灭和国家的消亡,法律必将被废除,而道德的作用将日益扩大和加强。因此,以马克思主义为指导思想的无产阶级理应把社会主义人道主义作为自己反对资产阶级和建设新社会的有力武器。

社会主义人道主义,是社会主义道德建设的一个重要原则,也是社会主义社会的一个重要道德要求。在革命斗争年代,中国共产党就宣布了尊重士兵、尊重人民、尊重俘虏三项原则,主张"救死扶伤,实行革命的人道主义"[①],强调长官与士兵像兄弟一样和睦相处,禁止打骂士兵,严格禁止肉刑等。毛泽东同志说:"世间一切事物中,人是最可宝贵的。"社会主义人道主义与革命的人道主义一脉相承。"我们要从各方面,使社会主义的人道主义,随着社会主义的经济建设、政治建设和文化建设的发展,像社会主义制度所要求的那样,得到最充分的实现。"[②]社会主义人道主义强调:"在社会公共生活中,要大力发扬人道主义精神,尊重人、关心人,特别要注意保护儿童,尊重妇女,尊敬老人,尊敬烈属和荣誉军人,关心帮助鳏寡孤独和残疾人。"[③]然而,受长期的封建思想以及资产阶级腐朽思想的影响,在我国的现实生活中,"违反人道原则的犯罪现象仍然不同程度地存在着,对人(首先是对普通劳动者、普通知识分子、普通服务人员和普通顾客,尤其是对于普通妇女、普通儿童、普通老人和有残疾的人)缺乏关心、尊重、同情、爱护的冷漠现象也仍然不同程度地存在着,这些现象的存在是同人民的利益、同社会主义的利益相冲突的"[④]。当代著名伦理学家罗国杰教授指出,在社会公共生活中,要大力提倡和弘扬见义勇为、舍己为人的崇高美德;对老弱病残及丧失劳动能力的人,要真正关心和照顾他们,使他们过上幸福的生活;那种对他人的痛苦、不幸和灾难,漠不关心、麻木不仁、视而不见的现象,是缺乏最起码人道主义的表现。[⑤] 总之,社会主义人道主义是社会主义道德体系的重要内容,追求平等互助、团结友爱、共同前进的和谐人际关系,理应成为社会主义道德建设的重要目标。

三、社会公德理论基础

社会公德就是千百年来逐步积淀下来的,为维护社会公共生活秩序的正常运行,人们所必须遵循的最基本的道德规范。马克思、恩格斯和列宁都曾强调过社会公德的存在。在《国际工人协会成立宣言》中,马克思指出:"努力做到使私

① 罗国杰.中国革命道德[M].北京:中共中央党校出版社,1999:554.
② 胡乔木.胡乔木文集:第2卷[M].北京:人民出版社,1993:618-619.
③ 十一届三中全会以来重要文献选编:上卷[M].北京:中共中央党校出版社,1981:425.
④ 胡乔木.胡乔木文集:第2卷[M].北京:人民出版社,1993:618-619.
⑤ 罗国杰.伦理学[M].北京:人民出版社,1989:225.

人关系间应遵循的那种简单的道德和正义的原则,成为各民族之间的关系中的至高无上的准则。"①列宁也多次强调,存在着那种"数百年来人们就知道的,数千年来在一切处世格言上反复谈到的、起码的公共生活规则"。② 人类社会之所以强调社会公德,因为尽管生活在社会中的人们各自利益不同,有时甚至是完全对立的,但人们常常也存在着一些共同的要求或愿望,例如每个人都希望有一个安定的生活工作环境,每个人都希望自己的付出能得到别人的尊重,每个人都希望在自己或亲人遇到危难时能得到别人的帮助,等等。基于这些共同的愿望、利益和要求,人们就逐步形成了一些普遍认同的道德规范,这就是社会公德。

从某种意义上说,社会公德是人类道德的起源和最初表现形式。在生产力水平极端低下的原始社会,在残酷的自然环境面前,原始人必须结成群体、共同劳动、相互协作,才能生存和发展。如果离开了集体,人们就不能生存。在这种相互协作的过程中,道德发生和发展的动力也随之增大,"劳动的发展必然促使社会成员更紧密地互相结合起来,因为它使互相帮助和共同协作的场合增多了,并且使每个人都清楚地意识到这种共同协作的好处"③。诸如"勿偷盗""勿淫乱""守纪律""讲礼貌""有诚信""尊重人格"等,就是社会公德的内容。这些规则不仅是实践的产物,而且应该是被人们意识到的东西,"人的实践活动必须亿万次地使人的意识去重复不同的逻辑公式,以便这些公式能够获得公理的意义"④。这些逻辑公式,就是作为规则的道德生活规律,就是把个别的偶然现象,与普遍的一般相对应,由"实然"上升到"应然"的过程。当人们意识到这些关系对自己的意义,并自觉地调整自己的基本态度和行为时,自觉的道德和法律就产生了。

作为在公共生活中必须遵循的行动准则,社会公德是人的最基本、最广泛、最一般社会关系的反映。它除了在内容上有传承性和延续性以外,还有一个特点就是具有广泛性和普遍性。社会公德反映的并不是某一特定阶级的利益,而是全社会共同利益,是维护社会生产生活秩序的最基本要求。因此,不同阶级、不同阶层、不同民族,各宗教团体和民主党派都应当遵守社会公德,任何违背社会公德的行为,都应该成为"老鼠过街,人人喊打"。社会的共同利益是社会公德赖以存在的合法依据。如果一个社会中的民众连最基本的共同生活准则都不能遵守,这个社会便无法继续存在下去,更不用说向更高的文明攀登了。

---

① 　马克思,恩格斯.马克思恩格斯选集:第 2 卷[M].北京:人民出版社,1995:607.
② 　列宁.列宁选集:第 3 卷[M].北京:人民出版社,1986:247.
③ 　马克思,恩格斯.马克思恩格斯选集:第 4 卷[M].北京:人民出版社,1995:376.
④ 　列宁.列宁全集:第 55 卷[M].北京:人民出版社,1990:160.

2001年,我国正式颁布了《公民道德建设实施纲要》。《纲要》明确指出,社会公德涵盖了人与人、人与社会、人与自然之间的关系。在人与人的关系层面上,经过长期的实践逐渐形成了礼貌待人、助人为乐、遵守秩序、尊老爱幼、救死扶伤等社会公德规范;在人与社会的关系层面上,社会公德主要表现在爱护公物、维护公共秩序、珍惜国家、集体财产方面;在人与自然的关系层面上,社会公德主要表现为热爱自然、保护环境等方面。这些规则化了的道德规范,已经超越了单纯的道德情感,实现了情感与理性的有机统一,因而能够为广大公众所接受和认同。在社会公共生活中,每个人都会遇到困难和问题,总有需要他人帮助和关心的时候。懂得了这个道理,人们就会主动帮助他人,以助人为乐。正所谓"赠人玫瑰,手有余香",我国古语中"君子成人之美""为善最乐""博施济众"等强调的就是这种社会公德。自觉遵守环境道德,也是当代社会所提出的伦理要求。因为良好的自然环境条件,是人民群众的衣食之源,是社会经济发展和人们心情舒畅的前提条件,同时也是当代人对子孙后代应尽的责任和义务。

社会公德看似小事,实际却是整个社会道德的基石和支柱,是社会风尚最基本、最起码的标志。恩格斯说:"只有维护公共秩序、公共安全、公共利益,才能有自己的利益。"①梁启超也认为:"公德者诚人类生存之基本哉。公德盛者其群必盛,公德衰者其群必衰。"②透过社会中人们公德意识的多寡、公德水平的高低,就能看出这个社会的基本文明程度。当代社会的发展使一个开放的、流动的、丰富多彩的公共世界展现在人们面前,和谐的公共世界尤其需要积极促进生活发展的伦理精神来维系;在公共安全和人民生命财产安全受到威胁时,那种无动于衷的消极旁观态度无疑是与这种公共伦理精神背道而驰的。

四、后现代伦理学理论基础

人们都知道,假如说某个东西是现代性的,那么它就是新式的,最具先进性。从某种程度上说,现代性就意味着快速、不断的变化。"人类在这几百年里发生了以往历史时期所有变化都不可比拟的全面彻底转变,而且各个前现代国家还在加速向现代奔去,'内置'国家还看不到走出这一特定历史时期的前景。"③现代性正在以前所未有的方式,将我们抛出原有社会秩序的轨道,让我们生活在全新的境遇之中。它在带给我们更多自由和解放的同时,也带来精神分裂和社会冲突。恰如安东尼·吉登斯所言:"在晚期现代性时代,工具控制的体系

① 马克思,恩格斯.马克思恩格斯全集:第2卷[M].北京:人民出版社,1957:605.
② 梁启超.拈花笑佛[M].西安:陕西师范大学出版社,2007:103.
③ 包利民,斯戴克豪思.现代性价值辩证论[M].上海:学林出版社2000:29.

比之以前暴露得更为赤裸,并且其负面后果也更为明显,出现了许多形式的反向作用……不是因为它不可避免地驶向灾难,而是因为它引入了前人不必面对的危险。"①谈论后现代性,并不意味着现代性的终止。后现代性只是知识分子用来应对"现代性"困境而提出的一个关键思想,它在某种程度上具有强烈的幻灭、失望甚至绝望的内涵。齐格蒙特·鲍曼认为:"后现代的世界是一个无根的陌生人的世界。在这个世界当中,男人和女人们企图生存下来,并通过消耗他们偶然获得的个人资源去创造意义。在这个世界当中,人们不具有由较高的权力强加的绝对的道德准则的鼓励性的指导。当这个世界的居住者面对伦理的困境时,他们不再能够把它们'向上'提交给官员、教授、政治家、科学家或者所谓的扮演某种道德祭祀的'专家'。他们能够——事实上,他们不得不——为自己选择在特殊的境遇中需要遵循的某种行为规则。"②

在一个充斥陌生人的无根世界,我们怀疑事情的真相与我们所知的相反。我们不再期望立法者的明智和哲学家的聪颖能使我们从道德困境和决断的不确定性中一劳永逸地解脱出来。那么,人类幸福何以可能? 对此,齐格蒙特·鲍曼肯定地说:"是社会成员的道德能力,而不是其他方式,使社会、社会的持续存在和社会幸福成为可能。"③马克-艾伦·奥克尼也认为:"后现代伦理学是一种关于爱的伦理学。"④在后现代伦理学家的理论中,理性控制下的道德是不安全的道德。只有使自我成为道德的自我,即无根基的、非理性的、无可争论的、不可原谅的和不可估量的自我,并且将这种努力扩展到他者,去爱他者,去为他者活着,人类才能真正道德地生活着。所以齐格蒙特·鲍曼认为,道德责任不考虑并且不能考虑任何逻辑。"道德责任是人类最具私人性和最不可分割的财富,是最宝贵的人权……道德责任是无条件的和无限的,它在不能充分证明自己的不断痛苦中证明了自己。道德责任从来不为其存在寻找保证,也从来不为其不存在寻找借口。"⑤

之所以道德责任是无条件的,是因为在现代性社会中,人们之间看似没有什么关联,每个人都是个体,人们视陌生者为"一种不相关的存在、没有被组织化的存在、一种没有被承认的存在。一种非存在的存在——一种与其自身不协调的

---

① Anthony Giddens. Modernity and Self-identity: Self and Society in the Late Modern Age. [M]. Cambridge: Polity Press, 1991:3-4.

② 丹尼斯·史密斯. 后现代性的预言家[M]. 萧韶,译. 南京: 江苏人民出版社,2002:21.

③ 齐格蒙特·鲍曼. 后现代伦理学[M]. 张成岗,译. 南京: 江苏人民出版社,2003:36.

④ 齐格蒙特·鲍曼. 后现代伦理学[M]. 张成岗,译. 南京: 江苏人民出版社,2003:108.

⑤ 齐格蒙特·鲍曼. 后现代伦理学[M]. 张成岗,译. 南京: 江苏人民出版社,2003:295.

共鸣。通过视若陌路的技术,陌生人被分配在不被关心的范围"。① 但事实上,人们共存于一种相伴状态(being-aside),"他人的存在,甚至相伴的存在,也是重要的——行动的领域并不是空的,它包含的资源必须被分享,而且他人所做的或可能做的事情,间接地决定着目的实现的可能性和可行战略的范围"②。在日常生活中,每个人作为自己行为的主体,其行为的选择完全是个人私事,但结果却不以个人意志为转移。"我们所作所为确实影响着他人,我们依靠日益增强的技术力量的所作所为对人们并且对比以前更多的人具有更强烈的影响——我们行为的伦理意义现在到达了一个空前的高度。"③为了探寻现代性问题的伦理学解决方案,鲍曼特别强调"对空间距离的取消应当与对道德距离的取消相匹配"④。也就是说,应该努力使人们之间的关系像日益缩小的空间一样亲近。对此,法国哲学家列维纳斯(Emmanuel Levinas)把对陌生的他者的爱,看作是"无条件的责任"。他说:"所谓的伦理秩序或者圣洁秩序、怜悯秩序、爱的秩序、慈善秩序,就是他者并不考虑他在大众中所处的地位,甚至不考虑我们是否共同拥有某种人类的品性就关心做出我的行为;他作为接近我的人关心我,把关心当作首要因素。"⑤他还说:"每一个邻居的面部表情对我来说都表示着一份特别的责任感,这种责任感要先于任何随意的允诺、任何协定、任何合同。"⑥"因果联系的有无并不重要,这是因为,无论在什么条件下,每一个人都要为他人承担责任。"⑦与其同时代的学者克纳德·劳格斯曲普则把对"陌生他者"的爱看作是"未经言说的指令",他说:"可以肯定,要用话语和行动为这另一个人服务,但是究竟用什么话语和什么行动,我们必须根据各种情况自己做出决定。"⑧尽管这两位学者所使用的概念表述不同,但他们都认为:"责任感是人类永无尽期的永恒状况……放弃那种责任感只能意味着同时放弃爱心和道德。"⑨

英国思想家鲍曼认为,社会个体化趋势的加剧,后现代时期的来临,使得人们的共同精神生活趋于瓦解,道德传统日趋"碎片化",由此导致孤独、冷漠、疏离,逐渐演变为现代疾病。犹如许多其他的事物,现代性的世界正在产生恐怖和

---

① 齐格蒙特·鲍曼.后现代伦理学[M].张成岗,译.南京:江苏人民出版社,2003:182.

② 齐格蒙特·鲍曼.生活在碎片之中——论后现代道德[M].郁建兴,译.上海:学林出版社,2002:50.

③ 齐格蒙特·鲍曼.后现代伦理学[M].张成岗,译.南京:江苏人民出版社,2003:256.

④ 齐格蒙特·鲍曼.后现代伦理学[M].张成岗,译.南京:江苏人民出版社,2003:257.

⑤ 齐格蒙特·鲍曼.后现代性及其缺憾[M].郁建立,译.上海:学林出版社,2002:56-57.

⑥ 齐格蒙特·鲍曼.个体化社会[M].范祥涛,译.上海:上海三联书店,2002:217.

⑦ 齐格蒙特·鲍曼.被围困的社会[M].郇建立,译.南京:江苏人民出版社,2005:216.

⑧ 齐格蒙特·鲍曼.个体化社会[M].范祥涛,译.上海:上海三联书店,2002:218.

⑨ 齐格蒙特·鲍曼.个体化社会[M].范祥涛,译.上海:上海三联书店,2002:22.

残暴的现象,而且面对这些苦难,人们往往很难做出道德意义上的反应,即伸出援助之手,用爱心来消解他人的困境。基思·泰斯特认为,全球化中最主要的、也是最难解决的问题就是:"为什么在我们的世界上会有如此之多的旁观者?我们的世界又是怎样变成了一个庞大而极其有效的现代生产机构,即是说,它怎样变成了一个极其有效的旁观者的工厂?"①鲍曼也认为,旁观现象是现代社会的道德顽疾之一。大部分情况下,旁观者都能够通过自己的力量,减轻或阻止受害者遭受的苦难,例如,及时报警、大声呼叫等。见人受难而无动于衷,没有协助受害者抵抗罪犯,其实就是维护了作恶者的利益,助长了罪恶。在这个过程中,并不存在所谓道义上的中立。旁观者不仅面临着"助纣为虐"的危险,而且在某种条件下,旁观者和作恶者还可以相互转化。在鲍曼的眼里,"在一个全球相互依存的世界中,旁观者和同谋、帮凶、从犯之间的区别越来越小"②。"如果说旁观者普遍非抵抗的确定性(或高可能性)对恶意的行动及其后果承担的责任,不轻于许多恶棍的在场所承担的责任,那么,没有采取行动至少产生了一个不轻于行动的因果包袱。"③因此,面对他人困境,伸出援助之手,不仅仅是对作恶者的简单抵抗,更是对社会正义的维护和伸张。

第二节　旁观现象道德批判的历史考察

德国社会学家诺贝特·埃利亚斯(Norbert Elias)认为:"每一种历史现象,诸如人的行为或社会机构确实都有其'形成'的过程,所以作为对它进行阐述的思维方式决不能简单地满足于人为地将这些现象从它们自然的、历史的发展中抽象出来,抹去其运动和发展的特性,并把它们视为与其形成和变化过程全不相干的静态组织。"④事实上,旁观现象的出现无论在中国还是在西方,都并非"静态"的,而是有其动态发展过程的。只有清楚地把握这一点,我们才能更清楚地认识到旁观现象的深层根源,从而为分析这一现象提供更好的视角。

一、中国近代学者对旁观现象的道德批判

在对未来美好社会的设想中,《礼记·礼运》描绘了一幅"大道之行也,天下为公,选贤与能,讲信修睦"的美好图景。作为一个传统的礼仪之邦,中国历代皇

---

①　齐格蒙特·鲍曼.被围困的社会[M].郇建立,译.南京:江苏人民出版社,2005:222.
②　齐格蒙特·鲍曼.被围困的社会[M].郇建立,译.南京:江苏人民出版社,2005:215.
③　齐格蒙特·鲍曼.被围困的社会[M].郇建立,译.南京:江苏人民出版社,2005:217.
④　诺贝特·埃利亚斯.文明的进程[M].王佩莉,译.北京:生活·读书·新知三联书店,1998:53.

帝均标榜"德治天下",以儒家文化为主导的伦理型文化,从维护社会等级秩序出发,重视人伦关系,强调仁、义、礼、忠、信的道德原则规范,而天人合一的传统思维更是充满关爱万物的平等精神。"先天下之忧而忧,后天下之乐而乐""苟利国家生死以,岂因祸福避趋之"等国家至上的精神激励着一代又一代仁人志士前仆后继,为国家、为民族流血牺牲。恰如鲁迅先生所指出的,中华民族从来不乏埋头苦干的人、拼命硬干的人、舍身求法的人、为民请命的人……他们是中国的脊梁。正是这种精神,让中华民族即使到了最危急的时刻,仍能保持不灭的火种,成为世界上唯一一个有着五千年文明而没有中断过的民族。美国学者保罗·肯尼迪在《大国的兴衰》一书中,就提出:"近代以前时期的所有文明中,没有一个国家的文明比中国文明更发达、更先进。"①事实上,在鸦片战争以前,中国人一直以"天朝上国"自居,极少有人对我国传统伦理、国民性格进行过反省和批判。

鸦片战争的失败让中国人从"天朝上国"的美梦中惊醒,积极探寻救国救民的道路。洋务运动和戊戌变法失败以后,中国精英们"变法图强"的思想严重受挫,一部分人开始将目光转向"开启民智",对中国引以为豪的文化传统进行深刻反思,认为人民缺乏"国家意识",是中国在屡次战争中失败的根本所在。梁启超1900年在给康有为的一封信中提出:"中国数千年之腐败,其祸极于今日,推其大原,皆必自奴隶性而来,不除此性,中国万不能立于世界万国之间。而自由云者,正使人自知其本性,而不受钳制于他人。今日非施此药,万不能愈此病。"②戊戌变法失败后,他又指出"吾中国人之无国家思想也。其下焉者,唯一身一家之荣瘁是向;其上焉者,则高谈哲理以乖实用也;其不肖者且以他族为虎,而自为其狗也"。③陈独秀在《说国家》一文中也用俗白的语言,对国民意识的缺乏现象进行过精辟的描述:

我十年以前,在家里读书的时候,天天只知道吃饭睡觉。就是发奋有为,也不过是念念文章想骗几层功名光耀门楣罢了,哪知道国家是个什么东西,和我有什么关系呢?到了甲午年,才听见人说有个什么日本国,把我们中国打败了。到了庚子年,又听什么英国、俄国、法国、德国、意国、美国、奥国、日本八国的联合军,把中国打败了。此时我才晓得,世界上的人,原来是分做一国一国的,此疆彼界,各不相下。我们中国,也是世界万国中之一国,我也是中国之一人……我生长到二十多岁,才知道有个国家,才知道国家乃是全国人的大家,才知道人人有

① 保罗·肯尼迪.大国的兴衰[M].王保存,译.北京:求实出版社,1988:7.
② 于文江,赵丰田.梁启超年谱长编[M].上海:上海人民出版社,2009:235.
③ 梁启超.新民说(饮冰室合集·专题之四)[M].北京:中华书局,1989:7.

应当尽力于这大家的大义。①

　　旁观现象是我国国民意识缺乏的一个典型表现,在中国近代史上,严复、梁启超、陈独秀、鲁迅等学者都对这一现象给予了高度关注。他们之所以选择这个主题,与我国近代特殊的社会历史背景有关。近代以来,面对西方列强的入侵,晚清政府屡战屡败,割地赔款,签订各种丧权辱国的条约,以至于整个国家积弱积贫,民不聊生。在中华民族生死存亡的危急关头,许多国人尚且麻木无知,不清楚自己肩头的社会责任,没有奋起抗争的毅力和勇气,整个民族缺乏向心力和凝聚力,自我麻痹,奴性十足。思想家们痛切地感到中国社会、中国文化中普遍存在着一种旁观、冷漠的性格病,"哀其不幸,怒其不争",所以他们要对此进行猛烈的批判。

　　近代中国,对"旁观"现象的批判,梁启超先生无疑独树一帜。在 1900 年,梁启超从关系"国家之盛衰兴亡"的高度,专门写了《呵旁观者文》,在文章的开篇,梁启超就提出:"天下最可厌、可憎、可鄙之人,莫过于旁观者。"②他把旁观者界定为没有任何责任感的人,对旁观者愤怒地谴责道:"旁观者,如立于东岸,观西岸之火灾,而望其红光以为乐;如立于此船,观彼船之沈溺,而睹其凫浴以为欢。若是者,谓之阴险也不可,谓之狠毒也不可。此种人无以名之,名之曰无血性。嗟乎!血性者人类之所以生,世界之所以立也;无血性则是无人类、无世界也!故旁观者,人类之蟊贼,世界之仇敌也。"③旁观者隔岸观火、幸灾乐祸,乃是最为卑鄙龌龊的。旁观者之所以可憎可恨,就在于他们没有血性、没有骨气、没有做人的勇气,对自己的国家和民族缺乏担当。在国家的危急时刻,理应拼命抗争,誓死为国捐躯,但许多人却对民族的存亡视而不见,甘愿做民族灾难的旁观者,不知道自己身上的责任。他们失掉了做人的骨气和尊严。梁氏已体察到了"无血性"这种病症的可怕性,"国人无一旁观者,国虽小而必兴。国人尽为旁观者,国虽大而必亡"。④然而令梁启超先生感到可悲的是"今吾观中国四万万人,皆旁观者也"。"以无一主人之国,而立于世界生存竞争最剧最烈、万鬼环瞰、百虎眈视之大舞台,吾不知其如何而可也!"⑤梁启超先生认为,国家兴亡与每一个个体息息相关。"国之兴也,我辈实躬享其荣。国之亡也,我辈实亲尝其惨。欲避无可避,欲逃无可逃。其荣也非他人之所得攘;其惨也非他人之所得代。"⑥因

　　① 陈独秀.说国家[N].安徽俗话报,1904-06-14.
　　② 李华兴,吴嘉勋.梁启超选集[M].上海:上海人民出版社,1984:128.
　　③ 李华兴,吴嘉勋.梁启超选集[M].上海:上海人民出版社,1984:128.
　　④ 李华兴,吴嘉勋.梁启超选集[M].上海:上海人民出版社,1984:129.
　　⑤ 李华兴,吴嘉勋.梁启超选集[M].上海:上海人民出版社,1984:133.
　　⑥ 李华兴,吴嘉勋.梁启超选集[M].上海:上海人民出版社,1984:133.

此,他大声质问:"夫宁可旁观耶?夫宁可旁观耶?"①旁观的对立面就是责任。在生活中,没有人能够替代你,每一个个体都有自己该承担的使命,只有清楚地认识到自己身上的责任,树立强烈的利群意识和爱国之心,才能凝聚成强大的力量。梁启超呼吁四万万同胞,不做现实生活的旁观者,要以孟子"如欲平治天下,当今之世,舍我其谁也"②的浩然正气,勇敢地行动起来,与外来的侵略势力进行殊死抗争。

梁启超认为,近代中国衰落的原因就在于:"束身寡过之善士太多,享权利而不尽义务,人人视其所负于群教员如无有焉,人虽多,曾不能为群之利,而反为群之累。"③之所以人们只享受权利而不愿尽义务,同我们自身的传统文化是分不开的。在《论公德》一文中,梁启超先生指出:"试观《论语》《孟子》诸书,吾国民之木铎,而道德所从出者也。其中所教,私德居十之九,而公德不及其一焉。"④梁启超认为,公德就是把众多分散的个体联系起来的那种道德,换言之,也就是为维护良好社会公共生活而必须遵循的道德。"公德"作为梁启超在中国近代这一特定时代所提出的概念,其主体为民族主权国家,其根本内容和目的就在于"相善其群",这也是国家得以成立的根本。倘若公德缺失,或者说在特定条件下,并没有出现预期的公德意识和公德行为,比如,在国家和民族处于危难之际,大部分个体并不能走出自我的小圈子,不能摆脱家族意识的影响,不能积极投身于救国救民的洪流中去,而是抱着"事不关己,高高挂起"的态度,任凭国家走向灭亡,就必须要对这种国民性进行根本性的改造。面对岌岌可危的国情,梁启超先生大声疾呼:"新民为今日中国第一急务……舍此一事,别无善图。"⑤在他看来,只有"立人",才能"立国"。立人是手段,立国是目的。关于这一点他在《新民说·释新民之义》里解释得很清楚:"凡一国之能立于世界,必有其国民特具之特质……然则苟有新民,何患无新制度,无新政府,无新国家! 非尔者,则虽今日变一法,明日易一人,东涂西抹,学步效颦,吾未见其能济也。夫吾国言新法数十年,而效不睹者何也?"⑥因此,他主张要寻找一种新道德,以求"固吾群、善吾群、进吾群"。

从文化心理视角看,梁启超的批判无疑是深刻的,因为它触及到了许多根本性的问题。梁启超认为,缺乏公德的文化根基是人们冷漠旁观、消极处世的根本

---

① 李华兴,吴嘉勋.梁启超选集[M].上海:上海人民出版社,1984:133-134.
② 李华兴,吴嘉勋.梁启超选集[M].上海:上海人民出版社,1984:134.
③ 李华兴,吴嘉勋.梁启超选集[M].上海:上海人民出版社,1984:215.
④ 李华兴,吴嘉勋.梁启超选集[M].上海:上海人民出版社,1984:216.
⑤ 李华兴,吴嘉勋.梁启超选集[M].上海:上海人民出版社,1984:210.
⑥ 李华兴,吴嘉勋.梁启超选集[M].上海:上海人民出版社,1984:211.

原因,而这种文化的存在原因错综复杂,封建专制制度的摧残无疑是主要原因。他说:"人非父母无自生,非国家无自存,孝于亲,忠于国,皆报恩之大义,而非为一姓之家奴走狗者所能冒也。而吾中国人以'忠'之一字为主仆交涉之专名,何其颠也。"①长期的专制制度使人们只知有君主,不知有国家,它造成了人们甘心受人驱使的奴性,人性和独立人格遭到极大扭曲,人们不愿承担自己该承担的责任和使命。在梁启超所处时代,认为中国不可救、朽木不可雕的大有人在。对此,梁启超进行了尖锐的反驳,他说:"今夫人之智愚贤不肖,不甚相远也。必谓西人皆智,而华人皆愚;西人皆贤,而华人皆不肖,虽五尺之童,犹知其非。然而西官之能任事也如彼,华官之不能任事也如此,故吾曰:不能尽为斯人咎也,法使然也。"②只要我们开民智、育新民、变法图强,中国一样可以傲立于世界之林。

与梁启超侧重对旁观者的理论分析不同,鲁迅对国民性的批判更多采用文学批评的手段。他把麻木不仁的冷漠旁观现象称之为"看客"现象。1906年,鲁迅在日本仙台求学时,在幻灯片上,他看到日俄战争中被日本军队杀害的同胞和麻木的看客们,这给鲁迅思想上以极大刺激。"几个时事的片子……但偏有中国人夹在里边,给俄国人做间谍,被日本人捕获,要枪毙了,围着看的也是一群中国人……万岁,他们都拍掌欢呼起来。"③"看客"现象使鲁迅深感这种病态心理是一个国家民心难以凝聚、民众难以奋发的根本原因。他认为:"凡是愚弱的国民,即使体格如何健全,如何茁壮,也只能做毫无意义的示众的材料和看客,病死多少是不必以为不幸的。"④这当然只是鲁迅先生的愤慨之词,但这也恰恰反映了他对旁观现象的无情批判。鲁迅自己在《野草》英文译本序中就明确说明:"因为憎恶社会上旁观者之多,作《复仇》第一篇。"在鲁迅的诸多小说中,他借助辛辣锋利的文字描述,对围观场面做出逼真的刻画,借此对国民的麻木和冷漠进行无情的揭露和抨击。如在《祝福》一文中,祥林嫂不厌其烦地哭诉儿子阿毛被狼吃掉的故事时,"有些老女人没有在街头听到的话,便特意来寻求,要听她这一段悲惨的故事。直到她说到呜咽,她们也就一齐流下那停在眼角上的眼泪,叹息一番,满足的走了,一面还纷纷的评论着"。在《阿Q正传》中,当阿Q临刑前游街示众的时候,两旁有"许多张着嘴的看客",左右全跟着"蚂蚁似的人","'好!!!'从人丛里,便发出豺狼的嗥叫一般的声音来。"而且那些喝彩的人们"多半不满足,以为枪毙并无杀头这般好看,而且那是这样的一个死囚呵,游了那么

---

① 李华兴,吴嘉勋.梁启超选集[M].上海:上海人民出版社,1984:220.
② 梁启超.梁启超散文[M].上海:上海科学技术文献出版社,2013:11.
③ 鲁迅.鲁迅全集:第2卷[M].北京:人民文学出版社,1981:306.
④ 鲁迅.鲁迅全集:第1卷[M].北京:人民文学出版社,1981:417.

久的街,竟没有唱一句戏:他们白跟一趟了"。这些看客,他们将临死之人的"慷慨悲歌"之悲壮内涵进行了无情的消解,把自己的快乐建立在别人的痛苦之上,通过观看别人的痛苦,来达到一种心灵上的"自我满足"。

在《药》一文中,夏瑜作为具有献身精神先驱的代表,怀着"这大清是我们大家的"信念,英勇地献出了自己的生命。但老百姓却急急忙忙地赶着去看他被杀的场面:

一阵脚步声响,一眨眼,已经拥过了一大簇人。那三三两两的人,也忽然合成一堆,潮一般向前赶;将到丁字街口,便突然立住,簇成一个半圆。

老栓也向那边看,却只见一堆人的后背;颈项都伸得很长,仿佛许多鸭,被无形的手捏住了的,向上提着。静了一会,似乎有点声音,便又动摇起来,轰的一声,都向后退……

围观革命志士为国殉难的壮烈场面,华老栓只是为了获得治病的人血馒头,其他旁观者也仅仅是为了看热闹。孙伏园在《谈〈药〉》一文中,这样说道:"革命烈士的英勇壮举,革命者为愚昧的群众奋斗而牺牲了,愚昧的群众并不知道这牺牲为的是谁,却还要因了愚昧的见解,以为这牺牲可以享用,增加群众中的某一私人的福利。"[1]正是这类"看客"的存在,使一切牺牲都化为表演,化为残忍的娱乐的材料,看客们那麻木、冷漠和无知的心,并没有因先驱的牺牲而觉醒,实在让人感到痛心疾首。通过观察,鲁迅还发现在看客的灵魂中还残存有许多动物的野蛮习性,似乎对血腥事件特别敏感,特别有兴趣:

群众,——尤其是中国的,——永远是戏剧的看客。牺牲上场,如果显得慷慨,他们就看了悲壮剧;如果显得觳觫,他们就看了滑稽剧。北京的羊肉铺前常有几个人张着嘴看剥羊,仿佛颇愉快,人的牺牲能给予他们的益处,也不过如此。

在中国,尤其是在都市里,倘使路上有暴病倒地,或翻车摔伤的人,路人围观或甚至于高兴的人尽有,肯伸手来扶助一下的人却是极少的。这便是牺牲所换来的坏处。

鲁迅极尽辛辣讽刺之能事,经常用"豺狼""鸭""槐蚕"和"蚂蚁"等丑陋卑贱的低等动物来比喻看客。鲁迅憎恶旁观者,只因为他们"只愿暴政暴在他人头上,他却看着高兴,拿'残酷'作娱乐,拿'他人的苦'作赏玩,作慰安"[2],对社会和国家没有任何责任感和历史使命。鲁迅曾用"庸众""一盘散沙"来形容民众,随着思想的深化,他对一盘散沙的说法有了更加深入的思考,"他们的像沙,是被统

---

① 夏明钊.我的鲁迅研究[M].上海:东方出版中心,2013:150.
② 鲁迅.鲁迅文集·热风:第3卷[M].哈尔滨:黑龙江人民出版社,1995:77.

治者'治'成功的"①。鲁迅认为,这些看客不过是一群没有灵魂的躯壳,是一群自私冷漠的行尸走肉,在一定程度上说,他们是统治阶级、封建文化的豺狼般的帮凶。常言说,爱之深,憎之切。鲁迅先生的"憎"是形式,是手段,爱才是真正的实质和目的。因为他的"第一要著,是在改变他们的精神"。这也正是鲁迅要借助小说奋力疾呼和呐喊,想唤醒和救治国民病态的良苦用心。

值得注意的是,无论鲁迅还是梁启超,对旁观者的抨击都是特定历史条件的产物。近代思想家在促进思想启蒙,推动新文化运动,争取民族独立和国家近代化过程中发挥着重要作用。然而,资产阶级民主主义革命的软弱性和妥协性,思想文化的不彻底性,使他们不能全面把握中国的国情,尤其不可能认识到亿万人民的力量。伦理革命能够触动人的灵魂,却难以真正拯救中国。新道德代替旧道德,不仅是制定新的道德规范,而且要提高广大民众的道德觉悟,使他们真正接受并转化为实际行动。鲁迅和梁启超所描写的围观(旁观),是对民族矛盾和社会革命的旁观,是大是大非问题,容不得半点含糊。帝国主义侵入了我们的家园,我们面临着亡国的危险。大敌当前,中华儿女是卑躬屈膝,甘当亡国奴,还是奋起抗争,誓死保卫祖国,这是每一个有血性、有良知的中国人都必须回答的问题。本书所探讨的是人们在日常生活中的旁观现象,虽然在表现形式上,与梁启超、鲁迅等人所描绘的旁观行为有许多相似之处,但这种旁观的核心内容并不是国家意识的缺失,而是在社会转型时期,现代科技的发展与经济结构的变动,推动了熟人社会向陌生人社会的转型,传统道德控制社会的能力也大幅下降,由此导致人们在应对突发事件时,更多地选择保全自身利益。正确把握偶发事件的性质和特点,是我们正确认识和评判旁观现象的必要前提。

二、西方近代学者对旁观现象的道德批判

旁观现象并非缺乏"公德"传统的中国社会所独有之现象,事实上,它是一种现代社会普遍存在的世界性现象,美国 20 世纪 60 年代就曾发生过一起这样的典型案例:

1964 年 3 月 13 日凌晨,一位名叫 Catherine 的女子在纽约市被杀害。当时她正从酒吧下班回家。当她从停车场穿过街道回到她的住处时,一个拿着匕首的男子逼近她,并用匕首刺她。她大声呼救,许多公寓的灯都亮了,人们从窗口探出头,想看看究竟发生了什么事。看到无人过来帮助她时,这名男子又猛捅数刀,直到她死去。后来的调查显示,有 38 位目击者看到和听到这场持续了 45 分

---

① 鲁迅.鲁迅散文[M].北京:人民文学出版社,2014:188.

钟的袭击,但没有人出来提供帮助,也没有人向警署报案。①

这个事件中人们所表现出来的冷漠激起了极大的社会愤慨。警方调查时还发现,事故发生时,有一对夫妇(他们称以为已经有人报了警)把两把椅子移到窗前,为的是观看这一暴力事件。为此,美国大小媒体共同谴责纽约人的异化与冷漠。人们普遍认为旁观者"冷漠",都市生活中存在"人格解体"现象,特大型都市社会中个体与群体存在疏远倾向。这起事件的发生也引起了社会心理学家们的极大关注。美国两位年轻的社会心理学家约翰·达利(John Darley)和比伯·拉坦纳(Bibb Latane)认为,这些目击者们并非没有同情心和责任感,只是由于看到别人也目睹了此事,感到自己救助的责任降低了,因而面对困难就采取退缩态度,由此而产生的罪恶感、羞耻感和责任会扩散到其他人身上,这叫"责任扩散"。他们把这种现象称为"旁观者介入紧急事态的社会抑制",或者"旁观者效应"。在两位年轻的心理学家看来,有其他的目击者在场,是当时每一位旁观者都无动于衷的根本原因。"可能更多的是在旁观者对其他观察者的反应,而不太可能事先存在于一个人'病态'的性格缺陷中。"②两位学者还借助事实观察和数据统计,给出了一份明确的实证资料:旁观者的数量与助人行为成反比例变化。某个事件的旁观者越少,助人的可能性越大;相反,旁观者越多,助人的可能性越小。这种现象是由责任在那些可能提供帮助的旁观者当中扩散所引起的。③ 在他们看来,旁观现象不能简单地说成是道德日益沦丧,或者是人们的冷酷无情。因为在不同的场合,人们是否采取援助行为的意愿确实不同。在责任分散的情况下,旁观者可能根本无法意识到自己的那一份责任,进而导致"集体冷漠"的局面。然而,英国思想家鲍曼却认为,谈论旁观者,不能单纯依靠说不清楚的道德情感。因为事件所造成的社会后果,已经远远超出了事件本身,同情被害者应该是我们做人最基本的情感。当然,无论是社会心理学的解释,还是人们出于道德感的谴责,都只是问题的某些方面。人们应当从整体上考察问题,特别是从现实生活中寻找问题产生的根源。

从字面意思来看,亲社会行为应该与社会要求一致,反社会行为则违背了相应的社会规范,因此反社会行为是为大多数人所谴责的。然而,事实并非一定如此,人类历史上最残忍的旁观现象往往都是由引导社会规范的官方行为造成的。比如,第二次世界大战期间,纳粹政府种族清洗活动中屠杀了600多万犹太人;

① R.A.巴伦,D.伯恩.社会心理学[M].黄敏儿,王飞雪,译.上海:华东师范大学出版社,2004:499-500.
② 罗永忠.心理学基础[M].北京:高等教育出版社,2012:6.
③ R.A.巴伦,D.伯恩.社会心理学[M].黄敏儿,王飞雪,译.上海:华东师范大学出版社,2004:499-500.

在波尔布特政府控制柬埔寨期间,300多万人非正常死亡。R.鲁本斯坦与J.罗斯在《通往奥斯维辛之路》一书中这样写道,现代文明的物质和精神产物包括死亡集中营和集中营里等待死亡的人们。从1941年开始到1945年5月8日德国投降,在整个欧洲共有900万到1100万人被纳粹德国有计划地屠杀(不包括战死者和德军随意的战时屠杀),其中600万是犹太人。

作家马莱采文在他1942年6月1日的日记中写道:"今天同H先生谈论了人的残暴。他刚从东部战场回来并经历了在集中营杀死3万名犹太人的大屠杀。在一天内,不到一个小时的时间杀死了这么多的人。因为没有足够的冲锋枪子弹,还动用了火焰喷射器。从城里来了许多人观看这一场面,19岁和20岁的年轻观众脸上还带着稚气。真是莫大的耻辱,没有尊严的生命。"①

何以会出现这样的现象?西方许多学者在对纳粹大屠杀行动进行强烈谴责的同时,也在反思当时所存在的犹太委员会或者犹太社区领袖们的明哲保身问题,尽管社区领袖和社区的大多数人都没有逃脱死亡的厄运。在看过朗兹曼拍摄的电影《大屠杀》后,英国社会学家齐格蒙特·鲍曼觉得自己能感受到长时间都不能终止的痛苦,因为他看到了更为可怕的、让人感到羞耻的真相被毫不留情地公之于众,有时屠杀上百万人竟只需要屈指可数的几个持枪士兵。鲍曼认为,尽管汉娜·阿伦特所提出的"如果没有犹太合作者的所作所为,没有犹太委员会的热忱,那么受害者的数量将会减少"②经不起仔细的推敲,与事实不符。但有一点却是不可否认的,"如果没有得到及时便捷或者存在于一个较大范围内的合作,执行集体屠杀这样程序繁复事务的官员们将会遭遇到棘手程度决然不同的管理、技术和资金方面的问题"。因为"被害社区(doomed communities)的领袖们执行了屠杀过程中必不可少的大部分预备性官僚工作(比如为纳粹提供记录、把即将被害的人归档),他们负责监管为受害者维持性命而进行的生产和分配活动,直至毒气室可接纳他们,他们负责看管被俘人员,以至于维持法律和秩序的工作没有让德国人大伤脑筋或者多费钱财,他们为屠杀过程中前后相继的每一步确定对象,保证屠杀过程顺畅如流,他们把物色好的对象运送到便于集结而造成混乱最小的地点,他们为这最后的旅程积敛资金"③。鲍曼认为,"如果没有这些方方面面卓有成效的帮助,屠杀照样也有发生的可能——但它或许会以不同的,或者是不那么令人发怵的篇章进入历史,而仅仅是嗜血成性的征服者,出于复仇的怒火或者共同的仇恨,施加在身不由己的被征服者身上的严酷的强制和

---

① 阿尔诺·格鲁恩.同情心的丧失[M].李健鸣,译.北京:经济日报出版社,2001:73-74.
② 齐格蒙特·鲍曼.现代性与大屠杀[M].杨渝东,史建华,译.南京:译林出版社,2006:155.
③ 齐格蒙特·鲍曼.现代性与大屠杀[M].杨渝东,史建华,译.南京:译林出版社,2006:100.

残忍的暴行"。

之所以说纳粹大屠杀行动令人发怵,不仅因为其屠杀的人员众多,而且还因为这一行动居然能得到受害者自身群体的协助与合作。鲍曼认为,即便按照平均每天杀害 100 人的速度计算,杀害 600 万犹太人,需要将近 200 年的时间。如果在前现代社会,绝对不可能有足够的"暴徒"能如此施暴。而问题就在于"与大规模屠杀相伴的不是情绪的激越,而是死一般寂静的漠不关心。它不是公众所喜,而是公众的冷漠"①。正是这种死一般寂静的冷漠"成为了无情地围在千千万万个脖子上的套索的一根加固绳"②。

也许有人会说,我之所以选择自我保全和合理利益,是因为我没有更好的选择,或者如果选择了别的,我会付出更高昂的代价。鲍曼认为,这种想法表明了人性的失败,任何人都不能从自我贬损的道德屈服中得到原谅。"只有为个人的软弱感到羞耻时,才能砸破比其建造者与看守者更为长命的心智的牢笼。"③如果把对邪恶的反抗看作是轻率而鲁莽的话,作恶者巴不得每一个目击者都不会轻率、鲁莽地行事,因为只有这样,邪恶才能更有效地实现它肮脏的目的。在对旁观行为进行批评的基础上,鲍曼进一步分析了隐藏在旁观现象背后的深层原因。

也许有人认为,大屠杀恐怖种族灭绝出现的根源在于个体道德上的缺失。对此,鲍曼断然进行了否定,他认为,进行屠杀的刽子手同我们一样也是正常人。"无论它们有多么可恶,也不论它们装盛暴力的蓄水池有多大,异类恐惧症和界线竞争焦虑都不会——直接或间接地——导致大屠杀。将异类恐惧症与种族主义、类似大屠杀的有组织犯罪混淆起来是误导性的,同时也可能是有害的,因为这样就偏离了灾难发生的真正起因,而这些起因往往深植于现代精神和现代社会组织的某些方面,而不在于对陌生人永恒的反应上或较少普遍性却并不罕见的认同冲突上。在大屠杀开始和维持阶段,传统的异类恐惧症只扮演了一个辅助角色。真正不可或缺的因素在别的地方。"④

那么,这种真正不可或缺的因素是什么呢?是什么阻止了人类同情的产生呢?对此,鲍曼非常认可凯尔曼的理论,即"反对暴行的道德自抑(moral inhibitions)在三种条件下会受到损害,这三种条件无论单独出现还是放到一起都会起作用:暴力被赋予了权威(通过享有合法权利的部门的正式命令来实现)、行动被例行

---

① 齐格蒙特·鲍曼.现代性与大屠杀[M].杨渝东,史建华,译.南京:译林出版社,2006:100.
② 齐格蒙特·鲍曼.现代性与大屠杀[M].杨渝东,史建华,译.南京:译林出版社,2006:101.
③ 齐格蒙特·鲍曼.现代性与大屠杀[M].杨渝东,史建华,译.南京:译林出版社,2006:268.
④ 齐格蒙特·鲍曼.现代性与大屠杀[M].杨渝东,史建华,译.南京:译林出版社,2006:110.

化了(通过规章约束的实践和对角色内容的精确阐述来实现)、暴力受害者被剥夺了人性(通过意识形态的界定和灌输来实现)"。① 尽管大屠杀已经过去很多年了,直接经历过大屠杀的人也几乎都远离人世,但只要这三种条件仍然存在,那么,大屠杀就有可能再度发生。

鲍曼认为,现代官僚体系和现代技术所提供的"道德催眠药",是大屠杀得以顺利进行的关键所在。现代管理体系的鲜明特点,就是严格的组织纪律原则与精细的劳动分工。在组织系统内部,每个人的行动都必须绝对地服从上级的指令,对组织纪律的服从高于其他一切奉献和承诺,每个个体都只承担整个工作流程中的一部分任务。"在组织的意识形态中,准备做这样一种极端的自我牺牲被表述为一种德行;准确地说,是被表述为注定要取缔其他所有道德需求的德行。"② 这就意味着,对于一个公仆而言,对上级权威的服从乃是最高意义上的道德戒律和自我牺牲。在权威的管理体系内,良知、慈善与责任被忠诚、义务、纪律等取代,每一个成员都将自己看作是执行上级意愿的代理人,即便在执行这些意愿时可能偶尔会引起一点疑问和良心的不安,也可以将承担行动后果的责任转移给他人。"有时这种美德在实践中引起的不安可以通过上司坚持他本人对其下属的行为承担所有责任(当然,只要其下属服从他的命令)得到平衡……这是一种领袖无法也不应该拒绝和转移的责任。"③ 这样一种连续不断、处处存在的责任转移造成的后果是造就一种"自由漂移"的责任,行为的道德性自然不能得到保障。在纽伦堡审判中,当奥伦多夫被迫解释自己一直违背自身的意愿担任特别行动队的领导的原因时,他就这样为自己辩护:"我认为,我处的位置不是去判断他的措施……是道德还是不道德的……我迫使我的道德良知接受我是一个军人的事实,因此我只是庞大国家机器中一个相对微不足道的齿轮。"④

现代科学技术的发展使"远距离"的杀害成为可能,也使得更大范围内的人被卷入到实施种族灭绝的行动中。为了更好地说明这个问题,鲍曼多次引用希尔博格的话来佐证自己的观点,"必须牢记(种族灭绝的)大多数参与者没有对犹太小孩开枪或者往毒气室倾灌毒气……大多数官僚成员所做的只是起草备忘录、绘制蓝图、电话交谈和参加会议。他们只要坐在他们的桌子旁边就能毁灭整个人类"。⑤ 在大屠杀开始初期,特别行动队的成员把被围捕的受害者带到刑场,然后近距离枪杀。屠杀的结果直接暴露在射击者的面前,要想让他们完全没

---

① 齐格蒙特·鲍曼.现代性与大屠杀[M].杨渝东,史建华,译.南京:译林出版社,2006:29.
② 齐格蒙特·鲍曼.现代性与大屠杀[M].杨渝东,史建华,译.南京:译林出版社,2006:29.
③ 齐格蒙特·鲍曼.现代性与大屠杀[M].杨渝东,史建华,译.南京:译林出版社,2006:30.
④ 齐格蒙特·鲍曼.现代性与大屠杀[M].杨渝东,史建华,译.南京:译林出版社,2006:30.
⑤ 齐格蒙特·鲍曼.现代性与大屠杀[M].杨渝东,史建华,译.南京:译林出版社,2006:33.

有道德上的震撼,是很难做到的。大屠杀的管理者觉得这种方法原始、低效,对刽子手的士气也非常不利。因此,他们就寻求那些能将刽子手与受害者分隔开来的技术,终于他们找到了起初是流动的、后来变得固定的毒气室。依赖于精细的劳动分工以及畅通无阻的命令,大屠杀的组织者们把行为者所进行的表面上看起来没有害处的忙碌,及其带来的最终结果割裂开来,让其看不见行为的结果。这些行为人在行为过程中从来不需主动地面对艰难的道德选择,也不需要主动地面对来自良心的抗议。因此,仅仅操纵一个机器按钮就可以使数以千计的人瞬间化为灰烬,便也显得"稀松平常"。

面对现代性社会的这种境况,我们应该怎么办呢?究竟怎样才能摆脱大屠杀再一次出现的可能?对此,鲍曼同意列维纳斯的观点:在任何条件下,个体都应无条件地承担起他的道德责任。"道德意味着对'他人负责任',由此也对'不是我的事,甚或与我不相关的事'负责。主体这样存在的责任,作为其主体性的唯一含义,与契约性的义务没有任何关系,与我对互惠收益的计算也没有共通之处。它无需对互惠的、'意图相互性的'、他人用他自己的责任来报答我的责任的一个良好或者虚空的预期。如果一个高级的力量是以地狱的威胁为制裁的道德规范或者以牢狱的威胁为制裁的法律规范,那么我就并没有在它的命令之下承担责任。正因为我的责任不是这样,因此我并不把它当作一个负担。我在把我自己建构成一个主体的时候开始负责。变得有责任是我作为主体的建构。因此它是我的事,而且只属于我。"①在鲍曼看来,无论怎样残酷的环境,每个人都应该不断地返回自身,出于我又超越我,正像在大屠杀中冒着死亡的危险去拯救受害者的人一样。唯其如此,人类的道德本性才不会泯灭与沉沦。

第三节　旁观现象的现实危害

新中国成立以后,人民成了国家和社会的主人,当时的良好社会风气和道德生活秩序,给相当一部分民众留下难以忘怀的记忆。改革开放以后,随着经济体制的改革,社会生活发生了巨大变化,道德秩序再度出现混乱。诸如小悦悦事件的频繁发生,就是道德秩序混乱的典型表现。在这些事件中,有的人还会以"各人自扫门前雪,莫管他人瓦上霜"的超然态度来教育他人或者自己的孩子。殊不知,这种无动于衷的态度实质上是对自身责任的推卸,是道德上的一种"恶",无论对个体的成长发展、社会的和谐安宁,乃至国家的长治久安,这都有着极大的危害。

---

① 齐格蒙特·鲍曼.现代性与大屠杀[M].杨渝东,史建华,译.南京:译林出版社,2006:239.

一、"旁观"不利于个体自身的生存发展

现实中的个体有物质和精神生活两大活动空间。物质生活维系个体的生命存在，精神生活尤其是道德生活则是个体不同于动物的特殊之处，是人区别于动物的根本所在。人能识道、体道，并以德从之；动物只有本能和欲望。费尔巴哈曾讲："通过人与人之间建立的交往，一个人才成为人，如果人是完全孤独的以及在需要和意向方面仅仅为了自己，那他恰恰不是人而是动物。"①那种道貌岸然而做出龌龊行为的人就常被人称之为"衣冠禽兽"。那种视他人苦难而不见的旁观行为，是个体缺乏高尚道德情操的重要标志。它不仅给旁观者带来直接的危害，也不利于个体自身的全面自由发展。

（一）今天的旁观者可能会成为明天的受害者

"人不仅是一种合群的动物，而且是只有在社会中才能独立的动物，孤立的一个人在社会之外进行生产——这是罕见的事。"②在《政治经济学批判导言》中，马克思反复指出，那种把单个的孤立的个体当作历史出发点的观念，是属于"缺乏想象力的虚构"，是"美学上的假象"。③作为动物界的一员，人没有牛马的力量，没有虎狼的速度，没有猴子的灵巧，人类之所以能够战胜各种动物的威胁而生存与发展，其根本原因就在于人们能够结成一定的社会关系，将弱小的个体力量转变为强大的群体力量。法国哲学家霍尔巴赫认为，道德是对他人、对社会有利的行为。事实上，道德不仅仅只对他人有意义和价值，而且对"我"也有意义和价值。因为在他人眼里，"我"又是"他人"和"别人"；他人遵守道德，也在保证和实现着"我"的利益。如果人人都不遵守道德，"我"的利益必然无法得到保障。因此，中国传统文化特别提倡"己所不欲，勿施于人"，罗马著名作家西塞罗则明确指出"只知自爱却不知爱人者终会引火而自焚"。

在旁观现象中，旁观者恰恰就是没有意识到个体存在的相关性，只考虑自己的得失，生怕自己受到伤害，从而把自己从外表到内心包裹起来。现在社会中普遍的"不和陌生人说话"，其目的也是在于强调对个体的保护。不和陌生人说话，不去帮助陌生人，至少自己不会摊上什么事，也不存在被人讹上或者被法官判定承担责任的风险。但当别人遇到困难时你冷漠，别人也可以在你遇到困难时同样冷漠。假如你或者你的亲人遇到困难而又孤立无援时，你又会作何感想呢？有一则这样的寓言：

---

① 苗力田,李毓章.西方哲学史新编[M].北京:人民出版社,1990:663.
② 马克思,恩格斯.马克思恩格斯文集:第8卷[M].北京:人民出版社,2009:6.
③ 马克思,恩格斯.马克思恩格斯文集:第8卷[M].北京:人民出版社,2009:5.

　　山羊和猴子是一对邻居，山羊乐善好施，喜欢帮助别人，却常遭到猴子的讥笑。一日，猴子劝山羊："不关自己的事最好别评论，最好别管。"山羊默不作声。有一天，猴子的屁股着了火，山羊发现后视而不见，直到猴子屁股烧得通红，疼得乱叫，猴子才后悔自己曾对山羊说过的话。

　　这则寓言说明了一个道理：不去帮助别人的人，迟早也会失去别人的帮助；事不关己、高高挂起的人，终究会害人害己。"2011 年无锡法院十大典型案例"位列榜首的案件，似乎就是现实版的猴子烧屁股事件：

　　2010 年 6 月 27 日晚上 6 点左右，姚某某、邢某某之子姚某（6 岁）独自在社区的河道小码头玩耍时落水。姚某某得知有小孩落水，没有立即下水救援，回家没有找到其子姚某后，方才返回出事河道将其子从水中救起，但孩子已溺水身亡。姚某某、邢某某以社区居委会没有尽到安全保障义务为由提起诉讼。法院经审理认为水利行政主管部门是该行政区域的河道主管机关，社区居委会不是出事河道法定管理人，对姚某死亡没有过错。河道管理人对河道周围的设施设置、管理也没有欠缺，已经尽到一般安全保障义务，不应承担侵权责任。姚某某、邢某某作为法定监护人疏于对其子监管，也没有及时救援，存在明显过错，应承担相应的责任。据此，法院依法驳回诉讼请求。①

　　姚某由于自己的冷漠，导致幼子的夭折。我们在痛心和同情的同时，也会产生对姚某某见死不救行为的鄙视。可以设想一下，如果姚某知道落水的是自己的儿子，他一定会出手相救，悲剧也就不会发生；再或者，姚某有一颗见义勇为、助人为乐的善心，听到小孩落水就会伸出援助之手，这样的悲剧同样不会发生。但悲剧的深层原因偏偏就是，姚某内心抱有的就是"多一事不如少一事""事不关己，高高挂起"的心理。虽然我们无法保证，在别人困难之时伸出援手的人，自己遇到困难时，一定会有人对他伸出援助之手；我们更不是说，每个人都会遇到那种孤立无援的境地。但是，谁又能否认这种可能性的存在？

　　笔者在进行访谈时，有位金先生（在校硕士）提到自己上高中时，遇见一个普通老人倒地而没有伸出援手的心态以及现在的反思：

　　后来下午上学的时候老人已经不在那里了，我不知道他后来的境遇如何。只不过想起这件事我都会深深的后悔。会不会因为我的冷漠提前结束这个行将就木的生命。后来随着年龄的增长我还是在旁观一些事，但是我不会再彻底逃脱，我会上前询问，我会帮他打一个 120 的电话……简单地说，就是你不杀伯仁，伯仁却因你而死。彻头彻尾的旁观直接就会危害那个真正需要帮助的个人……

---

　　① 孙权.无锡法院发布 2011 年度十大典型案件［EB/OL］.（2011-12-30）［2018-03-21］.http://www.js.chinanews.com/wx/news/2011/1230/43309.html.

每个人大概都会有需要陌生人帮助的那一天。真的到了那个时候,你是怨恨这个社会多呢?还是为自己旁观他人的悔恨更多呢?

(二)"旁观"行为不利于个体人格力量的提升

梁启超先生在《呵旁观者文》中指出:"人生于天地之间,各有责任。知责任者,大丈夫之始也;行责任者,大丈夫之终也;自放弃其责任,则是自放弃其所以为人之具也……旁观云者,放弃责任之谓也。"①换言之,置他人苦难于不顾的旁观者就是放弃道德责任的人。现实社会生活中的主体,由于自身的需要而与现实世界产生多样的联系,因而也必然负有不同的道德责任。这种道德责任从本质上说,就是一种使命,一种与生俱来的使命。一个人最有魅力的时候,就在于他主动承担责任的那一瞬间。意大利哲学家马志尼曾说过:"我们必须找到一项比任何理论都优越的教育法则,用它指导人们向美好的方向发展,教育他们树立坚贞不渝的自我牺牲精神,这个法则就是责任,这种责任应当是他们终生的责任!"②

"人格"一词来自希腊语 persona,原意指演员在舞台上戴的面具,引申为从人自身中筛选出来的向公众展开的一个侧面。伦理学意义上的人格,强调的是个体身上的道德规定性,它是人的道德境界、道德标准和文明行为的水准的标志,是人的尊严、价值和品格的总和,是个人区别于他人的规定性。比如,当我们看到道德品质高尚的人做出不道德行为时,我们常常会感到无比惊讶,认为"这种行为不像是他做的",或者认为他已经变了。人们常常会通过人格评价来判断他人。如果一个人只知道追名逐利,没有起码的羞耻感和自尊心,我们就说他"人格低下、卑劣"。反之,如果一个人能够以为人民服务为自身的追求,胸怀宽广、光明磊落、始终如一,我们就说他具有"高尚的人格"。

人格是一个人成熟的个性体现,是人的精神力量的凝结。英国功利主义思想家密尔曾经说过,做一个不满足的人,胜过一只满足的猪;做一个不幸的苏格拉底,胜过做一个满足的痴人。人的存在价值不只是生命意义,还包括生命之外的许多东西,责任感就是其中一个很重要的内容。只有具有强烈社会责任感的人,才能提升个体的自我尊严,塑造出自己的完美人格。对于这一点,美国学者彼得·辛格这样论述:"我们中的大部分人,如果不关心他人他事,只是刻意地自得其乐,那是不可能获得幸福的。以这种方式获得的快乐看起来会是空洞的,很快就会失去吸引力。"③在关键时刻,挺身而出、勇于承担责任的人,看上去是非

① 李华兴,吴嘉勋.梁启超选集[M].上海:上海人民出版社,1984:128.
② 甄琦.责任的力量[M].北京:中华工商联合出版社,2013:9.
③ 彼得·辛格.实践伦理学[M].刘莘,译.北京:东方出版社,2006:333.

理性的,是"傻子"。但正是这种傻子行为,成就了个人的伟大人格。康德认为:
"每一个在道德上有价值的人,都要有所承担,没有任何承担、不负任何责任的东
西,不是人而是物。"①广东佛山小悦悦事件后,某个颁奖礼给予了陈贤妹这样的
评价:"陈贤妹为我们坚守住了道德的底线,她用不到 1.4 米的身高为我们撑起
了明天的信念,一个拾荒阿婆为我们拯救了良心。"②网络上也有人这样评价:
"陈阿婆的心是清净的,她的良知是金子。她不在乎别人说什么,只知道自己是
个人,人就要有良心。"③陈阿婆用自己的行为告诉我们,道德责任的主动承担是
个体道德人格特质的表现形式,是完美人格的自然流露。只有秉持责任高于一
切的信念,个体的人格魅力才能得以提升。

(三)"旁观"行为不利于个体事业的成功

美国著名社会学家 K. 戴维斯曾说:"放弃了自己对社会的责任,就意味着放
弃了自身在这个社会中更好地生存的机会。"④在这个世界上,每个人都扮演着
不同的角色,每一个角色又都承担着不同的责任。个体只有勇于面对困难,在应
该付出的时候承担起责任,才有成就自我的可能。放弃责任或者蔑视自身的责
任,在人生的漫长旅途中只能受挫。在电影《阿甘正传》中,阿甘尽管智力低于正
常人,但是他用自己的善良、守信、纯朴、执着,赢得了别人的尊重与事业的成功。
在影片中,有这样一段情节:阿甘的连队在搜查中发现了一个山洞,里面极有可
能藏着敌人,当连长问谁敢带队到洞中搜查时,所有人都保持了沉默,因为大家
都意识到危险的存在,只有阿甘勇敢地接受了连长的命令,率先冲进洞中,成为
消灭敌人的英雄,因而得到了嘉奖。阿甘的战友们,在"聪明地"避开了危险的同
时,也早早地过上了退役的生活。阿甘却在"傻傻地"执行别人不愿执行的任务
过程中,不断地得到提拔。

影片中,很多人,包括阿甘的顶头上司,都觉得阿甘是一个"幸运的傻瓜"。
但是他们忘记了一个简单的事实:只有勇于承担责任,而不是靠小聪明,才是成
功的根本。美国思想家门肯曾经说过,人一旦受到责任感的驱使,就能创造出奇
迹来。一个人要想取得成功,当然需要能力,但强烈的责任感比能力更重要。有
责任感不仅可以弥补能力的不足,而且还可以逐步提升自身的能力。如果一个
人有能力却没有责任感,那也将会一无所成。众所周知,比尔·盖茨是一个非常

---

① 伊曼努尔·康德. 道德形而上学原理[M]. 苗力田,译. 上海:上海人民出版社,2002:7.

② 陈贤妹未遭辞退仍居原处[EB/OL]. (2011-12-28)[2018-03-21]. http://epaper. jinghua. cn/
html/2011/12/28/content_746609. html.

③ 沉睡的人[EB/OL]. http://blog. renren. com/share/224535320/9755758091.

④ 甄琦. 责任的力量[M]. 北京:中华工商联合出版社,2013:5.

成功的人,在谈到自己成功的原因时,他说:"如果你有很强的责任感,能够接受别人不愿意接受的工作,并且从中体会到付出的乐趣,那你就能够克服困难,达到他们无法达到的境界,并得到应有的回报。"①

责任心对于个体的成功何以比能力更为重要?首先,一个缺乏责任感的人,无法获得信任与尊重;能得到多少人的信任,就有多少人帮助你成功!只有那些勇于承担责任的人,才能得到别人的信任,并被赋予更多的使命,进而有资格获得更高的荣誉。其次,责任感能有效激发个体潜在的能力。在每个人身上,都隐藏着惊人的潜能。而这种潜能是否能得到有效发挥,关键在于个体能否主动负责地做事。只有那些主动承担责任的人,才能不断承受压力、挑战自我,进而创造性地开展工作,挖掘自身的潜力,让自己的才华更完美地得到展现。因此,才有这样的金句:"人生所有的履历都必须排在勇于负责的精神之后。"

二、"旁观"不利于形成和谐社会道德秩序

社会最需要的是平凡的道德良心,正是无数平凡的道德良心共同筑起现代文明的人际关系。曾经一句"路见不平一声吼,该出手时就出手"的歌词让多少人热血沸腾;曾经多少面临危难而敢于"一声吼"的英雄,吼出了匡扶正义的浩然正气。今天,"旁观"现象的出现,则在消解社会的正义感和爱心,催生了对淡漠的人际关系的道德恐慌与焦虑。

(一)正义感是社会生活的道德基础

正义感作为人类的一种高级道德情感,指人们对正义行为的赞赏崇敬,对不正义行为的谴责、愤怒,以及采取行动来维护正义的道德意识和行为。当代著名伦理学家罗尔斯认为,正义观念不仅属于道德意识和道德理论,也属于道德情感,"它旨在指导我们的道德能力"②。"一种正义观念,假如它倾向于产生的正义感较之另一种正义观念更强烈,更能制服破坏性倾向,并且它所容许的制度产生着更弱的不公正行动的冲动和诱惑,它就比后者具有更大的稳定性。"③

正义这一概念,在伦理思想史上不仅出现较早,而且具有非常重要的地位。在我国历史上,孔子曾提出"君子之于天下也,无适也,无莫也,义之与比"(《论语》),即社会正义的存在是道德存在的基础,社会不正义则会败德辱行。墨子认为,天下所有祸篡怨恨存在的根源就在于人们丧失了正义感,因此他主张"不义不富,不义不贵,不义不亲,不义不近"。荀子在《正名篇》中提出"正义而为谓之

① 张心萌.工作就是责任[M].北京:中国致公出版社,2010:7.
② 约翰·罗尔斯.正义论[M].何怀宏,译.北京:中国社会科学出版社,2003:50.
③ 约翰·罗尔斯.正义论[M].何怀宏,译.北京:中国社会科学出版社,2003:456.

行"，即认为正义是公正合宜的思想意识、情感与行为态度。在荀子看来，"君子崇人之德，扬人之美，非谄谀也；正义直指，举人之过，非毁疵也；言己之光美，拟于舜禹，参与天地，非夸诞也；与时屈伸，柔从若蒲苇，非慑怯也；刚强猛毅，靡所不信，非骄暴也；以义变应，知当曲直故也"（《荀子·不苟》）。清初朱舜水也认为，"心无邪无枉，无偏无党，便谓之正"，义则是"心之所制，事之所宜"，正义就是"志守公平，体兼正直"，就是"存信去诈，以公灭私"（《朱舜水遗书》）。

在西方，正义感也受到许多伦理学家的关注与重视。早在公元前 351 年，狄摩西尼在号召雅典人掌握自己命运的时候，就发表过这样有力的演说："非正义、不公正、欺诈和背信弃义绝对不可能使我们成为一个强大的国家。这些行为只能取胜一时，或得逞于瞬间，它们极可能在梦幻中花朵怒放，但是时间久了，它们便原形毕露，憔悴枯萎，正如一座房屋和一艘船只，它们的底部必须十分牢固，一项政策的基础和根据也必须真实可靠；而马其顿外交的胜利，并不是在这种基础上取得的。"[1]古希腊著名哲学家柏拉图强调，一个人"不论立辞或行事都永远应当着眼于公正"。[2] 亚里士多德认为，正义乃百德之首，有正义感的人是真正有道德的人。康德则认为，正义感是理性的个人对普遍法则的一种敬重之情，按照正义法则办事是个人不容推卸的义务。近代法国唯物主义者爱尔维修认为："一个人一切行动都以公益为目标的时候，就是正义的。"[3]"人爱正义的基础，或者是畏惧伴随着不义而来的种种坏事，或者是希望伴随着重视、尊敬以及实行正义相联系的权力而来的种种好事。"[4]在爱尔维修看来，只有正义才能保证个体的利益得到实现。因此，即便是为了个人自身利益，追求正义也是值得的。

尽管在对正义感的概念规定中，东方更侧重个人内心动机的正义，西方更侧重强调社会生活的正义。但无论古今中外，那些行侠仗义、打抱不平的英勇行为，都被视为具有正义感的象征；以德报德、救死扶伤、扶贫济困、抢险救灾等行为，也都是正义感的典型表现。社会正义感的强弱，能折射出公民道德素质的高低以及社会文明的程度。只有形成互帮互助的良好社会风尚，和谐融洽的人际关系才可能实现。然而，现实中各种骇人听闻的旁观现象，却在一步步侵蚀着国民的灵魂，蚕食着我们的肌体。据搜狐新闻报道，2010 年 9 月 16 日深夜，贵州省黔南布依族苗族自治州贵定县落北河中学 14 岁的初一学生小兰，被初三学生

① 郝士钊.西方先哲思想全书[M].北京:中国城市出版社,2011:4.
② 周辅成.西方伦理学名著选辑:上卷[M].北京:商务印书馆,1996:213.
③ 北京大学哲学系外国哲学史教研室.西方哲学原著选辑:十八世纪法国哲学[M].北京:商务印书馆,1963:463.
④ 北京大学哲学系外国哲学史教研室.西方哲学原著选辑:十八世纪法国哲学[M].北京:商务印书馆,1963:506

拉到男生集体宿舍,遭多名学生强奸,当时在场的另外 16 名男生,为避免麻烦,竟无一人勇敢地站出来说一句"请住手"![①]

发生在贵定县的"旁观"事件无疑是社会正义感缺失的典型案例。人类应该多一点正义感,正义感的存在是社会稳定发展的基础。第一,正义感的养成能增强人们维护自己乃至他人权利的决心和意志。罗尔斯认为,在一个组织良好的社会中,做一个好人,具体地说,就是具有一种有效的正义感。[②] 好人的一个重要标志就是能帮助别人维护其权益。事实上,对他人权益的维护不单单意味着对个体特殊利益与要求的保障,更蕴涵着对以个体形式出现的社会共同利益的保障。对个体权益的积极维护有助于遏制社会上的不正之风,弘扬一种正义的社会风气,推动社会在博弈中趋向和谐。对社会普遍利益维护的正义感,又会使整个社会的制度不断趋于公正和合理化,从而进一步增强公民的权利认知和权利意识,增强人们维护他人利益的信心和决心。第二,正义感是公民其他德性形成的心理与道德基础。没有正义感,就不可能有友爱、宽容与信任。罗尔斯曾说:"(1)除了善恶观念的能力之外,公民还有一种获得正义与公平观念的能力,和一种按照这些观念而行动的欲望;(2)当他们相信制度或社会实际上是正义的或公平的(如同这些观念所规定的那样)时,他们便准备并愿意履行他们在这些安排中所负的责任——假如他们有理由确信其他人也将履行他们自己责任的话;(3)如果其他人有明确的意图去努力履行他们在正义的或公平的安排中所负的责任,那么,公民就容易发展相互间的信任和信心;(4)合作性安排的成功保持得愈长久,这种信任和信心便变得愈强烈、愈完善;(5)同样真实的是,随着确保我们根本利益(基本的权利和自由)的基本制度更稳固、更能为公民所承认,这种信任和信心也将变得更加强烈和完善。"[③]第三,正义感的存在有助于公民产生对整个社会的归属感。在缺乏友爱、宽容与信任感的情况下,人们之间相互猜忌,使得人类社会类似于动物性的存在,这无疑不利于增进公民对社会整体的认同。"信任匮乏不仅是一种'缺乏',而且更是一种对人的生存心理的侵蚀。科恩指出,拒绝信任对人有异化作用。不信任令人焦虑、恐惧、疑神疑鬼、惊慌不安、愤世嫉俗、冷漠绝望、与世隔绝。在人际交往中,不信任使人总是从坏的动机揣摩别人的行为,戴着阴谋论的眼镜看世界,觉得到处充满敌意、暗藏杀机、遍布陷阱。这样的不信任反倒为任何凌驾于制度秩序之上的权力提供了当然的合

① 14 岁女生在寝室内被多名男生强奸 同学围观加油[EB/OL].(2010-10-12)[2018-03-19]. http://news.sohu.com/20101012/n275560592.shtml
② 约翰·罗尔斯.正义论[M].何怀宏,译.北京:中国社会科学出版社,2003:581.
③ 约翰·罗尔斯.政治自由主义[M].万俊人,译.北京:译林出版社,2000:91.

理性。"①

（二）非正义局面具有易循环性

在我们的访谈中，有一位骆女士在谈到旁观现象时，这样说道："这是个很可怕的现象，不仅因为我们停止行善，让那些急需得到帮助的人得不到帮助；而且还为那些本来就有些冷漠的人提供继续甚至更加冷漠的借口。冷漠的人越来越多，人和人之间的信任感就会越来越低，人和人之间的距离就会越来越远，利己主义就会慢慢在社会中泛滥开来，最终提高整个社会的道德素质水平、构建美好和谐社会也只能成为空谈。"骆女士的这段话，讨论的是一个非正义局面的易蔓延性。罗尔斯在其《正义论》中指出，稳固的社会正义感是建立在有保障的、稳定的相互利益基础之上的，其基本的观念就是一种以德报德的倾向。他说："这种倾向是一个深刻的心理学事实。假如没有这种倾向，我们的本性就会变得非常不同，而富有成果的社会合作也会变得十分脆弱，假如不是变得不可能的话……假如我们以怨报德，讨厌那些公正对待我们的人，或厌恶那些推动我们的善的行动，一个社会很快就会不可收拾。具有以德报德心态的个人就根本不能存在，或者在其发展过程中很快消失。通过以德报德而形成的正义感，似乎是人的交往的一个条件。那些最稳定的正义观念，可能就是建立在这些以德报德倾向之上的，由于这些正义观念具有最稳定的性质，那些相应的正义感也就是最稳固的。"②"每个人都具有一种正义感，且每个人作为一充分参与合作的社会成员都是可以依赖的，这一公共认知是每一个人形成其善的观念的重要条件。这种公共认知——共享的正义感是该认知的目标——乃是时间和培养的结果，其立难，其毁易矣。"③

慈继伟在《正义的两面》一文中，对非正义局面的易循环性有过深刻的分析。在他看来，正义既是一种道德命令，又是一种利益交换的原则。作为道德命令，正义感当然是无条件的，但作为利益交换的原则，正义感的形成却是有条件的。这种条件就是别人也在遵守正义规范，"如果社会上一部分人的非正义行为没有受到有效的制止或制裁，其他本来具有正义愿望的人就会在不同程度上效仿这种行为，乃至造成非正义行为的泛滥。我们不妨称之为'非正义局面的易循环性'，或'正义局面的脆弱性'。这一现象独立于正义规范的具体内容：不论一个社会具有什么样的正义规范，这一现象都有可能发生。在法律制度不健全的情

---

① 许起鹏.和谐社会：制度与信任机制分析[J].经济师，2008(5)：21.
② 约翰·罗尔斯.正义论[M].何怀宏，译.北京：中国社会科学出版社，2003：497.
③ 约翰·罗尔斯.政治自由主义[M].万俊人，译.北京：译林出版社，2000：335.

况下,这种可能性就更大。"①因此,一部分人的非正义行为(诸如旁观他人受害而无动于衷),可能使人们的同情心和正义感受到极大压抑,进而导致非正义行为蔓延至全社会。在这样的社会中,即便道德高尚的人,或许也只能做到独善其身。在 2014 年中央电视台春晚上的小品《扶不扶》中,一句"人倒了可以扶起来,人心要是倒了就扶不起来了",就是对"旁观"现象这种非正义行为蔓延的一种警醒。

三、"旁观"不利于实现国家的独立与繁荣

梁启超先生在《呵旁观者文》中指出:"国人无一旁观者,国虽小而必兴。国人尽为旁观者,国虽大而必亡。"②美国密歇根州立大学的研究人员,运用高性能计算机,通过数以万计的假设场景"游戏"和一个被称作"囚徒困境"的模型来研究自私与合作产生的后果。实验发现,虽然自私可以帮助个人获得短期的成功,但他们终究会被那些有着共同目标、协心齐力的人所战胜,进化会令自私的人被淘汰,从而走向灭绝。我国也有这样的寓言:几只猴子共同抬一块石头,其中一只猴子想,即使我不用力,它们也会抬走的,于是它悄悄松了手。不料其他几只猴子也如是想。后果可想而知,石头掉下来,砸伤了所有的猴子。尽管人类远比猴子要聪明,人类社会也不可能完全由自私的人组成,但在国难当头之际,一味明哲保身,只顾及自己利益,结果却招来类似猴子般境遇的现象却并不少见。

在中国,明朝亡国时期就出现了这样的奇观。崇祯皇帝为了坚守京师,不得不要求文武百官无偿捐助,以筹措军饷。众大臣们尽管个个富可敌国,却纷纷装穷,甚至在自家的大门上贴出"此房急售"的字条,最后勉强募集资金二十多万两。而后李自成攻破京城,对京城官员严刑拷打,"凡拷夹百官,大抵家资万金者,过逼二三万,数稍不满,再行严比,夹打炮烙,备极惨毒,不死不休"(《北略》卷 20),不过十几天,就获得了七千多万两银子。我们不妨这样设想,如果被铐掠追赃的明朝官员在崇祯皇帝号召捐款时,能预见到李自成进城后的所作所为,他们无疑会响应崇祯皇帝捐助军饷的号召,尽自己最大努力进行抵抗。如果真能这样,或许农民军根本就不可能攻破京城,依附于大明江山的官员的利益亦能得到保障。

在西方,我们同样能看到这样的情况。第二次世界大战前夕,纳粹在德国兴起的时候,绝大多数人都没有能真正认识到纳粹对于民主与和平的致命威胁。第二次世界大战期间,当希特勒的侵略野心开始显露时,英法美苏等国积极推行

---

① 慈继伟.正义的两面性[M].上海:上海三联书店,2001:1.
② 李华兴,吴嘉勋.梁启超选集[M].上海:上海人民出版社,1984:129.

绥靖政策,企图通过谈判和牺牲弱国利益与侵略者妥协。为了"带来一代人的和平",英法德意四国首脑联合签署了将捷克斯洛伐克的苏台德地区割让给德国的《慕尼黑协定》。此后,英法相继同德国发表了带有互不侵犯性质的《英德宣言》和《法德宣言》,苏联也和纳粹德国秘密签订了《苏德互不侵犯条约》。然而绥靖政策满足不了德国法西斯的侵略野心,反而纵虎为患,助长法西斯侵略气焰,从而直接导致了第二次世界大战的爆发。作为"看客"的英法苏美等国最终自食其果,在战争中不仅蒙受了巨大财产损失,也牺牲了大量的军民。

罗尔斯在《正义论》中指出,维护正义是每个公民的道德义务,是每个人与生俱来的天然义务;在社会群体中,只有人人自觉维护正义,人们才能幸福地生活、工作。同样,在国家生活中,只有人人都有担当,才能真正实现国家昌盛、民族振兴。著名学者、北京电影学院崔卫平教授曾经这样说过:"你所站立的那个地方,正是你的中国。你怎么样,中国便怎么样。你是什么,中国便是什么。你有光明,中国便不黑暗。"这里的你便是生活中的你我他。爱国主义是中华民族的优良传统美德,为了这片我们深爱着的土地,为了真正实现我们国富民强的梦想,我们有必要面对处于困境中的他人或社会公共利益,积极行动起来,而不再吝惜那"一声吼"……

第三章　公民见义勇为观的实证研究

　　旁观现象中的敢为者是与旁观者根本对立的,敢为者的行为通常称为见义勇为。在小悦悦事件以后,香港《东方日报》对内地道德失范现象进行了猛烈抨击;面对我国食品安全领域的问题,时任国务院总理温家宝也痛心地指出,"诚信的缺失、道德的滑坡已经到了何等严重的地步"。2012 年《求是》杂志刊文《正确认识我国社会现阶段道德状况》认为,考察社会道德状况,应该全面而非片面把握,文章引用列宁的话说:"如果不是从整体上、不是从联系中去掌握事实,如果事实是零碎的和随意挑出来的,那么它们就只能是一种儿戏,或者连儿戏也不如。"文章认为,我国社会道德状况总体上取得了巨大进步,但在一些时段、一些领域、一些人群中也存在一定的道德问题,而且在某种程度上与社会舆论的放大效应有关。文章说:"一例败德的突发事件,会引起一些小报小刊和网络媒体的亢奋、躁动以及持续、深度的追踪报道,道德'滑坡'的舆论也随之铺天盖地般传播开去。而那些在默默无闻的场合、做着默默无闻的善事的平凡的道德模范们的事迹,却难以成为小报小刊和网络媒体关注报道的对象。但是,在平凡的道德楷模的事迹报告会上,有哪一个动情至深而泪流满面的听众,能够赞成我们的社会已经在全面道德'滑坡'的论点呢?"①当代中国公民对见义勇为道德品质的认知以及践行意愿究竟怎样? 对这些问题若单纯停留在理论上的争论,人们或许永远存在着不同的看法,无法达成一致。而实际把握这些现状,既有助于我们深入分析旁观现象的成因,也是将旁观者转化为见义勇为者的现实基础。本章主要分析课题组通过问卷调查所获得的相关数据和信息,以期了解我国公民对见义勇为的真实想法,为深入分析旁观者形成的深刻原因,有效转化旁观者提供更好的决策依据。

---

① 秋石.正确认识我国社会现阶段道德状况[J].求是,2012(1):15.

第一节　实证研究设计的总体说明

根据研究目的的需要,课题组在界定见义勇为观的基础上,自行设计了"当代大学生见义勇为观调查问卷"以及"当代公民见义勇为观调查问卷"两套问卷,本节将对实证研究的设计思路、调研实践、统计方法、样本基本情况进行一个总体说明。

一、见义勇为的伦理意义

从字面意思来看,"见"为看见,"义"为正义,"勇"为勇敢,"为"就是作为或行动,见义勇为指看到正义的事情,就要勇敢地做。见义勇为是世界公认的崇高美德,更是中华民族的传统美德,充分体现了社会主义荣辱观的要求。见义勇为的伦理基准在于"义"。"义"是我国传统文化中最重要的道德范畴之一,"君子之于天下也,无适也,无莫也,义之与比"(《论语·里仁》),"君子义以为上"(《论语·阳货》)。在孔子看来,"义"作为人们行事的准则,就是一种合乎礼的应当,只有仗"义"而行的人,才能称得上是君子。那种眼见正义遭到践踏而无动于衷的行为,是怯懦,不是君子之德。"君子有勇而无义为乱,小人有勇而无义为盗。"(《论语·阳货》)儒家所追求的勇是"士君子之勇","义之所在,不倾于权,不顾其利,举国而与之不为改视,重死持义而不桡,是士君子之勇也"(《荀子·荣辱》)。即合乎道义的地方,就应该不惧权贵,不计较个人得失,虽然看重生命,但在正义面前,不屈不挠。如果说"义"是对勇的内在规定,是勇的前提,那么,"中庸"(孔子)或"中道"(亚里士多德)强调勇的标准与行为尺度,则是对勇的外在伦理尺度的限定。亚里士多德认为,勇敢是在恐惧和逞强之间的"中道","在恐惧和自信之间是勇敢。一个人若天不怕地不怕,也就无以名之(有许多东西是无名的)。一个人由于过度自信就变成鲁莽,一个人由于过度恐惧就自信不足,变得怯懦"。[①]一方面,怯懦不是勇敢;另一方面,勇敢也不是一介武夫式的鲁莽和轻率,而是建立在理智基础之上的理性行为。所以,"暴虎冯河,死而无悔者,吾不与也。必也临事而惧,好谋而成者也"(《论语·述而》)。勇而无谋者,"若由也,不得其死然"(《论语·先进》)。那种赤手空拳与老虎搏斗,赤足过河,即使死了都不会悔悟的人,是不值得与他们共事。只有那种遇到事情小心谨慎、善于谋划而完成任务的人,才值得与之共事。由此可见,见义勇为本身就包含"智勇兼备"的精神。"为"强调的是实践,"勇"的美好德性只有在"为"中才能得到真正的实现。"勇者

---

① 亚里士多德.尼各马科伦理学[M].苗力田,译.北京:中国社会科学出版社,1990:35.

见义必为,不计祸福"(《苏东坡集·陈公弼传》),即是说,见义勇为之"勇",不只是一种品格,更是一种行为。

在传统农业社会,人们在生产方式上基本上"靠天吃饭"。在强大而神秘的自然面前,人类显得渺小而自卑。面对这样一种现实,人类尊重自然,追求与自然和谐的思想大行其道。"天地与我并生,万物与我为一",便成为人们所追求的最高境界,由此产生了"亲亲仁民,仁民爱物"的哲学思想,孔子本人亦有"断一树,杀一兽,不以其时,非孝也"(《礼记·祭义》)的道德情怀。但由于人类对自然的破坏能力毕竟有限,因此在界定见义勇为概念时,主要侧重于人对人的救助关系,而很少提及人对大自然的责任。但自工业革命以来,伴随着科学技术的发展以及人类对大自然规律认识的加深,渐渐地人类开始以为自己就是世界的主宰,一心想把自然踩在脚下。比如西方文艺复兴时期,哲学家培根就说:"驾驭自然,做自然的主人。"①在中国的"大跃进"时期,"事在人为,人定胜天"也成了喊得震天响的口号。但在我们得意忘形的时候,"对于每一次这样的胜利,自然界都报复了我们"②。人类的智慧创造了经济发展的奇迹,但无知与贪婪也带来了环境污染、生态破坏和能源危机的严重后果。我们赖以生存的地球已经发出了痛苦的呻吟,在我们经历了荒漠化、沙尘暴、雾霾、地震、海啸等天灾之后,实现人与自然的和谐已成为全世界的共识。英国哲学家莱奥波尔德(A. Leopold)作为"生态伦理学"的创始人之一,就认为人不仅仅是人类共同体中的一个好的公民角色,而且也应该是自然界共同体中一个好的公民角色。因此,他主张把良心与义务这样的道德范畴的适用范围扩展到自然界。在他看来,人以外的自然界中的存在、实体和过程拥有伦理的准则和权利。不仅是动物、植物,甚至无生命的山川、海洋都应当享有道德上的权利。③ 这种见解对于反对人类中心主义,倡导对大自然的关怀,当然有许多可取之处。人类的衣食住行、人类的健康发展都离不开自然界,将人道主义的道德情怀扩展到整个自然界,不仅是对其他物种和生命的关爱,也是对人类自身的关爱。

因此,本书提出,见义勇为就是指不负有法定或约定救助义务的人员(包括中国公民、外国公民和无国籍人员),在他人、集体合法利益或社会公共环境遭受破坏时,能够积极地行动起来,勇敢地同违法犯罪行为作斗争的行为。重新界定见义勇为概念,目的就是随着实践和时代的发展,不断超越原有的道德观念,形成全新的具有时代气息的道德观念。

---

① 高中华.环境问题抉择论[M].北京:社会科学文献出版社,2004:52.
② 恩格斯.自然辩证法[M].北京:人民出版社,1971:158.
③ 魏英敏.伦理学教程[M].北京:人民出版社,1993:277.

二、调研内容与对象的说明

本次调研采取问卷与访谈调查相结合，以问卷调查为主的方法进行调查。具体调查时间 2013 年 11 月至 2014 年 6 月。

（一）内容的设计

为了准确把握我国公民的见义勇为观，课题组成员在反复讨论后，决定设计两份问卷：一份主要针对社会上的公民（16 周岁以上）；考虑到青年学生的特殊性，又针对在校青年大学生专门设计了一份问卷。为了更方便对比研究，两份问卷的内容大体相同，同时又照顾了各自身份的特点。

调查问卷的设计分为两个部分：第一部分为个人基本情况，其中"公民见义勇为观问卷"包含 7 道题，主要了解受访者性别、年龄、民族、受教育程度、就业状况、家庭经济状况等；"大学生见义勇为观问卷"包含 8 道题，主要了解受访者的性别、民族、年级、学科、户籍、是否独生子女、家庭经济状况等。第二部分为具体的调查内容，包括：一是对目前见义勇为社会支持氛围的总体看法，包括受访者对见义勇为社会支持氛围现状的了解，对社会道德风气的信心，以及维护良好社会风气的责任承担等观念；二是对个体道德品质的总体考察，在题目设计上，从消极、中性和积极道德品质三个角度设计了相关题目；三是对他人在旁观现象中，采取救援或不救援行动态度的考察；四是对个体自身遇到突发性事件，所可能采取的态度与行为的考察。各个问题之间考察的内容有一定交叉和重叠，因为道德内涵本来就有一定的贯通性，而且旁观现象本身也是一个整体现象。因此，在具体分析某一问题时，几个部分考察所得到的结果都可以作为论证之用。

（二）调研对象与方法

由于本次调研设计了两份问卷，因此调研对象也分为公民和大学生两部分。以公民为调研对象部分，课题组利用杭州电子科技大学思想政治教育专业研究生生源分布广泛的特点，在向学生详细讲述了题目设计意图的基础上，主要委托 2012 级和 2013 级学生利用假期带回家散发的形式，总共发放问卷 620 份，回收有效问卷 592 份，有效回收率 95.48%。

以在校大学生为调研对象部分，课题组对杭州电子科技大学、杭州职业技术学院、南昌航空大学、北京体育大学、河南科技大学等 5 所高校进行了一次"大学生见义勇为观现状"的专题调查。调查以问卷为主、访谈为辅的形式进行，课题组总共发放问卷 800 份，回收有效问卷 787 份，有效回收率 98.38%。全部问卷回收以后，每份问卷都统一编号，委托杭州电子科技大学社会学系的学生用 SPSS 软件进行数据编录。研究人员可通过数据库根据研究需要对相关数据进行统计。

(三)样本对象的基本情况

通过 SPSS17.0 统计分析软件分别对公民和大学生见义勇为观两种问卷的分析,本次调研对象的基本情况如下。

1.公民见义勇为观的样本对象。(1)性别结构:男性占 45.4％,女性占54.6％。这可能同参加调研的女学生比例偏多有一定关系。(2)年龄层次:"16—25 周岁"占 38.2％,"26—35 周岁"占 17.5％,"36—45 周岁"占 16.9％,"46—55 周岁"占 18.8％,"55 周岁以上"占 8.6％。(3)民族:"汉族"占 98.1％,"少数民族"占 1.9％。(4)受教育程度:"小学及以下"占 3.9％,"初中"占15.4％,"高中(中专)"占 23.3％,"大学(专科和本科)"占 44％,"硕士研究生及以上"占 13.4％,可见受访公民学历在高中以上占多数。(5)就业状况:"在职"占 40.9％,"离退休"占 4.3％,"学生"占 33.1％,"无业、失业"占 12.5％,"其他"占 9.2％。(6)职业领域(在职人员填写):"机关、事业单位领导干部"占 9.1％,"机关办事人员"占 3.9％,"科教文卫专业技术人员"占 29.2％,"企业管理人员"占 7.3％,"企业员工"占 14％,"商业服务人员"占 3.9％,"私营企业主"占2.2％,"个体从业人员"占 5.6％,"农业劳动者"占 10.2％,"农村外出务工人员"占 2.8％,此外还有 11.8％ 的人选择"其他"。(7)家庭经济状况归属:"贫困型"占 10.9％,"温饱型"占 51.4％,"小康型"占 29.2％,"富裕型"占 7.4％,"富豪型"占 1.1％。

2.在校大学生见义勇为观的样本对象:(1)性别结构:男性占 62.4％,女性占 37.6％。这可能与本次调研学校为理工科院校有一定关系。(2)民族:汉族占 97.7％,少数民族占 2.3％。(3)学历结构:"专科生"占 28.7％,"本科生"占27.8％,"硕士研究生"占 42.6％,"博士研究生"占 0.9％。(4)专业所属学科类:"人文社科类"占 16.3％,"理工农医类"占 46％,"财经政法类"占 36.8％,"艺术体育军事类"占 0.9％。(5)入学前的户籍:"城镇"占 23.6％,"农村"占 76.4％。(6)是否独生子女:"是"占 42.2％,"否"占 57.8％。(7)家庭经济状况归属:"贫困型"占 15.5％,"温饱型"占 53.1％,"小康型"占 30.2％,"富裕型"占 0.8％,"富豪型"占 0.4％。

上述分析数据表明,本次问卷发放尽管具有一定的代表性,但仍存在一定不足,如公民受访对象中女性偏多,在校大学生受访对象中男性偏多,这可能对反映客观真实情况会存在一定程度上的偏差。

第二节　公民对社会整体道德氛围的认知

人的本质不是单个人所固有的抽象物,在其现实性上,是一切社会关系的总和。作为道德主体的个体,是否能够做出道德的行为,与具体的道德实践场密切相关。清代学者沈垚曾说:"风俗美则小人勉慕于仁义,风俗恶则君子亦宛转于世尚之中,而无以自异。"(《落帆楼集》卷四)"风俗"就是指社会风气,"风俗美"就是指社会风气好,或者说道德环境好。好的社会风气,能够潜移默化地陶冶、浸润人们的高尚道德情操,小人也有可能成为君子。而坏的社会风气一旦形成,则会出现"劣币驱逐良币"的现象,当坏人(道德败坏之人)横行,好人面对坏人无可奈何时,也会随之变坏。从认知的角度来说,个体对整体社会道德风气的认同度越高,个体自身的德性越是能得到淋漓尽致的发挥;反之,个体如果对社会道德风气的认同度越低,其道德行为激发的可能性也就越小。为了调查公民对整体社会道德风气的看法,课题组设计了6道题目,分别从总体感觉、内在原因及未来发展三个维度进行调研。

一、败德现象并未泛滥成灾

具有五千年文明史的中华民族素以礼仪之邦闻名于世。"老吾老以及人之老,幼吾幼以及人之幼""四海之内皆兄弟""一方有难,八方支援"等精神已经深深融入中华民族的血液之中,影响着一代又一代的中华优秀儿女。不可否认,在社会生产生活方式变革的大背景下,包括道德在内的社会意识,呈现出前所未有的多元、多样、多变的复杂情况。在20世纪90年代中期,我国伦理学界就有过道德"爬坡"还是"滑坡"的争论。2001年《公民道德建设实施纲要》对我国的道德状况做出了判断:"党的十一届三中全会特别是十四大以来,随着改革开放和现代化建设事业的深入发展,社会主义精神文明建设呈现出积极健康向上的良好态势,公民道德建设迈出了新的步伐。爱国主义、集体主义、社会主义思想日益深入人心,为人民服务精神不断发扬光大,崇尚先进、学习先进蔚然成风,追求科学、文明、健康的生活方式已成为人民群众的自觉行动,社会道德风尚发生了可喜变化,中华民族的传统美德与体现时代要求的新的道德观念相融合,成为我国公民道德建设发展的主流。"经历了佛山小悦悦事件之后,怎样评价我国当前的道德状况,再次引起人们的关注。《公民道德建设实施纲要》的判断能否在现实中得到验证呢?为此,课题组设计了如下题目进行考察,结果见表3-1。

表 3-1 公民和大学生对"你认为整体社会道德风气状况如何"的认知态度

数据项目	受访公民		受访大学生	
	频数(人)	百分比(%)	频数(人)	百分比(%)
很好,社会就像大家庭处处有爱	40	6.7	28	3.5
较好,人际关系总体和谐	209	35.3	250	31.8
一般,没特别冷漠也没特别温暖	243	41.1	424	53.9
较差,很难让人有温暖感	89	15	55	7
十分冷漠,毫无温暖可言	11	1.9	30	3.8
有效样本量	592	100	787	100

数据显示,无论是公民群体还是大学生群体,选择比例最高的一项均是"一般,没特别冷漠也没特别温暖"。认真分析还会发现,公民群体认为社会整体道德风气好("很好"与"较好"合计)的比例高达 42%,远高于认为社会整体道德风气不好("较差"与"十分冷漠"合计)的比例为 16.9%。从大学生群体来看,我们也能得到相同的结论,选择社会道德风气好的比例为 35.3%,而选择社会道德风气不好的比例为 10.8%。

见义勇为是一项崇高的行为,是对社会不良风气的冲击和挑战,是社会道德的风向标。在当前的社会环境下,见义勇为这种高尚道德行为的发生确实存在许多困境。调查发现,针对"现在社会上见义勇为的人越来越少了"这一说法,无论是公民还是大学生,赞同的比例远高于反对的比例(见图 3-1)。

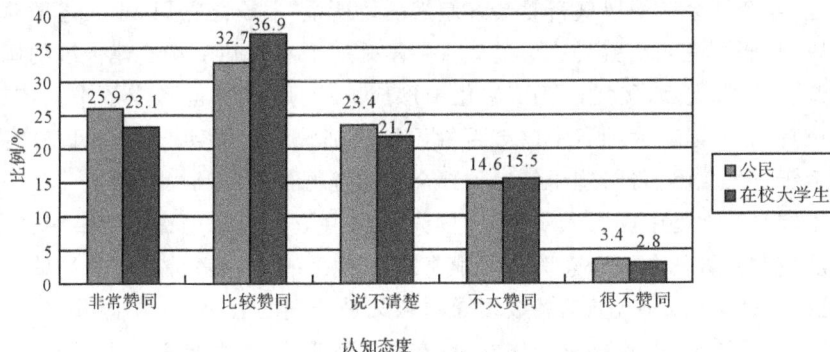

图 3-1 对"现在社会上见义勇为的人越来越少了"的认知态度

从这个意义上说,在受访者眼中,中华民族道德状况并没有呈现全盘堕落的局面;"坏人"(道德品质不好的人)应该只是社会中的少数。但赞同"见义勇为的人越来越少"的高比例表明,当前社会风气离"风清气正""团结友善"的标准尚有较大差距。"风俗者,天下之大事。"社会风气是社会关系的外在表现形式,直接反映了人们的思想观念和行为方式。因此,营造良好社会风气,以良好社会风气引领个体高尚道德品质的形成,无疑是转变旁观者的必要策略。

对数据进行深入分析后发现,家庭经济状况对个体道德认知有很大影响。即无论是公民群体还是大学生群体,自认为家庭经济贫困的受访者,对社会总体道德满意度都相对较低。公民和大学生群体自认为家庭属于"贫困型"的受访人员,认为整体社会道德状况差("较差,很难让人有温暖感"与"十分冷漠,毫无温暖可言"合计)的比例分别高达 34.5％和 27.5％,而自认为家庭属于"富豪型"与"富裕型"的受访人员,则没有一个人认为社会道德环境不好。调查发现,自认为家庭属于"温饱型"与"小康型"的个体,两者对社会道德状况的认知并没有较大的差别,而且他们认为社会道德状况差的比例均低于自认为"贫困型"家庭的受访人员。数据结果或许与调研对象中自认为家庭属于"富裕型"与"富豪型"的个体的数量偏少有关,同时也表明了经济贫困或"弱势心态"对个体的社会道德认知有着切实的影响,提升社会成员的经济收入水平、保障社会的公平正义无疑也是转化旁观者的策略之一。

二、党员干部道德深刻影响社会道德风气

孔子在《论语》中提到:"政者,正也。子帅以正,孰敢不正? 不能正其身,如正人何?"这里强调的就是官德的重要性。官德在传统意义上,主要指君德和臣德,在现代意义上主要指党政领导干部的道德。在孔子看来,只要领导干部能率先垂范,整个社会道德风气自然会好起来的。所谓"君子之德风,小人之德草,草上之风,必偃",说的也就是这个道理。中国是一个有着几千年封建传统的国家,在强调"君君,臣臣,父父,子子"文化中形成的伦理秩序,也形成了中国特有的官本位意识。"以吏为师",中国老百姓习惯于把政治的清明与道德风气的高尚寄希望于贤人政治,寄希望于领导干部个人的道德操守和高尚品质。

中国共产党是中国工人阶级、中国人民和中华民族的先锋队。中国共产党的性质使它必须把全心全意为人民服务作为自己的唯一宗旨。邓小平曾指出:"党是整个社会的表率,党的各级领导同志又是全党的表率。"[①]中国共产党一直以"共产主义道德"严格要求全体党员,在很大程度上说,党所开创和领导的伟大事业之所以能够不断胜利,就在于许多党员尤其是领导干部所具有的正直高洁、人所共仰的道德风范。因此,课题组为了考察当前人民对官员道德的态度,特意

---

① 邓小平.邓小平文选:第 2 卷[M].北京:人民出版社,1994:177.

把"党员干部"放在一起进行考察。人民对党员干部道德的影响力的认知态度见表 3-2。

表 3-2 公民和大学生对"党员干部的道德水平对社会风气影响很大"的认知态度

数据项目	受访公民		受访大学生	
	频数(人)	百分比(%)	频数(人)	百分比(%)
非常赞同	290	49.0	354	45
比较赞同	174	29.4	257	32.7
说不清楚	68	11.5	116	14.7
不太赞同	43	7.2	44	5.6
很不赞同	17	2.9	16	2.0
有效样本量	592	100	787	100

数据显示,无论是公民还是大学生群体,均高度认同"党员干部的道德水平对社会风气影响很大"。在受访群体的认知中,党风政风仍然是影响民风的根本所在。进入新时代,习近平总书记也多次强调,领导干部要讲政德。政德是整个社会道德建设的风向标。各级党员干部,只有争做维护良好社会生态的第一责任人,自觉担当起示范责任,公道廉洁,真正做到"以上率下",才能以良好党风带动政风民风,凝聚起推动党和人民的伟大事业不断胜利的强大力量。

三、英雄流血又流泪现象依然存在

中国传统文化幸福观的基础是"德""得"相通。个体能认识作为普遍生活原则的"道",并在此基础上形成属于自己的"德性",按照德性的要求做事,就能"外得于人,内得于己"。"得人心者得天下"都是从这个意义上说的。作为依靠人们内心信念或社会舆论来调节的道德,其内在权威在哪?从最现实的意义上说,"德"的权威就在于对"内在利益"与"外在利益"的假设或承诺,在于其世俗的动力。有人觉得这种说法玷污了伦理道德的神圣性。当然,这种批评是有一定道理的。从"纯粹伦理"即元伦理的角度来看,"德福一致"反映了伦理的双重价值:目的性价值和工具性价值,似乎就是变相的"功利主义"思想。但我们只要承认人的二重性以及人的利益二重性理论,就不能否认人本身就是目的性和工具性的统一。即便是宗教信仰,其权威渊源也不仅在于其神圣性,更在于世俗的力量。维系和调节人们之间社会关系的道德,同样只有在人们内心确立起"德福一致"价值原则时,才能形成强大的震撼力,从而更有效地引导和调节社会行为。见义勇为的英雄理应"得"其所应得。但人们在谈到旁观原因时,很多人会说:

"英雄流血又流泪,挫伤了人民群众见义勇为的积极性。"不可否认,由于多种原因,确实存在"英雄流血又流泪"现象,但它真的已经成为一种社会常态么?具体数据可见图 3-2。

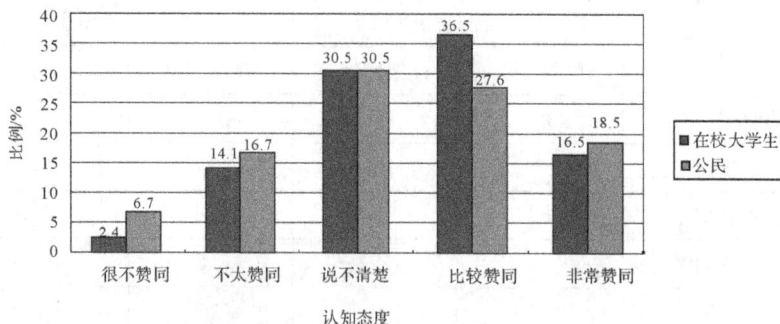

图 3-2 对"英雄流血又流泪的现象在当今社会是常态"的认知态度

上图显示,尽管对"英雄流血又流泪的现象在当今社会是常态"的说法,持赞同("比较赞同"和"非常赞同"合计)态度的公民与大学生比例分别高达 53% 和 46.1%,但也有相当人群对此持否定态度,且均有 30.5% 的人表示"说不清楚"。数据表明,我国在见义勇为的社会保障机制方面所做的大量工作,如 1991 年以来多省通过的《见义勇为者保护和奖励条例》,2012 年在浙江率先掀起的"最美现象"宣传等,在一定程度上已获得了人们的赞同与认可;但与确立"德得相通"的道德信仰的理想目标,尚存在一定距离。黑格尔在提及"德福悖论"时,曾经说道:"有道德的人常常遭受不幸,而不道德的人则往往是幸运的。"[①]这种现象的出现,表明社会生活中的制度安排尚存在不公正的地方,"在一个公正的社会结构中,德行应当是有用的。善只有变得有用时,才能成为民众的普遍自觉行为"[②]。因此,只有以制度性的强制力,改变目前存在的"德福背离"现象,良好社会风气才可能真正形成。

四、良好社会风气需要全社会成员共同维护

英雄流血又流泪,助人为乐被人讹诈,这并非什么新鲜的话题。在类似事件刺痛人们神经的同时,人们常常也会问,究竟这是谁之责?马克思曾经说过:"作为确定的人,现实的人,就有规定,就有使命,就有任务,至于你是否意识到这一点,那都是无所谓的。"[③]确定的人,就负有错综复杂的社会关系引起的角色责任,如父母有教育抚养子女的责任,子女有赡养扶助父母的责任,警察有维护人民平安幸福的责

---

① 黑格尔.精神现象学:下[M].贺麟,王玖兴,译.北京:商务印书馆,1987:141.
② 高兆明.制度公正论[M].上海:上海文艺出版社,2001:175.
③ 马克思,恩格斯.马克思恩格斯全集:第 3 卷[M].北京:人民出版社,1960:329.

任,老师有教书育人的责任……"当人们掌握了一个角色的内容时,他就了解作为该角色的人,人们会对他提出什么期望;同时也了解到他对其互惠角色应有的期望和要求。"①在日常生活中,由于亲属和职业角色明显,人们能清楚地认识到自身的相应职责。但对于作为公民应承担的公民责任、作为社会中的自然人应承担的社会责任,则由于责任自身的模糊性,许多人并不一定能够有明确认知。

现代公民就是符合现代文明要求的公民。公民的基本素质就是具有法律意识,懂得关心社会、与人为善,积极地为社会履行各项义务等。作为社会中的自然人,他不仅有义务增进国家的繁荣与和谐,而且应承担一些超越个人的公民责任。追求公共善,业已成为当代伦理学关注的热点,也是现代公民必须承担的责任。无论哪个国家的公民,都有一些基本的、共同的责任必须承担,如敬畏生命、关爱自然、保护环境等。为了调查广大公民对现代社会责任的认知态度,课题组特意设置了"维护良好的社会风气,主要是警察等公职人员的职责"一题以进行考察(见图 3-3)。

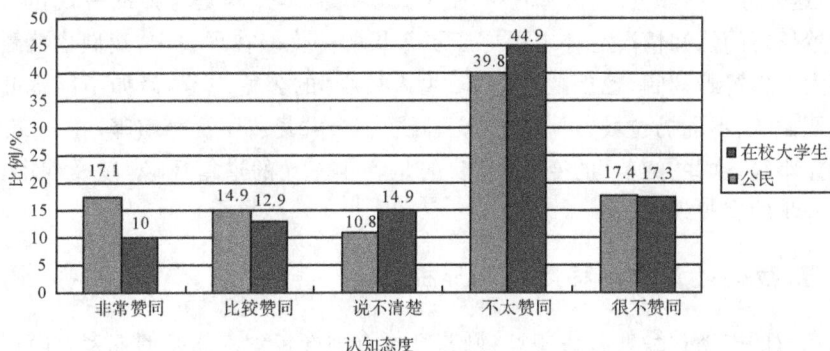

图 3-3　对"维护良好的社会风气,主要是警察等公职人员的职责"的认知态度

数据显示,对"维护良好的社会风气,主要是警察等公职人员的职责"持不赞同("不太赞同"与"很不赞同"合计)态度的公民与大学生比例分别为 57.2% 和 62.2%,而持赞同态度("非常赞同"与"比较赞同"合计)的比例分别为 32% 和 22.9%。当代公民中的绝大多数并不认为,维护良好社会风气,仅是警察等公职人员的责任。这说明我国"社会主流道德舆论和主流道德观念积极、进步、向善"②。数据还表明,大学生群体比普通公民群体对责任感的认识更为深刻,那么在他们的理解中,作为国家和社会未来接班人的大学生是否应该承担比普通

①　单兴缘.开放社会中人的行为研究[M].北京:时事出版社,1993:17.
②　秋石.正确认识我国社会现阶段道德状况[J].求是,2012(1).

公民更多的社会责任呢？具体情况见表3-3。

表3-3 受访大学生对"大学生应成为良好社会风气引领者"的认知态度

态度	频数（人）	百分比（%）
非常赞同	373	47.4
比较赞同	319	40.6
说不清楚	79	10
不太赞同	13	1.6
很不赞同	3	0.4
有效样本量	787	100

数据显示，仅有2%的大学生受访者对"大学生应成为良好社会风气引领者"持否定态度，高达88%的大学生肯定"大学生应成为良好社会风气的引领者"。这充分表明"90后"和"00后"在校大学生群体并非是垮掉的一代，他们对社会责任感的认知情况总体上要好于更年长的一代。在现实中，我们也能看到，当代大学生视野开阔，也更能适应"陌生人社会"的公德规范，诸如不随地吐痰、不随便插队、不乱扔垃圾、过马路走斑马线、在公共场所不高声喧哗、在公交车上主动让座等，这些"细节"的变化，反映的是青年一代的道德风貌，以及我国道德总体进步的客观现实。

五、我国社会文明程度将明显提高

在当前中国社会的公德领域，确实常能看到许多令人痛心的地方，如滥用行政权力、假冒伪劣产品泛滥和人际关系冷漠等。《求是》杂志在勾勒2011年小悦悦事件后的道德评论图景时，这样说道："感动与疼痛并存，谴责与反思交织，忧虑与希望同在。"[1]其实无论疼痛、谴责、忧虑，还是感动、反思、希望，都传递着社会公众的善良意识，说明潮水般的向善之心从未泯灭。诚然，一次次见死不救现象的报道，极大地冲击了人们原有的道德理念，导致见义勇为、助人为乐这些原本天经地义的行动，成为迟疑不决的纠结。当前社会上的"路人冷漠症""道德焦虑症"在当下确实有其现实的基础，但"道德信心"不能丢。2008年，时任国务院总理温家宝在谈到经济问题时提到，"信心比黄金更珍贵"。这句话让国人乃至全世界感受到一个大国的昂扬士气和良好精神风貌；在这种信念的支持下，中国短时间内就成功地化解了危机，稳住了阵脚，并成为世界经济复苏的引擎。那

---

[1] 秋石.正确认识我国社会现阶段道德状况[J].求是,2012(1).

么,当下我国公民对未来社会道德风貌的信心如何? 具体情况见图3-4。

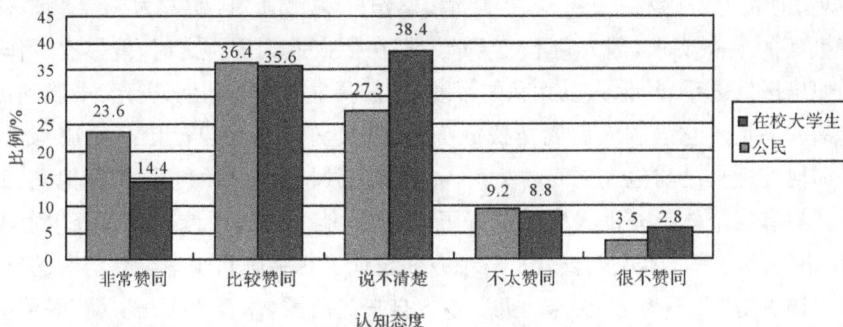

图3-4　对"我国公民文明素质和社会文明程度将明显提高"的认知态度

数据显示,无论是公民还是大学生群体,对"我国公民文明素质和社会文明程度将明显提高",持赞同态度的比例均远高于持不赞同态度的比例。信心不是凭空得来的,公民相信未来超越于现在的"道德信心"同样源于对现实的客观分析,其来源主要有两个方面:第一,素以守望相助、乐于助人著称的中华民族是否真的集体舍弃了善意与义举? 这一答案毫无疑问是否定的。除了一些"见死不救"的冷漠现象,我们应该更能感受到人间的真情,在大灾难面前,中国社会都会出现"一方有难,八方支援"的感人场面。2008年,汶川大地震后,一句"我们都是汶川人",让人热血奔涌。在小悦悦事件发生后,"小悦悦悼念堂"的关注者多达19万余人,时任广东省委书记的汪洋在大会上提出,每个人要用良知的尖刀来深刻剖析自身存在的丑陋。这些真实的感人事迹以及人们对道德的渴求,对善与恶的鲜明立场,就是公民道德信心的坚实基础。第二,中国共产党是否有能力搞好自身建设? 答案是毫无疑问的。我们能看到许多党员干部忠于职守、敬业奉献、不计报酬、不辱使命的先锋模范行动。在抗洪、抗震、抗击非典等大的事件面前,党员干部总是能挺身而出,冲锋在前,舍生忘死。我们能看到,党的十八大以来,我国政府的反腐力度得到极大加强,取得了前所未有的成效,受到了广大群众的普遍支持和欢迎。对中国共产党执政的信心,对中国特色社会主义道路的信心,无疑是广大公民"道德信心"的有力保障。

第三节　公民对人际间道德价值观的态度

作为人类文明成果的沉淀和积累,社会公德是人们在社会交往和公共生活中必须共同遵守的行为准则,是社会普遍承认的基本道德规范。良好的社会公德是社会和谐与文明的外部标志。根据《中共中央关于加强社会主义精神文明建设若干重要问题的决议》和《公民道德建设实施纲要》的表述,社会公德包括文明礼貌、助人为乐、爱护公物、保护环境、遵纪守法。其中,助人为乐无疑是社会公德里面的最高要求,因为它不仅要求人们在他人遇到困难之时,能够有所作为,主动伸出援助之手,给他人以无私的帮助,还强调主体能够从助人行为中感到极大的幸福和满足。它强调人们能把扶危济困、见义勇为作为自己崇高的道德义务。关于如何处理自己与他人之间的关系,一般有三种情况:自私利己、无害他人、助人为乐。只有当个体具有助人为乐的道德认知时,他才最有可能在他人处于危难之时,伸出援助之手。本次调查就从三个方面设计了相关题目来考察受访者的态度:一是受访者对"人不为己,天诛地灭""各人自扫门前雪,休管他人瓦上霜"等消极社会观念的态度;二是受访者对"助人为快乐之本""不要怕吃亏,吃亏是福"等积极道德价值观的态度;三是受访者对"善有善报,恶有恶报"观念的态度。

一、近三成受访者赞同"人不为己,天诛地灭"

"人不为己,天诛地灭"作为一种利己主义价值观,在我国长期受到批判。罗国杰先生认为,对于信仰"人不为己,天诛地灭"的人来说,"他们活动的唯一动机和目的,就是满足自己自私自利的需要。他们唯利是图,损人利己,为达到个人目的不择手段……根本不知道还有'良心'二字,似乎世上除了赤裸裸、冷冰冰的金钱关系之外,再也没有什么其他的关系了"。[①] 罗国杰先生认为,这是一种极端自私自利的、极为卑下的、腐朽的道德境界。对于这种极端自私自利的道德价值观,当代公民有着怎样的认知呢?结果见表 3-4。

表 3-4　公民和大学生对"人不为己,天诛地灭"道德价值观的认知态度

数据项目	受访公民		受访大学生	
	频数(人)	百分比(%)	频数(人)	百分比(%)
非常赞同	53	8.9	89	11.2
比较赞同	128	21.7	176	22.4
说不清楚	136	22.9	198	25.2
不太赞同	163	27.6	214	27.2
很不赞同	112	18.9	110	14.0
有效样本量	592	100	787	100

数据显示,赞同"人不为己,天诛地灭"价值观的公民与大学生比例分别为

---

① 罗国杰.伦理学[M].北京:人民出版社,2014:472.

30.6％和33.6％。尽管相比较而言,不赞同的比例要高于赞同的比例,但近三成的人认可这种自私自利的价值观,其比例之大仍然令人难以想象。如果任由这种利己主义价值观念盛行,则助人为乐的价值理念当然不可能在社会推广。问题果真如此严重么?我们接着看看受访对象对"各人自扫门前雪,休管他人瓦上霜"的态度(见图3-5)。

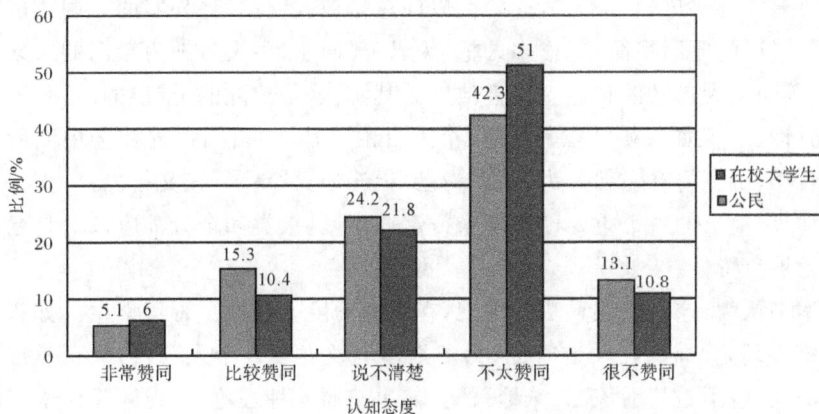

图 3-5　对"各人自扫门前雪,休管他人瓦上霜"说法的认知态度

数据显示,赞同"各人自扫门前雪,休管他人瓦上霜"的公民及大学生比例分别为20.4％和16.4％,持"说不清楚"态度的比例分别为24.2％与21.8％。如此高比例的人对"各人自扫门前雪,休管他人瓦上霜"持模糊态度,说明公民在道德价值判断上确实存在混乱现象,人们的社会责任感仍需加强。但从某种程度上说,"人不为己,天诛地灭""各人自扫门前雪,休管他人瓦上霜"都是自私自利的观念,为什么单纯从数据分析,肯定"各人自扫门前雪,休管他人瓦上霜"的比例要明显低于肯定"人不为己,天诛地灭"的比例呢?对大学生群体尤其如此,大学生赞同"人不为己,天诛地灭"的比例高达33.6％,赞同"各人自扫门前雪,休管他人瓦上霜"的比例则为16.4％;而不赞同"人不为己,天诛地灭"的比例为41.2％,不赞同"各人自扫门前雪,休管他人瓦上霜"的比例为61.8％。对于这种现象,课题组通过深入访谈发现,有些受访者对"人不为己,天诛地灭"这一说法存在误解。比如,有一受访者表示认同"人不为己,天诛地灭",因为每个人都会关心自己的个人利益,他甚至反问一句:"老师,您难道不关心自身利益吗?"原来,在他们的心中,关心自己利益,就等同于"人不为己,天诛地灭"。当我们深入交流时,发现他其实挺认同见义勇为行为的,并对那种极端自私自利的观点表示愤慨。

为什么对"人不为己,天诛地灭",人们会存在误读呢?我们认为,这同改革开放以来,学术界、舆论界在肯定个人利益的同时,对"人不为己,天诛地灭"概念的错误解释有关。比如朱江在《20几岁做最强的自己》一书中提到:"人不为己,天诛地灭! 这是人类社会至关重要的道理,也是最朴实的道理,对全人类,对每个民族每个国家,对我们每个人,都是至关重要的。它告诉我们,人类如果不为自身的生存与发展承担责任,必将遭到大自然的打击报复! 个人如果不为自己的成功与幸福承担责任,必将遭到社会的淘汰和抛弃……人不为己,天诛地灭! 至关重要的朴实道理。不过,这句话以前总是被人误读,将朴实的哲理读成了贬义的。误读的原因很简单,很多人把'为己'等同于'害人',把为自己的未来积极奋斗,等同于为自己的利益去伤害他人。其实,这是狭隘的、错误的,不是这句古语的真谛。"①又如王松江在其所著《个人自由与社会责任:一种社会中间阶层的人生哲学》中专门有一部分为"人不为己,天诛地灭"重释,该文指出:"'人不为己天诛地灭'提出的一个重要伦理要求或道德规则,人类和个人都应该对自己的生存和发展负责任。"②

本书认为,这些错误看法的出现,在很大程度上误导了青年学生。如果按照这种错误理论,那些在关键时刻,为了集体利益而牺牲个人利益,甚至献出自己生命的人,岂不是就活该"天诛地灭"? 如果按照这种理论,人世间又何来"高尚"二字,人与动物的区别又何在? 马克思主义者从来都不否认个人利益,但我们不能借为个人利益正名,而倡导极端利己主义。不可否认,现阶段信奉乃至倡导这种观念的,在社会各阶层都大有人在。对此,我们绝不可忽视,如果任由这种理论在社会中蔓延,必将危及社会主义改革开放建设事业的发展,影响我国社会主义和谐社会的建设。

二、九成以上的受访者赞同"助人为快乐之本"

常言说:"赠人玫瑰,手有余香。"人是生活在社会中的人,每个人和周围的人都有着千丝万缕的联系,每个人都需要在同他人的积极关系中建立起自己的自信心、成就感和满足感,当我们对他人送去一份关怀、一份尊重、一份赞美时,我们常常能收到别人相应的回报,同时也收获心情的平静与愉悦,从这个意义上说,"助人就是助己"。亚当·斯密在《道德情操论》中,从中立的旁观者角度,对助人能带来情感上的快乐进行了这样的说明:"一个人向来慷慨仗义,而且帮助别人是出自正当的理由而不是幼稚轻率的想法,那么他有理由去认为自己会得到那些受过他帮助的人的爱戴、感激,并会因此而得到社会上所有人的尊敬和赞

① 朱江.20几岁做最强的自己[M].北京:北京航空航天大学出版社,2009:34.
② 王松江.个人自由与社会责任:一种社会中间阶层的人生哲学[M].北京:中国国际广播出版社,2009:122.

赏。当用公正的旁观者的态度来回顾和检视自己当初的动机时,他会有更深的体会,并为'旁观者'对自己的裁判和赞许而欣喜。想到自己的行为从各方面看都无可挑剔,让所有人感到满意,他内心就充满了快乐、安详和镇静;能和所有的人融洽相处,并在人群中感到信心十足、意气飞扬,他确信自己是个受人尊敬的人物,所有这些美妙的感情合在一起让他强化了对自己优点的认识,也认为自己值得这些慷慨的回报。"①在日常生活中,如果能从内心认同"助人为快乐之本",公民助人的意愿无疑会极大增强。今天的公民是否认同这一理念呢? 结果见表3-5。

表 3-5　公民和大学生对"助人为快乐之本"道德价值观的态度

数据项目	受访公民		受访大学生	
	频数(人)	百分比(%)	频数(人)	百分比(%)
非常赞同	378	63.8	436	55.4
比较赞同	180	30.4	316	40.1
说不清楚	21	3.6	25	3.2
不太赞同	11	1.8	7	0.9
很不赞同	2	0.4	3	0.4
有效样本量	592	100	787	100

　　数据显示,受访公民和在校大学生赞同"助人为快乐之本"的比例均高达90%以上,其中公民赞同的比例为94.2%,大学生赞同的比例高达95.5%。这表明"助人为乐"的美德观念已经深入人心。但承认"助人为快乐之本"并不等于助人行为就会发生,特别是当助人行为可能面临着个体利益损失的时候。比如常有人说,"那种行为很高尚,但我做不到",或者"那种行为很高尚,但我不能肯定我是否能做到"。突发性紧急事件中的助人行为,常会以牺牲个人利益为代价,这种个人利益可能是金钱、时间、健康乃至生命等,虽然个体能意识到助人行为是高尚的行为,但如果他不愿意吃亏的话,也就不会做出助人行为。被誉为"扬州八怪"的郑板桥,曾留下两句四字名言,一句是"糊涂难得",另一句就是"吃亏是福"。"吃亏是福"是一种修养,是一种境界。只有能够理解"吃亏是福"的人,才能在他人面对困难时,不怕吃亏,愿意伸出援助之手。那么,当代公民对这一问题是否也能持有像对"助人为快乐之本"一样的积极态度呢? 情况可见图3-6。

---

①　亚当·斯密.道德情操论[M].蒋自强,译.北京:商务印书馆,1988:59.

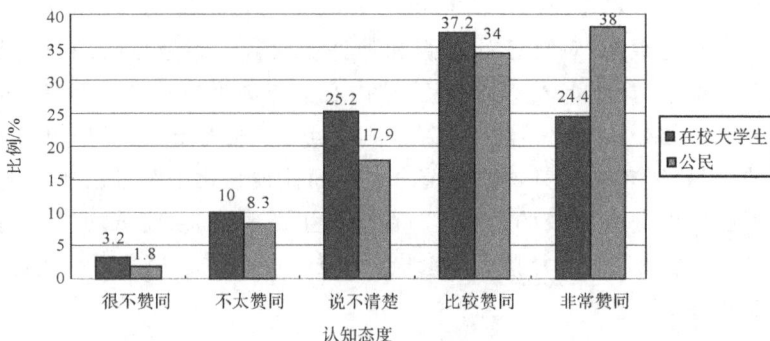

图 3-6　对"不要怕吃亏,吃亏是福"说法的认知态度

　　数据显示,对于"不要怕吃亏,吃亏是福"的说法,公民和在校大学生群体赞同的比例分别为72%和61.6%,其比例要明显高于不赞同的比例。这进一步说明当前我国公民的总体道德认知状况是好的。但深入分析数据发现,无论是公民还是在校大学生,对"不要怕吃亏,吃亏是福"赞同的比例均远低于赞同"助人为快乐之本"的比例。尤其是大学生群体,对两者的赞同度比例居然相差33.9%。这说明受市场经济大潮的影响,部分大学生已经将个人利益置于社会集体利益、他人利益之上,甚至能够为了个人利益不惜牺牲他人利益。个人利益的"坚不可摧",已成为很多人在危难之时不行动的理由。比如2008年汶川大地震中,不顾学生的危难第一个跑出都江堰市光亚中学教室的范美忠老师,事发10天之后,在天涯论坛贴出《那一刻地动山摇——"5·12"汶川地震亲历记》:"我是追求自由和公正的人,却不是先人后己勇于牺牲自我的人!在这种生死抉择的瞬间,只有为了女儿才可能考虑牺牲自我,其他人,哪怕是我母亲,在这种情况下我也不会管。"[①]范美忠固然有追求自由和公正的权利,但作为一个老师,首先就有自己应该承担的责任和使命。自由,是建立在责任基础之上的;公正,同样也离不开道德规范的约束。离开了责任,自由和公正又将以何为依归呢?

三、"善有善报,恶有恶报"理念深入人心

　　"善有善报,恶有恶报"的道德价值观念,起源于佛家的善恶因果报应理论,在中国几乎是人尽皆知。不只是佛家,儒家也曾主张善恶报应,如儒家所说"天道福善祸淫"(《尚书·汤诰》),"积善之家,必有余庆,积恶之家,必有余殃"(《周易》)。"善有善报,恶有恶报",本身是一个唯心的观点,因为"报"的依据在于"上

---

① 何瑶.汶川震后,"范跑跑"这七年[N].南方都市报,2015-05-12.

天"的公正。但从另外一个角度来看,"善有善报,恶有恶报"恰恰反映人们的"社会公正"信念。

公正、公道的基本含义就是"得其所应得"。亚当·斯密认为,对于一个社会而言,"正义犹如支撑整个大厦的主要支柱。如果这根柱子松动的话,那么人类社会这个雄伟而巨大的建筑必然会在顷刻之间土崩瓦解……所以,为了强迫人们尊奉正义,造物主在人们心中培植起那种恶有恶报的意识以及害怕违反正义就会受到惩罚的心理,它们就像人类联合的伟大卫士一样,保护弱者、抑制强暴和惩罚罪犯"。① 那么,当代公民对"善有善报,恶有恶报"有着怎样的看法和理解呢? 情况可见图 3-7。

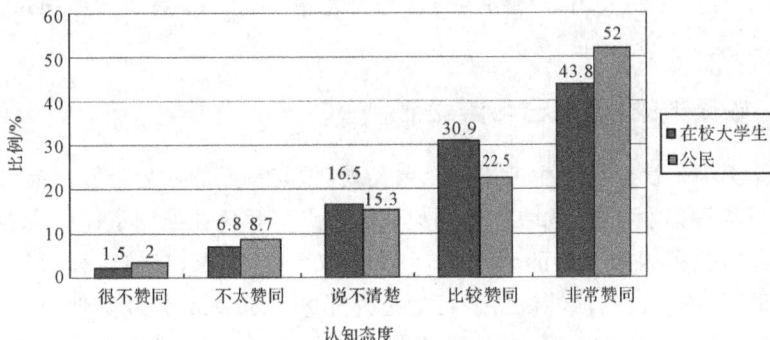

图 3-7　对"善有善报、恶有恶报"价值观念的认知态度

数据显示,公民与大学生群体对"善有善报,恶有恶报"价值观持赞同态度的比例分别为 74.5% 和 74.7%,持否定态度的比例则分别为 10.2% 和 8.8%。进一步深入分析还发现,"小学及以下""初中""高中(中专)""大学(专科和本科)""硕士研究生及以上"受访者对"善有善报,恶有恶报"的赞同比例("非常赞同"和"比较赞同"合计)呈递减趋势,其数据分别为 87%、84.6%、77.5%、71.5%、63.6%。为什么会出现这样一种结果呢? 我们认为,这恰恰说明了常识性道德的力量。常识性道德往往来自于长辈的反复教诲,或者自己的人生体验和感悟,"它用最简便的途径去认识最简单的真理,能够驳倒最不可容忍的谎言,并揭露出明显的矛盾"②。事实上,每个人都有自己的道德能力,对于大多数人而言,他们的日常行为不可能运用抽象的逻辑推理,他们只是按照自己的常识性道德去行动。例如,康德认为,没有哲学家的帮助,普通人也可以相当好地发现他们的义务,并且哲学家的实际职责是以真理的形式去解释普通实践理性的基础,这可

---

① 亚当·斯密.道德情操论[M].蒋自强,译.北京:商务印书馆,1988:107.

② 科诺瓦洛娃.道德与认识[M].杨远,石毓彬,译.北京:中国社会科学出版社,1983:74.

能帮助那些理解这一点的人不至于成为华而不实的观点或者是反对义务论的追随者。[①] 相比较而言,经过系统学习和思考的人,则较少地受常识性道德的制约,比如针对"善有善报,恶有恶报",他们可能更多地思考"报"的力量来自何处的问题,因而产生一定的怀疑态度。

　　总体上看,如此高比例的人群赞同"善有善报,恶有恶报",一方面反映了常识性道德力量的强大,另一方面表明我国目前见义勇为的制度供给总体上是健康的。如果大多数英雄"流血又流泪","善有善报,恶有恶报"的道德信念就会受到极大挑战。当然,我们也应该看到,尚有部分受访者对此持有怀疑乃至否定态度。因此,如何让现实中的制度供给进一步强化"善有善报,恶有恶报"的"现报"与"生报",让更多的人相信"善有善报,恶有恶报"的正义,是当前加强道德建设的关键问题。

四、敬佩英雄,但自己很难做到

　　见义勇为是社会公共生活中的重要美德,但与一般的社会公德不同,这种美德行为通常具有紧急性、危险性和利他性等特点。紧急性强调事件的突发性,由于不能及时获得国家力量的介入,如果不采取行动,国家、集体或社会公共利益就会遭受严重损失;利他性说明该行为是为了保护国家、集体或其他公民的合法权益,维护公共安全与秩序;危险性主要指在危难救助中,见义勇为者通常要付出较大的代价,有时甚至是受伤致残或者牺牲自己的生命。见义勇为的危险性,是见义勇为与一般助人为乐的重要区别。也正因此,见义勇为是超越普通民众的、带有英雄色彩的"英雄道德",需要行为者有较高的道德觉悟。

　　无数个在平凡生活中涌现的英雄,让人们无限敬仰,成为滋养中华儿女浩然正气的精神源泉。但从 20 世纪 80 年代初大学生张华救老农而光荣牺牲的讨论开始,"英雄"情结就开始遭遇来自经济理性的挑战。《文汇报》1992 年 10 月 3 日《世说新语》专栏就杭州一单位的女出纳员为保护一个装有 2300 元人民币的钱箱而光荣牺牲的事件开展讨论时,有一篇题为《生命高于财富,还是财富高于生命》的文章作者就认为这个事件,"涉及最根本的问题是生命与财富的关系问题"。既然"人的生命高于任何财富的价值",那么保全生命是第一位的,保护财富是第二位的,因为"国家财富并不是最后的目的,最后的目的仍然是人"。[②] 那么,今天的公民究竟如何看待"英雄"? 他们是否可能在英雄的感召下,做出英雄的行为呢? 结果可见表 3-6。

---

① 帕特森.布莱克维尔哲学和法律理论指南[M].汪庆华,译.上海:上海人民出版社,2013:475.
② 俞吾金.生命高于财富,还是财富高于生命[N].文汇报,1992-10-03.

表 3-6　公民和大学生对"不顾个人安危,舍身救人的英雄行为"的认知态度

数据项目	受访公民		受访大学生	
	频数(人)	百分比(%)	频数(人)	百分比(%)
很高尚,自己也能做到	87	14.7	55	7
只有傻瓜才会选择做英雄,我瞧不起这类人	11	1.8	3	0.4
这是喜欢出风头的行为,不值得提倡	17	2.9	16	2
敬佩英雄,但自己可能做不到	448	75.7	639	81.2
说不清楚	29	4.9	74	9.4
有效样本量	592	100	787	100

　　数据显示,无论是公民还是在校大学生群体,针对那种"不顾个人安危,舍身救人的英雄行为"基本持敬佩的态度,但肯定自己也能做到的比例则相对较低。而且数据还显示,受到良好教育的大学生群体,在危难之时能挺身而出的比例(7%),还要低于普通公民群体(14.7%)。热爱自己的生命是正确的,大学生的理性计算也没有错,但现实生活中无疑还有比自身利益乃至生命更有价值的存在。"最美妈妈"吴菊萍①在伸出双臂接下坠楼孩子的那一刻,完全置自身生命于不顾。在某种程度上说,正是这种精神的存在才使得生命的意义得到升华。

　　为了进一步调查公民对日常生活中见义勇为的态度,课题组设置了一个案例问卷调查题目:"如果你善于游泳的朋友,见一小孩落水后无动于衷,你对他的态度"。"善于游泳"即意味着有援助受难小朋友的能力,"无动于衷"意味着没有采取任何措施。调查结果显示,公民和大学生群体均首选"从心底里鄙视他,淡化与他的朋友关系",其比例分别为 44.5% 和 48%;其次为"理解他,朋友关系不会有任何变化",比例分别为 38.8% 和 45.6%。此外,公民群体有 9.6% 的人选择"认可并赞同他的做法,更加愿意与他做朋友",7.1% 的人选择"讨厌他,与他断交";大学生群体中则有 3.6% 的人选择"讨厌他,与他断交",9.6% 的人选择"认可并赞同他的做法,更加愿意与他做朋友"。数据显示,无论是公民还是大学

---

　　① 2011 年 7 月 2 日下午 1 点半,在杭州滨江区的白金海岸小区,一个 2 岁女童突然从 10 楼坠落,当时在楼下经过的阿里巴巴女员工吴菊萍奋不顾身地冲过去用双手接住了孩子。女孩稚嫩的生命得救了。吴菊萍手臂粉碎性骨折。其后该事件在网络广泛传播,吴菊萍被网友称为"最美妈妈"。

生群体,均有超过50%以上的受访者对有能力救助而不施以援手的行为表示出较强烈的愤慨,并且不愿意与这种人交朋友。这进一步表明,人们心中衡量是非曲直的那杆秤还是存在的。

第四节　公民助人意愿与旁观原因的调查

为了真实了解公民在具体突发情境中的助人意愿与态度,课题组根据突发性事件危险程度的不同,设置了几道常见性问题,并对影响救助行为发生的原因,以及受访者关于完善见义勇为保障机制的建议进行了简单的主观测量。

一、公民助人意愿的调查

(一)公交车上是否让座的调查

2012年8月29日,《长沙晚报》刊文《让座风波与社会公德》,文章指出:

8月26日,在长春市102路公交车上,一位中年女子因为让座问题掌掴一位年轻男性。同样在几天前,杭州的一个小伙子,也因为在公共汽车上没有给抱孩子的妇女让座,而被这个妇女的丈夫连扇了5个耳光。为此人们议论纷纷,有的说不让座不对,有的说打人不对,也有的说旁观不语不对。但无论如何,这种事情的发生,都是人际关系的悲哀,也是社会公德的倒退。①

社会公德需要大家共同维护,从助人行为的成本角度来看,让座无疑是成本极低的行为,如果连让座都做不到的人,要指望其牺牲个人利益而救助他人或者维护社会公共安全,那恐怕更不可能了。

数据显示,当"在公交车上看见旁边站着老人、孕妇等时",受访者绝大多数表示能让座。从受访公民来看,表示"毫不犹疑把座位让出"和"看周围人的反应,若无人让座,就自己让座给他们"的受访公民比例分别为67.8%和20.5%,两者总和为88.3%,此外还有5.4%的人表示"看当时的心情决定",也有6.3%的人表示"视而不见,继续坐着"。从受访在校大学生来看,表示"毫不犹疑把座位让出"和"看周围人的反应,若无人让座,就自己让座给他们"的受访公民比例分别为63.6%和29%,两者总和高达92.6%,此外还有6.2%的人表示"看当时的心情决定",真正表示"视而不见,继续坐着"的比例仅有1.2%。数据表明,我国公民尤其是大学生在基础道德行为方面,主流是好的,有着较强的公德意识。

①　汪金友.让座风波与社会公德[N].长沙晚报,2012-08-29.

（二）老人摔倒扶不扶的调查

老人摔倒扶还是不扶？这个问题让不少人陷入了纠结，也是时下讨论最多的一个话题。相比于"让座"这样风险极低的助人行为，在"扶与不扶"问题上，受访者明显多了一分顾虑（见表 3-7）。

表 3-7　公民和大学生对"陌生老人摔倒在地扶还是不扶"的态度

数据项目	受访公民		受访大学生	
	频数（人）	百分比（%）	频数（人）	百分比（%）
立即上前扶起来，并送往医院	126	21.3	182	23
先确定有人作证，再上前去扶	185	31.2	309	39.3
立即拨打 110 或 120，自己不会去扶起老人	187	31.6	131	16.7
不提供帮助，又于心不忍，犹豫不决	67	11.3	146	18.6
装作没看见，尽快离开	27	4.6	19	2.4
有效样本量	592	100	787	100

数据显示，对老人摔跤，表示能够"立即上前扶起来，并送往医院"的公民和大学生比例仅有 21.3% 和 23%。此外，分别有 31.2% 和 39.3% 的公民与大学生选择"先确定有人作证，再上前去扶"，31.6% 和 16.7% 的公民和大学生受访者表示"立即拨打 110 或 120，自己不会去扶起老人"，而真正选择"装作没看见，尽快离开"的比例则极低，这表明受访者的同情心并没有丧失，只不过在实施助人行为时，多了几分理性，或者有了几分顾虑和担心。以下案例或能解释某些问题：

焦作九旬老人散步摔倒 路人相互作证扶起

2014 年 3 月 3 日下午 3 时 40 分，焦作一名 90 多岁的老大爷散步时不慎摔倒，路边三名中年妇女约好相互作证后，合力将老人扶起。

当日下午 3 时 40 分，焦作市丰收路锦祥花园小区门口，一名上了年纪的老人突然摔倒趴在路边。最先看到老人摔倒的是一名中年妇女，由于四周没有其他路人，妇女只是站在远处，没敢贸然过去搀扶老人。几分钟后，又有两名骑电动车的女士从此经过，该妇女拦住这两名女士说明情况，三个人约好相互作证将老人扶起。

老人被三名女士扶起后,坐在路边向她们道谢。三名女士询问老人家中的电话,想把老人送回家。由于老人说不清家庭地址和电话号码,她们只好报警求助。[①]

在事后的采访中,参与救援的妇女坦承,她是不敢贸然上前救助老人的,"其实,我也很怕被讹。如果当时只有我一个人,我也不敢扶"。尽管过去发生了许多救人反而被讹诈的现象,让人心寒,但现实总算还令人欣慰。

(三)看见小偷公共场所行窃的调查

行窃的小偷大多带有凶器,或者为团伙作案,一旦被人揭露,他们往往会采取威胁、恐吓乃至直接伤人的方法,对见义勇为者实施报复,以求从作案现场逃脱。因此,制止小偷行窃的潜在危险性,比扶老人被讹诈的可能性更高,对于这样的风险,目击者的态度又是怎样的呢?结果可见表3-8。

表3-8 公民和大学生对"公共场所遇小偷行窃"的态度

数据项目	受访公民		受访大学生	
	频数(人)	百分比(%)	频数(人)	百分比(%)
立即上前阻止小偷的行为	42	7.1	64	8.1
提醒被偷者	213	36	278	35.3
悄悄报警或设法引起大家注意	230	38.9	362	46
装作没看见	84	14.1	46	5.9
其他	23	3.9	37	4.7
有效样本量	592	100	787	100

数据显示,面对小偷行窃这样的危险行为,选择"立即上前阻止小偷行为"的公民和大学生比例仅分别为7.1%与8.1%;选择"悄悄报警或设法引起大家注意"的公民与大学生比例分别为38.9%与46%,选择"提醒被偷者"的比例分别为36%与35.3%。数据表明,公民和大学生分别有14.1%和5.8%的人表示自己会"装作没看见",选择消极逃避。在其他(可填写)的选项中,有的受访者写道"没有能力阻止,只好听之任之",也有人写道"先看看周围的人怎么做,再做决定"。

---

① 郭长秀,陈园.焦作九旬老人散步摔倒,路人相互作证扶起[N].大河报,2014-03-06.

　　调查结果表明,面对危险的事件,受访者的见义勇为行为会更趋理性,会尽量在自身不受到伤害的前提下采取行动。也有部分受访者存在从众心理,如果此时有人站出来阻止这种偷窃行为,那么存在从众心理的受众可能会改变自身行为,而成为见义勇为者。

　　(四)对目睹团伙杀人案是否出庭作证的调查

　　团伙杀人案中的犯罪分子,可以说是穷凶极恶之徒。课题组特意设计了一个"假如你目击了一起团伙杀人案,当有罪犯落网时,你是否愿意出庭指证"的题目,尽管刑事案件目击者有一定义务协助公安调查取证,但"当有罪犯落网时",意味着还有其他的罪犯尚未落网,这种情形属于有高度危险性的情形。那么,在这种情形下,受访者主观上会表示愿意出庭作证么? 情况见表3-9。

表3-9　公民和大学生对"目击团伙杀人案,当有罪犯落网时,要求出庭指证"的态度

数据项目	受访公民		受访大学生	
	频数(人)	百分比(%)	频数(人)	百分比(%)
只要有需要,一定会	179	30.2	318	40.4
不一定,在有其他证人的情况下才出庭	133	22.4	228	29
想出庭,但担心报复	217	36.7	213	27.1
肯定不会出庭	63	10.7	28	3.5
有效样本量	592	100	787	100

　　数据显示,面对这种较高风险的助人行为,明确表示愿意出庭作证的公民及大学生比例分别为30.2%与40.4%。表示"不一定,在有其他证人的情况下才出庭"的公民及大学生比例分别为22.4%与29%;也有部分人心存顾虑,"想出庭,又担心报复"。这两种心态的人群都可以被称为潜在的作证者,在有他人出庭作证或者排除后顾之忧(比如为举报者保密等)的情况下,这部分人很可能会出庭作证。真正明确表示不愿意出庭作证的只有少部分,相关公民及大学生比例分别为10.7%和3.5%。

　　面对团伙杀人案,公民在现实中究竟是否愿意作证呢? 2014年发生在山东招远的一起团伙杀人案,是一个很好的例子:

招远杀人血案多名目击者愿出庭作证

2014年5月28日21时许,犯罪嫌疑人为宣扬邪教,发展成员,在招远市罗峰路麦当劳快餐厅内向周围就餐人员索要电话号码,遭被害人吴硕燕(女,35岁,山东省招远市人)拒绝后,认为其为"恶魔""邪灵",应将其消灭,遂实施殴打,致被害人死亡……在因未挺身制止招远麦当劳杀人案而受到社会广泛指责后,两名案件目击者在接受采访时承认,对未能及时制止悲剧发生表示愧疚,但声称曾尝试介入,后迅速报警。他们同时表示,自己正饱受良心的不安与谴责。"直到现在,我心里还是怀着愧疚。同时也很困惑,为什么连一个十几岁的小男孩的举动,都可以那么残忍。"一名不愿透露姓名的30余岁目击者说。"如果有需要,我愿意出庭为家属们提供法律援助。"一名受害者家属对此回应称,已有三四名目击者在家属的请求下主动与警方联系,提供案件证据。①

从上述案例可以看出,公民出庭作证,维护社会正义的意愿十分强烈。出庭作证是一个公民的义务,但公民出庭作证后的合法权益也应得到有效保护,否则可能既伤了证人的心,也会导致潜在的证人放弃其作证的行为。比如,2008年9月5日,《重庆日报》就刊载了这样一则报道:

出庭作证　难道仅仅是公民的义务?

"假如时光能够倒流,我绝不会再做这样的蠢事,可惜世上没有后悔药啊!"肖敬明表示。曾经在浙江宁波做小生意的肖敬明在为一起杀人案作证后遭人寻仇,两年多时间以来一直到处漂泊。

2006年,肖敬明目睹了一起杀人案。当时,摆在他面前的是一个很大的难题:如果出来作证,那些"混混"什么事都能干得出来,确实惹不起;不作证吧,良心上又实在过不去。

经过激烈的思想斗争,肖敬明最后答应作证,前提是警方能够为他严格保密。

但没过多久,犯罪分子的同伙就找上门来报复了。

肖敬明这才知道,他说了什么话,判决书上都白纸黑字写得清清楚楚。

百般无奈的肖敬明找到办案民警,但警方称法院要求必须实名举证,他们也没有办法;而法院也自有道理:"作为主要证人,其姓名不能用化名或者隐去,否则难以体现司法公正。"

"都有道理"的结果就是:两年来肖敬明为躲避报复,东躲西藏,而女儿也因

---

① 赵金阳.招远杀人血案多名目击者愿出庭作证[N].齐鲁晚报,2014-06-03.

此辍学。①

(五)发现朋友或同学被流氓殴打的调查

理论上讲,旁观现象多发生在陌生人之间。因为在熟人之间,处理人际关系的原则主要是道德理性而非功利理性。可以设想,小悦悦事件发生后,如果当时有几个小悦悦的熟人路过,可能不会发生那么多的"冷漠"行为。毕竟朋友和亲人之间常常会存在一定的"情义",而且如果面对熟人遇难不伸出援手,其所面对的内外压力显然要远大于面对陌生人的无动于衷。那么,调查结果是否会支持这一结论呢？结果可见图 3-8。

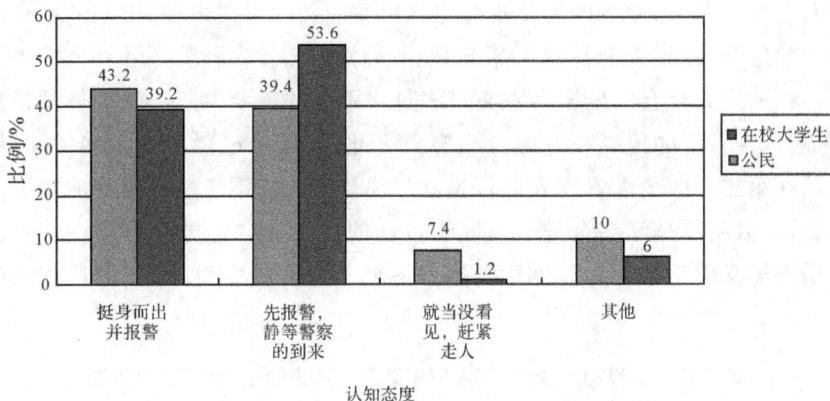

图 3-8　受访者发现朋友或同学被流氓殴打的态度

图 3-8 显示,如果是朋友或同学被流氓殴打,分别有高达 43.2% 和 39.2% 的受访公民与大学生表示会"挺身而出并报警",这进一步证明了旁观行为主要是发生在陌生人之间的理论。此外,39.4% 和 53.6% 的受访公民与大学生表示"先报警,静等警察的到来",说明大学生相对更为理性。表示"就当没看见,赶紧走人"的公民和大学生比例分别为 7.4% 和 1.2%,这一比例也远低于在公共场合看见小偷行窃而置之不理的比例。

调查显示,对于发现朋友或流氓被殴打,有较多的受访者选择了"其他",并进行了相关说明。比如,"大声喊,并叫人来帮忙""请周围的人帮助并报警""打电话叫人,从身边捡起可用的武器再上前救人""先报警,再马上去找其他人过来帮忙""报警,并在警察未到之前,设法保护好自己及朋友"等。从受访者的选择来看,"其他"只是表明其参与方式的多样性,这也恰恰反映了人们在处理人际关系中内外有别、亲疏有异的原则和态度。

① 出庭作证 难道仅仅是公民的义务？［N］.重庆日报,2008-09-05.

二、公民旁观原因的调查

在调查了公民日常事件中助人意愿的基础上,课题组设置了几道与受访者行为(救援或不救援)原因有关的问题,以了解影响行为背后的深层原因。

(一)不愿惹麻烦是助人行为弱化的主要原因

尽管数据显示,我国公民道德素质整体并不像想象的那么糟糕,人们的同情心和爱心依然存在,熟人之间基本上还是能够奉行着"路见不平一声吼"的原则行事。只不过在"熟人社会"向"陌生人社会"转变过程中,原有的社会控制和约束体系在逐渐弱化,原有的道德观念也难以适应新的时代发展,再加上社会舆论的放大效应等,使得人们主观上感觉社会整体道德水平下滑。但一个不争的事实是,在"陌生人社会",确实存在着许多见义不为的现象,那么,从个体的角度来看,影响这种行为的原因究竟是什么呢?为此,课题组设置了两个相关问题,一个是站在第三者的角度看别人的行为,即"你认为人们不愿见义勇为的主要原因是什么"。另一个是站在自身的角度看自己的行为,即"你觉得自己在什么情况下会做出见义勇为的行为"。对"人们不愿见义勇为的主要原因"的调查的结果见表 3-10。

表 3-10　公民和大学生对"人们不愿见义勇为的主要原因"的回答

数据项目	受访公民		受访大学生	
	频数(人)	百分比(%)	频数(人)	百分比(%)
担心伤及自己	139	23.4	199	25.3
不愿招惹麻烦	256	43.2	304	38.6
对见义勇为后的保障存在顾虑	176	29.8	271	34.4
其他	21	3.6	13	1.7
有效样本量	592	100	787	100

数据显示,无论公民还是在校大学生都将"不愿招惹麻烦"列为不愿见义勇为的首选项,其比例分别高达"43.2%"与"38.6%"。其次为"对见义勇为后的保障存在顾虑",选择此项的公民及大学生比例分别为 29.8% 与 34.4%。选择"担心伤及自己"的公民与大学生比例分别为 23.4% 与 25.3%。此外,选择"其他"的也有 3.6% 和 1.7%。在选择"其他"的受访者中,有人写下:"人情冷漠,过于自私,认为与己无关",有人写下"怕被人骗",有的写下"见义勇为也要看个人实

力,如果送死就很没有必要",等等。

问卷在设计的时候,课题组意将"惹麻烦"中的"麻烦"列为时间问题或可能的经济损失。"担心伤及自己"意味着不管见义勇为后的保障是否到位,只要伤及自己就不会出手。"对见义勇为后的保障存在顾虑"则意味着如果见义勇为后的保障到位,即使伤及自己,也会出手相助;反之,如果见义勇为保障不到位,英雄流血又流泪,当然不会出手。从某种意义上说,这三个层次有着某种递进关系。在访谈中,个别受访者认为如果伤及自己或者见义勇为后存在保障上的问题,都是属于惹上了麻烦;当然,从广义上也可以这么理解。但一般情况下,人们还是将"惹麻烦"与身体受到伤害分开理解。我们可以看以下两个案例。

案例一

海口流浪汉倒地身亡 群众怕惹麻烦不愿报警

2010年7月20日,事发海口大英街……一名60多岁的流浪老汉喝多了酒,暴晒几小时后不停捶打胸口,在地上翻转打滚。因担心做好事却惹麻烦上身,围观群众迟迟不出手帮助,也不愿意报警。下午1点左右,他们看到该流浪汉用手不时拍打胸口,在地上翻滚,很痛苦的样子。当时有路过的群众说:"可能不行了,快打电话报警吧。"但不知什么原因,一直没人报警。将近3点时,流浪汉开始口吐白沫,呼吸困难。折腾近两个小时后,流浪汉口吐白沫,当场死亡。这时,一个群众才走到一旁的公用电话报警。"万一流浪汉醒了以后赖上我,要我付医疗费,那我岂不是做了好事还惹了麻烦?"市民黄先生说,之前媒体报道了不少类似的例子,让大家遇到这样的情况都不敢上前帮忙。[①]

案例二

盘点5年来16起见义勇为惹麻烦事件:被救讹人无人受惩

四川23岁青年踢伤色狼,被拘14天,色狼索要5万元,后被释放。

四川达州3小孩扶老人,被指为肇事者,家长遭索赔1100元,老人的儿子被拘10日,罚500元。

---

① 何慧蓉.海口流浪汉倒地身亡 群众怕惹麻烦不愿报警[N].南国都市报,2010-07-21.

广东汕头 2 中学生扶老人被指肇事者,家长垫付 1200 元医药费,老人后道歉,归还药费。

盘锦好大姐扶老人,被指为肇事者,被索 4 万元住院费。老人后道歉,归还费用。

吴某扶摔倒老人,被指为肇事者,被索几十万元,跳河自杀。老人家属称吴某"没撞人会那么好心"。

普定初三学生王田旭扶老人,老人死亡,家属要他"负全责",家属 9 个月后道歉。

万州分水中学生万鑫扶老人,被指为肇事者,母亲支付 2 万多元。二审开庭老人撤诉。

济南刘女士扶老人,被指为肇事者,得路人作证免责。

天津许云鹤扶老人,承担 40% 责任,赔偿 10 余万元。

南京公交车司机扶老人,被指为肇事者,得乘客作证免责。

四川李家轩追劫匪,被救老太称其为帮凶,后获清白,接受道歉。

凌华坤驾车将劫匪撞死,赔偿 4 万元。

南通殷红彬救老太,被指肇事逃逸,获道歉和锦旗。

大排档老板戴宏富为护女顾客刺死骚扰者,被判有期徒刑 3 年,缓刑 4 年,赔偿 18 万元。

广州蔡永杰撞死"抢匪",被判有期徒刑 3 年,缓刑 4 年,赔偿 60 万元。

常熟一市民打死小偷,获刑 5 年。[1]

诸多惹上麻烦的案例发生,导致许多公民产生了"怕惹麻烦"综合征,出于强烈的自我保护心理,遇见他人处于危难之中,干脆置之不理。这种行为当然也可以理解。但是,有些事情是很明显不存在争议的,比如"海口流浪汉倒地身亡,群众怕惹麻烦不愿报警"事件,只要一个及时的报警电话,或许就能拯救一条生命。这时不采取相应行为,并将其归因为"惹麻烦"案例的消极影响,就是一种难以令人信服的借口。从根本上说,这种行为就是缺少做人的基本良知,是极端冷漠自私的表现。

(二)大部分受访者表示只要生命安全不受威胁就会救助他人

在受访者眼中,他人不愿意见义勇为主要是"怕惹麻烦",那么受访者自己是否因"怕惹麻烦"而不愿意采取救援行为呢?为此,课题组设置了"你觉得自己在什么情况下会做出见义勇为行为"这样一个问题,以期了解受访者在突发事件中

---

[1] 李文姬.盘点 5 年 16 起见义勇为惹麻烦事件:被救讹人无人受惩[N].法制晚报,2014-07-23.

的自我认知状况(见图 3-9)。

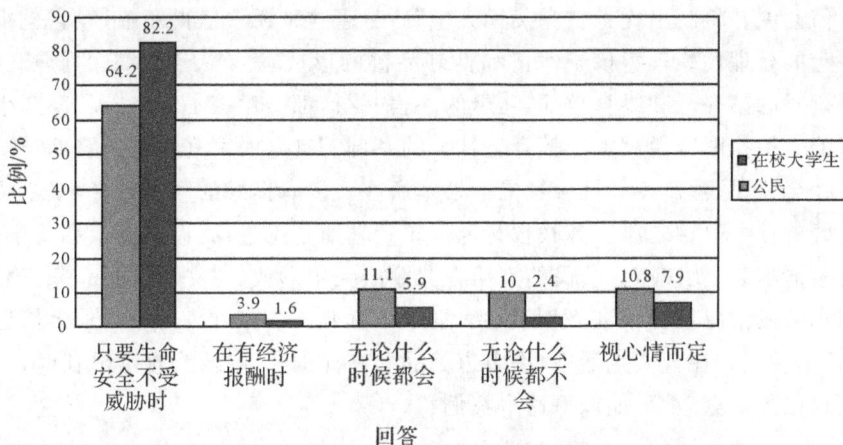

图 3-9　受访者对"你觉得自己在什么情况下会做出见义勇为行为"的回答

图 3-9 显示,公民和在校大学生选择"无论什么时候都会"见义勇为的比例为 11.1% 与 5.9%,这种无条件的"利他"者毕竟是少数。公民和在校大学生选择最多的是"只要生命安全不受威胁时"采取行动,其比例分别为 64.2% 与82.2%。这些受访者表示在生命安全能得到保障的前提下,自己并不怕惹麻烦。这充分表明了我国公民的整体道德风貌是良好的。毕竟生命的价值是平等的,而且生命价值要高于任何财富的价值。也许有人要说,真的有这么多人不怕麻烦? 为什么现实中会有那么多"见义不为"的现象呢? 这里可能涉及两个方面:一是媒体的放大效应,因为负面新闻的冲击力远比正面新闻的冲击力强;二是心理学上的归因现象,人们在对自己行为归因时更倾向于进行外部归因,因而在对自己进行道德评价时也会存在相对高估的可能。但总体上说,认为自己"只要生命安全不受威胁时"就采取行动的受访者,尽管在实际事件中并不一定能采取,但至少是不缺乏爱心和同情心的人。

我们也要看到,还有 10% 的公民和 2.4% 的大学生选择"无论什么时候都不会",也有 3.9% 的公民以及 1.6% 的大学生选择"在有经济报酬时",10.8% 的公民以及 7.9% 的大学生表示"视心情而定"。数据表明,市场经济的交换原则对人们的行为确实有一些消极影响,确实值得引起人们的高度重视,因为冷漠是一种传染病,当冷漠横行时,如果没有足够的热量去温暖人们的心灵,这种病会迅速蔓延,社会就会变成人人自危的社会。而要阻断冷漠这种传染病,需要我们每一个公民的爱心接力行动,只有人人都付出一点爱,世界才会变得美好。

（三）过半数的父母要求孩子不要多管闲事

俗话说，"将门出虎子""虎父无犬子"。尽管这种说法值得商榷，但它也反映了一定的合理性。毕竟孩子性格和良好品德的形成，都会受到家长的影响。父母是孩子的第一任和终身教师，父母的一言一行，都会对孩子的个人品德产生深刻影响。柏拉图曾说："家庭教育是社会的基础。"良好的家庭教育是培养与造就合格社会公民、营造良好社会氛围的根本所在。没有良好的家庭教育，就不可能有良好的社会道德之风。苏联教育家苏霍姆林斯基说过：我们向母亲和父亲讲，从儿童懂事起，就应该让公民的素质在儿童心灵中形成、树立和巩固起来。公民意识和公民情感发源于儿童时代，播种在儿童心灵中的小小的种子，会长出幼芽，长出深根。在现实生活中，许多道德品质高尚的人，在谈到自己成长时，也会提到自己的家庭教育，如以下这个案例：

见义勇为老外获 5 万慰问金，称源于从小家庭教育

2012 年 5 月 7 日下午，广东省见义勇为基金会理事长朱明健、东莞市见义勇为基金会理事长黄发等一行八人，为 Mozer 送去了慰问，称赞他"见义勇为"的正义精神，并颁发了 5 万元的慰问金。对此，Mozer 表示感谢，在东莞生活多年的他称："这次遇到歹徒，挺身而出是出于个人的本能，也是源于从小家庭教育。"[①]

"见义勇为"表面上看是一种瞬间的情感爆发，是正义感的突然显现；事实上，它是一种潜在的道德品质，是一种日积月累的过程。很难想象，在日常生活工作中，对名利斤斤计较、对人缺乏爱心、对周围冷漠甚至仇恨的人，能够在关键时刻挺身而出。可以说，好的品德形成于后天的点滴培养之中，家庭教育则扮演着奠基性的角色。那么，在当今时代，"事不关己，高高挂起"心态越来越常见，这是否与父母灌输孩子"遇事躲着点"的思想有关呢？为了了解家庭中关于个人品德教育的现状，课题组在以大学生为调研对象的问卷中，特意设计了"在你的成长过程中，你的父母更倾向于对你说下面哪一类的话语"这样一个问题。结果见表 3-11。

---

① 谢颖.见义勇为老外获 5 万慰问金，称源于从小家庭教育[N].羊城晚报，2012-05-08.

表 3-11　受访大学生对"在你的成长过程中,你的父母更倾向于
对你说下面哪一类的话语"的回答

原因	频数(人)	百分比(%)
不要多管闲事,多一事不如少一事	205	26.1
在坏人坏事面前要敢于揭发和斗争	34	4.3
只要一心一意把学习搞上去,其他的事都不用操心	195	24.8
遇到坏人坏事,要先选择报警,不要自己上前	286	36.3
父母不对我讲这些人格养成的话,只管吃饭用钱	37	4.7
其他	30	3.8
有效样本量	787	100

　　数据显示,36.3%的父母教育孩子"遇到坏人坏事,要先选择报警,不要自己上前",这既反映了父母对子女人身和生命安全教育的重视,也反映了父母并不希望子女自私自利、枉顾他人。保护孩子的生命健康安全是父母的责任,教育子女具有高尚的人格同样是父母的责任。作者认为,父母教育孩子"要先选择报警,不要自己上前"的做法,对于弘扬社会公德,同样是有着积极意义的。毕竟孩子是未成年人,在体力、智力上还没有成熟,面对坏人坏事时对于如何加强自我保护,并不具备成熟的判断能力,因此要求他们一味奋不顾身、见义勇为,在很多时候并不适合。我们也能看到,4.3%的父母教育孩子"在坏人坏事面前要敢于揭发和斗争",这表明仍有部分父母在教育子女方面秉承积极的道德观念,以"敢于斗争"的美德影响着孩子的行为和意识,对此我们应该高度肯定。"敢于斗争"是青少年人格教育中的重要内容,是支撑一个大写"人"的道德基础。在市场经济大潮的影响下,社会缺少的不是头脑,不是智慧,而是正义感。因此,对于孩子而言,需要的是英雄主义教育,而不是明哲保身哲学。如果我们忽视一代人的精神成长,必将导致国人的"集体缺钙症"进一步恶化。

　　除了上述有利于弘扬见义勇为精神的教育方式外,过半数的父母则不主张自己的孩子"多管闲事"。高达 26.1%的父母认为"不要多管闲事,多一事不如少一事",这与"各人自扫门前雪,莫管他人瓦上霜"的想法如出一辙。近代学者林语堂认为,这种冷淡的品性实在是有助于人变得圆滑。对于父母这种教育方式背后的深刻原因,林语堂说:"无可无不可本非高尚之德性而为一种社交的态度,由于缺乏法律保障而感到其必要,那是一种自卫的方式,其发展过程与作用无异于王八蛋之发展其甲壳。中国出了名的无情愫之凝视,只不过是一种自卫的凝视,得自充分之教养与自我训练,吾们再举一例证,则此说尤明。盖中国之

盗贼及土匪,他们不需依赖法律的保障,故遂不具此种冷淡消极之品性而成为中国人心目中最侠义,最关心社会公众的人。"①

此外,24.8％的父母教育孩子"只要一心一意把学习搞上去,其他的事都不用操心"。受应试教育体制的影响,学习就是孩子日常生活的全部,成绩就是评判孩子优秀与否的准绳。尽管"德才兼备"是国家,也是每个家庭对孩子的期望,但在实际生活中,在望子成龙心态的影响下,学习成绩仍是父母关注的"重中之重",对道德人格的养成则存在一定的忽视。数据显示,还有 4.7％的孩子选择"父母不对我讲这些人格养成的话,只管吃饭用钱",当然,这部分家长只是极少数。在这一问题的"其他"选项中,回答大致分为三类。第一类诸如:"父母不对我讲这些话,但他们都乐于助人,看多了,自然会影响我""父母的行动胜过一切";第二类诸如:"父母很少提及这些方面,没有交谈过""父母很忙,没时间聊这些问题";第三类则强调自己的问题,如"能帮则帮,若连自己都顾不了,谈何帮助别人""能力范围,伸手帮助,尽量不让自己惹麻烦""保证自己安全的前提下再帮忙。"

有位哲人曾经说过:"人字的一撇是智能,一捺是人格,一个人只有把渊博的知识、高尚的品格、优秀的性格、健全的人格结合在一起,才能成为真正意义上的人才。"有些父母,只关注关心孩子的学习,相对忽视孩子对他人的友爱之心,忽视对孩子人格的培养,这种行为确实是不够明智的行为。

(四)期待见义勇为保障机制得到进一步完善

林语堂认为,无可无不可的社交态度,在很大程度上是一种自卫的方式,"是我国文化上的一种奇特产物,是吾们旧世界的智慧在特殊环境下熟筹深虑所磨练出来的"②。在这样的文化环境中,"有的因干预外事而惹了祸,吃了一次两次亏而学乖了……那种社会,个人权利没有保障;那种社会,因管了闲事而惹了一次祸就太不兴致。无可无不可所具的'适生价值',是以含存于个人权利缺乏保障而干预公共事务或称'管闲事'者太热心,即易惹祸之事实……当个人权益有保障,人就可以变成关心公益的人。而人之所以兢兢自危者,实为诽谤罪之滥施。当此等权利无保障,吾们自存的本能告诉我们,不管闲事是个人自由的最好保障……强有力之人所以多半关心公众社会,因为他力足以任此,而构成社会最弱一环之大众懦弱者流,多半消极而冷淡,盖彼等须先谋保护自身也"③。

尽管林语堂先生分析的是当时的文人绅士对国家大事冷漠的原因,但其分析之深刻,同样能被运用到日常生活的旁观现象之中。前面的分析已经表明,

---

① 林语堂.吾国与吾民[M].黄嘉德,译.西安:陕西师范大学出版社,2003:37.
② 林语堂.吾国与吾民[M].黄嘉德,译.西安:陕西师范大学出版社,2003:37.
③ 林语堂.吾国与吾民[M].黄嘉德,译.西安:陕西师范大学出版社,2003:36-37.

"不愿惹麻烦是见义勇为行为弱化的主要原因","惹麻烦"或"惹祸"在很大程度上是由于个人权益没有得到相应保障。那么,在完善见义勇为社会保障机制上,受访群体更希望怎样做呢? 情况见图 3-10。

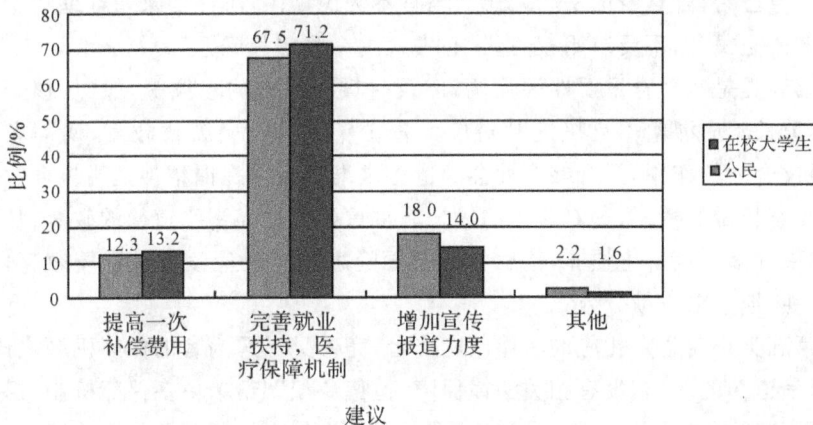

图 3-10　受访者对完善见义勇为社会保障机制的建议

图 3-10 显示,受访者针对完善见义勇为的社会保障,绝大多数赞成"形成一个见义勇为后就业扶持、医疗保障等保障体制",受访公民、大学生选择此项的比例分别为 67.5％和 71.2％;排在第二位的选项为"授予更多荣誉,增加报道力度";排在第三位的选项为"提高一次性补偿费用";此外,分别还有 2.2％和 1.6％的人选择了"其他",比如有的写道:"以上几个方面都很重要",有的写道:"从根源上,加强对孩子的教育""这不仅仅是荣誉问题,而是关系到社会信任问题"。从某种角度来看,受访群众认为应该加强的措施,就是目前做得不够好,或者说是不够到位的方面,也是导致目前社会出现冷漠旁观现象的原因之一。

在问卷的最后,课题组特意设计了一道开放性题目"请您对当前社会风气现状或提高社会文明程度的措施,写下一句最想说的话"。将这些话语分类,大致可以分为五类。第一类是对当前社会风气的悲观感慨之语,如"当前社会风气不好,前景堪忧啊""人们的道德素质很难提高""当前人们自私行为普遍,缺乏爱心""世风日下,人心不古;经济发展水平越高,社会风气越差,没办法""改革开放之后无道德""当前社会风气实在不敢恭维"等。当然,这一类毕竟是相对少数。

第二类是对未来社会充满信心,并希望大家共同努力建设社会文明之语,如"继续向好处发展,社会将变得更加文明""如果人人都献出一份爱,世界将会变得更加美好""社会风气与社会文明程度的提高,需要从自身做起""社会你我他,和谐靠大家""人人伸出一只手,撑起社会文明的一片天"等。

第三类是表达对官员腐败的痛恨、期待领导干部发挥好带头作用之语,如"执政者的道德水平大体决定了社会风气现状与文明程度""各级领导干部首先要严于律己,提升自身的文明素质""当官不为民做主,不如回家卖红薯""希望为官者多体恤民意,不要滥用权力,尽心去解决一些实际问题"。

第四类是对教育重要性的强调,以及对教育措施的建议等,如"从孩子开始培养,家长不应灌输不良风气""对广大青少年进行社会公德教育,调动家庭力量,通过合力的作用,提升整个社会的道德水准""大力提倡精神文明教育""希望老师和家长做好榜样,这对孩子的成长非常重要""加强文明道德的教育,从小做起,如果许多小孩娇生惯养,往后将是道德隐患""学校应该注重素质教育,而不应该一味地追求成绩分数"。

第五类是期望有相应的法律制度出台,完善见义勇为者的保障机制之语,如"法律是道德的基础,没有相关法律保障,道德免谈""给予更多保障机制,提高补偿费用""加强对见义勇为行为的奖励,对于讹诈他人的行为要予以处罚,影响社会风气者也应予以处罚""见义勇为然后被骗的事情层出不穷,我觉得应对见义勇为行为有法律上的保障,对讹人的骗子加大惩罚力度""社会风气与社会文明都是靠重典管出来的,单纯依靠传统美德、依靠公民自觉是没有用的,当务之急就是要加强法制建设,严惩丑恶之人""缩小贫富差距,健全法制建设"。

从受访者对"旁观"现象问卷开放性问题的回答中,我们能感受到他们对这一现象的重视与关注,他们所提出的感想与诸多宝贵意见,都将为课题组在研究引导旁观者向见义勇为者转化的对策时,提供许多参考性的启示。

第四章　旁观现象产生的社会原因

荀子在《劝学篇》中提到,"物类所起,必有所始",意指任何事情的产生都有其内在的深刻原因,旁观现象的出现也毫不例外。本书导论已对各学科就旁观现象的成因分析做了一个简要的介绍。从伦理学的视角看,旁观现象的产生既有深刻的社会原因,也有独特的个体原因,还与突发事件当时发生的自然情景因素密切相关。为了方便分析,本书将着重从社会和个体两方面成因进行阐述,而将突发事件当时的情景因素渗透到社会原因和个体原因之中。所谓社会原因,指造成旁观成为普遍现象的一定时期所特有的、相对稳定的特质,它是一个多层次、多变量的综合系统,既涉及宏观的政治、经济、文化、社会结构、社会变迁等因素,也涉及微观的社区、学校、家庭教育等因素,它是旁观现象产生的重要条件。

第一节　社会环境与旁观现象的发生

纵观人类道德发展史,无论宗教教义还是世俗道德,古代还是近代,也无论是东方还是西方,在别人处于困难之时,伸出援助之手,都是道德规范体系的一个基本要求。但道德归根到底都是一定社会条件的产物,道德行为的发生总是一定社会环境和主体自身道德修养共同作用的结果。只有明白这一点,我们才能理解,为什么在不同社会环境中,人们是否做出助人的行为,以及实际助人的程度是不一样的;也才能明白,为什么有相同道德认知和道德价值取向的人,在不同的环境中,会产生相异甚至截然相反的行为,甚至同一个人在面对相似的道德境况时,有时羞愧难当,有时却坦然受之。

一、马克思主义的环境二重性理论

人是环境的产物,人改变着环境,环境也在塑造着人本身。一般意义上,环境包括自然环境、社会环境。自然环境指的是人类赖以生存和发展的各种自然条件,如气候、生态、地理等。社会环境通常又称作人工环境,主要指人们通过长期有意识的社会劳动,创造的物质生产体系,以及积累的物质和精神文化等所形成的环境体系。社会环境既是人类精神文明和物质文明发展的标志,又随着人类物质文明和精神文明的演进而不断得到丰富和发展。自然环境对人的道德品质会产生一定的影响,但相对于社会环境而言,自然环境的影响和作用是次要的。关于社会环境对人们德性的影响,很早就引起了思想家们的关注与探讨。我国古代的幼学启蒙读物《三字经》就提出"人之初,性本善。性相近,习相远",即人出生之初,人的本性都是相似的、善良的,只是成长环境不同导致个体的习性会产生一定的差异。荀子就曾将环境的作用称之为"渐",他说:"蓬生麻中,不扶而直;白沙在涅,与之俱黑。兰槐之根是为芷,其渐(渍)之滫,君子不近,庶人不服。其质非不美也,所渐者然也。故君子居必择乡,游必就士,所以防邪僻而近中正也。"(《荀子·劝说》)当然,荀子也注意到人的主观努力,他将其称为"积",他说:"积土成山,风雨兴焉。积水成渊,蛟龙生焉。积善成德而神明自得,圣心备焉。"(《荀子·劝说》)

西方学者也特别强调环境对人思想品质形成的影响。苏格拉底提出,只有好的社会环境,才能培育出好的公民。18 世纪法国唯物主义思想家爱尔维修则指出:"我们在人与人之间所见到的精神上的差异,是由于他们所处的不同环境,由于他们所受的不同教育所致。"[1]伦理学家塞缪尔更强调说:"即使把一个心灵最为高尚的哲学家放在一个日常生活极不方便、道德沦丧的恶劣环境中,他也会变得麻木不仁,凶残无耻。"[2]尽管这些观点存在一定的片面性,但他们关于环境对道德品质形成影响的思想,确实也包含着诸多真知灼见,应当受到肯定。

在批判吸取前人成果的基础上,马克思主义经典作家从社会存在与社会意识的辩证关系角度,对社会环境与个体道德品质形成的辩证关系进行了全面而深刻的阐述。

一方面,社会环境决定着人的思想和观念,环境的变化发展决定着人的道德水平的变化发展。一定社会的道德标准、原则和规范,并不是什么神灵的"旨意"或"善的理念",而是由社会物质生活条件决定的。通过对人类社会发展的科学考察,马克思指出:"思想、观念、意识的生产最初是直接与人们的物质活动,与人们的物质交往,与现实生活的语言交织在一起的。人们的想象、思维、精神交往在这里还是人们物质行动的直接产物。表现在某一民族的政治、法律、道德、宗教、形而上学等的语言中的精神生产也是这样。"[3]在他看来,一切时代的道德观念都不具有独立的形式,而是发展着自己的物质生产和物质交往的人们,在改变

---

① 葛力.十八世纪法国哲学[M].北京:社会科学文献出版社,1991:467-468.
② 塞缪尔·斯迈基.品格的力量[M].刘曙光,译.北京:北京图书馆出版社,1999:35.
③ 马克思,恩格斯.马克思恩格斯文集:第 1 卷[M].北京:人民出版社,2009:524.

自己的同时也改变着自己的思维和思维的产物。既然观念的东西不外是移入人的头脑并在人的头脑中改造过的物质的东西,那么毫无疑问,随着人们生活条件、社会关系以及社会存在的改变,人们关于道德的观念、观点和概念,也会相应地发生改变。马克思主义者认为,对人们思想道德观念影响最大的社会环境因素,当属一定社会的经济关系。因为人们的生活就是建立在一定社会经济关系基础之上的,人们正是在认识和处理这些经济关系时才产生了不同的道德观念、道德情感和道德信念。因此,"我们断定,一切以往的道德论归根到底都是当时的社会经济状况的产物"。① 列宁在与唯心主义社会学者展开论战时,也强调:"不能认为人们的思想和感情似乎是偶然出现的,而不是从一定社会环境(它是个人精神生活的材料、客体,它从正面或反面反映在个人的'思想和感情'上面,反映在代表这一或那一社会阶级利益上面)中必然产生的。"② 在马克思主义者视野里,环境对人的道德品质形成与发展变化具有重要作用,因为每个人都以一定的方式生活在一定的社会环境之中,社会环境造就了他的个体的人格和道德力量。

　　另一方面,人是受动性和能动性的有机统一,在接受环境塑造的同时也在不断改造环境。在批判机械唯物主义的环境决定论过程中,马克思这样说道:"关于环境和教育起改变作用的唯物主义学说忘记了,环境是由人来改变的,而教育者本人一定是受教育的。""环境的改变和人的活动或自我改变的一致,只能被看作是并合理地理解为革命的实践。"③ 马克思认为,人超越于动物之处在于人是有思想的、积极的、能动的,动物则只是被动地接受环境,"动物仅仅利用外部自然界,简单地通过自身的存在在自然界中引起变化;而人则通过他所作出的改变来使自然界为自己的目的服务,来支配自然界。这便是人同其他动物的最终的本质的差别"。④ 马克思认为,人类完全有能力使环境成为合乎人性的环境,当然,这里强调的是人类,而不是单个的个体,因为要发展自己的个性,只能以整个社会的力量为准绳,"既然人的性格是由环境造成的,那就必须使环境成为合乎人性的环境。既然人天生就是社会的生物,那他就只有在社会中才能发展自己的真正的天性,而对于他的天性的力量的判断,也不应当以单个个人的力量为准绳,而应当以整个社会的力量为准绳"。⑤

　　马克思主义的环境能动性理论告诉我们,社会环境决定着人们社会意识的

　　① 马克思,恩格斯.马克思恩格斯选集:第3卷[M].北京:人民出版社,1995:435.
　　② 列宁.列宁全集:第1卷[M].北京:人民出版社,1955:383.
　　③ 马克思,恩格斯.马克思恩格斯选集:第1卷[M].北京:人民出版社,1972:43.
　　④ 马克思,恩格斯.马克思恩格斯选集:第4卷[M].北京:人民出版社,1995:383.
　　⑤ 马克思,恩格斯.马克思恩格斯全集:第3卷[M].北京:人民出版社,1960:166-167.

存在;人类在改变环境的同时,也在不断地改变着自身。美国思想家杜威也认为,最良好、最深刻的道德训练莫过于使个体进入一个与其有良好关系的道德氛围之中。旁观现象作为当代的普遍社会现实,如果不能深入分析由现代社会经济与科技发展所带来的社会环境变化,也就不可能真正触及旁观现象背后的深层诱因。

二、道德同情感的产生与环境的影响

同情感是亚当·斯密《道德情操论》的核心概念和理论基点,也是理解斯密道德理论的基石。作为一种个体心理现象,同情感具有明显的向他性、反应性和能动性特征。事实上,人们之所以在他人危难之际愿意伸出援助之手,首先源于助人者内心产生的对他者处境或遭遇的某种怜悯和温柔的情感,这种情感就是我们通常所理解的同情感。按照亚当·斯密的观点,"人的天赋中总是明显地存在着这样一些本性,这些本性使他关心别人的命运,把别人的幸福看成是自己的事情……这种本性就是怜悯或同情,就是当我们看到或逼真地想象到他人的不幸遭遇时所产生的感情"。"在其固有的和最原始的意义上,对他人的苦难所表现出来的同胞感情。"①倘若同情感果真是人的天性,那么它究竟从何而来? 倘若每个人都会对他人的不幸形成"共鸣",那么,现实的人类社会又何以有如此之多的漠不关心、不友好、疏远等与同情感相反的态度存在? 如果不能厘清这些理论上的误区,一味强调同情感的自发性,恐怕还难以增强理论的说服力。

人的同情感究竟从何而来? 从日常生活的经验中,我们能发现一个有趣的现象:刚出生不久的婴儿在听见别的婴儿哭泣时,自己也会哭起来,现代心理学将这种现象称之为"反应性哭泣"。心理学大师霍夫曼认为,新生儿的反应性哭泣"并不是一种毫无情感成分的简单的声音模仿反应;相反,它是强有力的,难以和处在实际不愉快中的婴儿的自发哭泣区分开来的"②。在他看来,这种反应性哭泣能力,就是个体同情感发展的基础,并且会随着个体年龄的增长而不断发展。在观察研究的基础上,霍夫曼提出了"移情发展模型",将儿童的移情分为四个阶段:第一阶段,物我不分阶段(0—1岁),此时婴儿对自我情绪状态和他人情绪状态不能做出区分;第二阶段,自我中心阶段(1—2岁),此时婴儿试图将他人的忧伤情感做出帮助性反应,但其目的是为了减轻自己的不安和痛苦;第三阶段,认知移情阶段(2—3岁),此时儿童基本具备区别自己与他人情感的能力,能够对他人的感受进行推断,做出更多反应;第四阶段,超越直接情景的阶段(童年

---

① 亚当·斯密. 道德情操论[M]. 余涌,译. 北京:中国社会科学出版社,2003:5.
② 马丁·霍夫曼. 移情与道德发展[M]. 杨韶刚,万明,译. 哈尔滨:黑龙江人民出版社,2003:74.

晚期以后),此时儿童对他人的即时感情的理解能够发展到对他人生活境遇的理解。当然,在不同环境中成长的人,其所具有的同情感以及所可能采取的同情行为是不一样的。但对于刚出生的婴儿来说,社会环境似乎并没有来得及在这块"白板"上留下任何的烙印,因此,断然否定人类有天生的同情本能,似乎也缺乏一定的合理性。

亚当·斯密则从成人自然流露出来的同情感,提出人有换位思考的能力,能够把自己转换成他人来进行思考。他说:"我们常为他人的悲哀而感伤,这是显而易见的事实,不需要用什么实例来证明。这种情感同人性中所有其他的原始情感一样,绝不只是品行高尚的人才具备,虽然他们在这方面的感受可能最敏锐。"为了进一步说明这个现象,斯密在书中列举了若干生活中的现象:"当我们看到对准另一个人的腿或手臂的一击将要落下来的时候,我们会本能地缩回自己的腿或手臂;当这一击真的落下来时,我们也会在一定程度上感觉到它,并像受难者那样受到伤害"。"最强健的人看到溃烂的眼睛时,他们自己的眼睛也常常由于相同的原因产生一种非常明显的痛感。"①斯密进一步指出,尽管同情感常常催生助人的行为,但单纯就这一感觉本身而言,同情既不是出于利己,也不是出于利他,它是而且只能是人的天性使然。斯密举例说:"一个男人可能同情正在分娩的妇女,即使他不可能想象自己承受那妇女所能承受的痛苦。然而,据我所知,从自爱推断出一切情感和感情,即耸人听闻的有关人性的全部阐述,从来没有得到充分和明白的解释,在我看来,这似乎是源于同情体系的某种混乱的误解。"②

达尔文认为,同情的自然本能在群居社会生活中,会不断得到强化。"在因群居而受惠的各种动物中,那些最能以群居为乐的个体便最能躲开种种的危害,而那些对同类的祸福利害最漠不关心而过着离群索居的生活的个体则不免大量死亡。"③群居动物在共同生活中通过共同分享食物和温暖,不断增强防御风险和捕食的能力,不仅能在残酷的生存斗争中取得明显优势,而且还能从彼此嬉戏打闹中中获得满足和乐趣。因此,同情的本能也就进一步得到"认同"和"固化"。

从达尔文的论断中,我们可以看到,同情感亦有一个不断深化与扩展的过程。在原始社会,野蛮人的同情心仅仅限于部落内部,"大多数野蛮人对陌生人的苦难完全漠然、完全无动于衷的,有的甚至袖手旁观,引以为乐……有些野蛮人虐杀动物,别人看了发指,他们却引以为快,他们根本不知道人道或一般的仁

---

① 亚当·斯密.道德情操论[M].余涌,译.北京:中国社会科学出版社,2003:6-7.
② 亚当·斯密.道德情操论[M].余涌,译.北京:中国社会科学出版社,2003:10.
③ 达尔文.人类的由来[M].潘光旦,胡寿文,译.北京:商务印书馆,2005:159-160.

慈的美德为何物。尽管如此,除了家庭的恩爱之外、同部落成员之间的善意相待还是很普通的,偶有疾病,又能相互扶持,而有时候,这种善意也还能伸展到这些限度之外"。① 随着人类文明的不断进化,对同情以及仁慈道德的要求也在不断提升,诸如孟子提出的"亲亲而仁民,仁民而爱物",墨子提出的"兼相爱,交相利",以及马克思和恩格斯所倡导"解放全人类"的博爱精神,都是一定文化发展的产物。

尽管随着人类社会交往范围的扩大,人类的同情感无论从广度还是深度上都在不断深化。但对现实生活而言,每一个个体的同情心并不必然随之增强。实际上,人类同情范围在不断扩大的同时,也总是伴随着狭隘与冷漠、极端个人主义、宗族主义、种族主义、民族主义等狭隘思想的存在。毕竟斯密所强调的同情感或共鸣在某种程度上更多地仅限于心理反应,在情感和行为之间,还存在着巨大的空间。下面一个小小的案例或许能反映一些问题:

记得在我六年级时一个炎热的中午,我正与几个同学兴致勃勃地打算去买冰激凌。突然一个衣衫褴褛的老奶奶拦住了我们,用低沉的声音对我们说:"孩子,买点柑橘吧,可甜啦!"我们这才发现老奶奶身旁放着一个装满柑橘的背篓。听着老奶奶几近哀求的话,我顿生怜悯之情,心情变得沉重起来。看看白发苍苍的老奶奶,我真想一口气全部买下她的柑橘,让她免受烈日的煎熬。可是,买了柑橘,我就吃不到盼望已久的甜筒雪糕了!我思索片刻,还是毅然离开了。事后,我特别后悔,真恨当时自己贪图一时的快乐而没有买老奶奶的柑橘。②

人固有同情和侧隐之心,但同时每个个体也有自己的利益。恰如准备买下柑橘的小女孩,之所以其同情心没有引发同情行为,就在于她不想放弃自己渴望已久的甜筒雪糕。按照西方存在主义大师海德格尔的观点,真正的"圣人"毕竟是少数,弥漫于多数中的"常人"才是这个世界的真正统治者。在《存在与时间》这本经典著作中,海德格尔这样讲道:"常人怎样享乐,我们就怎样享乐;常人对文学艺术怎样阅读怎样判断,我们就怎样阅读怎样判断;竟至常人怎样从'大众抽身',我们也就怎样抽身;常人对什么东西愤怒,我们就对什么东西'愤怒'……就是常人指定着日常生活方式……每人都是他人,而没有一个人是他人本身。这个常人,就是日常此在是谁这一问题的答案。这个常人却是无此人,而一切此在在共处中又总已经听任这个无此人摆布……(但是)常人越是不可捉摸与躲躲闪闪,他也越不是虚无。在没有先入之见的存在者层次上及存在论上

---

① 达尔文.人类的由来[M].潘光旦,胡寿文,译.北京:商务印书馆,2005:180.
② 左群英.同情教育论[M].北京:人民出版社,2012:128.

的'看'前面,常人把自己暴露为日常生活中'最实在的主体'。"①在海德格尔的理论中,生活在现实中的每一个人都是他人的"他人",每个人都处于"他人"的控制之下;但这个"他人"不是这个人,也不是那个人,不是人本身,不是一些人,也不是一切人的总数,而是处于中性和平均状态下的"常人"。这个"常人"虚无缥缈,无处不在,但又顽固地控制着每一个人。面对他人的不幸,人们即使心有不忍,也能袖手旁观,且声称自己没有任何责任,而将责任推给根本不存在的"常人"。为何"常人"有如此之能量?究其深层原因,莫过于个体自身的安全与利益问题,倘若环境能够让助人者自身的安全与利益得到保护,则助人者又何乐而不为呢?因此,海德格尔对"常人"之存在并没有持激烈批评与辛辣讽刺的立场。在他看来,"常人是一种生存论环节并作为原始现象而属于此在之积极状态"②。正因此,当代行为主义心理学家斯金纳认为,个人是否行动更多地决定于环境:"内在人的功能确实提供了某种解释但这一解释本身却不能得到解释,由此,解释便中止在内在人这里。"③斯金纳认为,"仅凭加强责任感我们无法解决诸如酗酒和少年犯罪等问题。该对错误行为负责的是环境。也正是环境需要改变,而不是个人的一些品质"。④ 斯金纳将环境的重要性置之于绝对的地位,尽管有其明显的缺陷,但也有其一定的合理性所在。

　　不同的社会环境之中选择不同的道德行为,不独独"常人",即便圣贤如孔夫子,亦是如此。当然,孔老先生关注的焦点主要是从政环境,在《论语·公冶长》中,孔子说:"宁武子,邦有道则知,邦无道则愚。其知可及也,其愚不可及也",意即宁武子在国家混乱的时候,所表现出来的那种昏聩的样子,既能保全自己的性命,又能帮助国君共度难关,正是他隐藏锋芒的妙处,一般人是不可能做到的。《论语·卫灵公》篇中孔子对蘧伯玉的称赞,也体现了这样的思想:"君子哉蘧伯玉!邦有道,则仕;邦无道,则可卷而怀之。"因为在孔子的逻辑中,乱世出仕,可能面临两种结局:一是同流合污、为虎作伥,二是仗义直行、遗祸身家。这两种结局中,第一种有损自己的英名,第二种则可能有损身家性命,都是不可取的行为。孔子的"用之则行,舍之则藏"的智慧,一直受到后人非议,认为这是没原则、逃避责任。但从另外一个角度来看,这又未尝不是对世事通达之后的理性主张,是既不避世,又可避祸,持经达变,顺势而为的入世智慧。

---

　　① 马丁·海德格尔.存在与时间[M].陈嘉映,王庆节,译.北京:生活·读书·新知三联书店,2006:147.

　　② 马丁·海德格尔.存在与时间[M].陈嘉映,王庆节,译.北京:生活·读书·新知三联书店,2006:150.

　　③ 斯金纳.超越自由与尊严[M].王映桥,栗爱平,译.贵阳:贵州人民出版社,2006:10.

　　④ 斯金纳.超越自由与尊严[M].王映桥,栗爱平,译.贵阳:贵州人民出版社,2006:1.

因此,当普遍旁观已经成为一种社会常态的时候,我们绝不能止步于谴责"常人"们缺乏必要的道德觉悟,更应该深刻反思导致"常人"沉沦的社会环境因素。

第二节　旁观现象产生的社会文化根源

从根本意义上讲,道德是一种文化现象。文化以语言、习俗、规范、制度等方式有形和无形地决定着个体道德的认知和思维范式,关乎个体道德品格养成与行为的选择。积极向上的健康文化有助于个体养成良好的道德品质,消极没落的腐朽文化则会促成道德危机的生成。所以,人的德性永远是"在世者",是文化的子孙。[①] 作为社会文化核心的德性,其主要特点就在于其自觉性,这种自觉性又会创造价值。例如,中国传统以"忠孝"为轴心的德性价值追求,形成了注重集体利益、强调国家大一统的东方文化传统。当然,在这里我们主要分析的是文化环境对旁观现象形成发展的消极影响。

一、道德义务自身的模糊性

义务感是个人对所负社会责任的认识和体验,也是一个人应该具备的基本道德情感。[②] 义务和权利是相互联系、不可分割的。没有无权利的义务,也没有无义务的权利。但道德义务不同于法律或政治义务,一般而言,道德义务是不以道德权利为前提的,即一个人在对他人、社会或国家尽自己的道德义务时,并不以任何道德权利为前提条件。从严格意义上说,道德义务不但不以获得某种补偿为前提,而且或多或少地以牺牲个人利益为前提。康德曾说:"道德之所以有如此崇高的美名,就是因为它伴随着一种巨大的献身精神。"[③]不同于法律和政治义务中的"必须",道德义务是自愿自觉地为他人承担的义务,属于社会要求中"应当"的范围,社会中没有也不可能完全对道德义务做出明确具体的规定。同时,人们在"应当"的范围内如何采取行动,还存在程度不同的情况:有的人付出全心全意的努力,有的人三心二意、敷衍了事。从实质上说,道德义务是主体社会责任感的内心自觉意识和体验,是主体道德高度自由的表现,离开了主体的自觉性,就无法产生符合道德义务的行为。

道德义务的自律性及非功利性,决定了其只能依靠人们在长期实践中形成

---

①　李鹏程.当代文化哲学沉思[M].北京:人民出版社,1994:63.

②　曾钊新,李建华.道德心理学[M].长沙:中南大学出版社,2002:135.

③　罗国杰.罗国杰自选集[M].北京:学习出版社,2003:77.

的风尚、习惯和舆论的力量来约束，尤其是依靠人们的内心信念自觉地履行。人们道德义务行为可能得到的回报，主要是道德主体自身感受到的幸福和快乐。这意味着有德的人才有福，无德的人将无福。但"爱心引以为荣的东西也是爱心的不幸：无限且不明确。无法对其进行清晰的理解、界定和衡量。它拒绝定义、摧毁框架并僭越界限。爱心不断地超越自身，因此它总是稍纵即逝，甚至在最快的捕捉之前就已经逃逸；也许只能把爱心作为历史来述说，这一历史在故事讲述的瞬间就已成为明日黄花"①。之所以爱心引起的东西无限且不明确，因为作为个体"应当"的道德义务，既是社会的普遍要求，又是对现实社会关系的反映，而且还要针对具体的情景做出特有的判断，这也就决定了道德义务的条件性和特殊性。而且随着人们交往关系的扩大，人们道德义务的范围也在逐步扩展，比如人类对自然和生物界的道德义务等。

美国心理学家比伯·拉坦纳和约翰·达利在其合著的《不负责任的旁观者：他为什么不帮助？》一文中，这样写道："在我们的社会中，人们常常告诉我们'如果你希望别人怎样对待你，你就应该怎样对待别人'。我们通常把这种教导解释为我们应该帮助别人。然而，我们也被教导'不要从别人手中拿糖果'，或者更通常的说法，不要接受别人的帮助。假如我们每一个人都不接受别人的帮助，那么这个黄金法则就变得有点模糊不清了。"②"在一些具体的情形下，行为规范本身并不能为人们是否采取行动提供很好的解释。规范本身常常是矛盾的、模糊的，看起来也不能有效地引导人们积极的行为。但是，它们确实存在。人们谈论它们，并用规范来解释自己的行为，以及对别人不规范的行为进行批评谴责。孩子们学习掌握规范。他们从父母、教师、同辈以及牧师那里学习了解规范，并以此作为自己的人生信条。令人尴尬的是，他们常常很严肃地对待这些规范。'我知道你想要按照我教你的去帮助穷人，但是你不能把你存钱罐里的钱都给了那个人。他是一个醉鬼。'在小孩表现出想运用这些信条的热情时，几乎所有的父母亲都会遇到这样的尴尬问题。因此，小孩在学习掌握这些精心制作的整套规范时，还得要学习一些相对独立的适应这些规范的行为模式。""规范只是作为一种指导行为的名义上的理论存在。在事件发生以后，它往往是一种很好的能够被人们所接受的解释方案，即使人们从来就没决定去真正履行它。"③两位心理学大师这里所提到的规范，有点类似于道德义务，他们所举的生动例子恰恰是对道

　　① 齐格蒙特·鲍曼.个体化社会[M].范祥涛,译.上海：上海三联书店,2002:213.
　　② Bibb Latane,John M Darley. The Unresponsive Bystander:Why doesn't He Help? [M]. New York:Appleton-Century-Crofts,1970:19.
　　③ Bibb Latane,John M Darley. The Unresponsive Bystander:Why doesn't He Help? [M]. New York:Appleton-Century-Crofts,1970:27.

德义务不明性的最好注解。对于受教育的小孩而言,究竟在什么条件下该做、该如何做,或许只能在自己成长过程中,慢慢去领悟了。

以往人们对道德义务的解释,多侧重一般性理论分析,较少涉及具体问题及其解决对策。因为道德规范总是普遍性的要求,对于在什么条件下使用及如何使用缺乏研究,也难以一一穷尽。在现实生活中,有"帮助你的邻居""照顾好你自己""保护你的隐私"等规范,"由于行为规范要求是如此之多而又如此模糊,它们几乎可以用来解释人类行为的一切模式"。① 换言之,人们进行不进行救助都能为自己找到相应的道德支撑。随着现代社会流动性的增强,以及客观事物发展的不可预测性提升,确立个体道德义务的难度也在日益加剧,以致很多道德责任无法找到承担的主体。

二、明哲保身的传统文化基因

"中国传统伦理思想以儒家文化为主导,重视人伦关系,强调'和为贵'的价值理念,其基本的道德范畴,如仁、义、礼、忠、信、孝等,都凸显了利他性,由此孕育了中华民族特有的和谐观念和兼容并蓄的胸怀。"② 林语堂认为,把"德性"看得像中国那样重的国家在这个世界上可以说是少之又少。"中国人的整个心灵好像被它所控占着,致使他们的全部哲学,直无暇以计及其他。全然避免离世绝俗的思想,不卷入宗教的夸耀的宣传,这种封建德性的中心理想,经由文学,戏剧,谚语势力的传导,穿透到最下层的农夫,使他有一种可凭借以资遵奉的人生哲理。"③ 但中国传统道德也是一个精华与糟粕并存的矛盾统一体,其消极因素的影响仍然渗透在我们社会生活的方方面面。

首先,"和谐"与"中庸"思想是中国传统道德中处理人际关系的法宝,深深地烙入了中华民族的民族心理、民族性格和民族气质之中。在现实生活中,我们常常能本着"己所不欲,勿施于人"的基本要求,通过换位思考来处理复杂的人际关系,不把矛盾扩大化,主张"大事化小,小事化了",从而在一定程度上有利于化解社会冲突,促进社会关系的和谐。这是传统"和谐"与"中庸"思想的积极方面。但中华民族生存之力量,也蕴含着中华民族内在的弱点,"心智上稳健过当,常挫弱理想之力而减损幸福的发皇;和平可以转化为怯懦的恶行;忍耐也可以变成容纳罪恶的病态之宽容;保守主义有时可成为迟钝怠惰之别名,而多产对于民族为

---

① Bibb Latane,John M Darley. The Unresponsive Bystander:Why doesn't He Help? [M]. New York:Appleton-Century-Crofts,1970:27.

② 黄岩."旁观"现象成因的多维审视[J].南昌大学学报,2015,8(4):35-40.

③ 林语堂.吾国与吾民[M].黄嘉德,译.西安:陕西师范大学出版社,2006:28.

美德,对于个人则为缺点"①。"因为这种文化,使每个人能在任何环境下觅取和平,当一个人富有妥协精神而自足于和平状态,他不会明了年轻人的热情于进取与革新具有何等意义。"②在林语堂看来,中华民族有三大恶劣而重要的"德性":忍耐、无可无不可、老奸巨猾。这三大恶劣"德性"的形成都是文化与环境的结果。"中国人民曾忍受暴君、虐政、无政府种种惨痛,远过于西方人所能忍受者,且颇有视此等痛苦为自然法则之意,即中国人所谓天意也。"③林语堂将中英两国母亲给儿子的临终遗训进行了对比,英国母亲常说,"仰昂你的头颅,爽爽直直地回答人家的问话",而中国母亲总是千叮万嘱,"少管闲事,切莫干预公众的事情"。由此,冷淡之在中国,具有明显的"适生价值"。④尽管中国青年之公众精神并不亚于欧美青年,但一到二三十岁,似乎都变得聪明而冷淡了。"有的由于天生的智质而学乖了,有的因干预外事而惹了祸,吃了一次二次亏而学乖了。一般老年人都写写意意玩着不管闲事的模棱两可把戏,因为老滑头都认识它在社会上的益处。那种社会,个人权利没有保障;那种社会,因管了闲事而惹一次祸就太不兴致。"⑤从唐代两位诗僧的对话中,我们也可看出中国人老奸巨猾的哲学观念:

昔日寒山问拾得曰:世间谤我、欺我、辱我、笑我、轻我、贱我、恶我、骗我,如何处治乎?拾得云:只是忍他、让他、由他、避他、耐他、敬他、不要理他,再待几年你且看他。

受这些传统文化的影响,"木秀于林,风必摧之""枪打出头鸟""事不关己,高高挂起""好汉不吃眼前亏""三十六计,走为上策"等明哲保身的格言,在民间大行其道。这些逆来顺受的消极意识的积淀,无疑对现代社会中人们的行为产生深远的影响。现实生活中的"老好人"们,常常自以为领略到了人生的"真谛",殊不知,他们越是向邪恶势力让步,邪恶势力越是猖獗。诚然,在传统文化中,也存在着除暴安良、仗义疏财的侠义精神,但这种积极的文化品格并没有得到发扬光大,反而被社会越轨群体所盗用,逐步演化为江湖义气,助长了为非作歹者的嚣张气焰。⑥

其次,中国传统社会是重关系的社会,传统道德文化非常讲究人情和关系。梁漱溟认为,中国人之重视伦理关系,是其他任何文化都不能相比的。"所以他

---

① 林语堂.吾国与吾民[M].黄嘉德,译.西安:陕西师范大学出版社,2006:29-30.
② 林语堂.吾国与吾民[M].黄嘉德,译.西安:陕西师范大学出版社,2006:30.
③ 林语堂.吾国与吾民[M].黄嘉德,译.西安:陕西师范大学出版社,2006:31.
④ 林语堂.吾国与吾民[M].黄嘉德,译.西安:陕西师范大学出版社,2006:35.
⑤ 林语堂.吾国与吾民[M].黄嘉德,译.西安:陕西师范大学出版社,2006:36.
⑥ 黄岩."旁观"现象成因的多维审视[J].南昌大学学报,2015,8(4):35-40.

纳国家于伦理,合法律于道德,而以教化代政治(或政教合一)。自周孔以来二三千年,中国文化趋重在此,几乎集全力以倾注于一点。"①自汉唐以来,中国历代统治者都把"孝道"摆在非常重要的位置,其依据源于《论语》中的经典阐述:"其为人也孝弟而好犯上者,鲜矣;不好犯上,而好作乱者,未之有也;君子务本,本立而道生。孝弟也者,其为仁之本与。"即是说,一个讲究孝道的人,自然能够忠君爱国、遵纪守法,而不可能目无君上、犯上作乱。中国社会由家而国,上到皇帝,下到百姓,都首先是家庭成员,然后才是自己。在传统社会中,个体几乎没有什么太多自由,那张巨大的关系网,业已根据个体的年龄、性别、辈分、地位等,规定了个体的责任和义务。这种责任和义务又会通过仪式、典籍和教育等多样化形式得到不断强化,并最终潜移默化,成为人们的"常识",这个过程就是荀子所说的"化性起伪"过程。常识性的道德经验,一方面来自长辈的反复教诲,另一方面也来自自己对人生的体验和感悟,从而对个体(群体)的道德实践有着深刻影响。"常识、生活经验、行为模式(作为环境影响的后果、教育的结果)决定人们在日常生活情况下的行为。在许多生活冲突中,有清醒的理智、常识和道德直觉就足够了。"②在常识性道德经验的指导下,尽管人们的某些行为,经不起严格的推敲,或者经逻辑论证会得出相反的结论,但大多数人依然能够遵循这些常识。人们经常看到,"甚至完全不识字的人常常具有很高的道德修养,能采取正确的道德决定,很好地考虑什么是善和恶、义务和荣誉、良心和尊严的问题,并且本身就是道德行为的榜样"③。当他看到其他人遇到困难,迫切需要救助时,不会过多考虑自身的利益得失。与其说这是出于社会本能,不如说是常识教育陶冶的结果。

对伦理关系的重视,对于维护封建大一统,促进社会和谐稳定确实发挥了重要的作用。但正如梁漱溟所言:"假如中国人有其长处,其长处不能舍是而他求。假如中国人有其所短,其所短亦必坐此而致。中国人而食福,食此之福;中国人而被祸,被此之祸。总之,其长短得失,祸福利害,举不能外乎是。"④对伦理关系的过度重视在客观上形成了中国伦理与道德不分的现象。中国人相与情厚,不缺私德,却缺少公德。对此,林语堂指出:"中国是一个个人主义的民族,他们系心于各自的家庭而不知有社会,此种只顾效忠家族的心理实即为扩大的自私心理。"⑤在传统中国社会,家族制度根深蒂固,所有的仁爱亲善都包括在家族关系(朋友可看作家族的延伸)之内,一旦超出了这个界限,仁爱亲善便不再适用。

① 梁漱溟.中国文化的命运珍藏版[M].北京:中信出版社,2013:68.
② 科诺瓦洛娃.道德与认识[M].杨远,石毓彬,译.北京:中国社会科学出版社,1983:63.
③ 科诺瓦洛娃.道德与认识[M].杨远,石毓彬,译.北京:中国社会科学出版社,1983:63.
④ 梁漱溟.中国文化的命运珍藏版[M].北京:中信出版社,2013:68.
⑤ 林语堂.吾国与吾民[M].黄嘉德,译.西安:陕西师范大学出版社,2006(2):160.

"家族制度又似社会制度。它是坚定而又一贯的。它肯定地信仰一个宜兄宜弟、如手如足的民族应构成一个健全的国家。但是从现代的眼光看来,孔氏学说在人类五大人伦中,脱漏了人对于异域人的社会义务,这遗漏是巨大而且灾苦的。博爱在中国向非所知而且实际加以消极地抑制的。学理上,博爱的精义可谓已包容在互助说里面。孔子称君子者谓:'夫仁者,己欲达而达人,己欲立而立人。'但是这个施仁于他人的热忱,却是不列于五伦之内,亦无明确之定义。一个家族,加以朋友,构成铜墙铁壁的堡垒。在其内部为最高的结合体,且彼此互助,对于外界则取冷待的消极抵抗的态度。其结局,由于自然的发展,家族成为一座堡垒,在它的外面,一切的一切,都是合法的可掠夺物。"[①]可以说,林语堂对伦理关系文化的弱点一语中的。诚然,在传统中国,救人于危难之中的行为随处可见,但许多人在对需要帮助的人实施救助时,其道德观念并没有超出家族结构的范围。即没有站在公共生活的角度,真正合理地看待陌生人。见义勇为过程"无论如何英勇,尚未超越日常生活的参数;同时(虽然不是同义)它并未废弃环绕特性建立起来的生活结构"。[②] 换言之,在传统社会,人们常见的见义勇为行为,大多只是常识性道德经验的有效使用,这种道德经验具有明显的时空范围限制,不能任意推广到所有人身上,尤其是对于复杂社会的陌生人。对此,恩格斯也提出:"常识在它自己的日常生活范围内虽然是极为可尊敬的东西,但它一跨入广阔的研究领域,就会遇到最惊人的变故。"[③]一旦常识受到陌生人的挑战,或者自己的友好行为受到欺骗,人们对常识的信念便会产生动摇。也正因此,在现代性社会中,仅仅依靠常识性道德经验来指导自己行为的人们,才能遭遇到如此之多的社会冷漠问题。

三、个体主义文化的当代盛行

跨文化的研究表明,不同的文化对助人行为的认同或鼓励并不相同,"儿童最富有利他性文化的是那些非工业化的、不提倡个体主义价值观的社会。在这些文化中,人们居住在大家庭中,需要准备一日三餐、照顾家人。在崇尚个体主义的西方社会,这些个体主义社会强调竞争,强调个体而非集体的目标。同时与那些儿童从事的家庭劳动相对较少,并且以自我服务(如清扫自己的房间)为主要责任的儿童相比,如果儿童被安排了对全家人都有好处的义务劳动,他们就会表现出较强的亲社会倾向。泛文化研究的结果显示出,不同文化背景的儿童,在

---

① 林语堂.吾国与吾民[M].黄嘉德,译.西安:陕西师范大学出版社,2006:169.

② 阿格妮丝·赫勒.日常生活[M].衣俊卿,译.重庆:重庆出版社,1990:91-92.

③ 马克思,恩格斯.马克思恩格斯选集:第3卷[M].北京:人民出版社,1995:360.

道德判断的发展上,均依发展的阶段循序渐进,道德发展的速度及内容则受文化
的影响而有所不同"①。

那么,现代人类文化发展的趋势是什么样子的呢? 神学家莱因霍尔德·尼
布尔(Reinhold Niebuhr)认为,无论对个体抑或西方文明而言,历史都是自由的
范围不断扩张的故事。美国学者丹尼斯·福特(S. Dennis Ford)分析了西方文
化演变的过程及其对人们道德观念的影响,他在《疏忽的罪恶》一书中指出:"宗
教改革、文艺复兴以及尼布尔称为'资产阶级文明'的兴起,极大地催生并培育了
个体自由与责任感。所有的信徒都能成为自己祭司的宗教改革理念,使人们相
信,每个个体都直接具有神交上帝的权利,因而能超越教会以及民族制定的规则
和指示。相似地,文艺复兴以及随后实验科学的成功又强调了理性对于神的启
示以及传统的优先性。由于有了理性的工具,人类不再被动地接受宗教的真实
性以及君主的权威。最后,资产阶级文化以及贸易课程的创造物对个体的创新
以及聪明才智给予了极大的鼓励与回报。与之相应地,越来越多的依靠出生地
能获得的机遇被个体自己所创造的历史所取代,结果未来变得比过去更为重要,
经验变得比教条更为重要。"②丹尼斯·福特认为,个性的发展与解放极大地发
展了个体的自由与创造性,也给良心和道德的发展带来很好的机遇。但是"正如
历史上的所有悲剧一样,人类取得伟大的成就因素常常也是它最终导致灾难性
的因素,同样,能够真正带给人们真实历史以及道德行动的自由也给人们造成了
许多困惑与焦虑"。③由于既不是完全的自然存在也不是完全的精神存在物,人
类开始对自己感到陌生,他们既不接受自己是一个动物,也不再接受自己是上帝
的孩子。

个体主义文化把个体自身作为关注的焦点,强调个体的独特、自由、自主应
该得到充分的体现,而不受任何组织和个人的干扰。与之相对地,集体主义则把
社会和群体作为关注的焦点,强调人与人之间的相互依赖,人际关系的和谐,以
及当个体利益与集体利益发生冲突时,个体要为集体做出必要的牺牲等。毫无
疑问,从传统上来看,亚洲的中国、日本、印度、新加坡等东方国家的文化是较为
典型的集体主义文化,而西方自文艺复兴和宗教改革以来,其文化基因是较为典
型的个体主义文化;但在全球化时代,各种文化相互交融,你中有我、我中有你,
已经成为不争的事实。首先,我们应该肯定,文艺复兴以来的个体主义文化充分

---

① 余双好.毕生发展心理学[M].武汉:武汉大学出版社,2013:321.

② S Dennis Ford. Sins of Omission: A Prime on Moral Indifference [M]. Minnesota: Augsburg Fortress Press,1990:25.

③ S Dennis Ford. Sins of Omission: A Prime on Moral Indifference [M]. Minnesota: Augsburg Fortress Press,1990:25.

肯定人的价值,主张个性解放,极大地冲击了中世纪的禁欲主义和宗教观念。同时,由于外在世界对于人类来说不再是充满迷魅的存在,而是可以通过人的理性把握的因果机制,由此也极大地促进了现代科学技术的发展和进步,使人们处于不断发展和创新之中。这不仅极大地改变世界的面貌,而且对人们思想解放的启智作用也是非常明显的。

　　个体主义文化尽管对于确立现代的政治、经济、法律、宗教体系都有着很大的贡献。但与集体主义文化相比,个体主义文化也不可避免地导致道德上某种严重的后果。现代社会的一个突出特点就是世界的"祛魅",马克斯·韦伯曾说:"我们的时代,是一个理性化、理智化,总之是世界祛除巫魅的时代;这个时代的命运,是一切终极而最崇高的价值从公众生活中隐退——或者遁入神秘生活的超越领域,或者流于直接人际关系的博爱。"①没有了上帝与权威,也没有了崇高、神圣与超越,随之而来的便是价值观念多元、多样、多变的复杂局面。"那些古老的神,魔力已逝,于是以非人格力量的形式,又从坟墓中站了起来,既对我们的生活施威,同时它们之间也再度陷入无休止的争斗之中。"②在众多的价值目标面前,由于缺乏一个共通的衡量尺度,而难以将其排定顺序,人们因而也就常常感觉无所适从。"事实上,任何生活在现世的人都只能感到自己是在面对不同的价值之间的斗争,其中的每一种价值,单独看,似乎都在他身上强加一种义务。他必须选择他想要哪一种神,想为哪一种神服务,或者何时为其中一个神服务,而何时又为另一个神服务。但在任何时候,他都会发现自己置身于一场发生在此世中的诸神之争。"③旧的社会秩序尽管限制了个人自由,但它同时也赋予人们生活的意义感。"祛魅"的直接后果就是导致原有信仰体系的崩溃,人成为无意义的存在,世界不再具有任何目的,人类慢慢沦为工具理性的存在物。人们的精神生活不再具有超越的意义,人们不再追求成为上帝的选民,或者现世的道德圣人。麦金太尔(Alasdair MacIntyre,1927)就明确指出:"当代道德危机是道德权威的危机,人们无从找到这种合理的权威。而这种权威危机的一个深刻的现代社会根源在于:道德行为者虽然从似乎是传统道德的外在权威(等级、身份等)中解放出来,但是这种解放的代价是新的自律行为者所表述的任何道德言辞都失去了全部权威性内容。"④在道德相对主义盛行的时代,面对他人的困难,出不出手相助,都能有足够的精神支撑。

①　Max Weber. Essays in Sociology[M]. New York:Oxford University Press,1946:155.
②　马克斯·韦伯.学术与政治[M].冯克利,译.北京:生活·读书·新知三联书店,1998:117.
③　Max Weber. Political Writings[M]. Cambridge University Press,78-79.
④　麦金太尔.德性之后[M].龚群,译.北京:中国社会科学出版社,1995:9.

　　此外,过分颂扬个人的利益,倡导不加任何约束的个体主义,不可避免地会导致人们道德上的自私倾向。从历史上看,个体主义的起源与个体的自我保存倾向是密切相连的。无论在霍布斯还是在洛克那里,个体主义都是以保护自己的生命,保护自己的财产为起点的。卢梭认为,个体主义追求的只是幸福的条件,但却遗漏了幸福本身。现代美国哲学家艾伦·布卢姆(Allen Bloom)则直接称这种个体主义是"活命主义",这种活命主义逐渐取代了令人敬慕的英雄主义品质,成为生活的准则,成为受人推崇的品格。在《走向封闭的美国精神》一书中,艾伦·布卢姆指出,在个体主义的影响下,当代的美国大学生对集体生活几乎没有或者完全没有兴趣,"年轻人渺小的个人兴趣——'造就自己',谋求安身立命之地——是他一生所追求的。当人们要求这一代大学生像世界史中的那些强有力的当事者那样有所作为时,他们的诚实使他们笑了起来。他们懂得托克维尔的名言——'在民主的社会,每个公民习惯地琢磨一个很小的目标,那就是他自己'——的真谛,名言中的这种琢磨由于国民对过去更大的冷漠和国民未来观的丧失而加强起来。唯一尚能激发年轻人想象力的共同项目是宇宙开发,那是人人皆知是空洞而无内容的项目"[①]。在这样的年轻人心中,生活中没有必不可少的道德规范,没有过多的社会压力,也没有值得为之献身的东西,他们是真正的自由了。这些年轻人恰似柏拉图所描述的追求平等的年轻人的变体:

　　故彼之度日也,即琐屑之欲望,亦必使之达到目的,有时竟沉溺于酒,有时竟醉心于笛,有时饮水若狂,有时禁食以消瘦,有时热心体育而旋即诸事不问,有时一无所事而忽研究哲学。偶一念及政治,则即发表其政治上之意见,意之所至,即出诸口;苟见军士而偶生羡慕之心,则立即投身军中,一旦而欲事商,则即立弃他业而事商,故其一生,既无定例,又无秩序,而彼方以此为快乐,为幸福,为自由也。[②]

　　在道德生活领域,个体主义文化的一个直接后果就是"道德评价的私人化",其评价标准就是个人情感的主观好恶。道德评价的相对主义必然会导致人们在道德上的迷失,其典型表现就是:"这是我的生活,我爱怎么样我便怎么样。"我们不难看到,起源于欧洲的个体主义精神也渗透到中国当下文化之中,个体主义日益成为影响中国人尤其是青年人的一个大问题。当"我想怎么样就怎么样"成为流行语的时候,曾经以礼仪之邦而著称于世的中华民族就已经到了需要深刻反思的时候了。

---

　　①　布鲁姆.走向封闭的美国精神[M].缪青,译.北京:中国社会科学出版社,1994:85.
　　②　柏拉图.理想国[M].吴献书,译.上海:上海三联书店,2009:195.

第三节　社会结构变迁与旁观现象的产生

社会,是由一定的经济基础和上层建筑构成的人的关系的结合体。然而,中国传统的思想学说中,却只有"国"与"家"的概念,没有"社会"。作为政治共同体的"国",就是家的扩大,君主则是这个大家庭的"家长"。尽管近代以来,概念上的"社会"已被国人所接受,但至于社会究竟是什么,人们常常还是很难以说清楚。有人说,家庭是社会的细胞,如果只是一个比喻,当然无可无不可。但严格地说,家庭与国家、社会有着很大的不同,组成家庭的细胞是家人,组成国家的细胞是"公民",组成社会的细胞则是"个人"。"社会之为社会,就在结构上发生了重大变化,相应于小农经济的传统社会,它拓展出这样一个全新的基本领域:生产、交换和分配的构架或体制。这个领域是非'家庭'的,或者说在本性上就是'个人'化的。"①改革开放几十年来,传统意义上同质的社会结构已经解体,取而代之的是一个断裂的社会。这种社会结构的变迁不可避免地对人们的生产生活方式、价值观念以及道德理念产生较为深刻的影响。

一、市场经济的"理性经济人"

改革开放以来,中国社会所发生的最大变化,就是经济结构的调整。我们已经实现了从计划经济向市场经济的转轨,形成了一个初步的社会主义市场经济体制。近 40 年来,我国经济保持了年均 10% 左右的快速增长速度,人均 GDP 由 1978 年的 226 美元增加到 2015 年的 7808 美元,人民生活实现了由温饱到总体小康的历史性跨越,正在向全面型小康社会迈进。然而,"市场"就是一种关系存在,它不同于传统的君臣、父子、兄弟等温情脉脉的人伦关系,它的本质就是交换关系,其交换的动机就是"利益追求"。"经济学的方法,简而言之,就是成本—收益分析⋯⋯将成本和收益的概念推而广之,几乎可以无所不包。因此经济学的方法可以应用到社会科学的其他领域。"②随着市场经济的深入,"成本—收益"这一原则逐步渗透到社会生活的各个方面,并催生了个体的冷漠旁观意识。

恩格斯说:"道义上的愤怒,无论多么入情入理,经济科学总不能把它看作证据。"③从本质上说,以追求"利益"为目标的经济学是拒斥价值判断的。在经济发展时期,对个人利益的肯定和鼓励,极大地释放了人们"自利"的原始本能,人

---

① 崔宜明. 道德哲学之重建[J]. 时代与思潮,2006(6):100-120.

② 盛洪. 经济学精神[M]. 广州:广东经济出版社,1999:282.

③ 马克思,恩格斯. 马克思恩格斯文集:第 9 卷[M]. 北京:人民出版社,2009:156.

的主体性和能动性得到了前所未有的发展。然而,在市场经济运行过程中,个体只是"经济范畴的人格化"。商品"交换"概念的泛化,导致了人们对金钱的疯狂追求和顶礼膜拜,"它使人和人之间除了赤裸裸的利害关系,除了冷酷无情的'现金交易',就再也没有任何别的联系了。它把宗教虔诚、骑士热忱、小市民伤感这些情感的神圣发作,淹没在利己主义打算的冰水之中。它把人的尊严变成了交换价值"①。在市场经济关系中,人们往往像崇拜上帝一样崇拜货币,将货币这一中介的存在转化为无上的存在。对这种货币拜物教,马克思曾借莎士比亚的诗,对之进行了无情的嘲讽:"金子,只要一点儿,就可以使黑变成白,丑变成美,错变成对,卑贱变成高贵,懦夫变成勇士,老朽的变成朝气勃勃!啊!这个闪闪发光的骗子!它使人拜倒于多年不愈的脓疮之前;它使年老色衰的媚妇得到丈夫;那身染毒疮的人,连医院也感到讨厌而要把他逐出门。但它能使他散发芬芳,像三春天气一样的娇艳!你,我们看得见的神,你可使性格全异的人接近,使他们接吻!"②

在冷冰冰的市场法则面前,金钱成为一切事物的等价物。对于个体生活而言,"什么东西有价值"的问题逐渐被"什么东西最值钱"的问题所取代。面对突如其来的紧急事件,人们往往会在各项利益的比较中,认真权衡自身的成本与收益,即"做这件事对我有什么好处",依据净效用而做出决策。如果做这事能获得超出成本支出的收益,我就去做;反之,则只会三缄其口,冷眼旁观了。我们可以看到,现实生活中许多人行为的首要考虑因素就是"钱":服务要小费、指路要咨询费、救人要辛苦费,没有回报的行为根本不去考虑。

近几年来发生的"挟尸要价"现象,就是典型的金钱遮蔽双眼、抹杀良知的现象:

2009年10月24日下午,为救两名落水少年,湖北长江大学10多名大学生跳入江中营救,最终,两名少年得救,但体力不支的大学生们却溺水了。百米外的3位冬泳队员应声赶来,尽全力救起6名大学生,而3名大学生陈及时、何东旭、方招不幸遇难……众人正为沉入江中的几名大学生心急如焚之时,一个梳分头、穿黑夹克的中年男人悄然出现在岸边。渔民及一些相识的市民称中年男人"波儿"。其真名则叫陈波,是江对岸公安县埠河镇三八村村民,与几名渔夫同村。但陈波并未与渔夫搭腔,而是直接拿起手机拨打电话,几十分钟后,又有两艘船出现在众人面前。熟悉的人当即认出:这两艘船是江上的打捞船,已经做过很多次打捞尸体的营生。陈波开始与到场的长江大学老师、领导谈价。

① 马克思,恩格斯.马克思恩格斯文集:第2卷[M].北京:人民出版社,2009:34.
② 马克思,恩格斯.马克思恩格斯全集:第42卷[M].北京:人民出版社,1979:151.

说是谈,其实价格早已固定:白天1.2万元,晚上1.8万元,一手交钱,一手捞人。陈波发话:交足三人的钱,才捞剩下的一个。"这就像买口香糖。你去买口香糖,是不是要出钱呢?你不能说不给钱吧?"陈波的雇主——荆州市八凌打捞服务有限公司法人代表兼经理夏兵对记者解释。①

"理性经济人"是古典经济学鼻祖亚当·斯密提出的一种人性假设,更是现代西方经济学的逻辑前提。在亚当·斯密看来,人们之间分工和交换的根本动机并非个体有为他人着想的倾向,而是因为人人都有自利、自爱之心,"我们期望的晚餐并非来自屠夫、酿酒师和面包师的恩惠,而是来自他们对自身利益的关切,我们不是向他们乞求仁慈,而是诉诸他们的自利心;我们从来不向他们谈论自己的需要,而只是谈论对他们的好处"②。"经济人"从事经济活动的自利不同于其他活动之处在于,它是严格地遵循理性原则(工具理性)的。尽管斯密认为人性是自私的观点,有其天然的缺陷,但在冷冰冰的市场法则面前,人们将关注的焦点转向自身,较少关注他人的生存却是一个不争的事实。在进行一般商业交易时,遵循工具理性的原则,仔细斟酌利害得失,这是很正常的事情。但爱心恰恰不能有过多的理性算计,关键时刻它需要的是道德冲动。因为爱心要求与他者的团结,追求的是做人的价值;而理性则是对自我的忠诚,追求的是做事的用途。因此,鲍曼说:"作为一个在理性的法庭上接受审判的被告,爱心必输无疑。"③当爱情、良心、尊严、人格等都变成了商品时,金钱成为唯一能衡量生命价值的事物。在这样一种文化氛围中,当他人面临突发的生死危机时,个体无法预期自身的收益,其结果必然是袖手旁观。当代学者万俊人这样讲道:"历史表明,如果一个社会或者一个人过多累于物欲金钱,就会不可避免地使其正义感和道德感变得迟钝乃至麻木。私欲过度,就会使人只顾自己,不顾他人和社会。"④这种独具特色的文化心理分析,也许能够透视问题的部分实质。

二、全民弱势心态引发的"社会焦虑"

对于弱势群体的概念,正所谓"仁者见仁,智者见智",目前尚无定论。有学者从经济收入的角度提出:"社会弱势群体是一个在社会性资源分配上具有经济利益的贫困性、生活质量的低层次性和承受力的脆弱性的特殊的社会群体。"⑤

---

① 湖北三名大学生为救人溺亡事件追踪,打捞者"挟尸要钱"风波[EB/OL].(2009-11-06)[2018-03-19].http://news.sina.com.cn/o/2009-11-06/072016563557s.shtml.

② 亚当·斯密.国富论[M].唐日松,译.北京:华夏出版社,2005:14.

③ 齐格蒙特·鲍曼.个体化社会[M].范祥涛,译.上海:上海三联书店,2002:208.

④ 万俊人.再谈道德冷漠[N].中国青年报,1995-05-09.

⑤ 张彩萍,高兴国.弱势群体社会支持研究[M].兰州:兰州大学出版社,2008:74.

有学者从社会地位的角度提出："弱势群体并不是指主观方面的条件有什么低下或缺陷，而是指权力和权利方面、发展的机遇方面、生活的物质条件方面不具有任何优势的人们。"①对于弱势群体主要可以从两个方面进行分析，一个是生理性弱势，即有生理性缺陷，难以像正常人一样劳动生活；另一类是社会性弱势，包括在政治和经济发展方面的权利。中国官方首次提到弱势群体问题的是2002年朱镕基总理的政府工作报告，报告提出要对弱势群体给予特殊的就业援助。

一般而言，弱势的"弱"主要体现在经济方面。马克思主义者认为，任何阶级都是时代经济关系的产物。中国俗语中也有关于"财大气粗"的说法，如果一个人在财产、收入、消费、健康状况等方面处于非常窘迫的状态，自然会遭到一定社会关系的排斥，这种排斥同样会渗透到文化、心理、道德和政治参与等方方面面。②尽管弱势群体是一个相对概念，而非绝对概念，但已有研究告诉我们，"绝对"的弱者在我国并不是少数，据《人民日报》报道："'我国的弱势群体，主要是农民中的绝大部分人、农民工以及城市贫困人口。'由于农业生产具有'靠天吃饭'的特点，农民的'就业'和收入状况非常不稳定。进城的农民工也常常被按照'二类公民'对待，在城里干最苦最累的活儿，收入低、保障差。以城市下岗失业者为主体的贫困阶层中，有些人的生活还比不上有土地作为最后保障的农民，当现金性收入断绝的时候，城市贫困家庭连吃饭都成为问题。相关数据显示，按照年人均纯收入1196元人民币的贫困线标准，中国仍有3597万农民生活在贫困线以下。2009年，城市低保户2340万人，月人均补助160元。尽管近年来政府千方百计提高救助标准，降低救助门槛，但许多城市困难家庭依然打短工、住棚户，生活困顿不堪。'很多中国人并不知道中国的穷人有多穷。'国家发改委社会发展研究所所长杨宜勇认为，目前中国城市人口的贫困仍被严重低估，实际的贫困人口数，约占总人口8%以上。不仅是经济上的'弱势'。近年来，征地强拆、黑砖窑、工资拖欠等事件中合法权益遭受侵害的一方，全都是农民、农民工以及城市贫困居民等人群。"③古人云，"仓廪实而知礼节，衣食足而知荣辱"，弱势群体由于承受着来自人际关系、生存状况以及周边环境等的巨大压力，更容易感受到未来潜在风险的不可预期，因而常常滋生苦闷彷徨、悲观失望甚至仇视社会的情绪。

马克思曾对贫困与道德堕落之间的关系进行过说明："如果想让处在这种境况下的人们在其他方面努力向上，追求以身心纯洁为本质的文明气氛，那是绝对

① 刘书林.注重做好弱势群体的思想政治工作[J].前线,2001(5):24-25.
② 黄岩."旁观"现象成因的多维审视[J].南昌大学学报,2015,8(4):35-40.
③ 收入差距加大致国民"弱势心理"蔓延[N].人民日报,2010-11-11.

无望的。"①当个体整天为生活而奔波时,他所有行为自然是指向生存,提出"道德能当饭吃么"的质疑便再正常不过了。现实生活中,我们常常能看到有些人由于经济条件差,根本无暇顾及伦理、道德以及荣辱观念,甚至存在个别人由于无钱治病就丢弃小孩、抛弃父母的现象。据《常州日报》2009 年 7 月 19 日报道:四川宜宾人白某与妻子陈某一起在溧阳打工,经济十分困难。5 月 4 日,陈某剖腹早产一个 3 斤多重的男婴。因早产婴儿重度窒息,并患有新生儿肺炎,出生后即被送入儿科病房抢救。因经济困难,白某决定对婴儿放弃治疗。在办理出院手续后,干脆花 200 元请人将婴儿扔入一河道内。②

就类似上述案例中的"缺德"行为,如果单纯站在道德制高点进行指责,恐怕不仅难以解决问题,也无法让人信服。对于弱势群体而言,贫困不仅剥夺了他们体面而有尊严地进行社会交往的可能,而且也剥夺了他们下一代人进一步发展的机会。为了生存,他们经常不得不低三下四。"许多屈辱来自突然间不能使自己的行为与长期以来所信奉的社会规范相一致,当这些道德规范不能再维持下去时,人们就会退缩,在社会上便会变得孤立,产生消沉和悲观情绪。"③生存不能用道德来论证和说明,相反,道德只能用生存来说明。当生存与道德发生冲突时,主体抛弃道德而诉诸生存,这就是生存的去道德化或去道德化生存。对于个体如此,对于一个社会整体亦是如此。马克思就曾讲过:"生产力的发展之所以是绝对必需的实际前提,原因就在于如果没有这种发展,就只会有极端贫困的普遍化,而在极端贫困的情况下,必须重新开始争取必需品的斗争,全部陈腐污浊的东西又要死灰复燃。"④

按照常理理解,随着社会进一步发展加快,无论弱势群体抑或弱势心理现象都应该呈减少态势。但现实并非如此,由于我国现行分配结构的失衡,社会焦虑已经由"弱势群体"的专利演变成普遍心态:大学生愁就业、青年白领愁买房、老人们愁看病、农民们愁小孩教育……《人民论坛》的一项调查数据显示,"认为自己是弱势群体的党政干部受访者达 45.1%,公司白领受访者达 57.8%,知识分子(主要为高校、科研、文化机构职员)受访者达 55.4%"。⑤另据《新京报》调查的结果来看,"认为自己处在'非常弱势'位置的受访者占 18.8%,认为自己处在

---

①　马克思,恩格斯.马克思恩格斯文集:第 5 卷[M].北京:人民出版社,2009:759.

②　丁金荣.经济困难无钱为孩子治病狠心父雇凶杀病婴[EB/OL].http://news.cz001.com.cn/2009-07/29/content_1228130.htm.

③　迪帕纳拉扬.谁倾听我们的声音[M].付岩梅,译.北京:中国人民大学出版社,2001:79.

④　马克思,恩格斯.马克思恩格斯文集:第 1 卷[M].北京:人民出版社,2009:538.

⑤　杜凤娇,王慧."弱势"缘何成了普遍心态——不同群体"弱势"感受对比报告[J].人民论坛,2010(34):14-17.

'一般弱势'位置的受访者占 61.9%，整体上有八成人认为自己是'弱势群体'中的一员"。① 由于认为自己是弱势群体，因而许多人也就有了弱势心态，从而引发一定程度的社会焦虑。所谓社会焦虑，就是在社会中有大量的人群对自己的未来感到不可预测，对自己的人生失去信心，感觉自己的生命没有价值。为了应对未来的不确定因素，个体常常感到疲惫不堪，使焦虑成为无法挥去的心结。"对于处在生存危机中的个体，拼命工作是为了糊口，也希望能够使自己上升到更高阶层，他们始终处在一种'怕穷'的焦虑之中；而对于处在'成功'压力下的个体，受到现实的激励，他们拼命工作是为了能够拥有更高的社会地位和高品质的生活享受，同时也由于同侪压力而产生一种成功焦虑。"②没有"目的"(intention)、"意图"(purpose)、"目的地"(destination)，没有了善与恶的界限，人们必然会因无法领悟人生的真正意义，而感到心灵空虚、冷漠、苦闷。一个和谐的社会，一个充满爱的社会，首先需要的是心灵的和谐，需要的是人与自我的和谐。因此，如何缓解社会压力，降低公民个体的弱势群体感，培育自尊自信、理性平和、积极向上的社会心态，也应成为转化旁观者的目标之一。

三、陌生人社会的道德"钝化"

众所周知，中国传统社会立足于自给自足的自然经济，生产活动规模小，人们以血缘与地缘关系形成一个个群体，并以它为基点，繁衍生息。人们生于斯、长于斯，每个人都了解别人，自己也被别人了解，"这不是见外了么"是传统社会中人们交往的常见用语和规则。在这样的社会中，"每个孩子都是在人家眼中看着长大的，在孩子眼里周围的人也是从小就看惯的，这是一个'熟悉'的社会，没有陌生人的社会"③。在熟人社会中，家庭是社会生活的核心，是构建社会结构的基石，是社会制度形成的基础；家庭不仅是物质再生产和人口再生产单位及消费单位，而且家庭伦理构成整个社会伦理和治国方略的基础，家是小的国，国是家的放大，通常所说的"家国同构"就是这种状况。梁漱溟先生对此这样描述道："人一生下来，便有与他人相关系之人（父母、兄弟等），人生且将始终在与人相关系中而生活（不能离开社会），如此则知，人生实存于各种关系之上。此种关系即是种种伦理。伦者，伦偶，正指人们彼此相与。相与之间，关系逐生。家人父子，是其天然基本关系，故伦理首重家庭。父母总是最先有的，再则有兄弟姊妹。既长有夫妇，有子女，而家族戚党亦由此而生。出来到社会上，于教学则有师徒；于

① 党国英.何以"人人都有弱势心理"？[N].新京报,2010-12-11.
② 赵鑫.精神病时代:当代中国社会全民焦虑解读与对策[J].社会科学论坛,2011(11):140-147.
③ 费孝通.乡土中国[M].北京:生活·读书·新知三联书店,2013:9.

经济则有东伙；于政治则有君臣官民；平素多往返，遇事相扶持，则有乡邻朋友。随一个人年龄和生活之开展，而渐渐有四面八方若近若远数不尽的关系。是关系，皆是伦理，伦理始于家庭而不止于家庭。"①人们以家庭关系为基石而形成自己的生活圈或人脉圈，继而在此基础上发展出一种以具体的人格为对象的信任模式。当下流行着一句话，叫"三个公章不如半个老乡"，只要是老乡就让人感觉到格外亲切。在现实生活中，人们常常把不是血缘关系的关系，转化为拟制血缘关系，诸如"结义兄弟"等。在熟人圈内，人们彼此间互通有无，困难时相互扶助、患难与共，似乎是情理之中的事情，作为优良的社会习俗需更多理由。

但同时我们也要看到，传统道德的弊端，在于其内倾性思维方式——将熟人和生人分开，即便在熟人圈，又会根据血缘的亲疏远近分别给予不同的价值评判。费孝通先生将这种关系格局称之为"差序格局"，他说："我们的格局不是一捆捆扎得清清楚楚的柴，而是好像一块石头丢在水面上所发生的一圈圈推出去的波纹……以'己'为中心，一圈圈推出去，愈推愈远，也愈推愈薄。"②在差序格局中，"社会关系是逐渐从一个个人推出去的，是私人联系的增加，社会范围是一根根私人联系所构成的网络"。③对于这种亲疏远近之别存在的合理性，中国心学大师王阳明有过一段非常精辟的论述："惟是道理自有厚薄。比如身是一体，把手足捍头目，岂是偏要薄手足？其道理合如此。禽兽与草木同是爱的，用草木去养禽兽，又忍得。人与禽兽同是爱的，宰禽兽以养亲，与供祭祀燕宾客，心又忍得。至亲与路人同是爱的，如箪食豆羹得则生，不得则死，不能两全，宁救至亲不救路人，心又忍得，这是道理合该如此。及至吾身与至亲，更不得分别彼此厚薄，盖以仁民爱物皆从此出，此处可忍，更无可忍矣。《大学》所谓厚薄，是良知上自然的条理，不可逾越。"④这种关系网络，对于每个国人而言，都是非常清晰的，因而在日常生活和社会交往中，人们总是依照由亲及疏、由近及远的逻辑行动。

随着社会分工的专门化以及职业流动性的加强，大多数人生活的半径早已越过了村、镇、县，跨出省界、国界的现象也稀疏平常，"我们所生活的世界几乎被陌生人所充斥，而使得它看起来像是一个普遍的陌生世界。我们生活在陌生人之中，而我们本身也是陌生人"⑤。鲍曼认为："陌生人不仅仅是一个不熟悉的

① 梁漱溟.中国文化要义[M].上海：上海人民出版社，2003：92-93.
② 费孝通.乡土中国生育制度[M].北京：北京大学出版社，1998：26-27.
③ 费孝通.乡土中国生育制度[M].北京：北京大学出版社，1998：30.
④ 陈立胜.王阳明"万物一体论"——从"身—体"的立场看[M].上海：华东师范大学出版社，2007：53.
⑤ 齐格蒙特·鲍曼.通过社会学去思考[M].高华，译.北京：社会科学文献出版社，2002：20-21.

人,而是指我们没有很好地了解的任何人,我们对他根本不了解,或是不知道。"①很显然,鲍曼笔下的陌生人不是仅仅通过"物理距离"就能判定的,而是基于在价值认知上存在差距而出现的。从"熟人社会"走向"陌生人社会",极大地促进了人员的流动和社会服务水平的提高,但由于人们绝大多数的交往行为发生在彼此素昧平生的陌生人之间,"这种对传统的瓦解使得复杂的社会关系网络失灵"②,由此也从多方面钝化了现代人的道德。

在前现代社会,人类通过公开透明的"高密度社会交往"来构建自己的社会关系网络,并借此克服危险、保全自身。"熟人社会"中的强烈道德责任感,与"人人都是道德警察"的社会情境有密切相关。在现代都市社会,快节奏的生活方式疏离了人与人、人与自然的关系,即使是居住在同一小区的人们也基本上互不相识。每个人对于他者都是"陌生人",由于没有人知道我是谁,所以很容易产生一种现象,那就是人们的道德责任感变得越来越模糊和遥远,故旁观者常被称为"匿名"旁观者。20世纪90年代初期,在中国全民经商的时代,"杀熟"现象的出现,逐步摧毁了原有的道德"图式",人与人之间慢慢变得不信任,相互猜疑。经过多年的市场经济发展,"不要和陌生人说话"已成了全民共识。人们似乎形同陌路,或者不愿意操心别人的事,或者根本无暇顾及他人。面对形形色色的突发事件,在短暂的相遇中,人们仅凭以往的经验很难做出正确判断。环境、他者的多变和不确定性,使个体关注的焦点转向了自身。"正如卢曼所说,对现代个体而言,自身成了一切内在经验的所在和焦点,然而因边缘的小接触而成碎片的环境,则失去其轮廓及其绝大部分确定意义的权威。"③卢曼在这里所刻画的,正是现代人复杂的矛盾心态。

在陌生人社会,我们常常可以看到,刚进城的农民是最容易上当受骗的群体。究其原因,就在于农民运用熟人社会中的规则应对陌生人社会中的交往。费孝通先生在谈到这个问题时说:"陌生人所组成的现代社会是无法用乡土社会的习俗来应付的。"④从本质上讲,熟人社会中的美德规范是一种不具有普遍性的道德要求,它的感性特征决定了其无法推广到流动性的陌生人社会中。现代都市社会个体角色身份的多样化,以及个体之间的相互匿名性,导致街头遇到的乞丐是否是骗子、进门推销的青年是否是盗贼根本无法断定。因此,在需要救助的陌生人面前,保持天然的防范心理,不轻易用熟人通用的规则来对待,显然也

① 齐格蒙特·鲍曼.通过社会学去思考[M].高华,译.北京:社会科学文献出版社,2002:51.
② 齐尔格特·鲍曼.流动的现代性[M].欧阳景根,译.上海:上海三联书店,2002:6.
③ 齐格蒙特·鲍曼.现代性与矛盾性[M].邵迎生,译.北京:商务印书馆,2003:145.
④ 费孝通.乡土中国生育制度[M].北京:北京大学出版社,1998:11.

是正常的行为。面对由陌生人构成的话语体系,尤其是一些特殊的"他者"——残疾人、鳏寡孤独或流浪儿童等,人们在情感和心理上很难适应。对他们的各种不幸遭遇,是产生同情、共鸣并伸出友爱之手,还是佯作旁观、冷漠处之,恐怕是抽象的爱心演绎难以解决的。

　　旁观现象的频频发生,除个人应负的道德责任外,我们还应看到许多在个体责任以外的东西,毕竟个体的能力是有限的。道德化的批判固然重要,但人们不能不看到,社会生活越复杂,对个体道德的要求就越高。相反,我们的道德能力并没有取得同步的提升。所以有学者指出,现代社会的问题"不是由于越来越失去良知,而是道德的要求更高"①。这种观点确实反映了某种真理性的认识。

四、现代科层制下的人性弱化

　　现代性作为一种与前现代性相对应的概念,是一种社会的组织模式,"特指西方理性启蒙运动和现代化历程所形成的文化模式和社会运行机理,它是人类社会从自然的地域性关联中'脱域'出来后形成的一种新的'人为的'理性化的运行机制和运行规则"②。现代性最核心的特点就在于它的理性原则,以及通过对秩序与规则的制定,达到对"高效率"追求的目标。与现代性相伴而生的理想管理体系是科层制,即严格的组织纪律原则以及内部分工的专门化。韦伯在谈到科层制时,这样说道:"我所说的科层制乃是一种分级、分部门、分职责的组织管理制度,它理应具有这样几个结构原则:第一,细致的分工,人事与工作量分科分室,职责分明;第二,层序原则,工作人员按等级划分,规定权责,层层节制,协调活动;第三,非人格化,处理事务应按统一标准,不得掺入个人因素;第四,量才用人,用人根据专门知识和熟练技能,不得随意解雇。"③"纯粹的官僚体制的行政管理,即官僚体制集权主义的、采用档案制度的行政管理,精确、稳定、有纪律、严肃紧张和可靠,也就是说,对于统治者和有关的人员来说,言而有信、劳动效益强度大和范围广,形式上可以应用于一切任务,纯粹从技术上看可以达到最高的完善程度,在所有这些意义上是实施统治形式上最合理的形式。"④

　　韦伯特别提出,科层制和中国封建官僚体制是不一样的,因为中国封建官僚体制中的行政官员集行政、司法权力于一身,缺乏必要的社会分工,往往是依据主观的经验来处理事务。此外,中国官僚体制中还蕴藏着与近代西方官僚体制

　　①　奥特弗利德·赫费.作为现代化之代价的道德[M].邓安庆,朱更生,译.上海:上海世纪出版集团,2005:4.

　　②　衣俊卿.现代性的维度及其当代命运[J].中国社会科学.2004(4):13-24.

　　③　王威海.韦伯:摆脱现代社会两难困境[M].沈阳:辽海出版社,1999:240.

　　④　马克斯·韦伯.经济与社会:上[M].林荣远,译.北京:商务印书馆,1997:248.

相抵触的世袭成分。而科层制作为高度理性化的组织机构,它以理性代替经验,以法治代替人治,能够有效抑制当权者的贪赃枉法、公权私授等丑恶行为,极大地提升了政府的工作效率。彼得·布劳和马歇尔·梅耶在《现代社会中的科层制》中断言:"在当今社会,科层制已成为主导性的组织制度,并在事实上成了现代性的缩影。除非我们理解这种制度形式,否则我们就无法理解今天的社会。"①

当然,科层制的设计和倡导者韦伯并不认为科层制是完美无缺的,他认为科层制同样有着其难以避免的缺陷。那么,科层制的致命缺憾是什么呢? 韦伯指出:"比如,管理权限的明确分工虽然有利于各司其职,但是也会造成彼此协作上的欠缺,出现'事不关己,高高挂起'的现象,形成本位主义和宗派主义;再如,健全明确的规章制度虽然可以消除个人的主观专断,但是也会造成僵化、保守以及人际关系的冷漠等等后果。"②韦伯认为,尽管科层制组织的合理性是相对的,但就目前而言,科层制的管理已经成为所有社会组织管理不可避免的共同趋势。因此,他认为,在人类的未来,将要面对的"不是花丛锦簇的夏日,而是冰冻冷酷的冬夜"③。非常不幸的是,韦伯的预见在纳粹大屠杀活动中得到了验证。在大屠杀过程中,大约有 600 万犹太人遭到了德国政府的残酷杀害。大屠杀事件"就像现代工厂远远超过了手工工匠的村舍作坊,或者使用拖拉机、联合收割机和杀虫剂的现代工业农场远远超过了只有马匹、锄镐和手工除草的农庄一样,大屠杀远远超过了过去的屠杀事件"。④ 鲍曼认为,出现这一现象,绝非是反犹主义思想的爆发,更不是人类的原始本能或野蛮力量的复活,"大屠杀只是揭露了现代社会的另一面,而这个社会的我们更为熟悉的那一面是非常受我们崇拜的。现在这两面都很好地、协调地依附于同一实体之上。或许我们最害怕的就是,他们不仅是一枚硬币的两面,而且每一面都不能离开另外一面而单独存在"。⑤ 虽然韦伯已经看到了现代科层制产生暴力的可能性,鲍曼则进一步指出科层制会使暴力行为以更加野蛮和残暴的形式出现。

现代科层制的可怕之处,就在于组织中个体行为的最终依据不是个人的良知,而是组织的纪律与规定,"唯有组织内的规则被作为正当性的源泉和保证,现在这已经变成了最高的美德,从而否定个人良知的权威性"⑥。生活在科层制下

---

① 彼得·布劳,马歇尔·梅耶.现代社会中的科层制[M].马戎,译.上海:学林出版社,2001:8.
② 王威海.韦伯:摆脱现代社会两难困境[M].沈阳:辽海出版社,1999:242.
③ 王威海.韦伯:摆脱现代社会两难困境[M].沈阳:辽海出版社 1999:243.
④ 齐格蒙特·鲍曼.现代性与大屠杀[M].杨渝东,史建华,译.南京:译林出版社,2006:3.
⑤ 齐格蒙特·鲍曼.现代性与大屠杀[M].杨渝东,史建华,译.南京:译林出版社,2006:10.
⑥ 齐格蒙特·鲍曼.现代性与大屠杀[M].杨渝东,史建华,译.南京:译林出版社 2006:30.

的人,更多地关注自己的行为同个体自身以及组织的关系,而无视其同整个社会之间的关联。诚如鲍曼所言:"处于官僚主义行为轨道里的人不再是负责任的道德主体,他们的道德自主性被剥夺了,并且他们被训练成了不执行(或相信)他们道德判断的人。"[①]在这种组织机构内,人们的一切行动都以组织的规章、纪律、计划为依准,"这样人的内心情感、人的精神需求以及人的本能便不可避免地受到抑制,长此以往,人就会逐渐失去独立的个性,而异化为一种没有个性的机器零部件,而官僚体制发展得愈完备,它就愈是'脱离人性'"[②]。这是一件多么可怕的事情,但这又是多么真实的事情。当屠杀犹太人的纳粹军官在纽伦堡审判中遭到起诉时,许多被告反复强调"我只是单纯服从命令""我不是真正的凶手"。遵从组织命令,并不能成为个体规避道德责任的借口。事实上,个人行为既是"个人的"活动过程,又是社会的行为过程,并且后者的意义更为重要。只有将个人行为看作有效的社会行为,才能恰当估计对他人和社会的影响,正确衡量个人行为的社会意义。

尽管韦伯与鲍曼所讲的更多地涉及国家、政府公职人员的冷漠,但在日常生活中,把自己当作没有个性的机器零部件而丧失自我的大有人在。以下就是这样一个典型案例:

83 岁老人突发疾病 保安拒绝夜间开门

2014 年 4 月 2 日晚,在南充市顺庆区望江小区发生令人扼腕的一幕:83 岁老人突然发病,亲属在送医途中遭遇小区铁门紧锁,两个多小时无人开门,家属称当时保安就在屋里,但死守"小区规定,9 点以后就不开门"。最终老人在送医途中不幸身亡。事发后,死者家属质疑门卫刻板无情,延误老人救治,并要求给出说法。而涉事门卫则突然消失,无法联系。[③]

这边是老人突发疾病"等不起""伤不起",那边是小区门卫恪尽职守、充耳不闻,这反映的恰恰是人性的冷漠。德国学者汉娜·阿伦特认为,每个人都顺从命令,并以服从命令的借口为自己开脱,看似平庸无奇的敷衍,却是现代社会危险的恶行。人们逐渐被制度同化,感觉不到自己身上人性与良知的力量。"制度至上"编织了一张密密实实的大网,在遏制他人良知的同时,也遏制了朴素的人性,让人性在挤压中变形,最终导致失范行为的上演。事实上,在程序正义的前提

---

① 齐格蒙特·鲍曼.生活在碎片之中——论后现代道德[M].郁建兴,译.上海:学林出版社,2006:304.

② 王威海.韦伯:摆脱现代社会两难困境[M].沈阳:辽海出版社,1999:244.

③ 杜强.83 岁老人突发疾病,保安拒绝夜间开门[N].华西都市报,2014-04-08.

下,坚持原则坚定性与策略灵活性统一原则,对弱势群体和一些突发情形给予适当的倾斜与照顾,不仅不会为制度"减分",还恰恰体现出人性的光辉。一起又一起的悲剧,在警示我们,走出"庸常之恶",需要更多的人性壮举,而不是简单的服从。

第四节　现代科技发展与旁观现象的产生

现代科学技术的发展肇始于西方启蒙时期的科学革命。高科技的广泛运用为人类社会创造了巨大的物质财富,也为人类精神文明的传承与发展提供了坚实的物质基础。马克思对现代科学技术曾进行过高度评价,他说:"自然科学将失去它的抽象物质的或者不如说是唯心主义的方向,并且将成为人的科学的基础,正像它现在已经——尽管以异化的形式——成了真正人的生活的基础一样;至于说生活有它的一种基础,科学有它的另一种基础——这根本就是谎言。"[①]自然科学正在"通过工业日益在实践上进入人的生活,改造人的生活,并为人的解放作准备"[②]。然而,技术在给人类带来巨大繁荣的时候,也导致了人与自然两方面的危机。在自然方面,技术视野下的自然失去了诗意和神灵的庇护,成为人类可以肆意掠夺和剥削的"持存物",导致生态危机愈演愈烈;在人与人、人与社会方面,技术使人与宗教、艺术相分离,导致个体精神世界的萎缩与颓废。西方学者把这一现象称之为"技术悖论"。英国著名文学家狄更斯曾这样写道:"这是一个最坏的年代,这是一个最好的年代,这是一个令人绝望的冬天,这是一个充满希望的春天。我们面前什么也没有,我们面前什么都有。"[③]马克思对技术主义悖论的认识非常深刻,他指出:"在我们这个时代,每一种事物好像都包含有自己的反面。我们看到,机器具有减少人类劳动和使劳动更有成效的神奇力量,然而却引起了饥饿和过度的疲劳。财富的新源泉,由于某种奇怪的、不可思议的魔力而变成贫困的源泉。技术的胜利,似乎是以道德的败坏为代价换来的。随着人类越能控制自然,个人却似乎越发成为别人的奴隶或自身的卑劣行为的奴隶。甚至科学的纯洁光辉仿佛也只能在愚昧无知的黑暗背景上闪耀。我们的一切发现和进步,结果似乎是使物质力量具有理智生命,而人的生命则化为愚钝的物质力量。"[④]换言之,现代技术主义在某种程度上有一种非人道主义倾向,何以

---

① 马克思,恩格斯.马克思恩格斯全集:第42卷[M].北京:人民出版社,1979:128.
② 马克思,恩格斯.马克思恩格斯全集:第42卷[M].北京:人民出版社,1979:128.
③ 宋健.现代科学技术基础知识[M].北京:科学出版社,1994:42-43.
④ 马克思,恩格斯.马克思恩格斯全集:第12卷[M].北京:人民出版社,1962:4.

如此？现代科学技术的问题究竟在哪里？它与旁观现象又有何关联？

一、技术主义的极度张扬

法国启蒙运动是 18 世纪法国资产阶级领导和发动的一次波澜壮阔的思想解放运动。"启蒙"一词本义是阐明、澄清、照亮，给人启发和启示，其目的在于鞭挞愚昧与无知，用平等与自由否定教权、王权及特权，以期摆脱神学统治，最终确立人的主体性地位，让社会真正成为"属人"的社会。随着启蒙理性的确立，个体创造的主动性和积极性得到极大发挥，科学技术取得了迅猛的发展和辉煌的成就。理性与技术成为推动西方现代性运动的两个根本力量，"西方文明受到了古希腊社会创造的理性思维之新力量与新技术的巨大恩惠"[①]。随着资产阶级产业革命的到来，科学技术的力量得到了进一步充分的展现。"资产阶级在它的不到一百年的阶级统治中所创造的生产力，比过去一切世代创造的全部生产力还要多，还要大。自然力的征服，机器的采用，化学在工业和农业中的应用，轮船的行驶，铁路的通行……"在传统社会中，神圣之物既是超验的，又是无所不在的。现代技术的发展，则揭开和驱除了这种神秘力量，传统社会中超验而又无处不在的上帝被驱逐出人们的现实生活。"原来上帝没穿衣服！"人们在发现技术的真相时常常发出这样的感慨。随着科学精神绝对主导地位的确立，作为"绝对命令"的道德也逐步失去了存在依据，人们"对任何宣布为绝对可靠的东西都表示怀疑"。[②]

技术主义不仅冲淡了宗教的道德规范，更为不幸的是，当技术变得日益复杂，在世界上影响越来越大的时候，技术本身又渗透到生活的方方面面，并成为一个新的神话。人们开始把它看成是一种脱离自然的独立存在，似乎技术能够解决人类所面临的一切问题。"我们的世界越是混乱，我们就越是不愿寻找问题根源。我们用技术的盔甲把自己越裹越紧，听不进任何批评。我们认识不到技术给我们的环境造成了什么后果，我们更认识不到技术给我们自身带来了什么样的影响。即使我们自己造成的这个支离破碎的世界与日俱增地威胁着我们的存在，我们还自以为丰衣足食，歌舞升平。"[③]在上帝已死的时代，技术成了新的上帝，成了统治人类灵魂的另一个至上神。约翰·奈斯比特曾感叹说："20 世纪是我们自己的中世纪，人们迷上了科技，而技术却榨干了人们的灵魂。"[④]存在主

① 巴伯.科学与社会秩序[M].顾昕，译.北京：生活·读书·新知三联书店，1991：47.
② 齐格蒙特·鲍曼.后现代伦理学[M].张成岗，译.南京：江苏人民出版社，2003：24.
③ 里夫金，霍华德.熵：一种新的世界观[M].吕明，袁舟，译.上海：上海译文出版社，1987：2.
④ 约翰·奈斯比特.高科技·高思维[M].尹萍，译.北京：新华出版社，2000：1.

义大师海德格尔也有同感,他在对技术的本质进行追问时发现人、自然连同上帝已经被一种"展示着"的技术关系所笼罩遮蔽,是技术控制了人而不是人控制技术。也许单纯从理论上来说,尚有点苍白无力,为了准确了解人们面对违背良知的技术权威命令时,人性善的方面究竟能有多少,1961年,耶鲁大学心理学家斯坦利·米尔格伦(Stanley Milgram)进行了一个特殊的实验。

在其设计的实验中,一位事先已经知情的演员和一位不知情的参与者同时到达实验室,貌似他们被"随机"指派为"教授者"或"学习者",而且那位知情的演员被指派为学习者。他进入一个小房间,被捆缚在一个看上去很特别的装置上,这个装置可以让学习者受到不同强度的"电击"。而不知情的教授者则坐在外面房间的一排开关前,在屋里的学习者答错问题的时候,向其施加逐渐增强的电击。这些所谓的电击当然是用来蒙蔽教授者的,但隔壁屋里的演员会很配合地发出不同的叫喊声。随着电击电压增加到几百伏,房间里演员的反应也越来越"强烈",他会喊:"我受不了了,让我出去!"大部分教授者在听到学习者发出如此痛苦的声音时,都会犹豫不决。可当他们向实验的组织者表达担忧时,却得到"你必须继续下去"的指令,于是大部分参与者听到之后都会继续实施"电击"。如果参与者表示反对,实验组织者就会告诉他们"继续下去非常重要",或是"你没有选择,只能继续"。最高电压的开关标签标到300~450伏之间。此时,学习者会痛苦地尖叫,说自己的心脏很疼,然后随着电压增加而假装昏厥。80%的教授者会在学习者恳求后仍然实施电击。虽然对实施电击、伤害他人感到不适,但仍有2/3的参与者会一直进行到最高程度的电击。①

尽管在米尔格伦的原始实验中,有一位教授因为无法坚持而精神崩溃,大叫"唉,上帝,停手吧",实验的最后也有1/3的参与者先后中途停手,但仍有2/3的参与者坚持到最后。对此,米尔格伦限于这些实验数据得出结论:"普通"人会遵循导致别人痛苦的命令,甚至是谋杀他人的命令。因为他们相信,作为负责人的实验者,有权威和专业知识来下达这样的命令。

曾经,莎士比亚笔下的哈姆雷特发出惊叹:"人是多么了不起的一件作品!理性是多么高贵,力量是多么无穷!仪表和举止是多么端正、多么出色,论行动,多么像天使,论了解,多么像天神!宇宙的精华,万物的灵长!"但今天,我们发现在技术主义的面前,我们变得如此冷漠,这种冷漠不仅是对人类自身,对大自然更是如此。受技术主义思想指导,工业革命以来环境污染、生态破坏、物种灭绝现象在全球范围内迅速蔓延,发达工业国家都陷入了严重污染的困境之中。尽管近年来可持续发展、生态文明建设理念已深入人心,但将环境问题

---

① 罗伯特·比斯瓦斯-迪纳.勇气[M].萧潇,译.北京:中信出版社,2013:99.

视为污染问题,从本质上讲,仍没有逃脱技术主义的思维方式。因为它不可避免会陷入寻找更先进技术来解决,进而又造成新的污染这样一种怪圈。换言之,今天我们不是不懂得关爱自然,不是在大自然面前冷漠,而是因为我们的思维方式出了问题。

二、精细化分工导致"责任漂流"

马克思和恩格斯指出:"一个民族生产力发展的水平,最明显地表现于该民族分工的发展程度。"①社会分工是人类历史发展不可逾越的一个阶段,它对人类社会尤其是经济发展的贡献无法估量。正是精细的社会分工提高了劳动生产率,极大地促进了现代社会经济的发展,也让现代人从事无巨细的繁杂劳动中"脱域"出来。在一个效率和效益成为关键字眼的社会里,个体为了获得精深的专业技术,其活动的区域只能是越来越小,现代分工亦被推向极致。精细化的分工在促进互助合作精神的同时,也导致了许多不利方面的出现。在简单协作阶段,劳动者对整个生产流程都是熟悉的,分工只是根据生产工具的不同而划分的,劳动者至少在行业内部是全面发展的。但在工厂手工业中,不仅各种局部劳动分配给不同的个体,而且个体本身也被分割开来,比如有的劳动只需要用一个手指不停地按钮,那么工人的手指便成为这种局部劳动的工具。这种分工方式具有不可选择的强制性和固定性,工人们被迫局限于生产的某个领域,有的工人终生只和一种生产工具打交道,对其他领域的知识一无所知,因而只能在本工序内得到畸形发展。资产阶级经济学家勒蒙特指出:"我十分惊异,在古代,一个人既是杰出的哲学家,同时又是诗人、演说家、历史学家、牧师、执政者和战略家。这样多方面的活动使我们吃惊。现在每个人都在为自己筑起一道藩篱,把自己束缚在里面。这样一来,人是缩小了。"②对于这种精细化分工的后果,马克思说:"工场手工业把工人变成畸形物,它压抑了工人的多种多样的生产志趣和生产才能,人为地培植工人片面的技巧。"③

已有的伦理知识告诉我们,人作为一个道德主体,应该对自己的行为和后果承担责任,因为每个个体都是自由意志的主体。然而,通过精细化分工,"像任何其他的东西一样,现代人类也是技术的对象。像任何其他的东西一样,他们已经被分解(成碎片)并且以新奇的方式组合(作为排列或者仅仅作为碎片的集

---

① 马克思,恩格斯.马克思恩格斯文集:第2卷[M].北京:人民出版社,2009:520.
② 马克思,恩格斯.马克思恩格斯选集:第1卷[M].北京:人民出版社,1995:135.
③ 马克思,恩格斯.马克思恩格斯全集:第23卷[M].北京:人民出版社,1972:399.

合)"①在分工中,每个人只能是"整个任务"中很小一部分的角色,而且个体一旦退出,马上会有别人及时来填充他所留下的空缺。因此,雅卡尔(A. Jacquard)认为,精细分工制造了"孤立的个体""残废的个体""失望的个体"。"孤立的个体"是指过于专业性的语言阻隔了局外人与之交流的可能;"残废的个体"指专业技能的狭隘性阻碍了个体其他特点的发展,导致其在特长之外"束手无策";"失望的个体"是指个体在集体完成的最终产品前常感觉自己"什么也没做"。② 在自己创造的劳动产品面前,个人既看不到自己的成就,也看不到自己的过错和责任。"在现时代,人们是像沙粒一样被搅和在一起的……他不是他自己,他除了是一排插销中的一根插销以外,除了是有着一般有用性的物体之外,不具有什么真正的个性。"③既然我作为一个"物体",随时都可以被替换,没有任何价值,那么当面对陌生他者的困境时,我又为什么要履行相应的道德义务呢?责任主体的异化必然会导致这样一种道德困境,"有罪过,但无犯过者;有犯罪,但无罪犯;有罪状,但无认罪者! 对这种后果负责任者,可以说是漂流的,在任何地方都找不到他们的天然之居所"④。以下一则案例就是分工过细导致"冷漠旁观"的典型现象。

女白领地铁口晕倒不治身亡引社会关注。

2017 年 2 月 17 日上午,深圳市蛇口线水湾站 C 出入口……10 时 29 分,梁娅走到第二个平台时……人就倒了下来……10 时 35 分,两名地铁工作人员赶到现场,工作人员俯身查看,另一人则通过对讲机呼救。11 时 04 分,民警赶到现场,拍了一下梁娅,不见有任何反应。11 时 08 分,一名老人看到后,向现场工作人员示意,是否需要进行急救措施。11 时 18 分,救护车赶到现场,经医护人员检查,梁娅已经身亡。

地铁集团回应:依程序请求救援。据介绍,10 时 36 分,车站值班站长和另外一名工作人员赶到现场。10 时 40 分至 10 时 46 分,车站工作人员按程序先后通报运营管理办公室、公安局公交分局及 120 等相关部门请求支援;10 时 54 分,公安民警到达现场,水湾站值班站长将现场及处理移交给地铁公安,并于 10 时 55 分去警务室再次致电 120 询问急救车具体到达时间。11 时 17 分,120 急救人员到达现场进行施救……本次事件中梁女士当时的身体状况无法判断,工

---

① 齐格蒙特·鲍曼.后现代伦理学[M].张成岗,译.南京:江苏人民出版社,2003:230.

② 阿尔贝·雅卡尔.科学的灾难? 一个遗传学家的困惑[M].阎雪梅,译.桂林:广西师范大学出版社,2004:20.

③ 卡尔·雅斯贝斯.时代精神的状况[M].王德峰,译.上海:上海译文出版社,1997:42-43.

④ 齐格蒙特·鲍曼.后现代伦理学[M].张成岗,译.南京:江苏人民出版社,2003:21.

作人员不能贸然进行救助,必须依靠专业机构进行救助。①

从上述案例中工作人员的实际反应来看,他们赶到现场的时间还是比较快的。但在环环相扣的救援进程中,救护车还是在事发后 50 分钟到达现场,从而失去了抢救时机。如果说第一个发现梁女士晕倒的人员能够马上拨打 120,如果说没有如此繁多的程序,也许事情又将朝另外的方向发展。正像地铁方面的回应一样,依程序请求救援,既然程序是这样固定的,那么谁又该来承担本可能救治而没有救治的责任呢?对此,市民姜女士认为,如果因此说深圳市民冷漠,恐怕有点过于偏激,不过"我们应该反思从这起事件中汲取什么教训,才能促进城市更加文明、进步,避免类似遗憾再次发生"。②

三、远距离行为模式下的"同情疲劳"

现代技术与资本主义生产方式的发展,引起了人类的行为模式的新变化,即由传统的"近距离模式"向"远距离模式"转换。"在前现代社会,空间和地点总是一致的,因为对大多数人来说,在大多数情况下,社会生活的空间维度都是受'在场'(presence)的支配,即地域性活动支配的。现代性的降临,通过对'缺席'(absence)的各种其他要素的孕育,日益把空间从地点中分离了出来,从位置上看,远离了任何给定的面对面的互动情势。在现代性条件下,地点逐渐变得捉摸不定:即是说,场所完全被远离它们的社会影响所穿透并据其建构而成。建构场所的不单是在场发生的东西,场所的"可见形式"掩藏着那些远距离关系,而正是这些关系决定着场所的性质。"③安东尼·吉登斯通过"在场"与"缺场"形象地阐明了近距离模式与远距离模式的区别。

在远距离行为模式下,"现代组织能够以传统社会中人们无法想象的方式把地方性和全球性的因素连接起来,而且通过两者的经常性连接,直接影响着千百万人的生活"。④ 那么,伴随着人们关于自身和他人困境的知识的增加,人们所受到道德鼓励的行为能力是否提升了呢?对此,鲍曼给予了答案:"伴随着全球化的进展,我们相互依存的网络变得更加紧密;但是,我们行动的'非预期'后果的范围和我们有意识地减轻这种后果的行动能力之间的差距,变得越来越大。"⑤鲍曼认为,在现代社会,我们每一个人都知道自己需要做什么,也知道我们还做得远远不够,但在"知"与"行"之间存在一个真正的鸿沟,我们并不希望做

---

① 彭晨.女白领地铁口晕倒不治身亡引社会关注[N].深圳商报,2014-02-28.
② 彭晨.女白领地铁口晕倒不治身亡引社会关注[N].深圳商报,2014-02-28.
③ 安东尼·吉登斯.现代性的后果[M].田禾,译.南京:译林出版社,2011:16.
④ 安东尼·吉登斯.现代性的后果[M].田禾,译.南京:译林出版社,2000:18.
⑤ 齐格蒙特·鲍曼.被围困的社会[M].郇建立,译.南京:江苏人民出版社,2005:225.

得更好,我们更愿意做旁观者。

当然,这并不是说,全球化助长了残忍和道德冷漠,而是因为在近距离模式中,行为的善恶一目了然,就发生在自己和邻人的身上,"我们的祖先直接目睹了他们的行动带来的绝大多数后果,因为这些后果很少在他们的肉眼所及范围以外"。在这样的行为模式中,人们"一旦对极亲近的人负起了责任并且履行了责任,道德良知就可以满意地休息了"。① 在近距离道德情境下,人们通过帮助他人,能够直接享受到道德上的愉悦。但在远距离行为链条中,人类行为可能导致的规模与后果远远超出了行为者本人的想象力,尽管现代也有伦理规则告诉我们如何去预测行为可能造成的影响与后果,但即使所有人都遵守伦理规则,我们仍然生活在不确定之中。

鲍曼指出,在全球化时代,人们行为与结果之间,"因果联系的链条是分叉的、曲折的和迂回的,那些没有受过训练的人和不假思索的人无法理解它;此外,许多环节都被埋在密室中(这些密室贴着'禁止入内'的警告;如果没有安全检查和严格签发的通行证,它们是无法进入的)。看得见的链条很少会形成一个具有显著的入口和'安装'/'卸载'按钮的有机体系"。② 通过以下两个 2013 年发生在浙江省宁波市的案例,或许我们能对远距离模式中的行为与结果有更加深刻的感受。

案例一

热心捐款一场空

2013 年 4 月 21 日下午 2 点,宁波市民陆先生收到一条短信称:"四川雅安发生 7 级地震,欢迎社会各界人士为受灾群众重建家园基金募捐,汇款至某某银行卡号××××××××××。"热心的陆先生边关注着电视边想到,又有那么多人失去了自己的家园,心情备感沉重,想尽自己的一点爱心,多少帮一点他们渡过这个难关。于是就到附近的某某银行根据短信上的账号将 5000元钱汇了过去。没过几分钟,陆先生的手机收到一条转账通知,这才意识到自己被骗。

---

① 齐格蒙特・鲍曼.后现代伦理学[M].张成岗,译.南京:江苏人民出版社,2003:255-256.
② 齐格蒙特・鲍曼.被围困的社会[M].郇建立,译.南京:江苏人民出版社,2005:228.

案例二

献爱心却被"吸费"

　　4 月 22 日下午,市民林小姐收到一条微信,内容为:"四川雅安 4 月 20 日早上 8:02 发生 7 级地震,谁的群最多,帮忙转发一下,一位叫徐敬的女孩,21 岁,请速回雅安水城县人民医院,妈妈伤得很严重,想见她最后一面,爸爸号码:1519338××××,爱心接力,好人有好报。"林小姐出于好心,便拨通了这个电话,不料却打到了语音台。听到语音,她马上意识到自己上当了,便挂了电话。在次日查询自己话费时,发现莫名其妙地少了几十元。①

　　事实上,并非当代人没有爱心,我们也希望帮助受害者,也会满腔愤慨地谴责作恶者,同时热情地颂扬那些给受害者提供帮助的人。但现实中,我们的承诺总是难以走得太远。在著名的郭美美事件②发生以后,中国红十字会的社会公信力降到冰点,以致中国红十字会常务副会长赵白鸽痛心地说,"郭美美事件三天毁掉红会一百年",尽管事实证明郭美美与红十字会没有太大关系,但它也确实反映了远距离情势下道德行为的脆弱性。

　　网络和电子媒体技术的迅猛发展,进一步强化了行为模式的远距离化。与传统印刷媒介突出词语概念和抽象思维不同,电子媒介借助影像强调戏剧化效果,"在这种强调中,电视新闻青睐灾难和人类悲剧,它唤起的不是净化或理解,而是很快会消失殆尽的滥情与怜悯情绪,以及对这些事件的伪仪式感和伪参与感"③。因此,无论什么时候,只要我们一打开电视、电脑,发生在世界各地的灾难和不幸就会在我们的卧室、餐厅上演。通过电视机、电脑以及手机移动终端,我们可以了解遥远地方的男男女女们的生存或死亡。而从新闻吸引眼球的效果来看,"关于别处发生的事情的资讯,即所谓的'新闻',以报道冲突和暴力为主——'有血才有看头'被小报和二十四小时新闻摘要节目尊为金科玉律"④。因此,不断寻找诸如饥荒、死亡和绝望的恐怖画面,以增强新闻的震撼力,在新媒

---

　　① 谨防有人利用爱心行骗,捐款要到相应的慈善机构[EB/OL].(2013-05-06)[2018-03-21]. http://news.cnnb.com.cn/system/2013/05/06/007710435.shtml.

　　② 2011 年 6 月 21 日,新浪微博上一个名叫"郭美美 Baby"的网友颇受关注,这个自称"住大别墅,开玛莎拉蒂"的 20 岁女孩,其认证身份居然是"中国红十字会商业总经理",其真实身份也众说纷纭,有网友称她是中国红十字会副会长郭长江的女儿,由此引发很多网友对中国红十字会的非议。

　　③ 丹尼尔·贝尔.资本主义文化矛盾[M].严蓓雯,译.南京:江苏人民出版社,2007:111.

　　④ 苏珊·桑塔格.关于他人的痛苦[M].黄灿然,译.上海:上海译文出版社,200:15.

介时代似乎已经成为新的传统。有位作者就这样描写他见到过的记者：

他跨过逝者的尸体，把话筒伸到了逝者家属的眼前，不停地盘问家属当下的感想，并对死者不到十岁的女儿发问："你爱爸爸吗？爸爸死了，以后你再也见不到爸爸了，你怎么办？"孩子哭得撕心裂肺，这位记者将摄像机对准孩子的脸全程拍摄，采访结束之后还得意扬扬地对其他记者炫耀自己拍到了十分震撼的镜头！①

在远距离模式下，我们的道德自我每天都会受到引诱和骚扰。但苦难痛苦犹如所有其他的传统事物，一旦"融入世俗的日常生活"，就失去了所有的震撼力。② 亨宁·比奇用"电子城市"这个概念，形象地说明冷漠的产生与电视体验之间的亲密关系。电子城市的居民由于每天都会观看到"饥荒、无家可归、大规模的死亡和完全的绝望这些恐怖画面"③，久而久之，即便是非常有同情心的人也会产生"同情疲劳"(compassion fatigue)，因为"关注图像会阻碍而不是推动对知识的理解。此外，它也会阻碍我们对注意到的事物的理解，使我们无法洞察到事物背后的原因"④。在电视媒介灾难画面的反复冲击下，人类对于苦难的感受能力不是增强而是逐渐降低了。在电子城市的居民那里，任何持续的、没有新奇感的事物都难以激起人们的兴趣，甚至令人讨厌。因此，为了刺激人们业已麻木的神经，电子媒介必须暴露出更多、更露骨的苦难，以加大刺激的力度和强度，由此形成了一个变本加厉的"苦难循环"！以至于曾经令人厌恶、令人胆寒、令人发指的暴行和苦难，在电子城市的居民看来，只是小菜一碟。桑塔格对此有清醒的认识："我们被那类曾经带来震撼和引起义愤的影像所淹没，渐渐失去了反应的能力。同情已扩展至极限，正日趋僵化。"⑤电子"荧屏"无意中抵消了各种苦难场景的震撼力。其结果是，人们面对苦难变得越来越无动于衷，甚至将人类的灾难当作生活中的消遣，与观看其他娱乐片一样，将他人的痛苦当作自己就餐的佐料和饭后的谈资。

四、媒体选择性放大的"助人蒙冤症"

20世纪70年代斯坦利·科恩在其著作《民间妖魔和道德恐慌》中首次提出"道德恐慌"的概念，经过发展，该概念逐步演变成传媒社会学领域的一个核心概念。在该书中，科恩考察了这样一个现象："20世纪60年代，警方曾试图控制某

---

① 鞠晓飞,王莹.新闻报道切忌人性的丧失[J].记者摇篮,2013(9):30-31.
② 齐格蒙特·鲍曼.被围困的社会[M].郇建立,译.南京:江苏人民出版社,2005:222-223.
③ 齐格蒙特·鲍曼.被围困的社会[M].郇建立,译.南京:江苏人民出版社,2005:222.
④ 齐格蒙特·鲍曼.被围困的社会[M].郇建立,译.南京:江苏人民出版社,2005:223.
⑤ 苏珊·桑塔格.关于他人的痛苦[M].黄灿然,译.上海:上海译文出版社,2006:99.

些青年亚文化,即所谓的现代主义信徒,结果却把更多的注意力引向这些文化,并使其在青年中更为流行。"①警方的本意是为了控制现代主义信徒,但由于媒体过多的情绪化的报道,"为这些松散的群体提供了一个从未存在的结构,以及证实这些结构的确存在的神话"②,结果在公众中反而引起了一场"道德恐慌"。科恩认为,很多事情并没有那么严重,大众传媒是造成道德恐慌的关键因素。对此,英国学者伊冯·朱克斯(Yvonne Jewkes)也指出,媒体煽动公众情绪,引发强烈社会反映的现象就是道德恐慌。制造道德恐慌的新闻工作者们初衷或许只是为了增强新闻报道的吸引力,但媒体的偏离放大螺旋效应,结果往往导致人们内心感到恐惧,并由此回避日常生活中遭遇到的复杂社会问题,躲进一种"城堡式心态"——一种无望、无奈、无能为力的心态中。

"助人蒙冤症"是本书提出的一个新概念,即主体在帮助别人之后,不仅不会得到肯定的表扬和称颂,反而会遭到受助者的冤枉,从而给自己造成一定物质和精神损失的现象。群体"助人蒙冤"现象的形成机制,在很大程度上类似于道德恐慌形成的机制。伊冯·朱克斯的《传媒与犯罪》一书中提出了"偏离放大螺旋"一词,主要指"在一个夸大、扭曲、预测和象征的框架内的偏离的报道使一系列互有关联的反应发生作用"③。认真分析一下媒体对以"彭宇案"为起点的"助人蒙冤症"的系列报道,我们不难发现"偏离放大螺旋"的基本规律。

案例一

扶人却被判撞人 南京小伙好心没好报

南京一男子彭宇称因搀扶摔倒老太太,反而被告上法庭。2012年10月25日,南京市鼓楼区法院对彭宇案做出了一审判决,称"彭宇自认,其是第一个下车的人,从常理分析,他与老太太相撞的可能性比较大"。裁定彭宇补偿原告40%的损失,即45876元,10日内给付。④

① 左群英.同情教育论[M].北京:人民出版社,2012:89.
② Stanley Cohen. Folk Devils and Moral Panics:The Creation of the Mods and Rockers[M]. London:Routledge,2012:166.
③ 伊冯·朱克斯.传媒与犯罪[M].赵星,译.北京:北京大学出版社,2006:84.
④ 扶人却被判撞人南京小伙好心没好报[N].成都日报,2007-09-07.

案例二

郑州"李凯强"案加剧道德诚信危机

2008 年 8 月 21 日,郑州大学生李凯强扶起老太宋某,老太当时称被撞伤,有多位证人称其是碰瓷,但老太称不会讹人。近日,法院判学生赔偿老太 7.9 万元,并称因不能判定双方责任各负担一半。该学生希望找到目击证人,并表示再遇到类似事情会不再理睬。①

案例三

扬州小伙怕"担责"扶起倒地老太又松手

据《扬子晚报》1 月 18 日报道:昨天清早,家住扬州老城区国庆路 73 岁的戴老太去市区萃园桥菜场买菜,不小心在菜场大门口摔了一跤,老人想爬起来没有成功。这时一个路过的小伙子见状,热心地上前搀扶起了老人。戴老太"站"起来后刚说声谢谢,不想小伙子的伙伴忽然嚷了起来:"你赶紧松手,老太要是说是你撞倒的,你麻烦可就大了!"小伙子听见朋友的喊叫,吃了一惊,猛地松开了手,然后飞快地跑向伙伴。小伙这一松手可害惨了老人。因为无力站立,戴老太"结结实实"地摔了下去。这一摔不要紧,老人的腿疼得要命,基本上不能动了;而摔倒时老人本能地用胳膊撑了一下地,胳膊也不能动了。②

案例一是发生在 2006 年的"彭宇案",这一则案例在当时引起强烈反响,究其原因,在于当时法官基于常理来推断,继而判决彭宇赔偿。彭宇案之后,国内关于"扶老人"的新闻报道上升趋势显著,诸如《男子扶老人遭讹被判赔偿,未履行被司法拘留》(《钱江晚报》2012 年 1 月 17 日),《浙江老人摔倒后无人扶,遭汽车碾压拖行》(《法制晚报》2015 年 2 月 4 日),等等。在这些披露出来的"扶老人"案例中,几乎所有存在争议的都被贯之以"彭宇案"的标签。案例二是发生在河南的"李凯强案",与"彭宇案"不同的是,李凯强的电动车尾部确确实实和宋老太的车碰到了。只不过究竟是老太"碰瓷"李凯强,还是李凯强撞了老太,没有人

---

① 郑州"李凯强"案加剧道德诚信危机.[EB/OL].(2010-01-12).[2018-03-12]. http://news.sohu. com/20100112/n269532615.shtml.

② 卜广明,陈咏.扬州小伙怕"担责"扶起倒地老太又松手[N].扬子晚报,2008-01-18.

能够说得清楚。但李凯强在为自己辩解时刻意忽略"两人相撞"的关键事实,而把自己说成另一个"彭宇",从而成功主导了媒体,让媒体先入为主地认定李凯强就是"郑州版的彭宇"。无独有偶,"天津版彭宇案""德州彭宇案"等相关事件中的媒体跟风式报道与追问,逐渐将新闻引向偏离原发事实的轨道。或许我们并不能说媒体低能,只是因为他们下意识地就倾向于把这个事件写成"彭宇案",而只有写成彭宇案,才足够吸引眼球。我们不能不说"彭宇案"的影响是巨大的。案例三中"扬州小伙怕担责,扶起倒地老太又松手",就是典型之一。

但是,这一切随着《瞭望新闻周刊》在 2012 开年一篇名为《南京市委常委、市政法委书记刘志伟谈:不应被误读的"彭宇案"》的报道而再生变数。当时的南京市委常委、市政法委书记刘志伟接受《瞭望新闻周刊》记者独家专访时指出,舆论和公众认知的"彭宇案",并非事实真相。刘志伟称,彭宇承认与当事人发生碰撞且赔偿 1 万元。由于多重因素被误读和放大的这起普通民事案件,不应成为社会"道德滑坡"的"标志性事件"。[①] 不仅如此,彭宇本人也站出来主动承认自己当时与徐寿兰确实发生了碰撞,并对法院处理结果表示满意。这样一来,似乎对错立判。但事情已经过去了 5 年,"彭宇案"的负面影响绝不可能由此消弭,日常生活中的人们更不可能"从道德堕落的从犯转眼之间变成完美无缺的高尚的骑士"。[②]

"彭宇案"之误读和放大,进而引发"助人蒙冤症"盛行,其原因是复杂多样的。但毋庸置疑,媒体在"彭宇案"的持续发酵过程中,扮演了至关重要的角色。结果给人们造成一种错觉,凡摔倒的老人都有"讹人"嫌疑,只要扶摔倒老人注定被"讹上"。其实,现实生活中有太多助人为乐的故事值得我们感动,但毕竟吸引眼球的力度不大。对新闻报道而言,"狗咬人不是新闻,人咬狗才是新闻",所以媒体便一窝蜂地报道"助人蒙冤现象",让人感觉到处都有"好人受冤",进而感慨人心不古、世风日下。

道德恐慌是媒介传播中由来已久的一种现象,但网络时代的到来,则极大地加速了这种恐慌的蔓延。网络时代,当一条新闻在网络上受到热议时,网友们将会通过微信、QQ、论坛、贴吧等途径,阅读新闻并跟帖、评论,从而使信息在短时间内获得爆炸性的传播,成为社会舆论关注的焦点。《中国青年报》曾对 1758 人进行过一次在线调查,84.7%的受访者认为"网络围观"现象十分普遍。其实,见死不救、救人被讹都是万象社会中的小概率事件,但经过网络媒介的渲染放大,网络传播情景下的"群体极化",营造了一种"助人蒙冤"的社会性恐慌情绪,从而

① 徐机玲.南京官方披露:彭宇承认与徐老太碰撞[N].瞭望新闻周刊,2012-01-16.
② 齐格蒙特·鲍曼.被围困的社会[M].郇建立,译.南京:江苏人民出版社,2005:224.

为"见义不为""见死不救"行为找到了"冠冕堂皇"的口实。

民本取向、守望良知、监督公权,是媒体的分内之事。但令人遗憾的是,有些媒体常常不去深究事实真相,而是先入为主、不负责任地将见义勇为描述为一个高危行为,以求制造"好人没好报"轰动效应。媒介在信息传播时,扮演的应该是一个公正的传播者和监督者角色,而不应该是一个审判者。事实上,真相远比道德谴责更为重要。对于媒体而言,既不应该在事件未明之前挥起道德的大棒,更不应该把一个孤立的事件当成是社会的常态。

第五章　旁观现象产生的个体原因

在面临同一突发性危机时,为什么有的人能够挺身而出,有的人则袖手旁观?有的人在某些情景中表现得充满爱心,而在另一些情境中却又冷漠无情。很显然,除了社会因素以外,这也与个体自身品格、心理和能力因素等密切相关。我们认为,旁观现象是外在社会因素和内在个体因素相互影响、相互作用的产物。从严格意义上说,个体原因是更为深层的原因。毕竟,外因只是事物发展变化的条件,内因则是事物发展变化的根据。尽管"天下没有完全相同的两片树叶",每个个体旁观的原因都各有不同,但不可否认,在这些不同的背后也存在着某些共性,如对社会道德规范的认同度不高,在缺少爱的家庭环境中成长,等等。只有对这些共性的存在进一步深入分析,我们才能更有效地提出针对性的策略和途径。

第一节　人性与道德旁观问题发生

人性是人之为人的共同属性,也是人们组织各种社会关系的情感纽带。没有人性,就不可能有道德,更不可能萌生道德情感。因此,理解人之为人的本性,是理解旁观现象产生的理论前提和基础。对于人性,学术界从不同的角度给予了不同的阐述。我国当代哲学家张岱年先生认为,仅围绕着人性是什么,就形成三种意谓之争:"生而自然固有"之意谓、"人之所以为人者"之意谓、"人生之究竟根据"之意谓。[①] 在我国哲学思想史上,人性大多指的是人生而具有的自然本性,是人的本能。首先提出人性概念的告子曰"生之为性"(《孟子·告子章句上》),并认为性无善无不善。性善论者孟子认为,恻隐之心,羞恶之心,恭敬之心,是非之心,"非由外铄我也,我固有之也"(《孟子·告子章句上》)。性恶论者荀子曰:"生之所以然者谓之性。"(《荀子·正名》)性有善恶论者董仲舒曰:"如其生之自然之资谓之性。"(《春秋繁露·深察名号》)

---

① 张岱年.中国哲学大纲[M].北京:中国社会科学出版社,1982:251-252.

我国当代伦理学者王海明教授认为,这种人生而具有的人性主要包括两个方面的内容:"它既包括人区别于其他动物的特性,又包括人与其他动物共同的动物性。"①关于人的本性,西方学者主要也是从人的自然本性上来认识,如埃尔伍德(Charles A. Ellwood)在总结西方思想家的人性论思想时写道:"我们所说的人性,乃是个人生而赋有的性质,而不是后天通过环境影响而获得的性质。"②

马克思对人性问题也给予了高度关注,在《资本论》中他曾经这样写道:"假如我们想知道什么东西对狗有用,我们就必须探究狗的本性。这种本性本身是不能从'效用原则'中虚构出来的。如果我们想把这一原则运用到人身上来,想根据效用原则来评价人的一切行为、运动和关系等等,就首先要研究人的一般本性。"③马克思的这段话告诉我们,人性研究无疑是研究一切人类行为的关键所在,而且看似抽象复杂的人性问题其实是可以被认知的。不同于以往的唯心主义学者,马克思从"从事实际活动的人"出发,对人性提出了诸多独到的见解,比如"人的类特性恰恰就是自由的有意识的活动"④"人的本质并不是单个人所固有的抽象物,在其现实性上是一切社会关系的总和"⑤"他们的需要即他们的本性"⑥。马克思的这些精辟论断为我们理解人性提供了全新的视角,也给我们更好地解释道德现象与道德问题提供了坚实的理论基石。

一、马克思主义人的存在二重性理论

对于人的存在"二重性"问题,古今中外很多哲学家都有过深刻的领悟和洞察。歌德在《浮士德》中说:"有两个灵魂住在我的胸中,它们总是互相分道扬镳;一个怀着强烈的情欲,以它的卷须紧紧地攀附着现世;另一个却拼命要脱离尘俗,高飞到崇高的先辈的居地。"⑦黑格尔认为:"人首先作为自然物而存在,其次他还为自己而存在,观照自己,思考自己,只有通过这种自为的存在,人才是心灵。"⑧在批判吸取前人理论的基础上,马克思立足于现实的实践,对人的二重性存在进行了更为深入的阐述。

首先,人是肉体存在和精神存在的统一。作为一位真正的哲学家,马克思青

---

① 王海明. 人性论[M]. 北京:商务印书馆,2005:7.
② Charles A Ellwood. An Introduction to Social Psychology[M]. New York:D. Appleton and Company,1920:51.
③ 马克思. 资本论:第一卷[M]. 北京:人民出版社,1963:669.
④ 马克思,恩格斯. 马克思恩格斯全集:第42卷[M]. 北京:人民出版社,1979:96.
⑤ 马克思,恩格斯. 马克思恩格斯选集:第1卷[M]. 北京:人民出版社,1995:56.
⑥ 马克思,恩格斯. 马克思恩格斯全集:第3卷[M]. 北京:人民出版社,1960:514.
⑦ 歌德. 浮士德[M]. 郭沫若,译. 北京:人民文学出版社,1983:156.
⑧ 黑格尔. 美学:第1卷[M]. 北京:商务印书馆,1979:38.

年时期就曾提出过"精神原则"与"肉体原则"的冲突问题,认为人与动物的不同之处在于,"自然本身给动物规定了它应该遵循的活动范围,动物也就安分地在这个范围内运动,不试图越出这个范围,甚至不考虑有其他什么范围存在。神也给人指定了共同的目标——使人类和他自己趋于高尚,但是,神要人自己去寻找可以达到这个目标的手段,神让人在社会上选择一个最适合于他、最能使他和社会得到提高的地位。"①但人类如果不考虑自然本赋予我们的自然体质等因素,而试图超越体质的限制,藐视它的权力,那么"在这种情况下,我们就是冒险把大厦建筑在松软的废墟上,我们的一生也就变成一场精神原则和肉体原则之间的不幸的斗争"。② 人是自然存在物,但又超越于一般的自然存在物,它是属人的自然存在物。人道主义与自然主义的历史统一,只有到了未来的共产主义社会,随着人的发展图景的全面展开,才能真正水到渠成。在《政治经济学批判(1857—1858年草稿)》中,马克思明确写道:"人双重地存在着,主观上作为他自身存在着,客观上又存在于自己存在的这些自然无机条件之中。"③恩格斯也曾提出:"人来源于动物界这一事实已经决定人永远不能完全摆脱兽性,所以问题永远只能在于摆脱得多些或少些,在于兽性或人性的程度上的差异。"④"兽性"指的就是人的自然性,是人肉体性存在的反映。经典作家们的这一观点,科学地揭示了人性的两重意义。一方面,从人的客体性来说,作为自然的、肉体性的存在,求生避死、求乐避险、求利避害等其他动植物所具有的自然属性,人类也不可避免地会保有。而且,任何人都不可能脱离对象物而独立存在,人总是现实的、具体的,受一定现存自然与社会条件制约的、维持某种实然状态的人。因此,任何人都是现实的、可以被感知的。另一方面,从人的主体性向度来看,作为能动的自然物,人同时又是为自身而存在的。人类总是能够通过自身能动的、创造性的对象性活动,不断超越那些存在于身边的已经确定的对象性关系,以此来确证并表现自身。马克思曾明确指出:"人不是在某一种规定上再生产自己,而是生产出它的全面性;不是力求停留在某种已经变成的东西,而是处于变易的绝对运动之中。"⑤人类生活总是蕴涵着对未来应然性存在状态的渴望,这种应然性状态是发展的,它不仅仅是肉体方面的,而且包括因社会生产的发展而不断扩展的各种精神需求,尤其是自我价值实现的需要。人类只有超越自然的、肉体的、实然的自我,在生产实践中不断满足其在现实生活中所产生的新的合理性需求,才

---

① 马克思,恩格斯. 马克思恩格斯全集:第40卷[M].北京:人民出版社,1982:3.
② 马克思,恩格斯. 马克思恩格斯全集:第40卷[M].北京:人民出版社,1982:5.
③ 马克思,恩格斯. 马克思恩格斯全集:第46卷[M].北京:人民出版社,1979:491.
④ 马克思,恩格斯. 马克思恩格斯选集:第3卷[M].北京:人民出版社,1995:442.
⑤ 马克思,恩格斯. 马克思恩格斯全集:第46卷上[M].北京:人民出版社,1979:486.

能实现自身的完善与进步。

其次,人是个体性存在和社会性存在的统一。在谈到人的存在时,人们很容易感受到的就是个体感性直观的存在:"全部人类生命的第一个前提无疑是有生命的个人的存在"①。一方面,每个个体首先都是作为独立的自然有机体而存在着的。不同的个体由于自身和社会的条件不同,而具有不同的特点,就像世界上没有两片完全相同的树叶一样,世界上也不会有完全相同的两个人。这些特殊性既表现在自然方面,如智力、体格、性格、生理等,也表现在社会方面,如知识、交往、人际关系等。另一方面,任何有生命、有肉体组织的、感性存在的人,都不是纯粹的"个体",也不是某种虚幻的离群索居的人;在积极实现自己本质的过程中,这些特殊的个体也在创造、生产着人的社会联系、社会本质。这些"社会本质不是一种同单个人相对立的抽象的一般的力量,而是每一单个人的本质,是他自己的活动,他自己的生活,他自己的享受,他自己的财富"②。劳动不仅体现了个体自身的本质,还体现着人类的共同本质,无论从内容还是形式来讲,劳动都是社会性的。劳动在创造人本身的同时,也使人成为社会的人。因此,马克思强调:"自然界的人的本质只有对社会的人来说才是存在着的;因为只有在社会中,自然界对人来说才是人与人联系的纽带,才是他为别人的存在和别人为他的存在,才是人的现实的生活要素;只有在社会中,自然界才是人本身存在的基础。只有在社会中,人的自然的存在对他说来才是他的人的存在,而自然界对他说来才成为人。因此,社会是人同自然界完成了的本质的统一。"③对于人类而言,社会性存在是抽象的一般,那种把单个的、孤立的个体当作历史出发点的观念,只能属于"缺乏想象力的虚构"。社会由个人组成,没有个人就没有社会;但没有社会,个人也就失去了其赖以存在的基础,更不可能得到独立和发展。换言之,人是社会的存在物,社会是属人的社会。

二、马克思主义人的利益二重性理论

人的存在二重性决定了人的利益二重性。个体私人利益与社会公共利益是相互联系、相互依存,而又相互对立、相互排斥的矛盾统一体。正如涂尔干所言:"人参加到集体生活中会降低个体的意义,并将自己的心理过程同化到团体之中。然而,人又只能参加到集体的生活之中才能成为一个完全的人,并将自己提

---

① 马克思,恩格斯.马克思恩格斯选集:第1卷[M].北京:人民出版社,1995:345.
② 马克思,恩格斯.马克思恩格斯全集:第42卷[M].北京:人民出版社,1979:24.
③ 马克思,恩格斯.马克思恩格斯全集:第42卷[M].北京:人民出版社,1979:122.

升到更高的水平。"①

　　首先,人的存在二重性决定了人的利益二重性。作为个体存在物,人是由各种要素组成的生命统一体。为了维持生命统一体的存在,个体"首先就需要衣、食、住以及其他东西"②,以此不断满足自己生命、生产和生活需要,这就是我们通常所讲的个人利益。人们最初的生产经营活动基本上是为了满足这些需要而进行物质资料的生产,"个人必须占有现有的生产力总和,这不仅是为了达到自主活动,而且一般说来是为了自己的生存"③。没有对个人基本利益的追求,就不可能有人类的一切活动。在维持生活必需品的基础上,个体需要也是不断发展的。美国著名心理学家马斯洛,按照需要的轻重缓急,由低向高地提出了著名的五层次理论,即生理需要、安全需要、社交需要、尊重需要、自我实现需要。在马克思看来,人类的这些需要"即他们的本性……在任何情况下,个人总是从'自己出发的'"④。换言之,个人利益的存在从来都是一个客观科学的事实,而不是什么道德诫命。不清楚这一点,就容易重蹈"禁欲主义"的覆辙,进而用整体的利益否定个体的利益,或者把个体需要仅仅归结为维持最基本、最可怜的肉体生活,对个人利益进行完全彻底的否定。马克思认为,那种以"自我克制,克制生活和克制人的一切需要"为基本教义的伪科学,其目的无非是要获得"禁欲的却又进行生产的奴隶"。⑤ 事实上,个体的存在越是微不足道,个体表现的生命越少,个体"异化的本质也就积累得越多"⑥。对个体需要和个体利益的压抑和扼杀,必然会造成对社会整体积极性和创造力的压抑和扼杀,在物质生产领域表现得尤为明显。

　　作为社会存在物,个体只有在社会中才能获取其生存所需的物质资料,也只有在社会交往中才能获得更好的发展。因此,维持社会共同体存在和发展的需要,也是维护个体存在和发展的需要。马克思将这种需要称为"表现为社会需要的个人需要,即个人不是作为社会中的单个人,而是同其他的人共同要求和共同消费的需要"。⑦ 实现这种共同利益,需要社会大系统全体成员的协同与合作,因而也就会产生一些行为规则和要求。恰如美国伦理学家 J. P. 蒂洛所言:"一切人都有许多共同的需要、愿望、目标和目的。例如,一般来说,人们在自己的生

---

① 章士嵘. 心理学哲学[M]. 北京:社会科学出版社,1998:150.
② 马克思,恩格斯. 马克思恩格斯全集:第 3 卷[M]. 北京:人民出版社,1960:31.
③ 马克思,恩格斯. 马克思恩格斯选集:第 1 卷[M]. 北京:人民出版社,1972:74.
④ 马克思,恩格斯. 马克思恩格斯全集:第 3 卷[M]. 北京:人民出版社,1960:514.
⑤ 马克思. 1844 年经济学哲学手稿[M]. 北京:人民出版社,2000:123.
⑥ 马克思. 1844 年经济学哲学手稿[M]. 北京:人民出版社,2000:123.
⑦ 马克思,恩格斯. 马克思恩格斯全集:第 39 卷[M]. 北京:人民出版社,1975:529.

活中似乎都需要友谊、爱情、幸福、自由、和平、创造性和安定,这不仅是为了自己,而且也是为了别人。为了满足这些需要,人们必须确立和遵循这样的道德原则,这些原则鼓励他们相互合作,使他们不必担心被杀死、被残害、被偷窃、被欺骗或欺诈、被严格管制或监禁。"①越是人际关系紧张的时候,这种道德的需要就表现得越明显。如果缺乏这种道德需要,人类社会将面临毁灭的危险。

但这种社会公共利益,又不等同于单个私人利益。针对一些资产阶级经济学家混淆个体私人利益与社会公共利益,乃至以个体私人利益取消公共利益的观点,马克思提出了严厉的批判。马克思认为:"毫不相干的个人之间的互相的和全面的依赖,构成他们的社会联系。"②如果认为"每个人追求自己的私人利益,而且仅仅是自己的私人利益;这样,也就不知不觉地为一切人的私人利益服务,为普遍利益服务"。"当每个人追求自己私人利益的时候,也就达到私人利益的总体即普遍利益。"那么,从这种抽象的说法也可以得出相反的结论,即"每个人都互相妨碍别人利益的实现,这种一切人反对一切人的战争所造成的结果,不是普遍的肯定,而是普遍的否定"。③ 因此,人的存在二重性决定了人的利益二重性,不管人们是否意识到,它都是客观存在的、必然的,只不过在不同的具体条件下,其存在的性质和内容有所不同。

其次,人的利益二重性是对立统一的辩证关系。一方面,个人利益和社会共同利益是相互依存、相互联系的,"每一方本质上就是对方在自己身上的反应,而且建立自身也就是建立对方"④。从个人利益对社会利益的关系来看,社会利益不能离开个人利益而独立存在,社会利益实质上就是社会成员共同的个人利益,社会利益只不过是个人利益的另一种存在形式。正如没有个人就不能组成社会一样,离开个人利益也就无所谓社会利益。马克思和恩格斯认为,只有共产主义理论家才真正发现"共同利益"在历史上任何时候都是由作为"私人利益"的个人造成的。"他们知道,这种对立只是表面的,因为这种对立的一面即所谓'普遍的'一面总是不断地由另一面即私人利益的一面产生的,它绝不是作为一种具有独立历史的独立力量而与私人利益相对抗,所以这种对立在实践中总是产生了消灭,消灭了又产生。"⑤从社会利益对个人利益的关系来看,个人利益必然依赖于社会利益,社会利益是社会个体成员获得发展的前提、基础和保障,没有社会利益的实现与满足,也就不可能会有私人利益的实现与满足。"私人利益本身已

①　蒂洛.伦理学——理论与实践[M].孟庆时,程立显,刘建,译.北京:北京大学出版社,1985:30.
②　马克思,恩格斯.马克思恩格斯全集:第30卷[M].北京:人民出版社,1995:106.
③　马克思,恩格斯.马克思恩格斯全集:第30卷[M].北京:人民出版社,1995:106.
④　张世英.论黑格尔的逻辑学[M].上海:上海人民出版社,1982:157.
⑤　马克思,恩格斯.马克思恩格斯全集:第3卷[M].北京:人民出版社,1960:275-276.

经是社会所决定的利益,而且只有在社会所设定的条件下并使用社会所提供的手段,才能达到;也就是说,私人利益是与这些条件和手段的再生产相联系的。这是私人利益;但它的内容以及实现的形式和手段则是由不以任何人为转移的社会条件决定的。"①事实上,社会成员实现个人利益的条件、手段以及内容等,都是社会利益所赋予的。每一个个体在为他人服务时,也在为自己服务,每一个人既是目的也是手段,而且只有成为手段才能达到自己的目的。

另一方面,个人利益和社会利益有时又是对立的、斗争的。公共利益和个人利益尽管是"你中有我,我中有你",但两者毕竟是有差别的。社会利益既不是简单的个人利益的总和,更不可能是某个社会成员独占的利益,如涂尔干所说:"社会有它自己的本性,和我们个人的本性是截然不同的,它还在追求自己特殊的目标。"②一般而言,社会利益往往体现的是社会发展的总体要求,具有全局性、根本性和长远性的特点,而个人利益则侧重满足"自然主体的那种个人需要",因而更多地表现为局部性、暂时性的特征。大多数社会成员都希望从社会利益中多争取一些个人利益,而反对从自己的个人利益中分离出社会利益,"各个个人所追求的仅仅是自己的特殊的、对他们说来是同他们的共同利益不相符合的利益(普遍的东西本来就是一种虚幻的共同体的形式),所以他们认为这种共同利益是'异己的',是'不依赖'于他们的,也就是说,这仍旧是一种特殊的独特的'普遍'利益,或者是他们本身应该在这种分离的界限里活动,这种情况也发生在民主制中。另一方面,这些特殊利益始终在真正地反对共同利益和虚幻的共同利益,这些特殊利益的实际斗争使得以国家姿态出现的虚幻的'普遍'利益对特殊利益进行实际的干涉和约束成为必要"。③ 社会利益与个体私人利益的矛盾具有普遍性,它不仅存在于资本主义社会中,也存在于中国社会主义初级阶段。毛泽东曾指出:"我们的人民政府是真正代表人民利益的政府,是为人民服务的政府;但是它同人民群众之间也有一定的矛盾。这种矛盾包括国家利益、集体利益同个人利益之间的矛盾。"④事实上,只要社会还存在不同的分工,产品还没有达到极大丰富,人们的觉悟还没有极大提高,社会利益与个人利益之间的矛盾与斗争就不可避免地会存在。因为在社会物质或精神生活产品总量一定的情况下,如果用于实现社会利益的部分增加了,用于实现个人利益的部分必然相对减少,反之亦然。同时,为了保障整个社会全局的、整体的乃至长远的发展需要,社会

① 马克思,恩格斯. 马克思恩格斯全集:第 30 卷[M]. 北京:人民出版社,1995:106.

② 雷蒙·阿隆. 社会学主要思潮[M]. 葛志强,译. 上海:上海译文出版社,1988:378.

③ 马克思,恩格斯. 马克思恩格斯全集:第 3 卷[M]. 北京:人民出版社,1960:38-39.

④ 毛泽东. 毛泽东选集:第 5 卷[M]. 北京:人民出版社,1977:365.

常常会对某些个体的利益进行抑制,在某些特定的时期,甚至会要求个人以自己的生命为代价来保证整个社会的发展。

三、道德的产生与人的利益二重性理论

关于道德的本质,马克思主义经典作家一直是循着人的利益二重性以及道德与利益关系的思路来进行探究的。道德与利益是一对孪生兄弟,道德因利益而存在,利益因道德而持久。"正确理解的利益是整个道德的基础。"①个人利益与社会利益相互依存、相互对立的辩证统一关系,决定了道德产生的必要性以及可能性。

第一,个体私人利益与社会公共利益相互对立的关系,决定了道德的必要性。道德是以善恶为评价标准,依靠人们的内心信念、社会舆论和风俗习惯来调整人与人、人与社会以及人与自然之间关系的总和。人们的行为规范之所以需要调整,就因为有矛盾和冲突存在。英国著名伦理学家汉普歇尔(Stuart Hampshire)曾说道:"道德与冲突是不可分离的:包括各种不同却都令人羡慕的生活方式之间的冲突;各种不同却均能获得辩护的道德理想之间的冲突;各种义务之间的冲突;以及各种根本性的、然而却又是互不相容的利益之间的冲突。"②无数实践表明,哪里有矛盾和冲突,哪里就需要有道德。倘若不存在任何矛盾和冲突,道德就将失去其存在的合理性和必要性。人们寻求道德的生活,"既不依赖迷信,也不依赖宗教,宽泛地说来,它出自一种平静的生活愿望"③。人类社会中存在的复杂矛盾和冲突,使得道德被赋予了一种超出人格价值的普遍规范性功能,成为维系人类社会生存和健康发展的重要方式和力量。而在人类众多矛盾冲突之中,利益的冲突又是最为基本、最为深刻的冲突,是其他一切冲突的根源。马克思指出:"人们奋斗所争取的一切,都同他们的利益有关。""思想一旦离开'利益',就一定会使自己出丑。"④

第二,个体私人利益与社会公共利益之间相互依存的关系,决定了道德产生的可能性。道德不仅能调整人与人、人与社会、人与自然之间的矛盾和冲突,而且能够促成彼此的互利和双赢。从某种程度上看,互利和双赢才是人们道德行为的根本动因。马克思认为:"共同利益恰恰只存在于双方、多方以及各方的独立之中,共同利益就是自私利益的交换。一般利益就是各种自私利益的一般

---

① 马克思,恩格斯.马克思恩格斯全集:第1卷[M].北京:人民出版社,1956:82.
② Robert Nozick. Morality and Conflict[M]. Mass Cambridge:Harvard University Press,1983:1.
③ 罗素.伦理学和政治学中的人类社会[M].肖薇,译.北京:中国社会科学出版社,1992:46.
④ 马克思,恩格斯.马克思恩格斯全集:第1卷[M].北京:人民出版社,1956:82.

性。"①社会公共利益根源于人们共同的社会生活实践,产生于人们谋取自身个体利益的进程之中,它既是对个体利益局限性的超越,也是个体利益实现的根本保障。"如果不是为了保全自己的财产、名誉和生命,我们也许就不那么尊重别人的钱包和生命了。"②梅特里用直白的话语告诉我们,如果我们不尊重社会公共利益,不懂得尊重与自己毫无相干的他人利益,那么我们自己的私人利益也会受到损害。强调互利双赢是人们道德行为的根本动因。柯特·拜尔认为:"如果道德的观点是自利的观点,那就永远不会有对利益冲突的道德解决。然而,在发生利益冲突时,我们总是寻求一个'更高的'观点,一个由此可以使这种冲突得到解决的观点。一贯的利己主义使每个人的私利成为'最高上诉法院'。但通过'道德观点',我们的意思是指一种观点,它是人们利益发生冲突时所诉求的法庭。因此它不能(逻辑上)等同于自利的观点。"③毫无疑问,柯特·拜尔的这种批判是极有道理、也极为深刻的。尽管互利中包含着自利的因素,但互利与自利有着本质的区别,它强调的是通过满足社会或他人的利益,来增进自己的利益。道德的观点只能是互利的观点,也只有以互利为前提,道德的功能才能得到有效发挥。承认互利是人类道德行为中最经常、最强烈的动机,但这并不意味着互利是人类道德行为的唯一动机或终极目的。因为人类的道德行为也有可能是出自于崇高的人生理想、人生境界追求,比如我们曾经所倡导的"毫不利己、专门利人"道德理想等。

由此可见,人的道德需要根植于人的存在二重性以及利益二重性的本性之中,是人作为一种理性社会动物的精神规定,同时又是人的实践行为的规定。作为由一定需要推动起来从事实践活动的人,他必须把道德的规定纳入自身的本质规定之中。当然,我们强调道德需要是人的本质需要,并不是说存在什么脱离历史条件的、永恒不变的抽象道德,也不是说任何个体在任何时候都能体会到这样的道德需要,如果真是那样,那也就不存在当今社会所出现的旁观现象了。对人的存在二重性以及利益二重性的分析表明,道德毕竟不是能够离开社会和个体的东西,而是由社会物质生活条件等诸多因素决定的一种社会意识形态,因此不同的个体在不同的情景和条件下,其道德反应与道德行为存在不一致现象,便也是正常的社会现象。

①　马克思,恩格斯.马克思恩格斯全集:第 30 卷[M].北京:人民出版社,1995:199.
②　周辅成.西方伦理学名著选辑下[M].北京:商务印书馆,1987:33.
③　何怀宏.底线伦理[M].沈阳:辽宁人民出版社,1998:51.

第二节　突发情景的特点与旁观者介入的决策

对于诸如小悦悦事件之类的见死不救、见义不为现象,我们通常都会指责旁观者的冷漠、麻木、人性丧失。但我们在批评旁观者冷漠现象的同时,别忘了他们其实就是现实中的普通人,如小悦悦事件中的 18 个路人,就有司机、小老板、开三轮的、家庭妇女各色人等。在小悦悦事件的追踪采访中,除了一位母亲表示"后悔、同情、心痛、内疚"外,其他路人多数否认对被碾女童见死不救的行为,认为自己"没有留意"或者"真的没有看到",尽管网民并不相信他们,并继续对他们口诛笔伐。《广州日报》微博以及腾讯微博对"社会冷漠"这一话题展开调查,在近万名网友投票中,只有不到 3% 的人认为自己当时若在现场,会与 18 名路人一样漠然走开。[①] 为什么冷漠无情的都是路人,而义愤填膺的都是网民? 难道说真有这么巧,小悦悦恰巧让那十几个见死不救的人遇上? 毫无疑问这是没有任何根据的。

1964 年 3 月,发生在纽约市的 38 人见死不救现象,促使社会心理学家约翰·达利以及比伯·拉坦纳对旁观现象进行深入研究,他们关注的不是旁观者的冷漠无情,而是为什么那么多人对求救声音都采取了相同的反应。通过较为系统的实验,他们提出了"旁观者介入"的阶段模型理论,认为旁观者介入紧急事件,会受到多种因素的抑制。这一理论分析,无疑为我们提供了一个全新的观察视角。

一、突发事件的情景特征

主张生物进化论的达尔文认为:"我们感到不得不向那些孤立无助的人们施以援手,这主要是发自同情本能的附带结果。同情本能最初是作为社会本能的一部分而获得的。即使在强大理性的迫使下,只要我们天性中最崇高的部分没有泯灭,我们就无法抑制自己的同情。"[②]美国社会心理学家约翰·达利和比伯·拉坦纳在 1966 年—1968 年期间,通过哥伦比亚大学的学生在纽约街头向路人请求简单帮助的实验,表明尽管帮助陌生人不像帮助朋友那样频繁,但人们的确有帮助陌生人的愿望。在日常生活的非紧急情况下,诸如向陌生人询问时间、问路以及整钱换零钱等,都比较容易得到帮助;特别是向陌生人问路的时候,有些人还会带着学生穿过几个街区,以便帮他们找到正确的路线。

---

① 王广永.女童遭碾事件冷漠路人忏悔:后悔内疚几夜没睡好[N].广州日报,2011-10-18.
② 达尔文.人类的由来及性选择[M].叶笃庄,杨习之,译.北京:北京大学出版社,2009:152.

事实上,我们确实能感受到这种普遍性存在的友爱之心。心理学家艾森伯格(Nancy Eisenberg)认为,在非紧急情况下,个体的认知与人格因素对是否助人有着很大的影响作用。既然人们在非紧急情况中愿意帮助他人,就说明大部分人的道德认知是健全的,人们的爱心也并未丧失。那么,在突发性紧急情况中,在受害者更需要帮助的时候,为什么人们的援助意愿反而降低了呢?达利和拉坦纳认为,这和突发性紧急事件的情景因素有很大关系。

第一,突发性紧急事件的偶发性。首先,这类紧急事件不是经常出现,而是偶尔发生的,人们对这类现象并不熟悉,也没有人知道在什么时候、什么地点会发生突发性紧急事件。尽管在网络、电影、电视新闻中,我们经常看到类似紧急的情况,而且也认为自己一定会积极介入。但实际遇到这种情况时,人们几乎没有任何处理这种突发事件的经验与能力。其次,这类紧急事件的出现形式是偶然的,没有人知道它会以何种方式出现,老人摔倒、少女被强暴、轻生者跳水、肇事司机逃离车祸现场……都可能成为被旁观的现象。从社会道德的要求来看,我们需要的是采取行动,而不是袖手旁观。但不同的突发性紧急事件需要不同的行动策略;即便是类似事件,也有不同的需要。如针对时下谈论较多的老人摔倒要不要扶的问题,第一反应当然是要扶,但如果有骨折情况,可能扶起反而会加重受害者的伤情。因此,2011年我国卫生部公布了《老年人跌倒干预技术指南》。而问题是,一方面,普通人谁会专门花时间为"扶老人"认真阅读该指南?另一方面,现实生活中的突发性紧急事件多种多样,任何部门都不可能制订出详尽的行动方案与标准。

第二,突发性紧急事件的损失性。突发性紧急事件总是会对受害者造成一定的损失,这种损失包括财物、健康乃至生命等各方面。如果对受害者施以援手,则这种损失也可能延伸到施救者身上,这是旁观事件的突出特点。我们不妨站在施救者角度分析一下,如果介入行动,最好的结果就是有效防止受害者损失的扩大,而自己则只需要付出一点点时间、精力或物质损失;最坏的结果则可能不仅不会实现预期的助人效果,反而会导致自己健康、财物乃至生命的损失。无论如何,极少有人在介入紧急性突发事件后能得到比自己损失更多的东西。

2014年6月发生在湖南娄底的一起救人事件中,32岁的河南南阳小伙殷晓非在避雨时见一女孩跳入湍急河流中,他来不及脱衣服就跳入水中,将落水女孩从落水点拉到了第一个桥墩,又艰难地拉到了第二个桥墩,在准备将女孩拖到岸边时,由于水流湍急,营救时间过长,终因体力透支不幸溺亡。[①]

上述案例中救人者为此付出的是生命的代价,而落水者还未能如愿救起。

---

①　石闯.避雨男子跳河救轻生女孩遇难,遗体保持救人姿势[N].郑州晚报,2014-06-06.

按照艾森伯格的理论,在非紧急情况下,行为人在行为前经常会有一个主观效用分析,即对助人行为发生的代价与受益的主观评估,如果自己的助人行为会造成很大的风险,即使是富有同情心的人,也会犹豫不前。尽管紧急状况下,不容许潜在助人者全面分析个人得失,情感因素对助人行为的发生起着更为主导的作用,但毫无疑问,突发事件中的目击者更倾向于帮助那种只需付出很少代价的受害者。

第三,突发性紧急事件的紧迫性。偶发性、损失性、紧迫性,是突发事件的鲜明特点。因此,目击者既不可能在心理上有充分的思想准备,又不可能同别人进行商量和讨论,以谋求最佳处置方案,而只能单纯依靠自己的个人力量来思考与解决问题。而且此类事件,诸如遇歹徒强奸、抢劫,或者他人落水等,往往都要求目击者在极短时间内迅速做出决断,否则就会丧失最佳的介入时机。在这样一种情境下,人们心理上很容易滋生犹豫不决、烦躁不安甚至恐惧的情绪,对习惯于"三思而后行"的中国人来说,境况更是如此。因此,在《不负责任的旁观者:他为什么不援助?》一书中,达利和拉坦纳指出:"旁观者面对的是这样一种情景,在这个情境中,他不可能获得任何好处,不能依靠自己过去的经验,不能指望来自别人的经验,也不能指望预先的考虑和规划,甚至连仔细考虑介入行为过程的机会都没有,旁观者面对的是一个多么艰难的处境。这样的情境居然还有人介入,真是一种令人惊奇的事情。"①

二、旁观者介入的决策程序

达利和拉坦纳认为目击者要介入突发性紧急事件,所要采取的不是简单的一步性决定,而是一系列的决策。在这个决策环节中,任何地方出了问题,都有可能抑制助人行为的发生。

决策过程的第一个阶段:注意到非常事件的发生。如果突发性事件不具有足够强的刺激力,不能引起旁观者的注意,那么,突发性紧急事件就与旁观者毫无瓜葛。在现实情境中,我们确实被淹没在无数的声音和现象之中,不可能注意到所有的刺激。达利和拉坦纳认为,人们往往会有选择性地关注值得自己注意的东西,生活环境中习以为常的东西,一般很难引起人们注意,而且"越是嘈杂的环境,需要引起人们注意的输入性刺激越大,人们注意到紧急事件的可能性越

---

① Bibb Latane, John M Darley. The Unresponsive Bystander: Why doesn't He Help? [M]. NewYork:Appleton-Century-Crofts,1970:31.

小。在一个新的和陌生的环境中,个体一般都不大愿意有不同寻常的举动"。[①]
美国社会心理学斯蒂芬·弗兰佐也认为,人口密度和助人行为之间呈负相关关系,即人口居住越是密集的都市,助人行为发生的可能性越小。比如说,在很多中国农村地区,如果看见有人不省人事地躺在人行道上,那绝对是不同寻常的事情,人们一般会马上采取行动。但在城市中的某些社区,常年在户外生活的街头流浪者很多,让人见怪不怪,一般路人也很少去关注。

决策过程的第二个阶段:确定是否为紧急且需要帮助的事件。突发性情景的模糊性决定了这一决定的难度。比如,有人不省人事地躺在人行道上,如果你碰巧发现这事,你可以进行多种解释。究竟那个人是犯病了,还是喝醉酒了,或者只是躺在路边休息? 如果你认为那人只是躺在路边休息,你可能就不会理他,而自顾自地离开。如果你认为他是喝醉酒了,你也许会打电话报警,也许犹豫一下就会离开。个人的判断同个人的经历、个性以及当时的心情等都有很大关系。斯蒂芬·弗兰佐曾举了一个这样的例子:"多年前的一个晚上,威斯康星大学兄弟会办公室中的学生看到一个男人和一个女人在他们的宿舍旁边发生性行为。他们马上认为这是一个极不寻常的事件(第一阶段),但是他们并不认为这是一个紧急事件(第二阶段)。他们没有采取干预手段,相反,他们认为这是一个双方都同意的性行为,因此这些旁观者起哄给这两人加油。之后他们才了解到他们看到的其实是一次强暴事件,对情境的错误界定导致了他们没有对事件进行干预。"[②]

决策过程的第三个阶段:思考自己是否有责任提供帮助。意识到紧急事件需要援助,并不意味着旁观者就能自觉主动地承担助人的责任。受害者是否值得帮助、旁观者的能力、旁观者和受害者之间的关系、是否有其他旁观者,都可能影响旁观者对自身责任的认知。比如,一位老妇摔倒在路边,往往比一位青年大学生摔倒在路边,更容易获得帮助;一个因外在偶然因素受害的人,往往比一个因自身原因受害的人,更容易获得帮助;成年男性被认为比成年女性承担更多的救助责任。达利和拉坦纳认为,事发现场如果有权威专业人士在场,那么其他人施以援手的可能性将非常小。

决策过程的第四个阶段:决定自己能够提供帮助的方式。认为自己有责任救人之后,还得要考虑救助的方式。总体而言,这些方式不外乎两种。一种是直接介入,如遇有人落水时,自己跳入水中去救援;遇到火灾时,拿起灭火器参与灭

① Bibb Latane, John M Darley. The Unresponsive Bystander: Why doesn't He Help? [M]. NewYork:Appleton-Century-Crofts,1970:32.

② 斯蒂芬·弗兰佐. 社会心理学[M]. 葛剑桥,译. 上海:上海人民出版社,2010:470.

火;看见有人打架时,上前拉开打架的双方等。另一种是间接介入,如拨打110报警、拨打120叫救护车、拨打119火警电话等。无论是直接介入还是间接介入,都存在有利的一面,也存在一定困难。直接介入尽管貌似简单,但它需要一定的技术与技能,如遇人落水,援助者必须有较好的游泳技术,否则连自己的生命也不一定有保障。间接介入尽管危险性相对较少,但在受害者情势危急的特殊情况下,等到警察或权威人士来到现场,可能最佳救援机会已经错失。

决策过程的最后阶段:实施救援行为。一般来说,旁观者一旦决定了实施救援行为,就会采取相应行动。但假如他发现所需的救援行动比想象的复杂,或者还有什么别的顾虑,那么他可能会把原本并不非常困难的现象想象得相当复杂,进而导致其助人动机消失。比如,考虑到自己会受到伤害,或者将来还得要出庭作证等,在这种情境下,有人可能放弃先前打算介入的决定,因而仍然只是一个冷漠的旁观者。

三、突发性紧急事件对旁观者介入的影响

通过前面的分析可以看到,旁观者对突发性紧急事件的介入,是在充满压力的、不安的、紧迫的环境中,经过一系列思考和决定之后,才可能采取的行动。这些思考和决定包括:是否注意到非常事件的发生,是否认为该事件为紧急且需要帮助的事件,是否认为自己有责任提供帮助,是否具有自主决定采取干预方式的能力,是否有足够的技能来干预紧急事件。在这些环节中,任何一个环节的否定性决定都有可能最终导致干预行为的取消。总体来说,突发性紧急事件中妨碍旁观者介入的因素有以下三个方面。

第一,情况不明、难以判断。由于突发事件情况紧急,目击者一时很难了解事情的来龙去脉,更难以判断受害者是否需要救助,因而在行动上必然犹豫不决。比如,发生在广州佛山五金城的小悦悦事件,当时“南海局部雨量1小时达30到50毫米……暮色四合。此时,五金城没开灯,车灯和反射光乱晃,铁皮顶撒豆般炸响”[①],人们强烈批判的18个路人就是处在这样一种突发情景中。不可否认,18个路人中确有冷漠者,但也许有的人根本就没发现,或者没意识到小悦悦需要帮助。以收运货品为生被斥为“冷漠路人”之一的张某就坚称自己“没看到”。据他回忆,当时他开车经过,隐约听到左侧有孩子哭声。“当时以为是旁边店铺的孩子在哭,并没在意。没开车大灯,视线不是特别好。”张某说,事发后他全然不知情,也没有跟家人说,甚至没有看新闻。听闻有人指责自己“见死不救太冷血”,张某称:“如果我看到地面上有血迹,一定会下车救人的。”另有

---

① 张成敏.路人们真的都见死不救吗? 小悦悦事件的证据学分析[N].南方周末,2011-10-28.

一位水暖店的老板陈先生,表示他当时正穿过店铺寻找女儿。整个过程中,他根本没有发现小悦悦。对于记者的质疑,陈先生表示"自己真的没有看到",还说:"如果我有看到,我死给你看!"[①]德国法哲学家拉德布鲁赫曾说,传统的道德学说习惯于把理智与性情尖锐对立起来,今天的国人又何尝不是如此呢?

第二,缺乏技能,无能为力。目击者介入突发性紧急事件的方式有直接介入和间接介入两种,无论哪一种都需要一定的技能或常识。直接介入所需要的技能几乎是全方位的,因为突发性紧急事件不仅是罕见的,而且是不可预见的,其发生方式也是千奇百怪的,都有其特殊的问题,如旁人因囊中羞涩而不能慷慨解囊、因不会游泳而不能救援溺水者等。即便间接介入,如拨打救援电话等,也不一定每个人都能掌握如交警、火警、匪警、急救等相关部门的电话。这就意味着确实有很多个体在面对突发性紧急事件时,会显得"心有余而力不足"。

第三,事发突然,茫然失措。在面对突发性紧急事件的瞬间,个人往往不能清醒地开动脑筋,分析局势,而是茫然失措,不知道该怎么做才好。越是对情况不熟悉,或者平时没有经过挫折和危险的人,这种茫然不知所措的感觉就越严重,用我们通常说的话就是"吓懵了"。在广州小悦悦事件发生之后,广州市检察院检察官杨斌发表在《南方都市报》的一篇题为"我们其实就是那18个路人"的文章,或许对突发情景中有良知的旁观者的茫然失措心态,是一个很好的诠释。

我想做点什么,但最终还是选择了逃避。是什么压抑了我们内心深处善的冲动,是什么让我们不敢释放内心的善?也许根本不会有人注意到,更没有人在意,十多年前的那一幕,在一个年轻的检察官心中留下的涟漪。感谢小悦悦,给了我记录这些文字的勇气,毫无疑问,在很多个不经意的场合,我们其实就是那18个路人,在与生俱来的善与恶中挣扎与求生,沉沦与超越。

那天,似火的骄阳炙烤着大地,我们开车颠簸了两个多小时,终于在一个偏僻的小镇边缘找到了当地看守所。

异地提审的手续异常烦琐。大门旁边,是看守所的会见室,我们就坐在那里耐心等候。那天恰好是家属会见日,会见室里挤满了前来探视犯人的家属。坐在我旁边的是一对年迈的老农夫妇。他们时不时逗弄着旁边一个年轻妇人怀里的小孩,只有在那一刻,才能看到他们脸上的皱纹舒展开来,露出难得的笑容。那是一个只有几个月大的婴儿,天气炎热,孩子只穿了一件肚兜,白白胖胖的,像个小肉团,可爱极了。和大人们脸上的愁容不同,小家伙挥舞着小手,蹬着莲藕一般粗壮的小腿,一刻也不肯安静下来。

我和老妇人聊了几句。原来,他们是来看儿子的,小孩是他们的孙子,刚满

---

① 王广永.女童遭碾事件冷漠路人忏悔:后悔内疚儿夜没睡好[N].广州日报,2011-10-18.

百天，出生后还没有见过父亲。老妇人说，儿子本来在家务农，见儿媳怀孕了，想多赚点钱，就去城里一家公司做保安，禁不起诱惑，偷公司的东西出去卖，判了一年刑。"我们只以为他在外面赚了钱，没想到……再穷也不能拿公家的东西啊！"老妇人红着眼圈说。我默默地听着，不知如何安慰。事实简单，情节较轻，数额不大，量刑不高，初犯偶犯，这样的案子，实在是一个基层检察官遇到的再常见不过的案子。

这时，管教大声叫着一个名字，对面窗口押来一名年轻的男子，那对老夫妻和年轻妇人连忙赶过去，他们含着泪，相互喊着名字。隔着铁栏杆和台面，孩子被举着，男子伸长手臂，抚摸着他，大人们哭成一团。突然，男子后退几步，对着窗外的亲人，双膝跪下，失声痛哭，旁边的管教怎么拉也拉不起来——他知罪了！

我转过头，不忍再看。这时，看守所的工作人员走过来，通知我手续已办好，我逃也似地离开了这个凄惶沉重的地方。

离开看守所时已近正午，汽车在土路上颠簸，烈日之下，隐隐约约有几个人影在前面蹒跚，正是那对老人和年轻的妇人，他们没有带伞，老人手里拿着一张报纸遮挡着孩子。我突然想起，这辆八座的警用面包车，除了司机，只坐了我和一名书记员，我们是不是可以载他们一程呢？至少把他们载到马路边有公共汽车经过的地方，也好啊。

我正在犹豫，汽车已经从他们身边一闪而过，扬起阵阵尘土，我回头看了看避让在路边的他们，想叫司机停下车，却终究只是想想而已——我不知道，那一刻，我为什么犹豫，是急着赶路，还是怕自己唐突？怕他们不接受？怕同行的人不理解？怕旁人异样的目光？怕有人笑话？我说不清楚。

在回来的路上，我一直想着那两位老人，想着那个襁褓中的孩子。他们顶着烈日，在那条尘土飞扬、人车罕至的土路上，要走多久才能走上大路，搭上开往县城的汽车？我不敢想象，但我知道，他们一定盛满了悲伤，一定很累，很饿。而我，本来是可以给他们带来一丝温暖的，然而，我没有。我没有拉着老妇人的手，告诉她，人都会犯错误，她的儿子只是一时误入歧途，只要知错就改就好；我没有给年轻的妇人递去一张纸巾，告诉她，带好孩子，耐心等待，他们一定还可以拥有美好的未来；我也没有安慰那年迈的父亲，一年的刑期并不长，他的儿子很快就会出来，一定要有信心；甚至在归途上，我也错过了一点点微不足道的帮助。也许，我与他们，只是陌生人，但在那个时刻，我本来是可以做点什么的，即便只是交汇那一刻的刹那光明，然而，我只是一个旁观者……

岁月流逝，多少公诉席上的激扬文字，提审室里的循循善诱，领奖台上的意气风发，都在记忆中淡去。然而，发生在12年前的这一幕，以及它在我心中泛起的涟漪，却始终令我无法平静和释怀。有时候，我会以"这根本不算什么，没有人在意"来安慰自己,试图回避那来自灵魂深处的无声的质问。但更多的时候,一想到那个挥之不去的画面,尤其是那个烈日下襁褓中的孩子,我就感到痛彻心扉的自责与内疚。唯有如此,我才明白,深切地忏悔,忏悔内心最深处的小和恶,我才能寻找并且安顿好自己的灵魂。也唯有如此,我才明白,和爱与友善相比,其他的一切都微不足道,所有的犹豫和顾虑都源于我们的冷漠与自私、无知与软弱。人们只要愿意抛却偏见和固执,张开心灵,聆听、凝神、默想,就一定可以听到在心灵的最深处隐藏着的善,它从来不曾消失,它一直在那里焦急地等待,等待我们执着地追寻、尽情地释放。

十多年来,我有过很多次冲动,想将那一幕转换为文字,但没有成功。也许是我的阅历还不足以洞察那微妙的人性善恶,也许是我的文字还不能驾驭那莫名的情感与忧伤,但今天,我不再怀疑:其实,我缺少的是勇气,自我反思和批判的勇气。当我鼓足勇气记录这一切,我知道,我完成了自我救赎。在无数个需要我们站出来的场合,也许仍然会有人不理解,有人看笑话,有人说闲话,甚至有人中伤,但我已经不会再犹豫,也不会再有任何顾虑,因为我已经知道,面对苦难,我应该有怎样的担当。

毫无疑问,在很多个不经意的场合,我们其实就是那 18 个路人。[1]

第三节　个体心理因素与旁观现象的产生

人与人之间因情感阻滞而引起的冷漠行为,在心理学界被称为"低社会行为",即强调主体行为与社会价值取向的相背离性。美国著名心理学家霍夫曼提出,个体作为自然的旁观者,当目睹别人遭受痛苦或忧伤(身体的、情绪的、经济的)时,具有设身处地进行设想和体验的能力,即移情忧伤的能力,这种移情忧伤是一种亲社会动机。作为"由圣洁的移情忧伤制造的助人机器"[2],人类之所以选择以冷漠的姿态对待陷入困境的他人,其个体心理原因是复杂和深层的。

一、基本的归因错误

处于困境中的人是否能够得到帮助,在很大程度上取决于旁观者认为其是否"值得"帮助。即使受害者遭受很严重的苦难,但如果旁观者认为其遭受这种苦难是咎由自取,那么,旁观者介入的意愿将会大大降低。比如说,在酒吧中,有暴徒无故挑起祸端,导致无辜者受害,那么旁观者可能马上会介入,援助受害者。

---

① 杨斌.我们其实就是那 18 个路人[N].南方都市报,2011-10-25.
② 马丁·霍夫曼.移情与道德发展[M].杨韶刚,万明,译.哈尔滨:黑龙江人民出版社,2003:38.

但假如有人挑衅说,自己有能力打败酒吧内的任何一个人,而遭到别人的狂揍,那么现场旁观者介入的可能性就会非常低。可以说,对他人困境原因的推断,是影响旁观者介入的重要因素,因为这涉及介入行为"值得不值得"的问题。

归因理论(attribution theory)是社会心理学的激励理论之一,归因是指个体对自己或他人行为的原因加以解释和推测的过程。"归因理论之父"弗里茨·海德(Fritz Heider,1958)认为,日常生活中,人们会像科学家一样对周围的事件进行分析、理解和推断,通过对事件发生原因的分析,来更好地控制环境。海德最有价值的贡献之一,就是他的二分法理论,即认为人们在解释行为原因时,通常有两种归因方法:一种是内部归因,即认为事件的发生是由当事人自己的因素(人格、态度、个性、能力)造成的;另一种是外部归因,即认为事件的发生是由当事人自身以外的其他情景(外界压力、天气、他人行为等)造成的。比如说,当你看见一位父亲对孩子破口大骂时,如果你认为这个父亲性格暴躁、在教育子女的方法上有欠缺,这就是内部归因;如果认为他这种大吼大叫的行为是由孩子到处惹是生非而引起的,那就是外部归因。毫无疑问,归因类型不同,会极大地影响我们对他人的态度及观点。如果对父亲大骂孩子现象进行内部归因,我们对他就会有负面印象;如果进行外部归因,我们对父亲本人就不能作出负面评价。心理学研究还发现,归因者的角色与归因结果之间有着普遍性的影响。一般而言,人们对自己的行为,更多地倾向于外部归因;而对他人的行为,则倾向于内部归因。比如,我们常常将自己在众人面前害羞脸红归因于当时的环境,而对别人则认为是他们的性格所致。

在解释见死不救现象时,心理学家们认为,这与基本归因错误有很大关系。在紧急情境中,当原因信息模棱两可时,观察者倾向于认为是受害者自己的不当行为导致了自身的不幸。比如,看见有人沿街乞讨时,多数人倾向于认为其贫困潦倒是其自身懒惰造成的;对于独身女子遭强奸或抢劫,归因于她们自己过于愚蠢或缺少安全意识。依赖于这种基本的归因错误,目击者和受害者之间会产生一定的心理距离,这种距离感能减少目击者的移情忧伤动机。马丁·霍夫曼认为,当支持基本归因错误的"事实"依据(对于在危险地带游荡的受害者实施强奸;对于和有暴力倾向的配偶一起生活的受害者)存在的时候,旁观者特别容易抱怨受害者,因而介入突发事件的可能性大为减小。马丁·霍夫曼还举了这样一个例子来进行说明:

一个女大学生写了下面这段话:

我在新闻中看到和听到过这么多的情况,女人在凌晨或很晚的夜间在公园里遭到强奸或杀害。这些女人通常是独身一人。起初,我对这些可怕的消息感到极度悲哀。但是此后我想了想,我究竟有多少次听说过在公园里发生类似的事件。我想,这些女人在这些情况下还在公园里游荡是很愚蠢的。即使我对这些受害者一无所知,但我认为,事情的发生是她们的错——或许是因为她们的愚蠢、固执或无动于衷。我对她们失去了同情。①

总之,对那些因不可控制因素而身处困境的人,人们更富有同情心,也更愿意提供帮助;而对那些因自身原因而身处困境的人,人们常常会感到愤怒和轻蔑,并较少给予帮助。为什么会存在基本的归因错误呢?心理学家斯蒂芬·弗兰佐认为,因为我们中的绝大多数人相信这个世界是公正的,每个人通过自己的努力,都能够得到他所应得到的。这样的信念让许多人坚信,可怜之人必有可恨之处,同时确信自己不会沦落到他人这般境地。当然,在某种程度上,人们也承认存在某种个体差异。因此,如果受难者的苦难很容易解决,人们也可能会伸出援助之手。因为如果一点点援助能帮助受难者摆脱困境,并使其回到生活正轨,这有助于人们进一步确认公正世界的信念。同时,人们通常也认为,真正值得帮助的人是不可能受到不公正惩罚的。②

心理学研究发现,当旁观者与处于困境中的受害者有比较相似的情况时,旁观者对受害者的苦难归因会倾向于外部归因,其助人行为的可能性也会变大。这里所说的相似性包括很多方面,比如说同乡、同行、同龄人等。不仅如此,即便受害者与旁观者衣着相似时,旁观者介入的可能性都会大幅提高。心理学家在20世纪70年代的一个实验中,让参与者向路过的大学生讨要一角硬币来打电话,参与者或者穿得保守,或者穿得很另类("嬉皮士模样")。结果发现,当参与者的穿着和路过的大学生不同时,给予帮助的大学生不到一半,但当参与者的穿着与路过的大学生相似时,则有2/3的大学生给予了帮助。③ 或许这也能更好地解释为什么在小悦悦事件中,当网民得知一个带着五岁女孩的妈妈盯着小悦悦看了许久而没有报警时,感到特别愤怒的原因。

二、旁观者效应

心理学家达利和拉坦纳在1968年的经典实验中提出了"旁观者效应"的概念,即在突发性的紧急情景中,旁观的人数越多,救助行为发生的可能性越小。他们认为,由于旁观者人数的增多,会出现两个社会心理过程:观众抑制效应(audience inhibition effect)和责任分散效应(diffusion of responsibility)。观众抑制效应会对旁观者介入决策的第二步,即确定是否为紧急且需要帮助的事件,

① 马丁·霍夫曼.移情与道德发展[M].杨韶刚,万明,译.哈尔滨:黑龙江人民出版社,2003:106.
② 斯蒂芬·弗兰佐.社会心理学[M].葛剑桥,译.上海:上海人民出版社,2010:488.
③ 斯蒂芬·弗兰佐.社会心理学[M].葛剑桥,译.上海:上海人民出版社,2010:487.

起着阻碍作用。责任分散效应会对旁观者介入决策的第三步，即思考自己是否有责任提供帮助，起着阻碍作用。

从常识上来讲，似乎旁观者人数越多，事件的真相越容易弄明白，为什么反而会出现观众抑制效应呢？对此达利和拉塔纳是这样解释的：由于事发现场有多个旁观者存在，每个旁观者都知道别人能感受到自己的反应、表现以及行为等。在这样一种环境下，人们往往不会主动接近受害者，去探寻事件的真相。毕竟已有的社会常识告诉我们，对他人的私人事情要保持必要的距离，在公众面前"失态"是不可取的。如果在危机事件中表现得急躁和不安，那么很可能得到别人的负面评价，诸如"沉不住气""没修养"等。达利和拉塔纳认为："紧急性突发事件给旁观者提供了一个在舞台上表演的机会，表演是每个演员的梦想，但这样的舞台却是演员的梦魇。他还没有对角色进行好好的排练，幕布就已经拉开。在现场的人越多，丢脸的可能性也就越大。"[1]为了不让自己丢脸，旁观者尽可能表现得镇定自若，而将他人的行为表现作为自己界定当时事件现实的线索。这听起来似乎是没主见的表现，但通常我们很多有价值的信息都是来源于我们周边人的行为，多参照周围人的意见，总体还是有助于提高人们认识水平的。不过，如果每一个人都表现得异常冷静，我们看到的就是一群冷漠的旁观者。斯蒂芬·弗兰佐认为，在不确定的模糊情境中，人们似乎会告诉自己："如果并没有什么意外，如果我的干预显得大惊小怪会怎样呢？我就会看起来像一个傻瓜了，会很丢脸的。"[2]对于那种相对内向的人而言，受"观众抑制效应"影响的可能性更大。

有些突发性紧急事件的受害者非常明显需要他人帮助，才能摆脱困境，可为什么还是无人援助呢？从常识上讲，旁观者人数越多，其参与救援的可能性就越大。因为参与行动的人越多，救人成功的机率也就越高。而且，在众人面前，积极参与救援行为，更容易得到大家的肯定和认可。但事实上，达利和拉塔纳的实验却给出了相反的结果。通过 50 余项实验和自然情景中的研究，他们发现，平均起来，当参与者认为自己是紧急事件的唯一在场者时，介入事件的概率是75％，而如果还有其他现场在场者，介入事件的概率则只有 53％。研究还发现，在被试结束后的访谈中，几乎所有的参与实验者都认为自己的行为（介入或未介入）没有受到他人的影响。毫无疑问，低估他人行为对自己的影响，将更有可能导致自己成为他人行为的牺牲品。

---

① Bibb Latane, John M Darley. The Unresponsive by Stander: Why doesn't He Help? [M]. New York: Appleton-Century-Crofts, 1970: 40.

② 斯蒂芬·弗兰佐. 社会心理学[M]. 葛剑桥, 译. 上海: 上海人民出版社, 2010: 473.

达利和拉坦纳认为,之所以原因已经明朗,却仍然存在救人动机阻滞的现象,主要是源于"责任分散效应"(diffusion of responsibility)。如果只有一个人目睹了处于危难中的受害者,那么其反应就是这是他(她)一个人的救助责任,如果他(她)不采取行动,他(她)就需要一个人承担所有的内疚或指责。但假如有别人在场,无论是助人的责任还是没采取帮助的潜在责任,都将由大家共同分担。为了减少自己因不介入而可能遭受的良心谴责,旁观者也会自我安慰:在所有的观众之中,比我身体好、条件好的人多得是,凭什么要我出去救人呢? 此外,如果一个人知道还有他人在场,但既听不见他们的谈话也看不见他们的行为时,这个人很可能就假设别人已经介入,进而就会认为自己的介入是多余的,甚至可能是添乱的,因而心安理得地做事件的旁观者。研究还表明,被认为对群体行为负有最大责任的人,比如说群体的领导,往往较少受到责任分散效应的影响,因而比群体中的其他成员更可能帮助处于困境中的受难者。

三、消极的道德情绪体验

道德情感是道德行为的感性基础,通过对情绪与认知及道德复杂关系的探讨,皮亚杰提出了"道德判断最终是情感判断"的命题。在很大程度上,正是个体情绪提供"体验—动机"的背景,并对随后产生的行为及其结果产生一定的暗示性影响。美国哈佛大学教授威尔逊认为:"伦理哲学家在直觉判断道德的道义规则时要请教他们自己的下丘脑——边缘复合系统的情绪中心。"[①]如果没有丰富的道德情感作为基础,人们将不可能透过纷繁复杂的道德现象,把握隐藏在它背后的本质和规律,更不可能有充足的力量去实现目标。承认道德情感在道德行为中的作用,并非将不确定的情感因素归结为道德的核心,毕竟情感同道德一样,也是人类在进化适应中获得并不断丰富的,而且人们的情感因素并非总是起着积极作用。

"立体来看,道德就是人在社会化过程中,通过正面情绪内化的一种调适人际关系,服务于种系和个体发展的价值取向。"[②]人们的道德情绪可分为正负两种,唯有正面情绪才能使外在的道德原则、规范内化为人的内心结构而成为"自律";而负面情绪体验的道德原则、规范,不仅无法得到个体的认同,反而可能在"他律"压力的存在下最终被个体所抛弃。可悲的是,在现实情境中,人们往往直接或间接感受到过多的消极道德情感体验,如见义勇为者反而被人误解、嘲讽,救死扶伤者反而被讹为肇事者……这些消极道德情感的沉积,侵蚀了人们固有

①　肖雪慧.守望良知:新伦理的文化视野[M].沈阳:辽宁人民出版社,1998:344.
②　肖雪慧.守望良知:新伦理的文化视野[M].沈阳:辽宁人民出版社,1998:344.

的道德信仰,促使人们阻止自己产生移情效应。

之所以消极情感会阻止移情现象的发生,从最深刻的层面而言,还是由人的存在二重性以及利益二重性决定的。客观地说,旁观者同义愤填膺的网民一样,也不乏存在有正义感、同情心的人。但事实上,他们却选择了退却。在小悦悦事件中,那个带着5岁女儿却没有伸出援助之手的林女士事后说:"我见到一个小女孩躺在路上哭,于是我就问一家店铺的年轻人是不是他们家的,他说不知道,人家都不敢,我怎么敢碰?""我想过去扶她,看到出血太多,我自己也有点害怕。我有些怕血。如果当时旁边有人一起救,我一定会救。"在看过小悦悦被碾压的视频后,林女士表示自己非常"后悔、同情、心痛、内疚"。为什么看见有血就"不敢"? 1972年,心理学家Piliavin在菲律宾的地铁中做了这样一个实验:

实验是一个提着藤条箱的男性实验者突然昏倒的场景。其中一种实验条件是"受害者"倒下时,嘴巴中流出了一些伪造的血,而另外一种实验条件下则嘴巴没有流血。研究者认为有血会提高助人的成本,因为大部分人都不喜欢接触血。而且他们还进一步认为,旁观者看到受害者流血时,会以为他处于较大的危险中。因此,"流血"情境被假定为能够引发相互冲突的观念,这些观念会阻碍人们提供援助行为("这个男人急需帮助,但是,天啊! 看看那些血!")。结果与预期完全相符,未流血的受害者比流血的受害者获得的直接援助不仅更多而且更快。另外在一次实验中,当两个青少年看到这人昏倒了,准备上前援助时,突然又看到了血,其中一个惊讶地叫了起来:"啊,他在流血呢!"然后两人马上就放弃了援助。①

研究者认为,受害者身上有血,表明其处于较大的危险之中,助人的成本会远比没流血的情景更高,因此他们才放弃了潜在的助人行为。现代心理学认为:"无论一个人多么关心他人,当碎石掉落下来的时候,个体首先想到的是他自己:他或她并不是他人。"②当遇到突发事件时,人们内心的助人动机与强烈的自我中心动机之间必然会产生矛盾和冲突,围绕着经济、时间、机会的损失等,人们往往会再三考虑。"正如他们自己所说,有时我们也真想上前去制止,可转念一想,如果大家不响应我,如果事后那些亡命徒找我报复,我怎么办? 谁保护我? 如果我在制止过程中因为搏斗而受伤,甚至重伤或致残,是不是也会像报纸上所报道的某些人那样连医药费也没处要,最终落得个好心没好报呢?"③

---

① 斯蒂芬·弗兰佐.社会心理学[M].葛剑桥,译.上海:上海人民出版社,2010:478.
② 马丁·霍夫曼.移情与道德发展[M].杨韶刚,万明,译.哈尔滨:黑龙江人民出版社,2003:1.
③ 傅智群.关于"看客"现象的思考[N].今日湖北(中旬刊),2012-10-24(3).

　　这样的考虑人们一般也是会理解的,虽说助人能让自己精神上感觉到些许享受,但毕竟维护个体自身的存在是其他一切价值存在的前提。但大量自保意识的存在表明,我们尚未建立起一个完整有效的社会机制。个人道德一定程度上是社会制度德性的折射,"不管个人在主观上怎样超脱各种关系,他在社会意义上总是这些关系的产物。同其他任何观点比起来,我的观点是更不能要个人对这些关系负责的"①。在阐述"非正义行为"泛滥原因时,慈继伟先生提出:"如果社会上一部分人的非正义行为没有受到有效的制止或制裁,其他本来具有正义愿望的人就会在不同程度上效仿这种行为,乃至造成非正义行为泛滥。"②从目前来看,我们的制度对于那些"路见不平一声吼"的勇士们,多停留在一般性的精神奖励,根本没想到甚至不敢给以物质上的奖赏,似乎一旦有了物质上的奖励,就降低了英雄们的道德价值。这种陈腐观念的存在,也给"英雄"造成极大的压力,如果因见义勇为而受伤或残疾的英雄需要物质上的帮助,他们自己都不敢去申请相应的援助。事实上,他们如果申请,也有可能会遭到嘲笑和挖苦,或者遇到相互踢皮球的现象。离开了社会制度"善"的基础和保证,一味地要求个体在社会化生存竞争中有道德地生活,无异于舍本求末。

　　旁观者是否介入突发性紧急事件,与其当时的心情也有很大关系。"在精神状态亢奋之时……他会变得更富有同情心、更善良,在情绪上更富有道德体验。"③一般情况下,好的情绪会引发更多的道德行为,而坏的情绪所引发的道德行为则相对减少。当我们处于积极情绪状态时,常常也会觉得别人是"友善的""诚实的""值得帮助的"。或许当心情愉快时,我们不大会为自己的事情而烦恼,从而有更多的精力关注别人;或许心情愉快能让我们更多考虑社会活动的本质奖赏;或许当我们心情愉快时,助人行为有助于深化我们对道德精神价值的认识,延长我们的好心情等。反之,在非常消极的情绪状态下,比如悲痛和沮丧时,我们就有可能因过于关注自己的情绪状态而无暇或不愿意关注他人的需求和困境。当然,这并不是说,坏心境不能产生道德行为,而只是说相对于好心情,道德行为发生的可能性降低了。罗伯特·恰尔蒂尼和道格拉斯·肯里克(Robert Cialdini & Douglas Kenrick,1976)提出了"消极状态减轻模型"(negative state relief model)理论:在消极情绪状态下,人们的行为决定主要建立在自利性(self-serving)基础之上,如果觉得帮助别人的收益很高而成本很低,那么旁观者介入突发性紧急事件的可能性会大幅提升;反之,则不大可能产生助人行为。

---

　　① 马克思,恩格斯.马克思恩格斯全集:第5卷[M].北京:人民出版社,2009:10.
　　② 慈继伟.正义的两面[M].上海:上海三联书店,2001:1.
　　③ 雅科布松.情感心理学[M].王玉琴,译.哈尔滨:黑龙江人民出版社,1988:171.

第四节　个体道德品质与旁观现象的产生

在需要援助的突发性紧急事件面前,旁观者确实能为自己的不作为找到许多推脱的借口。但更多的人却能不顾个人得失,义无反顾地挺身而出,如2011 年在杭州出现的"最美妈妈"吴菊萍,2012 年佳木斯出现的"最美女教师"张丽莉[①],2012 年在哈尔滨出现的"最美警卫战士"高铁成[②]……在事后的采访中,"最美妈妈"吴菊萍说:"我当时也没细想,心里很急……下意识地双手手臂一张……我只是普通人,问心无愧就好啦。""最美女教师"张丽莉说:"这只是一名教师对自己学生做出的最本能的反应……师者,不应该只是传道授业解惑,更多的是德高为师。这德当中就有对学生的大爱。""最美警卫战士"高铁成说:"当时根本没想什么,良心告诉我,必须那么做,并没有谁去强迫我,作为一个军人,这是我的职责,也是我的使命。""最美人物"的行动显然难以用"成本—收益"来进行解释,这种去功利化的即时反应,是对他人生命的珍惜,反映了人性最本真的一种状态。虽然他们职业迥异、事迹不同,但对良知、责任、使命等高尚道德品质的认同与强调,却有着惊人的一致。那么,道德品质与道德行为究竟有何关联? 旁观者究竟缺少哪些高尚道德品质? 个体道德品质形成的社会基础何在?

一、道德品质与道德行为

每个人都有属于自己特有的品质。心理学根据人的心理和生理活动,将人的品质分为正常与异常,并试图将异常纠正以归于正常。伦理学则根据人的道德关系和道德行为,将人的品质分为高尚与卑下,并力图将卑下纠正以归于高尚。由于观察角度和评价标准的不同,心理学家界定的正常品质,在伦理学界也许是卑下的;心理学家界定的异常品质,在伦理学界也可能是高尚的。个体道德品质,也称"个体德性"或"个体品德",指个人通过接受一定社会道德规范和自觉修养而形成的,在长期的、一系列的行为中所表现出来的,比较稳定的、整体的心理状态。"道者,人之所共有,德者,人之所自得也。"(《道德经》)道德品质的存在是人类与动物存在的根本区别。个体道德品质有优劣之分,高尚的道德品质如节制、勇敢、诚实、谦虚等,是人们长期遵守良好社会道德规范而形成的结果;卑

---

①　2012 年 5 月 8 日,张丽莉在失控的汽车冲向学生时,先是把后面的两个学生挡住,又一把推开了几个学生,自己却被车轮碾轧,造成全身多处骨折,双腿高位截肢,被网友称为"最美女教师"。

②　2012 年 5 月 18 日晚,北京卫戍区战士高铁成休假返回部队途经哈尔滨时,三次冲入煤气爆炸险地排险救人,自己被烈火烧伤,被誉为"最美警卫战士"。

下的品质如骄傲、怯懦、欺骗、放纵等,则是人们长期违背良好社会道德规范而养成的陋习。对于丧失了最起码的人类道德的人,人们称为"衣冠禽兽",把歹毒凶狠的人描述为"毒如蛇蝎,狠如狼"。

个体道德品质有三个方面的特点。第一,特殊性和普遍性的统一。道德以自律精神为基础。个体道德品质是主体在自我意志指导下,面对纷繁复杂的社会道德观念,通过观察、学习、实践、感悟、内化、反省等方式进行的自觉选择和认同某种道德观念与道德规范体系的结果,它深刻地体现着个体在道德问题上的情感认同、价值判断、心理诉求以及践履精神等。个体不同的性格、秉性、心理、习惯等,决定了他们在道德选择和践行上,必然存在着多方面的差异。然而,尽管个体道德品质的形成和道德品质状况,均表现出强烈的个性化特征,但"'特殊的人格'的本质不是人的胡子、血液、抽象的肉体的本性,而是人的社会特质"①。任何个体都不可能离开特定时代和具体社会环境而孤立存在,个体道德品质总是个体进入社会生活以后,通过不断处理围绕着自身发生的种种道德关系、道德实践而逐步形成的。因此,个人道德品质无论表现得多么超凡脱俗,道德行为评价和道德行为选择表现得多么特立独行,都无法摆脱现实的社会道德在个体身上所留下的印记。

第二,稳定性和可变性的统一。亚里士多德说:"一个人做了这样或那样合乎伦理的事,还不能说他就是有德的;只有当这种行为方式成为性格中的固定要素时,他才可以说是有德的。"②个体道德品质是个体在确定的社会历史条件和文化环境中经过长期的学习和实践而逐渐养成的,是一个人所具有的稳定的、恒久的和整体的心理状态。我们不能因为一个人做了一两次好事,就说他道德品质好,也不能因为他做了一两次坏事,就说他道德品质坏。当然,道德品质的稳定性不是绝对的,而是相对的。如果行为主体在一定道德品质形成后,不注意维持和完善它,那么,随着社会关系尤其是社会经济关系的变动、新行为的反复出现,已形成的稳定性倾向就会逐渐消失,个体道德品质就会发生相应的变化。所以说,道德品质是稳定性与可变性的统一。

第三,整体性与贯通性。道德品质既非单一道德心理要素的活动,也不是若干道德心理要素的简单相加,而是道德认知、道德情感、道德意志、道德信念和道德行为习惯相互联系、相互作用、相辅相成而构成的一个有机系统。所以,蔡元培写道:"人之成德也,必先有识别善恶之力,是智之作用也。既识别之矣,而无所好恶于其间,则必无实行之期,是情之作用,又不可少也。既识别其为善而笃

---

① 马克思,恩格斯. 马克思恩格斯全集:第3卷[M].北京:人民出版社,1960:270.
② 周辅成.西方伦理学名著选辑:下卷[M].北京:商务印书馆,1987:428.

好之矣，而或犹豫畏搜，不敢决行，则德又无自而成，则意之作用，又大有造于德者也。故智、情、意三者，无一而可偏废也。"①作为个体道德心理和行为上具有稳定性特征的心理倾向，道德品质贯穿于个体全部认识和实践活动之中，影响着个体公共和私人生活的方方面面。道德品质的形成不是孤立的，各种道德品质之间具有极强的贯通性，如诚信与友爱、公平与正义、忠与孝等，"自古忠臣出孝子"说的就是这个道理。

道德品质和道德行为是个体道德的两个方面。道德品质是从静态角度来考察个体道德，道德行为是从动态的角度来考察个体道德。一方面，道德行为是道德品质形成的基础，没有道德行为的积累，就不可能有道德品质的形成。从实践上看，人们如果想要拥有某种道德品质，就不能仅仅止步于对该品质的认知，而应该践履笃行、付诸行动。只有经过多次反复的行动，逐渐形成一种习惯，道德品质才能最终形成。正如亚里士多德所说："德性则由于先做一个一个的简单行为而后形成的，这和技艺的获得一样……我们由于从事建筑而变成建筑师，由于奏竖琴而变成竖琴演奏者。同样，由于实行公正而变成公正的人，由于实行节制和勇敢而变成节制的、勇敢的人。"②

另一方面，道德品质是道德行为的向导，引导和规定着道德行为的发展方向。道德品质一旦形成，便成为个体心理和行为上比较稳定的一种倾向，为个体在不同场合、不同环境中明辨是非、弃恶从善、履行自身道德义务，提供坚定的内在指引，并成为主体道德责任感与使命感的持久来源和动力。亚里士多德曾经说道："我们由于禁止享乐，可变为有节制的，而我们既变为有节制的以后，又更能禁止享乐。勇敢也是这样，我们若习于蔑视危险而抗拒它，遂变为勇敢；既变为勇敢以后，又更能冒险。"③比如，有些人在进行不道德或违法行为时，可能突然良心发现，断然中止行为，或者对自己所造成的损失进行有效弥补。这种良心的发现，实际是个体内在道德品质在发挥作用的效果。

对个体而言，道德品质和道德行为总体上是一致的，有什么样的道德品质，就会有什么样的道德行为。善的道德品质，表现出善的道德行为；善的道德行为，体现出善的道德品质。但在实际生活中，道德品质的稳定性与道德行为的不稳定性之间也存在矛盾现象。由于社会关系的复杂性，行为过程和结果与行为动机之间并不一定完全相符，有时甚至出现相反的结果。而且一贯道德品质好的人，受多种情景因素的影响，有可能做出了不好的行为；一贯道德品质卑下的

① 蔡元培.蔡元培全集:第2卷[M].北京:中华书局,1984:253.
② 周辅成.西方伦理学名著选辑:下卷[M].北京:商务印书馆,1987:428.
③ 周辅成.西方伦理学名著选辑:上卷[M].北京:商务印书馆,1987:294.

人,在特定的情境下,也有可能会做出善的行为。虽然这些偶然的善行和恶行,都不是没有原因的,但一时的、个别的行为表现,并不能掩盖整体道德品质的本质。

下面一个见义勇为的案例,或许能对道德品质与道德行为的关系有较好的说明:

牛作涛生前多次下水救人,其父生前也曾水中救人

"孩子,你咋这么傻啊? 你咋像你爹一样啊……"刚刚听到儿子突然离开的消息,周翠英完全接受不了,她想起了三年多以前,同样突然离世的老伴。村民们告诉记者,牛作涛的父亲在生前也非常乐于助人。"他懂点医术,村子里有人病了,他就帮人看看病,救了不少人,也曾经跳进水里救过人。"

牛作涛的大姐牛新丽也接受不了弟弟离去的事实。"俺家后面就有条河,俺弟弟从小就会水,游泳游得可好了,他以前也救过落水的人,都救上来了,这次咋没上来啊……"牛新丽说,也许因为弟弟曾经有多次救人的经历,这次发现有人落水后更是毫不犹豫地跳了下去,"他当过兵,这对他来说可能就是一种本能反应吧"。村支书牛月长告诉记者:"现在村子里 130 户人家差不多都已经知道了这个事,没有一个人知道之后不掉泪的。"在村民们的印象中,牛作涛是个大孝子,"因为他母亲得了心脏病,他就开始研究中医,要给他母亲治病。平时每隔两三天就给他母亲打个电话,也经常给家里寄钱"。[1]

二、助人行为对个体道德品质的基本要求

第二次世界大战期间,纳粹大屠杀行动揭示了人性邪恶的一面。同时,在大屠杀中也有许多人冒着生命危险营救犹太人,展现了人性崇高的一面。美国社会学家塞缪尔·奥林尔(Samuel P. Oliner)就是这次事件中的获救者之一。

1942 年夏天,12 岁的塞缪尔·奥林尔和他全家被强迫住在肮脏、高墙围困之下的波兰一个犹太人居住区。一天,塞缪尔全家被围捕起来推上了卡车。塞缪尔的继母让他逃跑并藏起来,企望他能逃脱死亡的噩运。他逃到了附近一个叫巴姆娜的农妇家里,她碰巧认识他爸爸。尽管自己家人都要冒着生命危险,巴姆娜还是收留了这个犹太小男孩,教他假扮成基督徒,之后又安排他在几英里之外的一家农场做帮工。塞缪尔的全家都被杀害了,但是这个小男孩因为他几乎不认识的一位基督教妇女的勇敢和利他行动而幸存下来。[2]

① 张恒. 牛作涛生前多次下水救人,其父生前也曾水中救人[N]. 山东商报,2011-10-23.

② 谢利·泰勒. 社会心理学[M]. 崔丽娟,王彦,译. 上海:上海人民出版社,2010:389.

塞缪尔·奥林尔长大成人并移居美国后,对在纳粹统治时期拯救犹太人生命的营救者行为进行了专门研究。为此,他对来自欧洲不同国家的 406 名营救者,以及 126 名未采取营救行为的人(这些人与营救者在性别、教育背景、地理区域方面有很强的相似性),进行了深度对比访谈。塞缪尔·奥林尔认为,从个人心理品质来说,营救者往往对生活持有比较乐观和坚毅的态度,即便面对大屠杀这样的惨行,他们也相信正义终将战胜邪恶。营救者这样说道:"我意识到他们(纳粹)的力量是强大的,但是我是乐观主义者。我相信上帝会帮助我们。""我不认为惨剧会持续很长时间。""我极度生气,但是我不得不保持冷静。""我嚎叫、我痛哭,我的丈夫告诉我不要哭,因为哭不能解决任何问题。"[1]

此外,营救者身上普遍存在着诸如正义、勇敢、博爱、社会责任感等良好的道德品质。许多营救者不仅仅是有机会营救犹太人,而且常常积极创造条件去寻找、发现别人没有发现的犹太人。塞缪尔·奥林尔认为:"他们的参与行为不是由事件的情景所决定的,而是由他们自己的个人品德所决定。"[2]在解释营救行为时,营救者往往也强调习得的伦理道德价值。那么,激发营救者们不顾自身安危的道德品质究竟有哪些呢?

第一,正义。正义包括制度正义和美德正义两个方面。制度正义是指社会对公民权利和义务的公正分配;美德正义则是个体按照社会正义原则去行动的一种欲望。对个体而言,正义感包括积极与消极两个方面。消极的正义感仅限于自觉承诺和正常履行自身的权利和义务,不致妨害他人利益的情感;积极的正义感意指不容忍伤害他人的非正义行为的发生,主动维护制度正义的情感。富有积极正义感的个体,在目睹了第三者遭受的冤屈时,常常会产生"疾恶如仇"的义愤情感,"义愤可以被规定为对另一个人所遭受的非正义待遇的不持偏见的气愤"[3],从而主动介入助人行为之中。营救者对纳粹的暴行就普遍表现出强烈的义愤感,他们说道:"我帮助犹太人,因为我真的憎恨纳粹的行为。我能采取的报复行为越多越好。""我决定靠拯救被德国人迫害的人来同德国人战斗。谁受迫害最严重?犹太人。"[4]相比较而言,旁观者对纳粹的暴行就表现出模糊甚至容忍的态度。比如,有旁观者说:"我没有很深的感觉。我当时只有十七岁。我不

① Samuel P Oliner, Pearl M Oliner. The Altruistic Personality: Rescuers of Jews in Nazi Europe [M]. New York: The Free Press, 1988: 146.

② Samuel P Oliner, Pearl M Oliner. The Altruistic Personality: Rescuers of Jews in Nazi Europe [M]. New York: The Free Press, 1988: 142.

③ 弗里德里希·包尔生. 伦理学体系[M]. 何怀宏,译. 北京:中国社会科学出版社,1988:520.

④ Samuel P Oliner, Pearl M Oliner. The Altruistic Personality: Rescuers of Jews in Nazi Europe [M]. New York: The Free Press, 1988: 144.

是为纳粹说话。"也有人说："他们给了我很多承诺——经济上的好处、合同。由于我的德国血统，我感觉同他们很亲近。"①事实上，正义和邪恶就是一种此消彼长的关系，正义前进一步，邪恶就后退一步，正义后退一步，邪恶就前进一步。对纳粹暴行越是憎恨，参与营救犹太人的可能性也就越大。"一个国家中的个人抵抗不公正行为的力量与这个国家所出现的不公正行为的总量正好成反比"②，只有作为社会成员的个体疾恶如仇，对不公正现象有义愤填膺的正义感，社会的正义才能真正实现。

第二，平等。何谓平等？萨托利说："平等表达了相同性概念……两个或更多的人或客体，只要在某些或所有方面处于同样的、相同的或相似的状态，那就可以说他们是平等的。"③确实，平等是人们彼此的相同性。但相同性并非都是平等，如两个人有相同的姓氏，但不能说他们有平等的姓氏。平等或不平等从起因上来讲，可以分为自然的和社会的两种类型。自然的平等与不平等是基于自然和生理的原因而产生的，因而是不可选择、不能进行道德评价的。社会的平等与不平等则是由人的自觉活动造成的，强调的是权利平等问题，是可以进行道德评价的。美国 1776 年《独立宣言》指出："我们相信这是不言而明的真理：所有人都是平等的，他们被创世主赋予某些不可割让的权利，其中包括有生命、自由和追求幸福的权利。"营救者们所认可的平等即是这种社会意义上的平等，权利与人格尊严上的平等。比如，有的营救者说："把别人都看成是你的朋友。所有人都是人……犹太人也是人。我们既不要瞧不起他们也不要高看他们，我们从来没感觉他们有什么不同。"④有的说："由于种族的原因而受到无辜的迫害，对此我不能理解。我们都是来自同样的神。"⑤在他们看来，只有罪行才能受到相应的惩罚，对无辜者的任何迫害都是非正义的，犹太人就像其他人一样，都属于人类中的一员，他们同样有权利生活，有权利免受非正义的迫害。"理由就在于每一个人都是平等的，我们都有生活的权利。我不能容忍这种很明显的屠杀行为……我们应该像人而不是像动物一样生存。纳粹的行为比动物更糟

---

①　Samuel P Oliner，Pearl M Oliner. The Altruistic Personality：Rescuers of Jews in Nazi Europe[M]. New York：The Free Press，1988：146

②　弗里德里希·包尔生. 伦理学体系[M]. 何怀宏，译. 北京：中国社会科学出版社，1988：532.

③　乔·萨托利. 民主新论[M]. 冯克利，阎克文，译. 北京：东方出版社，1993：340.

④　Samuel P Oliner，Pearl M Oliner. The Altruistic Personality：Rescuers of Jews in Nazi Europe[M]. New York：The Free Press，1988：143-144.

⑤　Samuel P Oliner，Pearl M Oliner. The Altruistic Personality：Rescuers of Jews in Nazi Europe[M]. New York：The Free Press，1988：166.

糕。"①如果我们缺乏平等观念,存在着受害者低人一等或自己高人一等的想法,那么在遇突发性紧急事件时,助人动机自然也会受到抑制。

第三,友爱。友爱是人类思想史上极富活力的话题。"友爱"中的"友",原指的是兄弟相互敬爱,"善兄弟为友"(《尔雅·释训》);"爱"是人类情感中最本质、最核心的内容,强调对人有同情心,乐于关心人,善于帮助别人。孟子提出的不忍人之心、恻隐之心,就是爱的深度表达。"友爱"立足于"人就是根本"的基石,强调尽自己能力去帮助别人。一个人因为懂得人世间的痛苦,所以慈悲,能够将自爱转化为对他人的友爱。在访谈中,一位照顾了一名衣衫褴褛、饥饿难耐的犹太男人的波兰营救者曾这样描述:"怎能不帮助这样一个人呢?他是一个颤抖、可怜的灵魂,我也为此而颤抖。我很敏感、情绪化。"②与"未营救者"相比,营救者常常因他人的苦难和无助而感到痛苦。营救者常说:"看见别人哭的时候,我也很伤心。""即便我看见动物的痛苦,我都会感到难过。"③塞缪尔·奥林尔经调查发现,超过90%的营救者至少营救过一个陌生人。对大多数营救者而言,帮助犹太人的理由就是深深扎根于内心的对所有人都应该给予关爱的原则。"恻隐之心、同情和怜悯,是他们特有的表达。这种反应也许是情感上的,也许是认知上的;经常地包含着这两方面的因素。超过37%的营救者第一次助人行为是在移情和同情心的驱使下而进行的。"④"营救者更倾向于设身处地为对方考虑,并给予对方最大善意;未营救者则更多地强调自己和别人的不同。"⑤由此可见,这种友爱是发自内心真情的善良,更是人生的经验与阅历,是智者悲天悯人的情怀。当这种悲天悯人的情怀与"生命平等"的观念融为一体时,便成就了人间无疆的大爱,成为个体发自内心的强大力量,让营救者克服了恐惧、撇开了威胁他们自身安危的严重危险,而选择勇往直前。

第四,勇敢。勇敢指人们在真理和正义面前敢于挺身而出,不惧怕恶势力与困难,为了维护真理和正义愿意献出自己一切的胆量和魄力。亚里士多德说:

---

① Samuel P Oliner,Pearl M Oliner. The Altruistic Personality:Rescuers of Jews in Nazi Europe [M]. New York:The Free Press,1988:166.

② Samuel P Oliner,Pearl M Oliner. The Altruistic Personality:Rescuers of Jews in Nazi Europe [M]. New York:The Free Press,1988:189.

③ Samuel P Oliner,Pearl M Oliner. The Altruistic Personality:Rescuers of Jews in Nazi Europe [M]. New York:The Free Press,1988:174.

④ Samuel P Oliner,Pearl M Oliner. The Altruistic Personality:Rescuers of Jews in Nazi Europe [M]. New York:The Free Press,1988:189.

⑤ Samuel P Oliner,Pearl M Oliner. The Altruistic Personality:Rescuers of Jews in Nazi Europe [M]. New York:The Free Press,1988:176.

"勇敢的人,则是在对人是可怕的东西,或者显得可怕的东西面前坚定不移。"①
"我们所怕的当然是那些可怕的东西,总的说来就是恶。一切恶都是可怕的,例
如耻辱、贫穷、疾病、孤独和死亡。"②勇者无惧,在面对暴行的时候,勇敢者能够
无畏地面对致命的危险。在纳粹的大屠杀面前,旁观者恰恰缺少这种弥足珍贵
的勇敢品质。"对纳粹权威的接受,是旁观者解释他们没有帮助犹太人行为的原
因。但是,对大多数旁观者而言,他们还有许多其他理由。尽管他们也讨厌纳
粹,但大多数旁观者的心态被恐惧、无助和不确定所占据。这种感觉使旁观者在
情感上更关心自己,并与别人保持距离,从而进一步钝化了他们的情感。自我生
存在他们心中有着至高无上的地位,这是大多数旁观者的常见心态。"③相反,营
救者针对纳粹暴行则采取反抗的方式,或蓄意破坏他们的机器设备,或在必要以
及有机会时对他们进行伏击,或直接参加战争以打击纳粹势力。勇敢不是卑下
的怯懦,也不是盲目的莽撞。人的勇敢不同于动物式勇敢,勇敢的人面临突发性
事件时,既不盲目地逃避,也不盲目地冲向危险,而是能够在保持镇静的同时,果
断地思考解决问题的方案和策略。培养勇敢的品德,形成不怕困难和勇往直前
的进取精神,无疑是弘扬社会正气的根本所在。

　　第五,不盲从。不盲从是指做事有主见,有独立的思考,对经验、规则以及权
威不盲目地认可。《塔木德》中说:"不去自己思考和判断,就是把自己的脑袋交
给别人,让别人看管。"营救者在成长过程中,其父母极少强调服从。"仅有 1%
的营救者表示他们的父母强调服从,而 9% 的未营救者和 12% 的旁观者分别表
示他们的父母强调服从。"④服从是不平等的标志,对权威的服从意味着对自己
观点的放弃。营救行为需要勇敢,但需要不盲从的勇敢。假如一个人盲目地执
行命令,哪怕是上刀山下火海也在所不惜,这种牺牲精神只能是动物式的鲁莽;
真正的勇敢者是以服从良知而不是以服从权威为使命。有营救者明确表示,他
们帮助犹太人,因为他们有勇气否定团队领导、配偶甚至父母的命令或要求。助
人行为的首要前提是要明辨是非,在面临复杂的道德选择时,不盲从,不迷信,能
够依靠自己的智慧和自信,拨开迷雾,选择一条正确的路。"如若没有理智德性,
灵魂就不能生成看得正确的眼睛。"⑤在紧急性突发事件面前,受"旁观者效应"

---

　　①　亚里士多德.亚里士多德全集:第 8 卷[M].苗力田,译.北京:中国人民大学出版社,1992:63.

　　②　亚里士多德.亚里士多德全集:第 8 卷[M].苗力田,译.北京:中国人民大学出版社,1992:57.

　　③　Samuel P Oliner,Pearl M Oliner. The Altruistic Personality:Rescuers of Jews in Nazi Europe
[M]. New York:The Free Press,1988:146.

　　④　Samuel P Oliner,Pearl M Oliner. The Altruistic Personality:Rescuers of Jews in Nazi Europe
[M]. New York:The Free Press,1988:162.

　　⑤　亚里士多德.尼各马可伦理学[M].苗力田,译.北京:中国社会科学出版社,1990:129.

的影响,许多旁观者会自觉降低自己的道德责任,降低对自己道德标准的要求。因此,不盲从的品质在这种场景中,显得弥足珍贵。

道德品质不是独立的,而是相互贯通的。营救者之所以能够做出救人的行为,并非某一种道德品质在发挥作用,而是诸多高尚道德品质相互影响的结果。高尚道德品质系统的形成与沉淀,表现为良心的个体化,这是个体道德走向成熟的标志。良心的个体化使个体对责任意识有了更深层次的认知,在道德上也获得更高层次的自由。"对于道德实践来说,最好的观众就是人们自己的良心。"①作为主体的"内心法庭",良心在行为动机选择的关头,判断"正当"与否,"应当"如何,对主体的行为起着鼓励或禁止作用;在行为发生过程中,它促使主体坚持、中止或改变行为方向,对行为起着"纠偏"的监督作用;在行为结束后,它评价行为的善恶、好坏、美丑,对行为起着"审判"作用。以此,良心或让人感到满足、幸福,或让人感到悔恨、愧疚。中国有句俗语:"天不怕,地不怕,就怕良心来说话。"正是由诸多优秀道德品质沉淀而形成的良心,成为营救者行动的理由,成为个体道德的发动者、指导者和捍卫者。

三、个体道德品质形成的社会基础

营救者也是芸芸众生中的一员,他们职业、信仰迥异,在他们当中有教师、工人、农民、企业主,有基督教徒、天主教徒、佛教徒以及无神论者,有穷人也有富人,有已为人父母者也有单身者,"营救者和旁观者一样关心自己,关注外部对自身的认可,以及个体所取得的成就。不同的是,营救者有着广泛的情感联系能力,营救者对包括在他们家庭或公共生活圈子以外的陌生他者,都有着强烈的关切感以及对他们幸福的责任感。当别人在努力摆脱各种关系带来的压力时,他们的内在义务感和良知却不允许他们这么做"②。塞缪尔·奥林尔在描述一个曾帮助了20多个犹太人的营救者 Stanislaus 时,这样说道:"理解别人,换位思考,为他人未来着想,Stanislaus 几乎没有给自己的需要预留心理空间。他很少谈论自己在战时失去的东西,甚至包括自己的母亲。他很清楚如果他不帮助别人,别人的感觉会是怎样。"③在访谈中,Stanislaus 列举了一个情景来描述当时的选择:

你没有看见么?两个女孩进来了,一个 16 岁,另一个 17 岁。她们告诉我她

---

① 魏英敏. 新伦理学教程[M]. 北京:北京大学出版社,1993:453.

② Samuel P Oliner,Pearl M Oliner. The Altruistic Personality:Rescuers of Jews in Nazi Europe [M]. New York:The Free Press,1988:249.

③ Samuel P Oliner,Pearl M Oliner. The Altruistic Personality:Rescuers of Jews in Nazi Europe [M]. New York:The Free Press,1988:196-197.

们的父母已经被杀死,她们被拉出去强奸。你想告诉她们什么,难道你说:"对不起,我实在无能为力?"①

Stanislaus 表示,他完全可以像他的兄弟一样,选择离开。他也有恐惧感。他说:"我不想说我不害怕,我们也害怕。"②但是,为了那些受害者的需要,他选择了置危险于不顾。那么,营救者们的高尚道德品质又是如何形成的呢?

个体道德品质的形成是多因素、多参数相互作用的结果。现代社会学家帕森斯的行动理论分析模型表明,"群体和个体的社会行为受到多重系统的制约,这些系统主要包括行为有机体(A)、个性系统(G)、社会系统(I)、文化系统(L)"。③ 个体道德品质无疑是个体与社会诸多因素,包括社会生产关系、社会制度以及家庭、邻里、朋友、娱乐场所、风俗习惯等,相互影响、相互作用的结果。但对个体道德品质影响最为直接、最为密切、最为深刻的首推家庭成员。营救者们普遍认为:"对他们成长中关键性的影响就在于父母教育和培养他们的方式。"④

家庭是社会的细胞,是个体成长的摇篮,是个体的第一道德课堂。一般认为,儿童从两岁到入学以前,是家长对子女进行道德教育的决定阶段,也是个体道德形成的关键时期。"一个人是否能充分发展人性早在童年时代就已经确定下来了。在童年时代会发生许多灾难性的错位,然后这些错位会不自觉地一代一代传下去。"⑤那位帮助了 20 多位犹太人的 Stanislaus 表示,在他孩提时期以及成年后,对他个体价值观念形成影响深刻的有三个因素:教育、关爱他人的需要、普遍的包容。Stanislaus 的妈妈非常重视教育,在他妈妈看来,教育不仅仅是一种可以得到更好工作和地位的手段,而且是理解和解释世界的方法。Stanislaus 表示,关心他人和尊重别人不同的观念,他都是通过他妈妈的解释或行为示范而学来的,他说:"我从妈妈那里学会了尊重整个世界。"⑥

精神分析学家认为,父母惩罚式的教育方式,会导致孩子在长期压抑的情况下,形成更具有侵略性的行为。"惩罚会引起孩子的生气。当孩子们由于害怕受到更严厉的惩罚或者失去应有的爱时,他们不敢对惩罚他们的人生气。他们可

---

①　Samuel P Oliner, Pearl M Oliner. The Altruistic Personality: Rescuers of Jews in Nazi Europe [M]. New York: The Free Press, 1988: 197.

②　Samuel P Oliner, Pearl M Oliner. The Altruistic Personality: Rescuers of Jews in Nazi Europe [M]. New York: The Free Press, 1988: 198.

③　李肃东. 个体道德论[M]. 武汉:华中理工大学出版社,1994:66.

④　Samuel P Oliner, Pearl M Oliner. The Altruistic Personality: Rescuers of Jews in Nazi Europe [M]. New York: The Free Press, 1988: 178.

⑤　阿尔诺·格鲁恩. 同情心的丧失[M]. 李健鸣,译. 北京:经济日报出版社,2001:10.

⑥　Samuel P Oliner, Pearl M Oliner. The Altruistic Personality: Rescuers of Jews in Nazi Europe [M]. New York: The Free Press, 1988: 198.

能会压抑自己的怒火,或者将怒火转移到自己或者他人身上。"①很难想象,在一个充满暴戾之气的家庭里成长起来的孩子长大后会充满爱心。"只有通过父母充满爱心的陪伴,孩子以后才能脱离父母并发展成一个独立的自我。"②如果父母对孩子的教育方式是充满仁慈的,主要靠说理的方式进行的,那么他们的孩子很可能也是慷慨的、友好的、充满仁慈之心的。塞缪尔·奥林尔在访谈中,对比了大量营救者与未营救者关于家庭教育的谈话,以下各节选两段。

未营救者一:

我的父亲经常用一根带着纽扣的皮带打我。他总是为他的打人行为寻找借口,有时我们根本不知道为什么。多数时候他很生气,脾气不好。然后,就从我几个月以前做的事情中寻找错误。

未营救者二:

我的妈妈可以因为各种事情,用她手头上能拿到的任何东西打我。她的脾气很糟糕。即便她慷慨的时候,她也宁愿把东西给陌生人,而不是给她自己的孩子。

营救者一:

妈妈有时用很细的木棍打我们,但是她开始会警告我们。我记得有一次她打我是因为我把一个很小的孩子带到一个结了冰的池塘上面。

营救者二:

一般地,父亲都是习惯于把事情解释清楚,但是有一次父亲敲了我几下,因为我没有请示就拿了钱。我的母亲过去常常劝说、解释事情。她从来不打我。我的父亲过去常常用箍筋吓唬我,但是他也从来不打我。③

强调父母打骂孩子不利于孩子良好道德品质的形成,并不是说父母不需要教育孩子,而只是强调循循善诱教导方式的重要性。一个营救者这样说:

父亲总是理性地处罚我——我不知道处罚这个词是否合适。道德的问题,人际关系的问题,他总是说"应该这样做;你那样思考的方法是错误的"。当我从学校回来,告诉他今天很多人批评我时,他总是一分为二地进行分析。"道德的教育"是最好的方法。④

① Samuel P Oliner, Pearl M Oliner. The Altruistic Personality: Rescuers of Jews in Nazi Europe [M]. New York: The Free Press, 1988:179.

② 阿尔诺·格鲁恩. 同情心的丧失[M]. 李健鸣,译. 北京:经济日报出版社,2001:35.

③ Samuel P Oliner, Pearl M Oliner. The Altruistic Personality: Rescuers of Jews in Nazi Europe [M]. New York: The Free Press, 1988:181.

④ Samuel P Oliner, Pearl M Oliner. The Altruistic Personality: Rescuers of Jews in Nazi Europe [M]. New York: The Free Press, 1988:182.

　　在孩子们的眼里,父母是强者的象征。循循善诱的教导方式意味着对孩子的尊重与信任,让孩子感受到自己的能力以及关爱的温暖。在关系亲密的家庭中成长起来的孩子,能感受到自己的人格尊严,容易形成广泛的人际交往圈。相反,在一个充满暴戾之气的"高压"环境中成长起来的孩子,由于缺乏父母的安慰、同情,缺乏家庭的温暖,从而更认同强权。而且由于内心的委屈和激愤,他们没有理由去相信别人,却有更多的理由对别人感到恐惧或害怕,久而久之,他们很容易对他人表现得固执、充满敌意,并开始变得麻木不仁、无动于衷。

　　家庭教育对个体道德品质形成起着不可替代的基础作用。但从小学开始,儿童就由家庭开始进入学校,参与各种集体活动和学习活动。个体的道德品质在这些实践活动中,得到进一步发展和完善。塞缪尔·奥林尔的研究表明,营救者除了具有同情、关爱的品质,很多人的行为是出于对社会规范的遵守,这些规则成为他们行动的首要原则。基于同情的助人行为是由受害者的痛苦遭遇激发的,基于规则的助人行为则是由自身在社会团体中扮演的角色引起的。角色意识能让个体感到来自社会团体的压力。对一些营救者而言,不行动就是对团体正当规则的冒犯。这种强烈的义务感和责任感,让营救者感觉如果不救援,就会有深深的内疚感和羞耻感。"52%的营救者表示,他们第一次助人行为就是出自这种规则中心意识。"[1]比如,一位出生于牧师家庭的母亲早逝的德国妇女 Ilse,在牧师的请求下,藏匿了一对犹太夫妇四天,助他们安全脱险。Ilse 表示,纳粹对别的国家以及社会团体包括犹太人有什么样的暴行,自己一无所知。之所以帮助这对犹太夫妇,因为她从牧师那里学到的最重要的东西就是:"熟知上帝的诫命,参加宗教社区活动,尊重别人,真正诚实,帮助自己的邻居。"[2] Ilse 认为,自己并不具有独立的性格,来自宗教团体的支持是她实施救援的关键。在塞缪尔·奥林尔的研究中,15%的营救者所列的救人原因与宗教文化有关。比如,他们说:我是出于基督徒的责任感;我知道神要求我这样去做;我是一个顺从的基督徒,主要求我们去营救那些人,我们做了。[3] 当然,大多数营救者早已将规则内化于心,助人行为完全出于自愿和独立的个性。当这种规则深深扎根于个体内心时,营救者们既不会考虑其他权威的存在,也不会考虑自身的危险等因素,一心只考虑行动的义务。"大约 19%的营救者认为,他们的营救行为是由内心

　　① Samuel P Oliner, Pearl M Oliner. The Altruistic Personality: Rescuers of Jews in Nazi Europe [M]. New York: The Free Press, 1988:198.

　　② Samuel P Oliner, Pearl M Oliner. The Altruistic Personality: Rescuers of Jews in Nazi Europe [M]. New York: The Free Press, 1988:202.

　　③ Samuel P Oliner, Pearl M. Oliner. The Altruistic Personality: Rescuers of Jews in Nazi Europe [M]. New York: The Free Press, 1988:55.

的规则而激发的。"①

个体正是通过客观存在的社会关系,不断学习道德知识,树立道德观念,形成道德行为。客观社会关系只有通过实践活动才能对人发生作用。实践是主体和客体、家庭、学校、社会等相互联系的纽带和基础。在《德意志意识形态》中,马克思曾经指出:"社会生活在本质上是实践的。凡是把理论导致神秘主义方面去的神秘东西,都能在人的实践中以及对这个实践的理解中得到合理的解决。"②个体道德品质的形成同样离不开一定的社会关系和社会实践。在社会实践活动基础上,个体逐步掌握社会道德原则和规范,并将其内化,形成个体道德品质。社会实践活动的形式是多样的,如教学活动、社区服务活动、企业工会活动、大型节日活动等。这些实践活动形式,各有各的特点和规则,在个体道德品质的形成和发展中,也发挥着各自的特殊功能。只有注重多种实践活动强化和培育的综合效应,个体才能真正将社会道德规范内化为自身品德,并外化为良好道德行为。

---

① Samuel P Oliner, Pearl M Oliner. The Altruistic Personality: Rescuers of Jews in Nazi Europe [M]. New York: The Free Press, 1988: 202.

② 马克思,恩格斯. 马克思恩格斯选集:第1卷[M]. 北京:人民出版社,1972:8.

第六章　旁观者行为的责任认定

　　在社会转型时期,存在着许多销蚀积极道德的因素,但当前整体社会道德风气并没有像某些媒体所言"到了最缺德的时候",相反我国道德状况的主流呈现出积极、进步、向善状态。肯定我国当前社会的道德主流,并不意味着我们可以无视旁观现象的存在,更不意味着我们应该任由各种败德现象泛滥成灾,而是要更加坚定信心去治理旁观现象,积极引导旁观者向见义勇为者转化。而要引导旁观者向见义勇为者转化,首先必须解决一个最基本的理论问题:旁观者是否应该对自己的不作为承担责任? 如果应该,那又是什么样的责任? 如果说旁观者对自己的不作为毫无责任,那么引导其实现转化也就没有必要。

第一节　旁观者对意志自由认识的误区

　　责任是伦理学经常讨论的一个核心概念。通过责任,我们把行为的原因、过程和结果联结起来,以此来实现对行为的社会评价和控制。我们说某人对某事的结果应该承担责任,这句话包括多种可能:某人或者直接导致了某事的发生,或者参与导致了某事的发生,或者在某种情况下未能阻止某事的发生。旁观者的责任则属于第三种。然而,旁观者却常常认为,个人对自己的行为拥有裁决权,凡是法律上没有明文禁止的行为,都是合理的行为,别人无权说三道四。的确,自由是一个伟大的概念,追求自由既是人的一种权利,也是人的一种本能。但真正的自由只能存在于责任之中,绝对的自由只能意味着绝对的不自由。正如罗杰斯在《学会自由》中所说:"个人在其生活的世界范围中,通过对决定命运的事件自愿承担责任来选择如何实现自己,这本身就是自由。"[①]也就是说,自由与责任是一对孪生兄弟,只有敢于承担责任的人,才能真正享受自由。而旁观者常常只讲自由,不谈责任,这种绝对意志自由观存在三个方面的误区。

---

　　① 瞿葆奎.教育学文集·教育目的[M].北京:人民教育出版社,1989:302.

一、对意志自由概念的误解

在旁观者看来,自由就是做自己想做的事。见义勇为作为道义之举,并非一定要做的事情,更何况那些需要救助的陌生人,与自己毫无瓜葛,所以自己的行为选择是充分自由的。毋庸置疑,自由掌握在个人手中,意志自由是人类进行一切活动的前提,也是人之为人的标志和尊严所在。人也只有在意志自由的情况下,才需要对自己的行为承担相应责任。亚里士多德就曾提出,唯有源于行为者自身的行为,才能受到称赞或指责,对不是由自己原因造成的行为,应得到原谅乃至怜悯。因为人才是行为的本原。行为是善还是恶,根本取决于行为者的主动选择。① 问题是,主体究竟能在多大程度上,实现自己的意志自由呢? 对于这个问题,伦理思想史上一直存在争议。我国古代思想家庄子推崇不受任何限制的自由,他认为人生就应该追求"秉天地之正,而御六气之辨,以游于无穷"(《庄子·逍遥游》)的绝对自由;自由意志论的代表人物笛卡尔认为,"意志从本性上说是这样自由的,因此决不能受任何约束"②。然而,机械决定论者则认为,因果规律是自然界唯一正确的规律,整个世界是一个因果链条,没有脱离外在必然性的意志自由,人的行为完全受客观条件(肉体、心理条件)的制约,人在必然性的条件面前是无能为力、无所作为的。这两种理论都走向了极端,最终不是沦为唯意志论就是走向宿命论,因而都不能科学解决人的行为中自由和必然的关系。

马克思主义者认为,道德选择的自由有两种表现形式,即社会自由和意志自由。所谓社会自由,是指行为选择的社会环境。一般而言,社会发展水平越高,人们进行道德选择的空间越大,其行为选择的自由相应就越大。以"孝"德为例,随着社会的发展,人与人之间的时空距离在缩短,即便子女在千里之外,也能利用手机、电脑等现代化工具进行视频交流,及时了解父母在家中的情况。所谓意志自由,是指个人选择的内在自由,主要表现为人的主观能动性的发挥情况,它取决于个人的能动性和主动性,取决于个人的意志力和坚定信念的支撑。

马克思主义者认为,行为自由和必然是辩证统一的关系。"自由不在于幻想中摆脱自然规律而独立,而在于认识这些规律,从而能够有计划地使自然规律为一定的目的服务……因此,意志自由只是借助于对事物的认识来做出决定的那种能力。"③不同社会历史条件,决定不同时代人们的生活方式,同时也决定了人们在行为中可能采取的方法和手段,支配着人们进行不同的行为选择。因此,客

---

① 宋希仁.西方伦理思想史[M].北京:中国人民大学出版社,2004:65.
② 周辅成.西方伦理学名著选辑:上卷[M].北京:商务印书馆,1987:596.
③ 马克思,恩格斯.马克思恩格斯选集:第3卷[M].北京:人民出版社,1995:455.

观社会存在对人的行为选择而言,无疑是首要的和决定性的因素。一定的社会经济条件决定了一定的道德关系。同时,自由意志也是基于对道德必然性认识和实践的遵循。没有道德主体对道德必然性的认识,诸如对群己关系、公私关系、义利关系、理欲关系等的把握,道德自由也就不可能实现。孔子提出的"从心所欲而不逾矩",强调只有在"不逾矩"的前提下,才可能真正实现"从心所欲"的自由,这里的"矩"就是为人为事的基本规则。"无规矩不以成方圆",个人如果对生活中的"应该"无所认识,违背了最基本的法律和道德要求,他就失去了自由。所以,人们决不能把自由理解为随心所欲、为所欲为。自由是从规则中产生和发展起来的,规则是自由的保障。人们越是遵守规则,其行为的自由就越多。

尽管我们否认绝对的意志自由,但我们并不是机械决定论者。在一定社会历史条件和道德环境下,个体有充分发挥自己主观能动性的自由。如果看不到行为主体的选择能力,行为的道德性只不过是空谈。"事实上,如果人的行为不可能有最低限度哪怕是瞬时的任意性,我们就很难认为这样的行为是自由的。"[1]不同的个体由于成长环境、生活条件、知识结构等不同,其行为选择存在极大不同,有的人会将集体和他人利益放在第一位,有的人则永远将个人利益置于首位。即使是同一个主体,在不同的时候,也会对类似的情景做出不同甚至截然相反的决定。所以黑格尔认为:"一个人做了这样或那样一件合乎伦理的事,还不能说他是有德的,只有当这种行为成为他性格中的固定要素时,他才是有德的。"[2]

二、对自由与责任关系的误解

存在主义大师萨特在《存在与虚无》一书中,从多个方面谈论了行为的自由问题,也从多个方面强调了责任问题。萨特认为,个体只要一投入世界,就必须对自己的行为负有绝对责任。他说:"这种绝对的责任不是从别处接受的,它仅仅是我们的自由的结果的逻辑要求。""如果存在真是先于本质的话,人就要对自己是怎样的人负责。所以存在主义的第一个后果是使人人明白自己的本来面目,并且把自己存在的责任完全由自己承担起来。我们只能联系人的承担责任来解释它,所以责备我们在选择上不负责任是荒谬的。"[3]尽管萨特的绝对责任思想会导致行为主体无限的道德重负,从而在某种程度上导致意志自由的丧失,但这种责任思想里面也闪烁着许多智慧的光芒,毕竟作为心智成熟的个人都应

---

① 里奇拉克.发现自由意志与个人责任[M].许泽民,罗选民,译.贵阳:贵州人民出版社,1994:127.

② 黑格尔.法哲学原理[M].范扬,张企泰,译.北京:商务印书馆,1961:170.

③ 让·保罗·萨特:存在主义是一种人道主义[M].周煦良,译.上海:上海译文出版社,1988:26.

该对自己的选择负责。

　　毫无疑问,如果像存在主义一样绝对化责任,其结果极可能导致个体承担其本不应该承担的责任。责任意义的过于泛化和虚幻化,最终只能导致责任的漂流。那么,个体的责任应该有着什么样的限度呢?对此,黑格尔认为:"当我面对着善与恶,我可以抉择于两者之间,我可对两者下定决心,而把其一或其他同样接纳在我的主观性中,所以恶的本性就在于人能希求它,而不是不可避免地必须希求它。"①在他看来,只有那种希求恶并选择恶的人,才必须为其恶行负责。如果说主体在客观上没有行为选择的可能性,主观上又不具备这种选择能力的话,那他就不需要为这种行为承担任何责任。也就是说,每个人都只需对自己能选择并实际选择了的行为负责,对于不是由自己原因造成的行为,个体不应承担责任,而应得到原谅乃至怜悯。

　　在自由与责任的关系上,马克思主义者坚持根据行为选择时的自由度来衡量选择的责任,即有多大的自由就有多大的责任。恩格斯说:"一个人只有在他握有意志的完全自由去行动时,他才能对他的这些行为负完全的责任。"②苏联学者阿尔汉格尔斯基也谈道:"如果一个人不知道自己行为是否符合道德规范,那就不应该要求他对自己的行为负责,但这是极少发生的,事实上,人们在选择某种行为之前就知道与周围人进行交往的行为准则了。"③也就是说,意志抉择只有在完全自主的情形下,才具有完全的责任性。存在任何意志自主的障碍,都能够相应地减轻意志的责任性。

　　每个人都应对自己的行为承担相应的责任,这里的责任包括两个方面的情景:一是道德选择指向与道德选择结果相一致的现象,比如预见到受害者可能的境遇并且任由事态恶化,最后使其受到伤害的行为;二是由于道德选择的不当而导致结果出现了偏差或错误的现象。无论什么情况下的道德结果,都是道德选择造成的,选择主体都应该承担一定的责任。当然,在评价人们行为时,要坚持动机与效果的统一,而不应不加分析地、不分程度地承担责任。比如,个体由于认知能力的有限性导致道德认知与行为选择中的盲目性,其所承担的道德责任与主体具备充分认知能力条件下所应承担的责任应有所不同。

　　个体生活在社会之中,享受着社会这个"共同体"给自己生活带来的好处,也应该主动承担起对社会、集体和他人的应有道德责任。旁观者显然没有这种明确认识,而只是按照自己的意愿办事,对他人和社会公共利益所遭遇的危险或灾

---

　　① 黑格尔.法哲学原理[M].范扬,张企泰,译.北京:商务印书馆,1961:146.
　　② 马克思,恩格斯.马克思恩格斯选集:第4卷[M].北京:人民出版社,1995:78.
　　③ 阿尔汉格尔斯基.马克思主义伦理学[M].郑裕人,译.北京:中国人民大学出版社,1989:7.

难视而不见。这种否定责任与义务的自由其实是道德上的不自由，"它看来好像是在许多不同的和相互矛盾的可能的决定中任意进行选择，但恰好由此证明它的不自由"[1]。强调这种受必然性制约的、不自由的状态，就是强调人们对自己的行为必须做慎重的选择，使之达到与必然性的一致。个人的道德行为不仅依赖于社会环境，更依赖于个人的主观选择能力。诚如萨特所言："是懦夫把自己变成懦夫，是英雄把自己变成英雄；而且这种可能性是永远存在的，即懦夫可以振作起来，不再成为懦夫，而英雄也可以不再成为英雄。要紧的是整个承担责任，而不是通过某一特殊事例或者某一特殊行动就作为对人的整体责任评价。"[2]当有几种可能性选择摆在主体面前，而且主体也具有认识和选择可能时，他就应该对自己的行为（作为或不作为）承担一定的责任。其实，承担责任不是自由的羁绊，而是个人获得自由的条件。个体意志具有较大随意性，成为个人自由的潜在破坏因素。对此，社会明确设置义务（责任）原则，就是对这种随意性的预警。黑格尔说："义务……是一种用来对抗个别意志、反对利己主义欲望和随意趣味的必然性；意志，由于它在自己变动中可能与合乎真理的东西相分离，因此要使它像注意到某种必然性那样注意到义务。"[3]面对陌生的"他者"时，旁观者显然忽视了这些义务，没有认识到责任存在的必然性和重要性。也正因此，他所选择的行为才是不自由的，并且是不道德的。

三、对法律自由与道德自由的混淆

人们往往认为，只有违法行为才构成对自由的侵犯，而旁观行为并没有侵犯他人的合法权益，因此该行为是自由的，即每个人都有"不给他人救助的自由"。如果仅从社会的底线要求来说，个人的行为不违背法律就是"正当的"。"每个人所能进行的对别人没有害处的活动的界限是由法律规定的，正像地界是由界标确定的一样。"[4]但事实上，任何一个社会的良性运转，不仅需要法律的约束，同样需要道德的约束。法律只不过是维护社会发展的最低要求。在法哲学领域，人们在谈到法律义务与道德义务的区别时，常常从道德价值的等级体系中分离出两种要求及原则，"第一类是社会有序化之基本要求，他们对一个有组织的社会为有效地履行必须担负的任务来说，被视为是必不可少的或极为可欲的。第二类道德规范是提升生活质量和加强人与人之间联系的原则，但这些原则之要

---

① 马克思，恩格斯. 马克思恩格斯全集：第 20 卷[M]. 北京：人民出版社，1972 年：125.
② 萨特. 他人就是地狱——萨特自由选择论集[M]. 关群德，译. 天津人民出版社，2007：203.
③ 黑格尔. 逻辑学：上卷[M]. 杨之一，译. 北京：商务印书馆，1981：199.
④ 马克思，恩格斯. 马克思恩格斯全集：第 1 卷[M]. 北京：人民出版社，1956：438.

求远远超出了维持社会生活所必需的要求。那些被认为是社会交往所必需而基本的道德原则,在任何社会都被赋予了极大的强制性。该类道德原则的强制性是通过将其上升为法律规范而变现",并指出,"任何被用来保护法律的强制措施均无力适用于纯粹的道德要求"。① 维护良好的社会秩序,不仅需要法律,也需要道德。从某种角度上说,道德在本质上属于自律性规范,其基本功能在于"扬善";法律在本质上属于他律性规范,其基本功能在于"惩恶"。我们批判人性本善的观点,也不赞成人性本恶的论调。人性在于它的社会性,任何一个在社会中存在的个体都会受到善与恶两种行为倾向的影响。因此,单纯靠法律不足以扬善,单纯靠道德不足以惩恶,只有坚持德法兼治,才符合社会中人性状况的客观现实,才能真正适应现代社会控制的需要。

因此,现实生活中的真实个体,不仅受到法律自由的约束,也受到道德自由的约束。法律自由主要是一种行为上的自由,法律明文规定了公民应该享受的各种权利与义务,以此保障人们的合法自由。"道德自由是指人的自由意志依据对社会必然性的把握而能在事物的应当与适当、善与恶之间进行正确选择和实践的能力和境界。"②作为社会关系产物的道德,是基于维护社会利益、保证社会秩序而产生的,一旦形成,便具有某种超越个体特殊性的社会普遍性。个体只有认识到这种必然性,并遵从这种必然性而行动,才能真正获得自由。如果人们只是把道德的必然性作为外来要求来对待的话,那么他就永远处于外在约束性的必然王国之中,而难以获得真正的道德自由。道德自身软约束的特点,决定了道德自由主要依靠主体意志的自觉选择。为善为恶皆取决于主体自身,正所谓"为仁由己""仁远乎哉? 我欲仁,斯仁至矣"。

与法律规范相比,道德规范不像法律条文那样细致严谨,它"并不给人提供关于每一个具体行动的详细提示,而是像指南针一样,指示一般的行动方向"③。这就给人们道德上的主动性和创造性提供了更多的选择。从一定意义上说,法律自由是明确的,而道德自由则是模糊的,没有明确的边界。"在理性之下的那种广为人知的自由显得非常突出。这种自由保证人们可以毫无拘束地追求和获得目标,无论人们自己相信值得追求的目标是在现在还是在未来;这种自由把自我'外界'的一切事物和人们,全都看作一群行动的潜在障碍和行动的工具,或者是一群需要改造成工具的障碍。"④由于个人对道德必然性的觉悟水平不同,受

① 博登海默.法理学——法律哲学与法律方法[M].邓正来,译.北京:中国政法大学出版社,2004:391-392.
② 肖群忠.道德的约束性与道德自由[J].甘肃社会科学,1992(5):4.
③ 科诺瓦洛娃.道德与认识[M].杨远,石毓彬,译.北京:中国社会科学出版社,1983:105.
④ 齐格蒙特·鲍曼.个体化社会[M].范祥涛,译.上海:上海三联书店,2002:214.

主体认知、情感、意志等差异的影响,其外显的人生观、价值观和道德观必然会存在极大的不同。"那种追求有用东西的理性将无限分割开来以便适应有限本身。追求价值的爱心则把有限本身扩展向无限。"[①]道德义务的不自明性是道德义务被忽视、被任意创设的重要原因。对于充满爱心的人而言,他们在奉献爱的时候对自己的事情漠不关心;而对于旁观者而言,他们则将自身的道德义务随意转移到他人身上,以为自己有不履行公共生活义务的自由。其实道德自由是法律自由的补充,一个人如果能够形成关于道德的必然性和价值的内在信念,那么道德律的外在约束就会变成主体内在的义务情感,道德规范所禁止的,对于个体而言就不是一种约束,而是一种自由。这种自由不仅是对道德规范的认同性自由,而且是道德上的超越性自由。

第二节　旁观者法律责任的认定

法律责任是指法律关系主体由于违法行为、违约行为或者法律规定而应当承担的法律后果。通常来说,法律责任是一种追诉性的责任,同违法行为密切相关,凡是有违法行为的人,都必须对国家、集体或受害者承担相应的法律责任。法律责任的一般构成要件包括四个方面。(1)有损害事实的发生。这种损害事实要有客观性,不存在损害事实,则不存在法律责任。(2)行为的违法性。违法是构成法律责任的根据,行为不构成违法,就不需要承担强制性的法律责任。(3)违法行为与损害事实之间存在因果关系,即损害事实由违法行为所引起。(4)违法者主观上存在过错。如果主观上既没有过失也没有故意,则行为人就不用对损害事实承担法律责任。所谓旁观者的法律责任,是指行为主体在面对他人或社会公共利益受到侵害时,没有积极行动起来,而应该承受的强制性惩罚。尽管关于旁观者承担的法律责任,许多国家已有规定,但由于旁观行为自身的特殊性(不作为),针对旁观行为是否应该承担法律责任,以及在多大程度上承担法律责任,理论界尚存在较大的争议。

一、国外关于旁观者法律责任的相关规定

在国外,对旁观者冷漠现象追究其法律责任的并不少见。西方很多国家明确规定,在没有任何危险的情况下,"见危不救"即为犯罪,应当追究其法律责任。目前在刑法典中规定见危不救罪的主要是大陆法系国家,英美法系国家则较少设立"见危不救罪"。道德责任与法律责任的关系问题,一直是困扰法学界的"哥

---

① 齐格蒙特·鲍曼.个体化社会[M].范祥涛,译.上海:上海三联书店,2002:213.

德巴赫猜想",仁者见仁,智者见智,但国外关于旁观者法律责任的相关规定,仍然可以成为我们思考旁观者法律责任的有益借鉴。

（一）欧洲大陆国家的相关规定

在欧洲的 40 多个国家和地区,超过 20 多个国家和地区设立了"见危不救罪"。其中,比较具有典型性代表的国家有法国、德国、芬兰、意大利等国。如法国 1994 年修订的《法国刑法典》第 223—226 条规定新增"怠于给予救助罪",条文明确规定:"任何人能立即采取行动阻止侵犯他人人身之重罪或轻罪发生,这样做对其本人或第三人并无危险,而故意放弃采取此种行动的,处 5 年监禁并处 50 万法郎罚金。"同时要求"任何人对处于危险中的他人,个人能够采取行动,或者能唤起救助行动,且对其本人或第三人均无危险,而故意放弃给予救助的,处前款同样之刑罚"。① 依据的罪名就是"怠于给予救助罪"。

《德国刑法典》第 323 条规定:"意外事故、公共危险或困境发生时需要救助,根据行为人当时的情况急救有可能,尤其对自己无重大危险且又不违背其他重要义务而不进行急救的,处 1 年以下自由刑或罚金。"②

《芬兰刑法典》第 21 章"侵害生命与健康罪"第 15 条规定:"凡明知他人处于致命的危险或者丧失健康的严重危险中,但并未给予或促成救助,鉴于行为人的选择自由和当时的状况,该行为是能被合理期待的,以不予救助罪论处,处罚金或者 6 个月以上的监禁。"③

《意大利刑法典》第 593 条规定:"发现不满 10 岁的儿童或因精神疾病、年老或其他原因而不能生活自理的人被遗弃或者丢失而不立即向主管机关报告的,处 3 个月以下徒刑或 60 万里拉以下罚金。发现某人昏迷、疑似昏迷、受伤或者处于其他危险中而不提供必要的救助,或者不立即向主管机关报告的,处于同样的刑罚。如果因犯罪人的上述行为导致人身伤害的,刑罚予以增加;如果导致死亡,刑罚增加一倍。"④

《西班牙刑法典》第 489 条规定:"能够救助且对其自身或第三方没有危险,却不救助处于明显而严重危险之中的无助者的,处拘留或 5000 至 10000 西班牙银币罚金。自己不能够救助而不立即向他人求助的,处以同样的刑罚。"⑤

《瑞士联邦刑法典》第一章"针对身体和生命的犯罪"第 128 条"疏于救助"明

---

① 陈甜甜.见死不救的法律责任浅析[J].群文天地,2011(5):241-242.
② 陈甜甜.见死不救的法律责任浅析[J].群文天地,2011(5):241-242.
③ 欧洲多国有"见危不助罪"[N].天津日报,2011-10-27.
④ 意大利刑法典[M].黄风,译.北京:中国政法大学出版社,1988:167.
⑤ 西班牙刑法典[M].潘灯,译.北京:中国政法大学出版社,2004:162.

确规定："具备下列情况之一的,处监禁刑或罚金:对受伤害之人或处在直接的生命危险之中者不予救助,而根据当时情况行为人可以救助的;阻止他人为此等救助,或妨碍他人救助的。"①

也有国家通过民事法律来对旁观现象进行规制,典型代表是葡萄牙。《葡萄牙民法典》第 2368 条规定："在他人受侵犯时,在场的人有义务救助被攻击者,但不得超过正当防卫的限度,并且自身不冒风险。不阻止此等犯罪的人,应就损失和损害承担责任。"②

上述国家在追究旁观者的法律责任方面,尽管内容细节略有不同,法律规制的路径不同,表述方法不一,但是无一例外地都有一个前提性限制:对本人或第三者均无危险,是行为人实施救助的条件。也就是说,法律从来就不强迫不负有特定义务的当事人,以牺牲自己的安危去救助处于危险境遇的另一方。

(二)美国的相关规定

美国社会一直崇尚个人自由,起初并没有对见危不救行为进行立法。其立法的基本原则是:如果无刑法作为的义务,道德上的作为义务并不必然产生相应的法律义务和责任。真正推动美国对见危不助进行立法的,是两个典型的路人冷漠旁观的案例。

第一个案例便是 1964 年发生在纽约的凯瑟琳·吉诺维斯谋杀案,由于 38 名在场目击者无人采取救援行动,该案引起了许多美国法律人士的反思。其后,美国的佛蒙特州于 1973 年,就通过了《帮助临险者责任法》,该法规定:"当人们知道他人面临严重的人身危险时,只要提供该帮助对其自身不具有危险或未与其他重大义务冲突,应当给予合理帮助,除非已有别人给予帮助或关心。"③

第二个案例发生在 1983 年,一位妇女在马萨诸塞州新贝德福德酒吧中被当众轮奸。当时很多客人在场目睹了罪行的发生,但没有人伸出援手,直到该妇女赤身裸体跑向街道时,才有人选择了报警。为了回应公众对这一现象的关注与讨论,明尼苏达州、马萨诸塞州、罗得岛州、威斯康星州和夏威夷州等都通过相关法律,强化陌生人之间救助义务的重要性。"美国明尼苏达州将'见危不救罪'列入刑法典,如果在现场而不给予合理的协助,被视为犯罪。见死不救在佛蒙特州也会被处以 100 美元的罚款。一些州还规定,发现陌生人受伤时,如果不打'911'电话,可能构成轻微疏忽罪而受到惩罚。"④由于美国联邦与州的法律体

---

① 代山.国外对见死不救的处罚[J].人民论坛,2014(6):35.

② 徐国栋.见义勇为立法比较研究[J].河北法学,2006(7).

③ Patricia Smith. The Nature and Process of Law[M]. Oxford:Oxford University Press,1993:494.

④ 肖保根.国外如何惩处见死不救[J].中国青年,2011(23):44-45.

系,对"见危不救"行为的立法没有上升到联邦层面,只由各州自行规定。

提及美国关于见危不救的法律,人们常常会谈到经典的《好撒马利亚人法》。这部法律名称源自《圣经》,具体记载在《路加福音》第 10 章第 30－35 节:一个犹太人落到强盗手中,被打得半死,躺在路上,有祭司和利未人来到这地方,但不闻不问,走了过去。唯有一个撒玛利亚人行路来到那里,不顾教派隔阂,把他带到旅店,并在第二天拿出钱来请店主照顾她。在那个年代犹太人蔑视撒玛利亚人,耶稣用这个故事告诉他们鉴别人的是心灵而不是人的身份。"好撒玛利亚人法则",主要是指在紧急情况下施救者因其无偿的救助行为给被救者造成损害时的责任免除制度。

2004 年万圣节,美国加州女子丽莎好心从一辆即将爆炸的事故车中拉出伤者,但伤者在车祸中造成瘫痪。2008 年,该受助女子认为丽莎救助时用力过度导致自己瘫痪,将其告上法庭。2009 年,加州议会以 75∶0 票通过该州的《善意人免责法》,丽莎也因此免受控告。目前全美各州都通过了自己的《好撒马利亚人法》,虽然具体内容不尽相同,但总的来说基本精神是一致的,就是赋予救助人损害赔偿责任的豁免权,承认出于善意并且不求回报的个人不用承担在紧急情况下提供救助而导致的损害赔偿责任。

(三)亚洲地区其他国家的相关规定

现在亚洲也有国家法律追究"见危不救"者的责任。如《泰国刑法典》第 374 条规定:"看见他人濒临生命危险,能够帮助而对自己或者他人无危险,而不进行必要帮助的,处 1 个月以下有期徒刑,并处或单处 1000 铢以下罚金。"[①]《越南刑法典》第 102 条规定:"对生命处于危险境地者故意不救罪:在他人正处于危险境地,有条件而不救的,处以警告、2 年以下监外改造或者 3 个月以上 2 年以下有期徒刑……"[②]日本现行刑法的《轻犯罪法》第 1 条规定:"明知自己占有的场所内,有因老、幼、残疾或者疾病而需要救助者存在,但不迅速向公务员报告的,构成违反轻犯罪法的行为。"[③]

此外,日本还将见死不救的行为专门列为遗弃罪,如日本刑法典第 217、218、219 条分别规定:"遗弃因年老、年幼、身体障碍或者疾病而需要扶助的人的,处 1 年以下惩役。"(有保护责任者遗弃等)"对于老年人、幼年人、身体障碍者或者病人负有保护责任而将其遗弃,或者对其生存不进行必要保护的,处 3 个月以上 5 年以下惩役。"(遗弃等致死伤)"犯前两条之罪,因而致人死伤的,与伤害

---

① 泰国刑法典[M].吴光侠,译.谢望原审校.北京:中国人民公安大学出版社,2004:84.
② 越南刑法典[M].米良,译.北京:中国人民公安大学出版社,2005:41.
③ 叶慧娟.见危不助犯罪化的边缘性审视[M].北京:中国人民公安大学出版社,2008:64.

罪比较,依照较重的刑罚处断。"①

二、关于旁观者法律责任的理论争议

旁观问题,在我国主要是通过道德方式解决,即对这类见危不救现象进行道德谴责,而不追究法律责任。近年来,旁观现象的频频发生,引起了社会公众的强烈愤慨,因此有人建议,增设"见死不救罪",通过立法的形式遏制旁观行为,追究旁观者的法律责任,挽救社会道德沦丧的局面。2001 年在全国人代会上,有32 名人大代表建议在刑法中增加"见危不救和见死不救罪",以通过法律手段打击见死不救的行为,引导和鼓励人们见义勇为,积极勇敢地保护国家、集体利益和人民群众的生命财产安全。② 2011 年 10 月发生在广东佛山的小悦悦事件,更是引起了专家学者们对"见死不救罪"的激烈讨论。

(一)赞成追究旁观者法律责任的观点

从法学界来看,认为应该对旁观者追究法律责任的代表人物是詹姆斯·巴尔·艾米斯。艾米斯指出:"任何人,当其他人面临重大的死亡或严重的身体伤害危险时,如果他在对其本人根本不存在不方便之处时不去救助他人,他人因为其不作为而遭受死亡或严重的身体伤害的后果,即应当在刑法上承担刑事责任,也应当对受到损害的一方或死亡一方的配偶或其子女承担损害赔偿责任。"③也就是说,如果旁观者对受害者的援助并不会给自己带来不便,或者说只会造成很少的不便,那么就应该对旁观者的不作为进行应有的惩罚。我国也有诸多学者认为,作为社会主义国家,我国的法律不应该对旁观行为保持沉默。持这种观点的学者认为,我国现行《宪法》第二章关于公民的基本权利与义务明确规定:"中华人民共和国公民必须遵守宪法和法律,保守国家秘密,爱护公共财产,遵守劳动纪律,遵守公共秩序,尊重社会公德。"在现代文明社会,保护每个公民的生命与健康是国家与国家机关的应有责任,当"旁观行为"已经造成了受害者遭受损害的后果时,我们的立法没有理由将这样的恶行(旁观)排除在法律之外。有的学者甚至从历史的角度指出,无论是古代的犹太法典还是我国的《秦律》《唐律疏议》都对此有过较为详尽的论述,如《唐律疏议》第 27 卷第 433 条(见火起不告救)中有"诸见火起应告不告应救不救减失火罪二等。其守卫宫殿、仓库及掌囚者,皆不得离所守救火违者杖一百",以此说明对旁观者追究法律责任的合法性依据。

---

① 日本刑法典[M].张明楷,译.北京:法律出版社,1998:68.
② 朱勇,朱晓辉."见死不救"不能被设定为犯罪[J].云南大学学报法学版,2005:5.
③ 张民安,梅伟.侵权法[M].广州:中山大学出版社,2005:108.

（二）否认追究旁观者法律责任的观点

霍姆斯是认为旁观者不应追究法律责任的代表人物，他认为："如果某人并非基于自愿去干预其他人的事务，那么该人完全有权旁观他人的财产被毁损，或者旁观他人因为自己的不予救助而死去，同样的理由也适用于民事侵权责任。"[①]在霍姆斯看来，法律不应强人所难。法律的存在，有一个预设性的理论前提，即人性是恶的，因此需要一定的规则来保护人权、防止侵权行为的发生。法律的正义性在于惩恶。人类社会必然会存在一些利益冲突，在法律的框架内，利益受损的一方能够通过诉诸法律讨回公道，这就是法律正义所在。小悦悦事件发生后，针对"见死不救"该不该立法，《京华时报》采访了国内 10 余名专家学者，他们中多数人反对进行立法惩罚，认为法律逼不出道德与善。南京晓庄学院人文学院教授邵建认为：从法理角度，我们找不到用暴力逼迫人去做好事的合法性，好人好事只能出于当事人的道德自愿。"以为通过惩罚见死不救之类的做法就可以引发见义勇为，就可以改善我们的道德，这只能是一种法律迷信。这会导致国人更加恐惧，以为做好事的成本更高了，更会想通过各种办法来逃避这类法律。"中国政法大学前校长陈光中认为："法律的强制手段，不是一个万灵的膏药，这个社会不能什么事情都通过国家的强制力量来维持，这未免太依靠法律了。而且即便立法规定了，道德跟不上来，也会导致有人一看到别人受伤，为了不被追究责任，就跑掉了。"黑龙江夙生律师事务所主任迟夙生认为："如果通过在刑法里强硬立个罪，我觉得对公民太不公平了。能逼着老百姓在这个事情上定个罪么？"[②]也有学者认为，见死不救罪真正实行起来困难很大，而且不切实际。比如在众多的路人中，谁是见死不救者就是追究责任时面临的最大问题。如果见与不见都无法认定清楚，自然追究相关责任人的责任就无从谈起。见死不救罪就会成为形同虚设的空法、恶法。

（三）网民对是否应追究旁观者法律责任的态度

腾讯网以"您是否赞成设立'见死不救罪'？"为题，专门做过一次网络调查。在参与投票的 20367 人中，持赞成态度，并认为立法后可以改善社会风气的有 10045 人，占总比例的 49.3%；持反对态度，认为道德问题不能用法律来解决的有 8550 人，占投票总人数的 42%；说不清的有 1772 人，占总投票人数的 8.7%。此外，广东省政法委官方微博上也掀起了"是否应该立法惩罚见死不救"的争论。

---

① 张民安.过错侵权责任制度研究[M].北京：中国政法大学出版社，2002：337.
② 辛闻.10 余学者称立法制裁见死不救难令道德回升[N].京华时报，2011-10-24.

在 2500 名网友的投票中,1942 人不赞成立法惩罚见死不救,606 人赞成立法。[①]
从网民投票的情况可以看出,对旁观者是否应该承担法律责任,确实存在两种对
立的观点。

　　道德的归道德,法律的归法律,是旁观者法律责任认定的最基本要求。如果
一味强调追究法律责任,不仅会有很大程度上的实践困难,也会极大地混淆法律
与道德的界线,导致公权力进一步压缩公民自由的底线。卢梭曾说"公民不自
由,全体公民迫使他自由"。但如果旁观者不用承担任何责任,仅仅依靠现有的
道德体系,显然又不足引导社会向"善"。因此,对旁观者是否追究法律责任,必
须具体情况具体分析,不能一概而论。究竟哪些人应该因此而承担法律责任,哪
些人只需承担道德责任? 只有明确了这一基本问题,法律和道德才能更好地发
挥良性互动的功能,共同维护社会的稳定与和谐。

三、旁观者法律责任的义务依据

　　"无义务无责任,无责任无义务",法律责任的承担以法律义务的存在为前
提。也就是说,法律责任是因行为人违反了法律义务而必须承担的法律后果。
有人认为,国外立法中关于旁观者见危不助的主体是一般人员,其实这种认识是
不正确的。国外立法中关于见危不助的规定,大多数都是特殊主体,要么是身份
特殊,要么是关系特殊,要么是有先行行为存在。而且有些法案要么判例极少,
要么实际并未生效。而且在该法律义务规定中,"倾向于将其限定为对人身、生
命(不包括财产)有紧急危险的场合,不要求个人为救助他人而牺牲自己;违反这
一义务的刑罚相对较轻,一个人没有救助处于危难中的他人,并不必然为他原本
可以阻止的结果承担责任"[②]。美国著名学者富勒也认为,尽管法律包含良好的
道德愿望,但"法律的内在道德注定基本上只能是一种愿望的道德。它主要诉诸
一种托管人的责任感(a sense of trusteeship)和精湛技艺所带来的自豪感(the
pride of the craftsman)"[③]。对于一般旁观行为主体,完全追究法律责任,目前看
来未必具有合理性。毕竟法律是道德的底线要求,好人好事只能出于当事人的
道德自愿。只有负有专门义务的旁观者,才应该承担相应的法律责任。根据不
作为侵权的义务来源,旁观者法律责任的来源主要包括五大类:(1)法律明文规
定的义务;(2)行为人的职务或业务上要求履行的义务;(3)先行行为产生的义

---

　　① 王鹤,陈翔.77%受访网友反对立法惩罚"见死不救"行为[N].广州日报,2011-10-20.

　　② Miriam Gur-Arye. A Failure to Prevent Crime—Should it Be Criminal? [J]. Criminal Justice
Ethics,2001(2):20.

　　③ 富勒.法律的道德性[M].郑戈,译.北京:商务印书馆,2005:52.

务;(4)法律行为引起的义务;(5)因社会生活的依存关系而具有的紧急救助义务。

(一)法律明文规定的义务

法律明文规定的义务一般以旁观者与受害者之间的特定关系为前提,在法律规定的特定关系内,行为者必须履行该义务,否则即应承担法律责任。例如,我国《婚姻法》规定,夫妻之间、直系血亲之间有相互扶养、抚养、赡养的义务。如果有人对陌生人的自杀行为采取放任的态度,普通旁观者不用承担任何法律责任,因为他没有阻止他人自杀的法律义务。但是,如果这件事情是发生在亲属身上,则旁观者要承担相应法律责任,如以下案例:

眼看丈夫服下毒药,她无动于衷

"我就是死,也不和你离婚!"

"要死,就死得远点!"

对于婚姻即将走到尽头的夫妻来说,这样的对话,或许并不陌生。但事情的结果却完全出乎人们的意料:说完这番话后,丈夫阿伟(化名)当场服毒自杀,最终不治;而目睹丈夫服毒身亡的妻子阿凌(化名),却表现出残忍的冷漠。昨天,慈溪市人民检察院以涉嫌故意杀人罪对阿凌提起公诉。[1]

(二)行为人的职务或业务上要求履行的义务

职业或业务上要求履行的义务,是指从事某种特定职业或履行某种特定职务的行为主体,其担任的职务或从事的职业本身要求其负有某种积极作为的义务。这种义务一般由本单位、本行业的主管或业务部门通过的职责、条例等形式加以规定。如《中华人民共和国执业医师法》规定医生有救死扶伤的责任;《中华人民共和国消防法》规定,消防队接到火警,必须立即赶赴火灾现场,救助遇险人员,排除险情,扑灭大火;《中华人民共和国警察法》规定,警察的责任是维护国家安全,维护社会治安秩序保一方平安等。然而许多情况下,悲剧就在这一类负有特殊使命的人的眼皮底下发生,不是他们不能制止,而是他们不敢去制止。孟子有个形象的说法:"挟泰山以超北海,语人曰:'我不能',是诚不能也。为长者折枝,语人曰:'我不能',是不为也,非不能也。"(《孟子·梁惠王上》)这类人员若见死不救,则必要求其承担相应的法律责任。

---

① 周琼.眼看丈夫服下毒药,她无动于衷[N].宁波日报,2012-05-08.

（三）先行行为产生的义务

先行行为又叫"危险前行为"。由于行为人先前实施的行为致使受害者的合法权益处于危险状态，该行为人则负有采取积极措施防范危害结果发生的义务。如行为人将没有游泳能力的小朋友带到游泳池边，这种先行行为就会引起相应的防止危害发生、抢救溺水儿童的义务。而且，不管先行行为本身是否合法，是否出于义愤，只要其危害后果是由先行行为所引起的，行为引起者就应当承担相应法律责任，如以下案例：

小偷跳河，失主见死不救入狱

2007年5月25日中午，浙江省湖州市17岁的周某，因偷了自行车被失主颜某等人抓获。颜某等3人用扳手和石块殴打周某。周某为挣脱围殴，跳河逃跑，却因体力不支溺死。颜某等人见死不救，自行离去。后当地法院审理认定：颜某等3人负有救助义务却不作为，构成了故意杀人罪，分别判处3人有期徒刑3年9个月、3年3个月和有期徒刑3年缓刑4年。①

（四）法律行为引起的义务

这里的法律行为主要指民事法律行为，其义务大多数因合同行为而起。比如某人受雇于主人家，当保姆照顾年迈的老人，她就有义务看护好老人，如果不负责任地任由老人发生意外而伤亡，就应该追究其相关法律责任。某些特殊情况下也包括一些自愿引发的行为，如某人见路边有弃婴，抱回家中收养，之后发现小孩有先天性疾病，当小孩发生意外时，任由事态发展，导致小孩死亡的，同样应追究相应法律责任。

（五）因社会生活的依存关系而产生的紧急救助义务

德国学者韦塞尔斯认为："共同生活在夫妻或家庭形式以外的环境或者危险共同体之中的人，彼此之间基于共同体的目的性和人员之间的信赖关系，承担出现典型性危险情况时提供互相帮助和关心的义务。如类似夫妻关系的同居伙伴，登山、环海航行、深水下潜或者探险者团体中的成员彼此之间就有这种义务。"②在基于相互信赖关系而结成的社会共同体中，当其成员生命安全或其他利益受到损害时，没有任何危险且处于容易救助位置的成员，负有救助的义务与责任，如以下案例：

---

① 郭玉红.见死不救，特定义务人可能获罪[N].兰州晨报，2009-08-07.

② 约翰内斯·韦塞尔斯.德国刑法总论[M].李昌珂，译.北京：法律出版社，2008：435.

女友跳河,"不会救"男友赔6万

2006年8月16日,广东中山男子颜某因与同居女友翠儿闹情绪,就开摩托车送其回家。途经一桥时,翠儿跳下车翻越桥栏跳入河中。其间,颜某没有制止也未大声呼救,他不会游泳也没有下水救人。当颜某给翠儿母亲打电话未果才拨打110报警。后来赶到的警察和群众下水救起翠儿时,时年16岁的翠儿已经死亡。2007年,中山市中院终审认定,因颜某没有采取最佳方式救人,需承担6万元的民事赔偿责任。[①]

案件中,尽管颜某与翠儿并非夫妻关系,但是因为其处于恋爱和同居期间,因共同的社会生活而引起依存关系,而且矛盾亦是由彼此的纠纷引起,故颜某对翠儿的自杀行为负有制止、救助义务。

第三节 旁观者道德责任的认定

追究旁观者法律责任,强制性地督促人们实施见义勇为,对于制裁不道德和违法行为,引导社会风尚,当然有一定的积极作用。但法律责任的认定不仅受多种因素制约,而且也无法从根本上触动人的心灵。"道德规范和法律规范的区别是,法律规范基本上具有限制的性质,而在道德里则存在着正面的规则,包含着正确行动的模式和肯定的规范。"[②]只有树立正确科学的道德信仰,个体才能从更高层次上提升自身做人的境界。由于人们认识能力的有限性,以及事件发生时环境的复杂性和多变性,个体完全可能因证据不足而逃脱法律制裁。但道德却是无处不在的,没有人能够因为自己的不作为而逃脱社会舆论与道德良知的谴责。从这个意义上说,道德的力量高于法律。对旁观者道德责任的认定,无疑更加有利于促进和谐人际、人与自然关系的形成。

伦理学界对道德责任的理解,大致有两种不同的基本见解。第一,把道德责任理解为道德主体对道德义务的内化与升华,是一种"应然善行"。德国著名哲学家康德认为"只有出于责任的行为才具有道德价值",这里的责任就是"由于尊重规律而产生的行为必要性"。[③] 我国著名伦理学家罗国杰先生也认为:"责任是人们主动意识到的义务,它具有'良心'的成分。换言之,道德义务与道德责

---

① 郭玉红.见死不救,特定义务人可能获罪[N].兰州晨报,2009-08-07.
② 科诺瓦洛娃.道德与认识[M].杨远,石毓彬,译.北京:中国社会科学出版社,1983:133.
③ 康德.道德形而上学原理[M].苗力田,译.上海:上海人民出版社,2002:16.

任,是同一种道德'命令'在人之外和在人之内的两种表现形式。"①按照这种理解,责任是整个道德规范体系中,最高层次的道德规范。第二,把道德责任理解为主体的"实然恶行"应承担的后果。朱贻庭教授在《伦理学大辞典》中提出,道德责任就是"人们对自己行为的过失和后果在道义上应承担的责任"②。本书探讨的道德责任,主要是基于第二种意义上的理解,即主体对自己行为应承担的道德后果。

后现代伦理学家鲍曼认为,区分旁观者和作恶者,有许多重要的法律(或制度保证)意义。事实上,应当受到法律惩罚的行动,有别于不受法律条款约束并因此"仅仅"招致了道德内疚及其引起的耻辱的行动(无为)。这里区别的标志就在于法律禁止与否,但是即便我们愿意把权威授予法律条款,而不是说不清、道不明的道德情感,在由犯罪引起的不可争议的罪行(crime)和由"旁观"导致的不仅是可惜的而且是不可原谅的过失(misdeed)之间,仍然存在着一个广泛而富有争议的区域。也就是说,针对旁观者行为的法律认定,是一个既富有争议也比较困难的问题。因此,对旁观现象问题,更多地应从社会角色的角度加以审视。生活在社会中的每一个公民,"除非人们懂得充当适当的角色,否则就不能适应社会"③。每一个公民,尽管承担的社会角色不同,但是作为社会成员这一"共通"角色的身份却不可能改变。"所有的人都有责任对自己的行为进行审查,对其可能产生的后果进行判断,对其对人类的影响进行估价,然后才能谨慎地付诸实施。"④如果说日常生活中的许多事情,可能仅仅涉及少数几个人,那么在对待生态环境问题上的旁观,即使旁观者本人也可能成为受害者。事实上,社会是由个体所组成,个体作为辩证统一多维关系中的存在,应该主动参与并维护这种多维关系的发展。换言之,参与家庭生活和社会公共生活、协调人类和自然的和谐发展、维护整个生态系统的平衡,都是每个公民的应有之责。当然,我们在判断公民所应承担的道德责任时,要区分故意行为与过失行为的区别:前者行为人明知行为会造成危害社会或他人的结果,当然应当承担道德责任;后者行为人应当预见到而没有预见到自己行为可能造成的后果,也应负道德责任。两者的区别不是责任的有无,而是责任的大小。旁观者对需要救助者的忽视,显然不是过失的问题,其行为属于道德上的"恶"。依据旁观者自身的身心状态,以及突发性事件的具体情况,旁观者的道德责任主要可以做出五个方面的区分。

---

① 罗国杰.伦理学[M].北京:人民出版社,1989:187.
② 朱贻庭.伦理学大辞典[M].上海:上海辞书出版社,2002:26.
③ 单兴缘,等.开放社会中人的行为研究[M].北京:时事出版社,1993:18.
④ 保罗·库尔兹.21世纪的人道主义[M].肖峰,等,译.北京:东方出版社,1998:126.

一、责任大小与旁观者意志自由能力成正比

"道德选择以自由意志为前提,又以道德责任为结果,主体在自由地选择对象的同时,也自由地选择了责任。"[①]一般来说,意志自由是道德责任的前提条件。人既然可以利用自己的思维,在可能性行为中进行思考、权衡和取舍,那么,他就应当为自己的行为选择承担相应的后果。比如,看见老人摔倒,是拨打求助电话,还是上前扶起老人,或者袖手旁观,这些可供选择的行为后面都预示着不同的行为后果,同样它也包含了不同的道德责任。只有选择的自由性才能让选择者承担责任,也只有责任的存在才能彰显选择者本身的自由。

道德选择的自由是相对的,既相对于客观社会环境以及具体事件发生的小环境,又相对于主体自身的生活方式、社会地位、人生观、价值观、世界观,以及分析判断是非善恶的能力等诸多因素。在伦理思想史上,对于人的选择自由问题,形成了绝对自由论和机械决定论两种截然对立的观点。绝对自由论者认为,人的选择完全不受客观必然性的制约,自由就是没有任何限制,可以随心所欲地选择。18世纪的德国哲学家康德认为,意志自由是人之为人的本质,是道德的唯一前提。在西方神学界看来,自由意志是灵魂的秉性,是上帝造人时赋予人的能力。这种自由是绝对的,"当它进行决断的时候,任何事物都不能干涉,甚至上帝也不会干涉"[②]。存在主义大师萨特认为,"人之初,空无所有",人究竟能成为怎样的人,就在于自己的选择,即在于自己如何设计自己、创造自己。"除自己之外,无所谓其他的立法者。由于他处于孤寂之中,他必须凭自己决定。"[③]而在机械唯物论那里,个体的一切行为都受社会客观条件的制约,个体完全没有任何意志自由。17世纪荷兰伦理学家斯宾诺莎认为,人的一切活动就像在外力的作用下运动的石头一样,貌似是自由的。他说:"在心灵中没有绝对的或自由的意志,而心灵中这个意愿或那个意愿乃是被一个原因所决定,而这个原因又为另一个原因所决定,而这个原因又同样为别的原因所决定,如此递进,以致无穷。"[④]斯宾诺莎强调人的自由意志受客观原因的制约,有其合理性的存在;但他完全否认主体的意志自由,否认主体的自主选择能力,则犯了机械决定论的错误。

马克思主义伦理学认为,一方面,人有借助对事物的认识,自主决定的能力,因而人的意志是自由的;另一方面,人的意志自由又是现实的、具体的。人在社

---

① 罗国杰.伦理学[M].北京:人民出版社,1989:360.
② 宋希仁.西方伦理思想史[M].北京:中国人民大学出版社,2010:134.
③ 中国社会科学院哲学研究所西方哲学史组.存在主义哲学[M].北京:商务印书馆,1963:354.
④ 斯宾诺莎.伦理学[M].贺麟,译.北京:商务印书馆,1983:80.

会中所获得的知识、能力不同,由此形成的道德情感、道德信念不同,决定了人的意志自由是有条件的。任何人的意志自由都只是相对的,个体只有在对客观道德规律认识的基础上,才能获得更大的意志自由。一般而言,个体道德责任的量与个体意志自由的度是紧密相连的,个体意志自由能力越强,所应承担的道德责任也就越大。对于那些受客观条件的制约,个人的努力无济于事所应承担的责任,和那些虽然受到一定限制,但可以通过自己的选择来改变事态发展,而事实上却没有作为的个体而言,后者所应承担的责任显然要比前者大得多。比如,在行驶中的火车上看见他人落水与在岸边看见他人落水,均未采取救援措施的行为者,前者所应承担的责任显然要小于后者。

我们在分析意志自由能力时,不仅要分析事件本身,有时还需要追溯产生这种情况的原因。假如醉汉在自己不能控制的情况下违反了社会道德,该不该追究其责任?亚里士多德认为,仅从这件事情本身上看,似乎不应该,因为醉汉不能控制自己的行为;但是,醉汉在没喝酒时是清醒的,他完全有能力控制自己喝多少酒,但是他没有控制;因此,他同样应该对自己的行为承担相应责任。

人的意志自由能力是在个体的实践中形成的。一般而言,人们的社会经验越丰富、知识水平越高、行为能力越强,其行为的意志自由度就大,相应的道德责任也就大。在同样的环境下,有的人能够自由地选择自己的行为,并承担相应的责任,有的人则可能成为客观条件的奴隶。东汉时期杰出的思想家和教育家王充早就提出了"人有知学,则有力矣"的根本命题,英国哲学家弗朗西斯·培根也认为"知识就是力量"。一名大学生与一名小学生相比,无论是知识水平还是认识能力,均占有绝对的优势,因此在旁观突发性紧急事件中,前者的道德责任显然更大。当然,我们不能简单地说,知识水平低的人不应当承担道德责任,或者应当承担较小的道德责任。人们的道德责任的大小,应当视具体情况而定。总之,个人的道德责任与意志自由能力呈正相关性。

二、责任大小与旁观者承担的社会义务成正比

古人云:"君子之德,风;小人之德,草。草上之风,必偃。"(《论语·子路》)这就是说,人处于不同的社会地位,其道德影响力是不一样的。这里所说的"君子",在古代社会,主要指政府官员。政府官员掌握着相应的社会资源,因而其道德水平往往引领着整个社会的道德风貌。正是在这个意义上,人们常说,"治国就是治吏"。随着社会价值取向的多元化,以及现代经济、社会、文化等各项产业的蓬勃发展,一些社会上非政治领域知名人物的影响力也越来越大,受到社会公众的广泛关注。诸如企业领袖、文化名人、知名艺人、体育明星等,他们的言行举止不仅会成为青年一代模仿的对象,而且对青年一代产生极强的晕轮效应,并影

响到他们的道德素质。德国前总理施密特在谈到责任时就说,政治家在进行重大决策前,要承当更大的责任,"责任可能成为一种使良知受累的沉重负担。一个人的影响越大,他的责任也就越大"①。这种责任担当者不单指政治精英,也包括经济精英,施密特认为:"一家公司越大,公司董事会对公共利益所承担的责任也就越大。这种责任不是法典规定的,它是良心义务。"②正因为无论人的理性还是良知,都有可能出错,所以人们在决定之前,就更应该慎重考虑,权衡得失。

也许有的官员或名人会说,我也是普通公众中的一员,凭什么对我要提出更高的道德要求标准?这一问题的提出,只能表明目前尚有相当一部分人对公共空间的权利和义务问题缺乏应有的了解。比较形象地说,党政干部、各界名人等既然选择了成为公众人物,比普通民众更多地享有媒体追捧、公众拥戴、广告收入等社会资源,相应地就应该对社会公共利益承担更多的责任。公共之名,既是一种荣誉,也是一种责任。因此,人们常用"居高声自远,非是藉秋风"来形容公众人物话语权的影响力。根据权利与义务的对等性要求,公众人物既然享有了更多的社会公共资源,就应该接受更加严格的社会监督,尤其是道德监督。

人类道德精神的基础在于自律。德国社会学家韦伯曾经说过:"能够深深打动人心的,是一个成熟的人(无论年龄大小),他意识到自己行为后果的责任,真正发自内心地感受着这一责任。然后他遵照责任伦理采取行动,在做到一定的时候,他说:'这就是我的立场,我只能如此。'这才是真正符合人性的、令人感动的表现。我们每一个人,只要精神尚未死亡,就必须明白,我们都有可能在某时某刻走到这样一个位置上。"③一个有责任感的人,就应该主动承担与其道德权利相联系的责任。有一定社会知名度的公众人物,对自己的行为负责,承担比普通民众更多的道德责任,既体现为对自己在社会公众中名声和地位的尊重,也体现为用自己的知名度去影响和推动社会道德风气的进步与发展。在公共生活中,如果他们能够高扬社会公德,做到助人为乐、见义勇为,其影响力和辐射力就会更大;相应地,其不道德行为的恶劣影响也会更坏。因此,公众人物的公共行为应当高度自律。

三、责任大小与救助受害者的困难程度成反比

从道德的角度来看,在没有损害他人利益的情况下,无论主体的动机是利己

---

① 赫尔穆特·施密特.全球化与道德重建[M].柴方国,译.北京:社会科学文献出版社,2001:210.
② 赫尔穆特·施密特.全球化与道德重建[M].柴方国,译.北京:社会科学文献出版社,2001:213.
③ 马克斯·韦伯.学术与政治[M].冯克利,译.北京:生活·读书·新知三联书店,2013.

还是利他的,其行为都是"善"的,只不过其善恶的程度有所不同。北京大学王海明教授认为:"利己与利他(它)实为四种行为,利社会、利他人和利自己以及增进动植物等非人类存在物的利益。同理,害己与害他也包括四种行为,害社会、害他人和害自己以及损害动植物等非人类存在物。"①在王海明教授的理解中,增进人类利益的善要高于增进动植物等非人类存在的善。增进他人利益的善要高于增进自己利益的善,增进社会利益的善又要高于增进他人利益的善。换言之,行为越是有助于促进社会公共利益,善的等级就越高,无私利他无疑是最高层级的善。对此,达尔文这样写道:"人们通常容易区别道德标准之高低。高级的标准基于社会本能而关涉他人的福利,并为同伴的赞许和理智所支持。低级的标准则主要关涉自我本身。"②

人们之所以将利社会、利他的行为看成是更高等级的善,因为个人利益和社会利益在根本上是一致的。马克思和恩格斯早就指出,共产主义理论家突出的地方就在于,他们发现了"'共同利益'在历史上任何时候都是由作为'私人'的个人造成的"③。在西方哲学界,也有众多的学者认为,道德的价值就在于为集体利益做出牺牲。如康德提出:"德性之所以有那么大的价值,只是因为它招来那么大的牺牲,不是因为它带来任何利益。"④就连功利主义代表约翰·密尔也认为,为集体或社会利益牺牲具有崇高的道德价值,他说:"只是在社会组织很不完善的状况下,绝对牺牲自己幸福才会是任何人促进幸福的最好方法;但是,在这个世界还存在那个不完善状况的期间,我完全承认甘心做这种牺牲是人类最高的美德。"⑤由此可知,在突发性紧急事件中,救助受害者的困难越大,见义勇为者付出的越多,其行为越是具有道德价值。比如说,看见有人落水,善于游泳的人下水救人的道德价值,肯定要高于其仅仅拨打求助电话的道德价值。

但是,道德要求人们牺牲的个人利益必须适度,否则就是进行道德绑架。如有人落水,某人看到,但他不善于游泳,周围既无可求救对象,又没有任何救助工具及报警电话,他只能干着急。在这种情况下,他就不应该受到不下水救人的谴责。但如果当时他身上有手机,可以拨打报警电话,而没有拨打,或者他可以呼叫,而没有呼叫,那么他就应该承担道德责任。因为随手拨打求助电话,对多数人而言,是举手之劳。也就是说,如果面对受害者需要付出的救助(牺牲自我利

①　王海明.新伦理学:中册[M].北京,商务印书馆,2008:641.
②　Charles Darwin. Descent of Man and Selection in Relation to Sex[M]. London:Penguin Group, 2004:187.
③　马克思,恩格斯.马克思恩格斯全集:第3卷[M].北京:人民出版社,1960:275.
④　李雨村.关于"自我牺牲"道德价值辩证[J].天津师范大学学报,2001(3).
⑤　约翰·密尔.功用主义[M].北京:商务印书馆,1957:17.

益)越大,则旁观者所承受的道德责任越小。

四、责任大小与受害者伤害程度成正比

受害者所受伤害虽然与旁观者没有直接关联,但如果作恶者没有依赖旁观者的冷漠和不干预,如果他们没有充足的理由相信目击者不会成为行动者,他们就未必敢于作恶。旁观者可能否认自己的罪行,甚至认为自己已经尽力了,或者"无能为力"。对此,巴托彻夫斯基(Bartoszewski)在评价波兰人对犹太人帮助时说:"只有那些付出了死亡代价的人可以说他已尽力。"[①]尽管旁观者应该承担多大的道德责任,仍是一个富有争议的话题。但旁观者的行为与受害者所受损害之间,无疑存在着一定的因果关系。

在法律责任方面,作恶者行为所引起的伤害越大,他所承担的责任越大。比如说,过失致人重伤罪与过失致人死亡罪,前者应承担的法律责任就轻于后者。我国《刑法》第233条规定:过失致人死亡的,处三年以上七年以下有期徒刑;情节较轻的,处三年以下有期徒刑。第235条规定,过失伤害他人致人重伤的,处三年以下有期徒刑或者拘役。在追究旁观者道德责任时,同样要考虑受害者所受的伤害程度,因为"责任的最一般、最首要的条件是因果力,即我们的行为都会对世界造成影响"[②]。

关于这个问题,可以从两个角度来理解。一方面,就受害者本人而言,如果在突发性事件中,所遭受的损失或伤害较小,旁观者所应承担的道德责任就较小;如果受害者受到较大伤害,甚至生命受到严重威胁,则旁观者应当承担责任较大;如果受害者家庭生活因此出现巨大变故,亲属或子女的生活受到严重影响,旁观者的道德责任也会相应扩大。

另一方面,就旁观者的行为而言,如果在意外事件中,旁观者不但没有采取救助行动,反而推波助澜,致使受害者蒙受更加严重的损失,则旁观者的道德责任就更大。例如,2005年2月28日,在重庆报刊交易市场出口雨棚处,站着一位40岁左右的男子,赤裸着上身,右手拿着一把锋利的刮灰刀抵着胸口。在一旁的部分市民笑着议论道:"要自杀就干脆点嘛!"围观者的言行刺激了这位男子,他嘴中乱吼着,刀子一下一下往头上扎。[③]毫无疑问,这些在一旁笑着议论的旁观者,在某种程度上刺激了这位精神受挫的男子,他们对这个男子伤害自己

---

① 齐格蒙特·鲍曼.现代性与大屠杀[M].杨渝东,史建华,译.南京:译林出版社,2006:263.

② Hans Jonas. The Imperative of Responsibility[M]. Chicago&London:The University of Chicago Press,1984:90.

③ 邹宇.受骗民工挥刀自残 冷漠看客高呼再来一刀"[N].重庆时报,2005-03-01.

的行为应承担比他人更多的责任,也应受到更多的谴责。

五、责任大小与事件本身的社会影响范围成正比

任何个体都只需对自己行为后果负责。在相对封闭的环境中,个人行为社会影响的有限性,决定了其道德责任的有限性。随着社会的开放和全球化的发展,我们相互依存的网络变得更加紧密,"我们的行动(或不行动)带来的后果远远超出了我们的道德想象的范围"①。罗伯特·托斯凯诺对此曾经这样评论:"在当今的国际关系中,全球相互联系的事实所要求的伦理标准,已经超出了严格的、法律意义上的责任。蝴蝶不知道自己扇动翅膀带来的后果,但它无法排除这种后果。我们从责任转向了预防(precaution)这个与其有关的、然而更严格的概念。"②

以发生在广东佛山的小悦悦事件为例,该事件经媒体报道后,迅速引起巨大的社会反响。前广东省委书记汪洋呼吁:"要用良知的尖刀解剖我们身上的丑陋";前佛山市代市长刘悦伦认为,该事件给佛山创建全国文明城市抹了黑;地方党报刊诗劝老人"跌倒不要诬赖"。境外媒体也对此进行了相关报道与评论。瑞士法文报纸《晨报》报道:"过路人对受重伤的女孩完全视若无睹。这一事件在互联网上激起愤怒。"英国《每日电讯报》说:"中国30年来专心致志的经济发展是否只是留下一种道德真空?"《华尔街日报》称,佛山一个市场的监控摄像机拍下的这段令人不寒而栗的画面,引发中国反思。③ 在仔细研究了小悦悦事件后,很多人指出了另外一种解释:中国缺乏见义勇为的法律来保护那些帮助陌生人的好心人。

在这起引起全球媒体关注的旁观事件中,旁观者无疑承受着远比一般旁观事件更大的道德责任。比如,第一个站出来的18个路人之一的陈升,尽管他本人一再声称自己确实没有看见倒地的小悦悦,但在社会"舆论漩涡"和媒体"审判"的氛围中,承受着巨大的精神和道德压力。尽管我们认为,18个路人的行为不代表整个广东人的精神面貌,更代表不了整个中华民族的精神面貌。但我们无法否认的事实是,"我们做坏事的能力似乎远远超出了做好事的能力。(共同的尽管是非故意)引起痛苦的手段和技术似乎突然走到了前面,而(共同的并且是故意)引起幸福的手段和技术落在了后面"。④

---

① 齐格蒙特·鲍曼.被围困的社会[M].郇建立,译.南京:江苏人民出版社,2005:225.
② 齐格蒙特·鲍曼.被围困的社会[M].郇建立,译.南京:江苏人民出版社,2005:218.
③ 周基成.小悦悦走了,看看各大国外媒体的报道[EB/OL]. http://blog. sina. com. cn/s/blog_4cde9bea0100yb0o. html.
④ 齐格蒙特·鲍曼.被围困的社会[M].郇建立,译.南京:江苏人民出版社,2005:225.

承认现代社会中旁观者道德责任的加重，并不是说全球化与网络媒介的发展，助长了残忍与道德冷漠。没有任何证据证明，同我们的祖先相比，我们已经变得或正在变得对他人的苦难更加麻木不仁。毕竟冷漠旁观还是社会中的少数，诸如"最美妈妈""最美司机"等现象才是社会的主流。但不可否认，我们行为的社会影响正在日益增大，个人的错误行为可能会造成诸多不良后果，影响到无数人的生活乃至生命。相比于过去，我们的责任已经扩展到整个"人类"。"如果我们确信，痛苦是'真实的'，那么，我们不仅越来越无法容忍自己的痛苦，也越来越无法容忍他人或动物遭受的痛苦。"[①]可以说，这种责任意识的增强，将成为人类在未来能否顺利发展的关键。卡尔·波普在1933年说："每个人都肩负着极大的责任，因为他的生活也会给他人的生活造成影响。"[②]当今时代，如此众多环境问题、社会问题的出现，与人们缺乏承担这种业已扩展的道德责任的勇气密切相关。因此，进一步唤起人们的道德责任意识，勇敢地为他人和社会承担责任，是人类社会走向和谐的关键。

① 齐格蒙特·鲍曼.被围困的社会[M].郇建立，译.南京：江苏人民出版社，2005：226.
② 赫尔穆特·施密特.全球化与道德重建[M].柴方国，译.北京：社会科学文献出版社，2001：210.

第七章　有效转化旁观者的实践路径

　　"见义勇为""舍生取义"作为中华民族精神的重要组成部分,深深根植于中华大地。孔子把"爱人"作为道德的根本要求。我国历史上也流传着许多诸如"免人之死,解人之难,救人之患,济人之急者,德也"等颂扬互助精神的不朽格言。以"八荣八耻"为核心的社会主义荣辱观明确规定,"以团结互助为荣,以损人利己为耻"。社会主义核心价值观又将"友善"作为公民层面的基本价值要求。在西方,亚里士多德也提出:"一个有德性的人往往为他的朋友和国家的利益而采取行动,必要时,乃至牺牲自己的生命。"①可以说,弘扬见义勇为、助人为乐的精神,是弘扬良好社会风气,培养民众道德荣誉感的根本要求。转型时期的中国社会在经历"社会结构断裂"考验的同时,也承受着"道德断裂"的剧痛。旁观是"道德精神断裂"的集中体现,它表现为对社会不正之风的容忍和麻木。这些真实发生在我们身边的事,伤害的是人们的道德信仰,危及的是社会风气的清明。从道德视角看,见义勇为行为与旁观行为是截然对立的。要改变乃至消除旁观现象,就需要大力弘扬见义勇为的崇高精神。

第一节　见义勇为精神的价值分析

　　分析旁观现象出现的原因,厘清旁观者应该承担的责任,目的不在于为旁观者进行理论上的辩护,而在于培育和保护美德,促进社会道德向个体道德的转化,使整个社会在明荣知耻的道德氛围中和谐有序地运行和发展。在马克思主义伦理学的视野中,人们的需要即人们的本性。因此,要弘扬和培育见义勇为精神,首先就要明了见义勇为精神的个体与社会价值,即"我为什么需要见义勇为,社会为什么需要见义勇为"。对这一理论问题进行有说服力的证明,是重塑人们道德信仰的前提和基础。

---

　　① 梯利.西方哲学史[M].葛力,译.北京:商务印书馆,2005:89.

一、见义勇为的道德哲学依据

见义勇为精神作为人类的美德,体现了个体对赖以生存的共同体以及共同体中其他成员的认同和责任心,是人性光辉的体现。黑格尔认为:"个人快乐之所以消失的必然性在于他认识到自己是他的民族(国家)的公民;换句话说,在于他自己意识到他的心的规律是一切心的共同规律,他的自我意识是公认的普通秩序;这种自我意识是德行,德行享受它自我牺牲的成果。"①在社会生活中,见义勇为既是道德超越性的根本体现,也是个体作为社会成员享受社会权利的应然要求。

(一)见义勇为是道德现实性与理想性的统一

从本质意义上说,道德是社会现实的反映,但它指向的是社会生活中的未来因素,是从未来的角度来反映现实。道德的超越性是道德最重要的特征,这一特征主要表现在两个方面。第一,"现实在道德中被理想化,为道德理想即道德的未来之光所照耀;道德理想在现实面前提出调整生活现象的目的,赋予这些生活现象以内在的逻辑严密性,有助于把现实理解为不断力求实现崇高的目的和道德理想的发展过程"。② 第二,"现实在道德中被义务化,也就是说,现实不仅以存在的东西的形式,即已有的东西的形式表现出来;而且也以关于应该的东西的观念的形式,也就是说以关于在最近的将来应该达到并成为现实的所有物的观念的形式表现出来"。③

人类活动各种不同形式的许多过程,基本上都能用"存在的东西—应该的东西—理想的东西"三位一体来进行说明,但在道德领域,它的内容被最充分地揭示出来。道德存在即道德现实,现实总是复杂多样的。在我们身边既有大量的见义勇为者,他们以自己的行为促进了道德生活的善;同时,也有不道德现象的存在,极大地影响到人们的正常生活,所以转化旁观者才成为必要。道德应该是指将道德要求义务化,即以规范和命令的方式对现实中人的行为提出的要求,强调人们必须改善或改变的行为。如《公民道德建设纲要》将"助人为乐"列为社会公德的主要内容,强调在公共生活中,人与人之间必须团结友爱、相互关心、相互帮助。道德理想是人们在社会生活中形成的,与道德规范原则完全相符的,希望达到的理想人格。它反映了人们洞察自己未来生活奥秘,超越现实和接近明天的美好愿望。人类要想获得心灵的幸福,就离不开道德理想的支撑,"人的活动

---

① 黑格尔.精神现象学:下卷[M].贺麟,王玖兴,译.北京:商务印书馆,1979:28.
② 科诺瓦洛娃.道德与认识[M].杨远,石毓彬,译.北京:中国社会科学出版社,1983:39.
③ 科诺瓦洛娃.道德与认识[M].杨远,石毓彬,译.北京:中国社会科学出版社,1983:38.

如果没有理想的鼓动,就会变得空虚而渺小"①。德谟克利特认为,"凡期待灵魂的善的人,是追求某种神圣的东西,而寻求肉体快乐的人则只有一种容易幻灭的好处"②。见义勇为就是这种神圣的东西,属于道德理想的范畴,表现为做人的良知与道德境界。

我们所说的"见义勇为",应当从两个层面上来理解。首先,在我们的现实生活中,在每一个普通人身边,确实存在着许多能够急他人之所急,想他人之所想,为了社会和他人利益能够不计个人得失的道德崇高之人。他们能够热心公益,善待自然,善待地球上的各种生命体,面对破坏生态环境和地球生命的行为,不做冷漠的旁观者。其次,见义勇为还没有成为普遍的道德行为,人们的道德水平尚有待于提升。因此,见义勇为是着眼于未来的关于人与人、人与自然关系的道德理想。作为理想形态的见义勇为,其活力就在于对现实道德的改造和提升。

尽管见义勇为以道德义务的命令形式,向社会成员提出"你应该"的要求,但是,这种要求充分考虑了每个社会成员的认知水平和行为能力,它只对那种有一定认知水平和行为能力的人追究法律责任和道德责任。既然有人遵从"择其不善而为之"的行为,那也就是说,现实中的许多东西有待改善,应当过渡到新的未来的理想形式,那么每个人都应当为这种过渡创造有利的条件。在过渡过程中,个人的见义勇为行为,成为连接现在和未来的桥梁。"应该的东西表现为理想与现实之间的中间环节。它是存在的东西和理想的东西之间的过渡阶段。"③所以,本质上说,见义勇为是对现实人际关系的超越,以"应该"的形式体现出来。"应该"就是联结理想和现实的纽带和桥梁。

(二)不完全道德义务能转化为完全道德义务

在《政治学》一书中,亚里士多德提出:"从本质上讲人是一种社会性动物;那些生来离群索居的个体,要么不值得我们关注,要么不是人类。社会从本质上看是先于个体而存在的。那些不能过公共生活,或者可以自给自足不需要过公共生活,因而不参与社会的,要么是兽类,要么是上帝。"④马克思也认为,人的本质在其现实性上是一切社会关系的总和。生活在社会中的个体有着不同的物质和精神利益,由此必然会产生不同利益之间关系的矛盾性存在。为了维护社会整体利益,每个个体都应该服从共同制定的行为规范的约束,以使得对个体利益的追求不至于瓦解自己所在的共同体的存在基础,这就是道德存在的依据。在道

①　魏英敏.新伦理学教程[M].北京:人民出版社,1993:562.
②　北京大学哲学系外国哲学史教研室.古希腊罗马哲学[M].北京:商务印书馆,1961:107.
③　科诺瓦洛娃.道德与认识[M].杨远,石毓彬,译.北京:中国社会科学出版社,1983:39.
④　阿伦森.社会性动物[M].邢占军,译.上海:华东师范大学出版社,2007:前言页.

德规范的调节下,每个个体求其该求,予其所予。尽管说,道德归根到底是社会经济关系的反映,不同时代社会经济关系性质决定着不同道德体系的性质。但不可否认的是,道德是调整个人与他人、个人与社会、人与自然之间行为规范的重要精神力量。道德权利是指道德主体基于一定的规范原则、道德理想而享有的维护自己利益的自由和地位。倘若一个人在道德上有权利做某事,那就意味着,只要他做出道德上肯定的事情,别人就无权干涉和谴责。比如说,"切勿偷盗"的道德规范,在很大程度上保证了个体对自己合法财产的享有权、支配权。

"义务"(duty)一词,原本有欠债应还之意。密尔在解释"义务"时就提出:"义务是可以强索的,像债务可以强索一样。"由此可见,义务一词本义与相应的权利密切相关。比如,法律权利与法律义务就相互依存、相互对应、互为条件。后来在实践发展中,义务一词逐渐获得了更为宽泛的意义,"它不只是意指与他人的权利要求相应的行为,而且还意指源于法律和某种更高权威的要求的行为,或是源于人的道德良心的要求的行为,这样一来,该词与他人的权利要求相对应的意义就被淡化了许多,而变成了一个意指所有无论出于何种理由我们都应当为之的行为的术语,并且具有更浓厚的道德色彩"[1]。道德义务,强调的是生活在社会中的个体所感受到的对社会、对他人以及对自然界应有的一种职责、任务和使命。美国学者博登海默认为,在道德价值这个等级体系中,可以区分出两类要求和原则。第一类包括社会有序化的基本要求,避免暴力和伤害、忠实地履行协议、协调家庭关系、对群体的某种程度的效忠均属于这类基本要求。第二类道德规范包括那些极为有助于提高生活质量和增进人与人之间的紧密联系的原则,慷慨、仁慈、博爱、无私等价值都属于第二类道德规范。博登海默认为两类道德中,第二类则不能转化为法律规则。[2]

这里自然就关涉到两种义务的话题,即完全义务与不完全义务的区别。第一类道德要求属于完全义务,也被称为严格义务、强制义务。说它是"完全强制性义务",因为如果没有这种道德义务的存在,整个社会的道德秩序乃至基本社会秩序都难以维持。任何一个社会为了维护其存在,都必须倡导这种公正的社会道德机制。这种完全强制义务,在法律上表现为伤害禁令,是对消极权利的一种应答,具有强制执行力。"因为只要义务是我们对于他人应完成的任务,则这些他人便对我们享有权利。而只有消极权利就像与之相应的严格义务那样被视为法律上具有强制力的东西……由于这样一种基于权利上的义务的关系,康德

---

① 余涌.道德权利研究[M].北京:中央编译出版社,2001:71-72.
② 博登海默.法理学:法律哲学与法律方法[M].邓正来,译.北京:中国政法大学出版社,1999:118.

也称严格义务为法律义务。"[1]第二类道德要求属于不完全义务,这种不完全义务是一种"自由的自我强制",通常被称为可赞赏的义务、积极义务。在康德看来,这种积极义务,并没有强制性诉求的特定权利与之相适应。相对于伤害禁令,不完全义务是指主动援助,也即援助律令,但不具有强制执行力。"在康德看来我们被呼唤相互行善,知道我们都是有限的和可伤害的生物,但在履行这种德性义务之时,就帮助谁、帮助什么这一点而言我们是自由的。"[2]叔本华同样认为对援助律令的不遵守不应受到惩罚。

很显然,"见义勇为"行为属于不完全道德义务,不具备强制执行力,不能上升为法律规定。因为它具有道德理想的内涵。毕竟在面对社会、集体、他人的合法权益遭受损害时,人们还是有很多自身的利益需要考虑。正如我们不能通过法律强迫人们捐款一样,我们也不能强迫所有的人都不做旁观者。但在某些特定情况下,不履行不完全义务等同于听任恶行的发生,其结果又无异于主动作恶。"依此我们必须把应给予的但又没有去实施的援助理解为一种特殊形式的伤害:尽管我对于孩子的死不负责任,但我们也可以将拒绝援助理解为是认同孩子的死亡,因此不能理解为只是不作为,而是对他的死亡的积极的支持,因而是一种对孩子免于死亡的消极权利的侵害。"[3]因此,在特定情况下,拒绝见义勇为不能简单地被理解为行为上不作为,而应理解为对他人痛苦和灾难的积极支持。所以在特定情形下,人们就可以把不完全义务(援助律令)上升为具有强制执行力的完全义务(伤害禁令),即不帮助就等同于伤害,而见义勇为便上升为一种必须履行的强制性义务。

当然,这里并非要抹杀完全义务与不完全义务、援助律令与伤害禁令的本质区别。"某些不完全义务上升为完全义务,必须满足两个基本前提:第一,需受援者由于灾难、疾病、饥荒而处于重大生死关头,拒绝施援无异于加速其死亡。换言之,听任死亡与促成死亡在结果上是一样的。第二,援助者无需付出巨大代价。也就是说'通过承担援助义务产生的代价(某些自由或财产上的限制),比起抗击威胁生命这样的罪恶所带来的好处,要低得多'。"[4]比如说孩子落水,如果

---

① Franz Josef Wetz(Hg.). Ulrich Steinvorth:Globalisierung-Arm und Reich[J]. Kolleg Praktische Philosophie. Bd. 4,Stuttgart,2008,S. 173.

② Franz Josef Wetz(Hg.). Ulrich Steinvorth:Globalisierung-Arm und Reich[J]. Kolleg Praktische Philosophie. Bd. 4,Stuttgart,2008,S. 173.

③ Arbara Bleisch,Peter Sehaber(Hg.). Weltanmut und Ethik[M]. Einleitung:Paderborn,2007,S. 20.

④ Franz Josef Wetz(Hg.). Ulrich Steinvorth:Globalisierung-Arm und Reich[J]. Kolleg Praktische Philosophie. Bd. 4,Stuttgart,2008,S. 178.

只是弄脏救援者的衣裤,就能救起孩子,在这样一种情形下,拒绝救援的行为当事人就应当承担相应的道德和法律责任。对此,罗尔斯也说:"一种对于他人非常好的行为,如果就行为者而言代价和风险都不是很大的话,便是一种自然义务。"①

二、见义勇为的个体道德价值②

见义勇为并非高不可攀,遥不可及。关键时刻,舍己救人、舍生取义,是见义勇为的一种表现形式;在遇到他人处于危难之时,拨打求助电话,也是见义勇为的一种表现形式。旁观现象的存在,并不是人们不清楚"见义勇为"是崇高美德,而是开始质疑:我为什么需要帮助他人? 长期以来,我们一直注重正面积极的应然教育,如人"应该"讲道德,为了成就道德"应该"无条件地舍己奉献,甚至自我牺牲。但问题是,道德行为是否具有个体价值? 如果没有,个体又怎能自觉自愿地循"道"而为呢? 从道德"求善"的角度来看,这个问题似乎是多余的。但个体总是要食人间烟火的,"任何人如果不同时为了自己的某种需要和为了这种需要的器官而做事,他就什么也不能做"③。

(一)见义勇为是个体获得良好人际关系的重要条件

中国古代思想家荀子认为,人是群居动物,"力不若牛,走不若马,而牛马为用,何也? 曰:人能群,彼不能群也。人何以能群? 曰:分。分何以能行? 曰:义。故义以分则和,和则一,一则多力,多力则强,强则胜物"(《荀子·王制》)。人在体力和速度上赶不上牛马,而人的能力却远超牛马,究其原因就在于人能够结成各种群体。通过礼仪道德,人与人能够进行必要的分工合作,和睦相处,因而能战胜其他物类。通过考察人类社会历史的发展,马克思指出,人"不仅是一种合群的动物,而且是只有在社会中才能独立的动物,孤立的一个人在社会之外进行生产——这是罕见的事"。④ 既然现实的人不是孤立的个体,而是生活在特定的人际关系网络之中,那么,怎样维护良好的人际关系网络,便成为每个个体不得不面对的现实考量。

从根本上说,人际关系的性质取决于经济关系的性质,资本主义私有制决定了资本主义社会"人人为自己,上帝为大家"的人际关系,社会主义公有制则决定

① 甘绍平.伦理学的当代建构[M].北京:中国发展出版社,2015:349.
② 陈伟宏,黄岩.道德的个体价值[J].江西社会科学,2014(1):35-39.
③ 马克思,恩格斯.马克思恩格斯全集:第3卷[M].中共中央马克思恩格斯列宁斯大林著作编译局,译.北京:人民出版社,1960:286.
④ 马克思,恩格斯.马克思恩格斯文集:第8卷[M].北京:人民出版社,2009:6

了社会主义"人人为我，我为人人"的人际关系基调。但在个体所处的特定的小环境中，每个个体的道德言行与修养，则在很大程度上决定了其所处的人际关系"基调"。一般来说，当别人处于困难时能够伸出援助之手的人，更容易获得一种"社会的认同感"。正常情况下，你帮助了别人，被帮助的人会因此感谢你，并在你需要帮助的时候给予你帮助，"善有善报"讲的就是这个道理。一个人如果能够积极行动起来，让社交群体感受到他在为集体和他人的利益做事，社会上的大多数人就能给予其正面的、积极的评价，那么他就处于良好的人际关系之中。"整个来说，做出贡献的人也会得到报答，即赢得热心为群众做好事的美名，即使该群体现有人员中亲自得到过他的招待的人已不多，人们仍然会记得他。"①我们生活在这个世界，每天都要与家人、邻居、朋友、同事等相处，人际关系处理得好，不仅能够让我们左右逢源、生活愉快，而且还能让我们办事得心应手。基于此，人们常常把道德理解为"处世秘诀的经验""处世之道"。"德不孤"者，"必有邻"；"德高"者，必"望重"，其生活和工作自然有更多的如愿之处。反之，那些看到别人有困难而不愿伸手援助的人，则多为孤家寡人，困难重重。从这个意义上说，见义勇为这种"利他"行为，内在地包含着"利己"。因为"利他"中的"他"是包含在你我他在内的具有普遍性的"他"，"利他"体现的是人们的共同利益。

就行为者个体而言，强调道德的功利性确实凸显了强烈的世俗性，但从实际生活来看，人们遵守道德的一个重要原因就在于道德能给个体生活带来利益与好处。主张"兼爱"的墨子对此认识非常深刻，他说："夫爱人者，人必从而爱之；利人者，人必从而利之；恶人者人必从而恶之；害人者，人必从而害之。"（《墨子·兼爱中》）德国著名伦理学家包尔生也认为，人们通过自己对道德的思考，都会明白"善良的人活得好，而邪恶的人活得糟"这一伟大和基本的真理。有人也许会说，"讲道德"未必能得到相应的利益回报，甚至有时还会遭到人家的挖苦、嘲讽。"英雄流血又流泪"的现象在现实生活中确实存在。但它是非本质的、个别的现象。任何有人群存在的地方，其行为必然会有高尚与卑鄙之分。总体而言，人心总是向善的，社会舆论最终是公正的。正如法国思想家伏尔泰所言："无论在何时何地，为公益事业做出最大牺牲的人，从来都被认为是最有道德的人。"②

强调见义勇为行为与利益获得的密切联系，并非纯粹实用主义的观点。它所关注的焦点是：社会应构建起赏罚分明的责任机制，行善就应该而且也能够得福。只有让每一个成员确信自己的个人利益就在他捍卫、维护的社会公共利益

---

① 托马斯·雅诺斯基.公民与文明社会[M].柯雄,译.沈阳:辽宁教育出版社,2000:104.

② 葛晨虹.人性论[M].北京:中国青年出版社,2001:114.

之中，人们才能在感受德行美好的同时享受到德行带来的实际利益，进而自愿自觉地履行道德义务，真正成为社会生活自在自为的主人。

（二）见义勇为是个体自我实现的重要途径

人的需要是一个从低层次向高层次不断发展的过程，"已经得到满足的第一个需要本身、满足需要的活动和已经获得的为满足需要而用的工具又引起新的需要"①。这里所说的需要，既有物质层面的需要，也有精神层面的需要。美国人本主义心理学家马斯洛认为，人的内在需求是一个开放的、梯形的多层次追求系统，包括：（1）生理需求；（2）安全需求；（3）归属和爱的需求；（4）尊重的需求；（5）自我实现的需求。当个体的低层次需求得到满足以后，就会受到更高层级需求的驱动，人们对需要层次追求的不同，导致人的价值观和认知境界的差异性，"已得到足够的基本满足继而寻求爱和尊重（而不是仅仅寻找食物和安全）的人们，倾向于发展诸如忠诚、友爱，以及公民意识等品质，并成为更好的父母、丈夫、教师、公仆等等"②。自我实现的需求是人类最高层级的需求，自我实现的人是"在任何时候都不会感到焦虑、空虚和孤寂，以及不会有自卑感等不健全感情的人"③。自我实现的人能够"为了某一特殊使命，某一超于个人之外的或比个人更为重要的事业，为了某些不夹杂私利、某种与个人无关的事业而牺牲自己，或把自己献身给'圣坛'"④。

人们生活在这个世上，不仅像动物一样，需要活着，还要去寻求生活的意义与价值，去追求自我实现的价值。在《青年在选择职业时的考虑》的一文中，马克思写道："人类的天性本来就是这样：人们只有为同时代人的完美、为他们的幸福而工作，才能使自己也达到完美……历史承认那些为共同目标劳动因而自己变得高尚的人是伟大人物；经验赞美那些为大多数人带来幸福的人是最幸福的人；宗教本身也教诲我们，人人敬仰的理想人物，就曾为人类牺牲了自己——有谁敢否定这类教诲呢？"⑤马克思所说的"天性"，就是人的道德存在。正是道德的存在赋予人生的意义和价值，使个体由"小我"走向"大我"，由"世俗"走向"高尚"，由"平凡"走向"伟大"。

对个体而言，道德行为既具有工具性价值又具有目的性价值，这已为历史上

① 马克思，恩格斯. 马克思恩格斯全集：第3卷[M]. 中共中央马克思恩格斯列宁斯大林著作编译局，译. 北京：人民出版社，1960：32.
② 马斯洛. 自我实现的人[M]. 许金声，刘锋，译. 北京：生活·读书·新知三联书店，1987：164.
③ 马斯洛. 马斯洛谈自我超越[M]. 石磊，译. 天津：天津社会科学院出版社，2011：35.
④ 马斯洛. 马斯洛谈自我超越[M]. 石磊，译. 天津：天津社会科学院出版社，2011：37.
⑤ 马克思，恩格斯. 马克思恩格斯全集：第40卷[M]. 中共中央马克思恩格斯列宁斯大林著作编译局，译. 北京：人民出版社，1982：7.

众多伦理学家所洞悉。功利主义者穆勒认为:一方面,幸福或快乐是人生目的,除了美德利于取得快乐,尤其是有利于免却痛苦以外,人没有本来要追求美德的欲望或动机,假如有美德他不觉得快乐,没有美德他不觉得痛苦,他就不爱好美德了;但另一方面,美德是应该欲望的,并且应该不计功利地欲望美德,应该为美德自身而要美德。① 包尔生也看到了道德行为的双重意义,他说:"用来实现完善的生活的手段并不只是一种没有独立价值的、外在的、技术的手段,而是同时构成了完善的生活内容的一部分。正像营养学的手段(工作与锻炼、休息与睡眠)是生命的功能,同时又构成身体生活的成分一样,德性及其实行也构成了完善生活的内容。"②

"唯有当我从非我中解放出来,拒绝非我对我的控制、拒绝按照非我的法则生存,并且坚持按照内在于我的法则与规律生存,这时,我才能成为真正的我自己。"③见义勇为是一种奉献社会的高尚道德品质,见义勇为者在奉献社会的过程中,不仅可以减少面对别人的不幸而造成的心理压力,而且常常能感受到内在道德良心的肯定,感受到自己的人格价值,从而激起自己的荣誉感、满足感和幸福感。高尔基在给小儿子的一封信中曾说:"如果你永远地,整个一生都给人民留下美好的东西——花朵、思想、关于你的光荣回忆,那末,你的生活就会轻松愉快。"④个体在帮助他人的过程中,能够体验他人的存在和生命意义,体验人性的光辉和卓越,从而为自己的行为而自豪,并借此达成个体德性完善的目标。

三、见义勇为的社会道德价值

人是一种社会性动物。达尔文在《人类的由来》一书中指出:"同情心毕竟是社会性本能的一个主要的组成部分,并且,说实在话,是它的基石。"⑤这里的"基石"充分表达了"互助"对于维持社会性动物存在的作用。为了更好地说明"互助"的基石性作用,达尔文向我们介绍了自然学家勃瑞姆所见到的一种场景:"一只老鹰抓住了一只幼小的长尾猴,由于小猴缠住树枝不放,老鹰没能把它立刻带走,小猴大声呼救,猴群的其他成员闻声赶到,一时叫声大起,包围了老鹰,拔下了它的大量的羽毛,老鹰情急,只想逃命,再也顾不到所要捕食的小猴了。勃瑞姆说,这只老鹰肯定再也不会向猴群中的一只猴子进行袭击了。"⑥达尔文非常

① 穆勒.功利主义[M].北京:商务印书馆,1957:38-41.
② 包尔生.伦理学体系[M].何怀宏,译.北京:中国社会科学出版社,1988:10-11.
③ 马斯洛.马斯洛谈自我超越[M].石磊,译.天津:天津社会科学院出版社,2011:176.
④ 高尔基.高尔基作品选[M].北京:中国青年出版社,1956:32-33.
⑤ 达尔文.人类的由来:上册[M].潘光旦,胡寿文,译.北京:商务印书馆,2005:150.
⑥ 达尔文.人类的由来:上册[M].潘光旦,胡寿文,译.北京:商务印书馆,2005:154.

赞同关于人与低等动物之间最主要的差别,就在于道德感或良心。他借用康德的话语说:"道义!这是何等崇高得令人惊奇的思想啊!见义勇为,既无需婉转示意、曲意奉承,更不用武力胁迫,而只要把你灵魂里的赤裸裸的法则高高举起,从而不断地用虔敬的心情乃至委顺的心情,激励你自己;在这个法则面前,一切情欲,尽管暗地里反抗,却终于成为哑巴,销声匿迹;你的原形不就是从那里学来的么?"①见义勇为这种崇高得令人惊奇的思想,其道德价值主要体现在维持社会群体性存在以及引领社会风尚两个方面。

(一)见义勇为精神是人类社会赖以存在的基石

社会是由个体组成,维护个体的生存,无疑是社会存在的前提条件。没有个体生存,其他的一切都将无从谈起。马克思主义经典作家在考察道德起源的时候,将唯物主义方法应用于对人的考察,"人们为了能够'创造历史',必须能够生活。但是为了生活,首先就需要吃喝住穿以及其他一些东西"②。在原始社会时期,社会生产力水平极端低下,任何一个氏族和部落都是非常脆弱的,如果它们不能协调一致,它们就很难在与大自然的搏斗中、在与其他氏族的角逐中生存下来,因此,它们必须以群体的联合力量和集体行动来弥补个人生存能力的不足,将勇敢、刚强、勤劳、协作等视为最基本的道德规范。

随着劳动分工的发展、剩余产品的出现,个人与群体的直接同一性遭到了破坏。朴素的道德观念遭遇到空前的冲击,"庸俗的贪欲、粗暴的情欲、卑下的物欲、对公共财产的自私自利的掠夺"出现了,"最卑鄙的手段——偷窃、暴力、欺诈、背信"也出现了。③之所以冷酷的社会环境并没有摧毁一切,人类依然在不断前行,其原因就在于生活在一定社会中的个体,总是有着许多共同的需要、愿望、目标和目的。"为了满足这些需要,人们必须确立和遵循这样的道德原则,这些原则鼓励他们相互合作,使他们不必担心被杀死、被残害、被偷窃、被欺骗或欺诈、被严格管制或监禁。"④可以说,越是在人际关系恶劣时,这种共同需要就越是能得到彰显。

现代科学技术的发展,核武器、基因武器的出现,以及日益严重的环境污染等,使得人际关系呈现出越来越复杂的态势。老子在《道德经》中写道:"夫兵者,不祥之器。"核武器不仅可以在一瞬间使数千万人化为灰烬,而且有评估称100

---

① 达尔文.人类的由来:上册[M].潘光旦,胡寿文,译.北京:商务印书馆,2005:149.
② 马克思,恩格斯.马克思恩格斯全集:第3卷[M].中共中央马克思恩格斯列宁斯大林著作编译局,译.北京:人民出版社,1960:31.
③ 马克思,恩格斯.马克思恩格斯全集:第21卷[M].中共中央马克思恩格斯列宁斯大林著作编译局,译.北京:人民出版社,1965:113.
④ 蒂洛.伦理学——理论与实践[M].孟庆时,程立显,刘建,译.北京:北京大学出版社,1985:30.

枚核弹爆炸会引发气候剧变,毁灭人类。"风险社会理论"代表乌尔里希·贝克认为,经济的高速发展带来了现代性的断裂,人们生活在"文明的火山"上。科技发展所带来的破坏力,远远超出了人类的想象力。如何才能避免、减弱"文明的副作用"已经成为当今社会亟待解决的现实问题。1988年1月,全世界75位诺贝尔奖获得者在巴黎集会,寻找"能使人把自己的命运引向太阳而不是引向深渊"的答案。大会发表的宣言呼吁:"如果人类要在21世纪生存下去,必须回头2500年,去吸取孔子的智慧。"孔子智慧的核心就是"仁",就是"知人""爱人""泛爱众""爱类""爱物"的伦理智慧。《核不扩散条约》《海洋倾废公约》《濒危物种国际贸易公约》《21世纪议程》等一系列国际公约的签订,其目的就在于维护人类社会的存在与发展。这些公约内在的伦理精神实质就是"爱人""爱物",就是见义勇为的互助合作精神。

（二）见义勇为是维护社会公平正义的强大力量

2014年,中央政法委书记孟建柱在会见见义勇为英雄模范代表时指出:"要大力褒奖见义勇为行为,大力学习宣传见义勇为英雄模范的崇高品质和英雄气概,让见义勇为精神在中华大地上发扬光大,汇聚维护社会公平正义,推进平安中国建设的强大正能量。"[①]见义勇为是社会风气的晴雨表,是社会道德的风向标。社会生活的复杂性以及个体自身的修养程度不同,决定人们实际道德意识存在差异性。比如中国古代就有小人、君子、贤人、仁人、成人和圣人等几个层次的划分。至于个体究竟能达到哪个境界,关键在于人们后天的主观努力。威廉斯说过:"社会的和谐绝不可能在每个人都顽固地坚持自己的一系列乖僻行为的情况下达到,而只能通过个人依靠自然组织而达成相互融洽的那些习惯和欲望的逐渐成形来达到。"[②]社会公平正义氛围的形成,乃是点滴的个性行为构成的,其中见义勇为者的示范效应扮演着非常重要的角色。

社会正义,是指一个社会要有明确的是非标准,谴责歪风邪气,打击邪恶势力。休谟曾经提到:"没有单个人之间的联结,人类本性绝不可能存续;而不尊重公道和正义的原则,单个人之间的联结又绝不可能发生。"[③]在中国传统文化中,正义既是个体道德要求,也是良好社会风气的保证。就个体而言,"所谓义者,为人臣忠,为人子孝,少长有礼,男女有别;非其义也,饿不苟食,死不苟生"(《商君书·画策》)。就国家社会而言,"义正者,何若?曰:大不攻小也,强不侮弱也,众

---

①　孟建柱.发扬见义勇为精神维护公平正义[J/OL].(2014-07-28)[2018-03-21].http://www.mzyfz.com/cms/xinwenzhongxin/redianguanzhu/html/1581/2014-07-28/content-1069625.html.

②　弗兰克·梯利.伦理学概论[M].何意,译.北京:中国人民大学出版社,1987:180.

③　休谟.道德原则研究[M].曾晓平,译.北京:商务印书馆,2001:57.

不贼寡也,诈不欺愚也,贵不傲贱也,富不骄贫也,壮不夺老也。是以天下之庶国,莫以水火、毒药、兵刃以相害也"(《墨子·天下志》)。马克思、恩格斯反对抽象地谈论正义,认为正义的内涵随着生产关系而变迁,但"如果群众的道德意识宣布某一经济事实……是不公正的,这就证明这一经济事实本身已经过时"[①]。从一定意义上来说,公平正义是整个人类社会追求的理想目标。见义勇为作为中华民族的传统美德,其本义就在于看到合乎正义的事情就勇敢去做。它既可以表现为在日常生活突发问题上的敢作敢为,也可以表现为在大是大非前的舍生取义、敢于担当。见义勇为者"疾恶如仇",能够路见不平一声吼,该出手时就出手,其价值意义不仅在于公民个体德性的完善,更在于它对社会道德风尚的引领,对社会正义的维护。

在突发性紧急事件中,"从众"是一种较为普遍的心态,即"别人都无动于衷,我为什么要插手",这极易导致旁观者普遍冷漠的出现。从犯罪心理学的角度来看,每一个作恶者的内心都是惶恐的,生怕被别人发现。如果有人发现,却没有出面制止,只能更加助长犯罪分子的嚣张气焰。有过这种经历的作恶者,会变得更加肆无忌惮,甚至在众目睽睽之下也敢公然作恶。但如果此时有人愿意挺身而出,以不畏艰难的姿态呼唤周围群众,旁观人群就可能被其勇气感染,加入到制止恶行的队伍之中,从而转化为见义勇为者。作恶者在正义力量面前或许束手就擒,或许抱头鼠窜。有过这样经历的作恶者,极有可能被强大的正义力量吓破了胆,从此不敢作恶,或者甚至改邪归正。例如,2014 年 10 月18 日,山东德州市临邑县临盘综合大市场从事蔬菜批发生意的尹红亮,听到有人大喊"有人偷我的钱,抓住他",立刻冲了上去。小偷突然从腰中抽出一把 20厘米长的匕首回身对他挥舞,歹徒的凶恶激发了尹红亮的斗志,也激起了周围群众的愤怒。大家纷纷上来帮忙。一位群众抓住小偷拿匕首的手腕,尹红亮趁势冲上前夺下匕首。[②]

见义勇为对社会正义的维护,不仅体现在紧急事件突发之时,更体现在见义勇为精神对整个社会风气的引领作用,"某种个体道德一旦形成,又往往成为同性质社会道德必然性形成的前导"。[③] 人们常说,"榜样的力量是无穷的"。一个牵动人心的榜样,只要他体现道德上理想的人格,只要他的行为能得到社会舆论的充分褒奖和肯定,必然激起千百万人的学习和效仿,因为"人只能用人

---

① 马克思,恩格斯.马克思恩格斯全集:第 21 卷[M].中共中央马克思恩格斯列宁斯大林著作编译局,译.北京:人民出版社,1965:209.

② 王泽民.抓小偷,他迎着尖刀冲上去[N].齐鲁晚报,2015-01-06.

③ 罗国杰.伦理学[M].北京:人民出版社,1989:69.

来建树……只有人格才能影响到人格的发展和稳定"①。在《伦理学的起源与发展》一书中,克鲁泡特金指出:"新伦理学的职责便在于把那些理想——那些能够激起人们的热诚,而且将建设一个结合个人能力以谋万人福利的生活形态所必需的力量给予人们的理想注入在人们的脑中。"②"伦理学的功能不是坚执着人的缺点,而来责难他的罪过,伦理学应该做积极的工作,来诉于人的最优美的本能。"③见义勇为者之所以能让我们感动,让我们格外振奋,是因为他们用自己的爱心和善行,在危急时刻做出了英雄之举,展现了人间大爱。在他们身上,我们感受到了人性之美,感受到了社会正气。

第二节　旁观者向见义勇为者转化的个体之为

马克思曾经说过:"道德的基础在于人类精神的自律。"④所谓"自律",主要强调个体对自我行为的约束和控制。"有两种东西,我们愈时常、愈反复加以思维,它们就给人心灌注了时时在翻新、有加无已的赞叹和敬畏:头上的星空和心中的道德法则。"⑤康德所赞叹和敬畏的内心道德法则,就是从他律转化为自律的道德规范。主体只有不把见义勇为视为枷锁、负担时,他才能够在他人受困时,积极采取行动,并真实感受到神圣的道德崇高体验。"为仁由己",人是个体存在物,也是社会存在物,但首先是个体存在物,离开了主体自身的道德修养,任何见义勇为行为都不可能产生。因此,个体道德修养理应成为有效转化旁观者的逻辑前提。形成个体道德修养的循序渐进性规律,决定了个体见义勇为精神的培育也是一个潜移默化、逐步形成发展的过程。关于道德的修养,中国古代的思想家们提出过许多行之有效的方法,如学思结合、慎独自律、克己内省、积善成德等。对于见义勇为精神的培育,应遵循知行统一的思路,从道德修养自觉性的提升增强、道德自我的限制与反省、道德生活的投身与体验、道德信仰的培育与确立等多个方面进行探讨。

一、道德修养自觉性的提升与增强

道德修养是指个人在道德意识、道德行为方面,自觉地按照一定社会或阶级

---

①　崔相录.德育新探[M].北京:光明日报出版社,1987:132.

②　周辅成.西方伦理学名著选辑:下卷[M].北京:商务印书馆,1987:566.

③　周辅成.西方伦理学名著选辑:下卷[M].北京:商务印书馆,1987:568.

④　马克思,恩格斯.马克思恩格斯全集:第1卷[M].中共中央马克思恩格斯列宁斯大林著作编译局,译.北京:人民出版社,1956:15.

⑤　康德.实践理性批判[M].关文运,译.北京:商务印书馆,1960:164.

的道德要求所进行的自我审度、自我教育、自我完善的活动。① 中国古代思想家张载提出道德修养目的就在于"变化气质",即将妨碍良知出现的"恶"气质转变为"中"气质,进而再将"中"转化为"善"。"玉不琢不成器,人不学不知义",个体在发展过程中,只有不断经过打磨切磋,其道德能力才能提高,道德品质才能完善。"我欲仁,斯仁至矣"(《论语·述而》)讲的就是这个道理。个体的道德品质不仅体现在个体的世界观、人生观、价值观上,而且也体现在个体的日常工作、生活和社会交往之中,体现在一言一行之中。现实社会生活中,常常有多种对立的道德观念的冲突和斗争,这些冲突和斗争必然会反映在主体自身的内心世界之中,需要道德主体的自觉选择。列宁曾说过,旧社会环境教育出来的人,从吃奶的时候起就染上了旧的心理、习惯和观点,成为只关心自己而不顾别人的人。在社会主义初级阶段环境中成长起来的一代人,同样会受到一些旧道德、旧观念、旧思想的影响。此外,资本主义社会中的拜金主义、享乐主义、极端个人主义等思想也不可避免地会侵入我们的意识,因此,自觉地同落后的、消极的思想斗争就显得尤为必要。这种内心深处的斗争,常常伴随着个人利益的牺牲,因而是很困难的甚至是痛苦的。因此,人们常常把道德修养比喻为自己同自己"打官司"。

"自己跟自己打官司"是原告与被告的对抗过程,"原告"就是维系人类社会生活秩序的、被主体所认可的优秀社会道德原则与规范,"被告"就是受个人利益驱动或消极道德观念影响而形成的负面的观念、品质与行为。"法官"则是主体内在的道德良心和责任感。"法庭"就设在为别人所看不见的主体心中。黑格尔说:"良心是自己同自己相处的这种最深奥的内部孤独,在其中一切外在的东西和限制都消失了,它彻头彻尾地隐遁在自身之中。"② "原告""被告""法官""法庭",均系于道德修养主体自身。"原告"能否战胜"被告","法官"的裁决可否做到公平公正,"执法官"能否对法庭裁决不折不扣地执行,都取决于修养者本人的自觉性。修养者只有主动向善,严格解剖和纠正自己,才能有善心、善行,并成就自己高尚的道德品质。反之,就必然会容忍恶德,产生恶行。邹韬奋在谈到自觉的意义时,就说:"自觉有何长处,便当极力保存而更发扬光大;自觉有何短处,便当极力避免而更奋发有为,自觉心所以能成为进步之母者,即在于此。若自觉有所短而存在自贱的心理,便是自甘永居卑劣的地位,所得的结果是颓废,不是进步。"③

然而,在现实生活中,人们在道德修养问题上常常存在一些错误认识,主要

---

① 思想道德修养与法律基础[M].北京:高等教育出版社,2015:137.
② 黑格尔.法哲学原理[M].范扬,张企泰,译.北京:商务印书馆,1961:139.
③ 邹韬奋.韬奋文集:第1卷[M].北京:生活.读书.新知三联书店:1978:38.

有以下几个方面。

第一，轻视道德修养，以不拘"道德小节"为荣。古人云：不以善小而不为，不以恶小而为之。个体只有平日里注重道德修养，时时检视自己的思想和行为，才能养成浩然之气，在社会与他人需要的时候，做出符合社会道德规范要求的善行。

第二，对自己采取形而上学的态度，认为自己在道德上是完美的。有的人总是高高在上，认为自己是完美的，不需要改造。他们就像童话中的某些人，前后背着两个口袋。前面的口袋装着别人的缺点和自己的优点，后面的口袋装着别人的优点和自己的缺点。看别人时永远只能看到缺点，而看自己则只能看到优点。刘少奇同志在《论共产党员的修养》中曾经指出："我们应该把自己看作是需要而且可能改造的。不要把自己看作是不变的、完美的、神圣的、不需要改造的、不可能改造的。我们提出在社会斗争中改造自己的任务，这不是侮辱自己，而是社会发展的客观规律的要求。如果不这样做，我们就不能进步，就不能实现改造社会的任务。"①共产党员应该如此，每一个公民都应该如此。任何事物都是发展变化的，多少曾经的榜样、英雄人物，由于放弃对自己思想的改造，骄傲自满、故步自封，以致被时代所淘汰，甚至沦为"阶下囚"。

第三，在市场经济环境中，认为"谈修养吃亏"。有的人错置了物质文明和精神文明的位置，认为市场经济大潮中，应该"一切向钱看"，谁讲修养谁就吃亏。这种思想和认识毫无疑问是错误的。伦理学上有个理论叫"德福律"，强调"德"和"福"具有一致性，比如讲诚信的商家能赢得更多顾客的青睐，喜欢帮助他人的人能赢得更多人的帮助。当然，在现实生活中，也存在一定的"有德无福"现象，比如救人反被讹，但这类现象毕竟只占极少部分比例。再者，衡量人生价值的标准主要是个体对社会和他人所做的贡献。个体严格要求自己，以"吃亏是福"为人生信条，有时确实可能会失去某些物质或其他方面的利益。但通过道德行为，主体能提升自己做人的境界，真正成为一个高尚的人、一个有道德的人、一个脱离了低级趣味的人、一个有益于人民的人，这是任何金钱、物质、名利、地位都换不来的。

增强道德修养的自觉性，不仅要从思想上认清上述三种错误观点的本质，还必须按照以下要求采取切实行动。

首先，要有进行道德修养的强烈动机。正确而强烈的修养动机，是发动和维持高层次修养行为的力量源泉。康德认为，道德就是一种义务、一种职责的存在，他说："对于人类和一切被造的理性存在者来说，道德的必要性就是一种强

---

①　刘少奇.论共产党员的修养[M].北京:人民出版社,1997:2.

制,一种义务,而以此为基础的一切行为都当被视作一种职责。"①在他看来,一切强烈的道德动机,其实质就是对道德法则的敬重,对维护社会共同体存在发展的敬重。这种敬重是牺牲行为主体自身私利的一种认同,它是道德法则对行为者的结果,而不是原因。主体只有尊重和敬仰道德法则,才能以满腔热情自觉自愿地去学习、思考和体验,从而进一步提升自身的道德境界。康德说,如果"我们真有一天能够由于自己的意志与纯粹道德法则密合无间,习惯成性,坚定不移,使自己不需要对法则的敬重(这种敬重含有恐惧成分,至少也含有怕犯过失的心理),就可以如完全不受任何牵挂的神明一样,具有了圣洁的意志,到了那时,道德法则对于我们就终于不再是一道命令"。② 尽管康德所提到的状态是一种理想状态,但只要人们有强烈的道德动机,并愿意在实际生活中去践行道德理想,敬畏就会转化为偏好,转化为喜爱,这一点是毋庸置疑的。

其次,要主动学习道德知识,增强自己明荣知耻的认知基础。苏格拉底曾提出"美德即知识"的道德命题。在他看来,懂得道德知识的灵魂就是善的灵魂,一个人只要懂得了行为的原则和规范,就会做出道德的行为。"没有人有意追求邪恶的东西或者他认为是邪恶的东西。趋恶避善不是人的本性。"③尽管说,苏格拉底的"知行绝对统一观",有明确的缺陷,但良好的道德认知是正确行为的前提,这一点却是确定无疑的。孔子说:"好仁不好学,其蔽也愚;好知不好学,其蔽也荡;好信不好学,其蔽也贼;好直不好学,其蔽也绞;好勇不好学,其蔽也乱;好刚不好学,其蔽也狂。"(《论语·阳货》)人们只有了解道德知识,才能接受并内化其要求,真正按照道德要求行动。以"八荣八耻"为核心的社会主义荣辱观,明确提出"以团结互助为荣,以损人利己为耻",团结互助是维护社会和谐稳定发展的重要道德规范。在集体中,团结就是力量,团结就是胜利。如果个体真正把道德学习作为一种追求,一种健康的生活方式,那么他就能够了解这些道德知识,认同这些规范,并做出符合社会规范要求的行为。

再次,要以"除恶务尽"的态度,持之以恒地进行道德修养。千里之堤,毁于蚁穴;防微杜渐,始于点滴。大恶是由小恶发展而来,小恶不除则后患无穷。道德上的"小恶",常常因为"其小",而易被忽视,最后导致积重难返。明代思想家王阳明在他的《传习录》中说:"省察克治之功则无时而可间,如去盗贼,须有个扫除廓清之意。无事时,将好色、好货、好名等私,逐一追究搜索出来,定要拔去病根,永不复起,方始为快。常如猫之捕鼠,一眼看着,一耳听着,才有一念萌动,即

① 康德.实践理性批判[M].关文运,译.北京:商务印书馆,1960:83.
② 康德.实践理性批判[M].关文运,译.北京:商务印书馆,1960:83.
③ 梯利.西方哲学史[M].葛力,译.北京:商务印书馆,2004:54.

与克去。斩钉截铁,不可姑容,与他方便,不可窝藏,不可放他出路,方是真实用功,方能扫除廓清。"又说:"克己必须要扫除廓清,一毫不存方是,有一毫在,则众恶相引而来。"①王阳明对不同思想斗争规律的把握基本是准确的。今天,提升道德修养的自觉性,同样需要强调这种"省察克治"之功,要以"除恶务尽"的态度,把隐藏在思想深处的自私自利观念,毫不留情地扫除干净。人生如逆水行舟,不进则退。在道德修养方面同样是如此,受各种因素的影响,已经形成的道德品质完全有可能出现一定的反复、曲折甚至倒退现象。生活中常常能见到"榜样人物",后来在品德上"不合格"甚至"很不合格"。个人美德的形成不可能是一夜之间长出来的,而是一个日积月累的过程。荀子说:"积土成山,风雨兴焉;积水成渊,蛟龙生焉;积善成德,而神明自得,圣心备焉。"(《荀子·劝学》)因此,自觉地、长期地开展内心道德观的斗争,坚持善行善德,使其不断积累壮大,是每一个公民对自己和对社会应有的责任所在。

二、道德自我的限制与反省

个体道德修养除了要"尊德性"以外,还得进行道德自我的限制与反省。"技术意味着将生活打碎成一系列的问题,将自我打碎成一个产生问题的多面体,每一个问题都要求单独的技术和大量专门知识……道德自我是技术牺牲品当中最明显、最突出的一个。道德自我在碎片中不能并且没有生存下来。"②自我是形成情感意识的关键。道德自我以良心和人格为其整体存在形态,是个体在道德实践活动中所表现出来的比较稳定的行为特征和心理倾向,是衡量个体文明程度的重要指示器。有学者提出:"道德自我是从'实在自我'到关心他人和被关心的'理想自我'的转化中的一种积极关系。它建立在对人的相互关系性的基本认可的基础上。这种相互关系型自然而然地将我跟他人连在一起,并通过他人把我跟我自己重新联系在一起。"③也有学者认为:"伦理关系所规定的义务,以具体的道德自我为承担者,道德自我也可视为道德实践的主体。"④道德自我是在自我结构中与"本我"相对应的"道德性的自我",是一个由道德心理、道德行为、道德品质统摄起来的综合性范畴。"道德自我是个体内在德性的实体"⑤,其核心就是要在内心建立起恒定的自我调节系统,以道德的"心"战胜个体非道德的

　　①　王阳明.王阳明全集:第1卷[M].上海:上海泰东图书局,1925:24-31.
　　②　齐格蒙特·鲍曼.后现代伦理学[M].张成岗,译.南京:江苏人民出版社,2003:232.
　　③　Nel Noddings. Caring: A Feminine Approach to Ethics and Moral Education[M]. Berkeley and Losangeles:University of California Press,1984:49.
　　④　杨国荣.伦理与存在——道德哲学研究[M].上海:上海人民出版社,2002:102.
　　⑤　樊浩.伦理精神的生态价值[M].北京:中国社会科学出版社,2001:182.

"身"。孔子提到的"为仁由己",苏格拉底提出的"认识你自己",讲的就是这方面的意思。

强调知行统一,是中国传统道德实践的主要特点,也是有效转化旁观者的重要方法。道德认知与道德行为相脱离,不是简单的理论与实践问题,而是道德修养主体自身内外的关系。有人在二战后问及犹太的营救者为什么要冒着生命危险帮助犹太人时,他们有的人会非常平静地说:"除此之外,我还能做什么呢?"很显然,在他们的心中,帮助犹太人的行为并不是一种自我牺牲,而是一件理所当然的事情,是自己生活中的一种行为习惯。心理学家尤尼斯认为:"道德行为导致了一种自我认同感,道德自我认同感反过来又促进了道德行为并且使道德自我认同感得到了巩固。"[①]从根本上说,道德修养的目标就在于尊重、认同和内化一定社会道德原则和伦理规范,确立道德自我,真正达到"从心所欲而不逾矩"的理想道德状态。而要达到这种理想状态,就要克服"内"与"外"、"心"与"身"的矛盾,正确认识自己,限制和不断反省自己的行为,保持道德心性的纯正,真正做到"知行统一"。

中国有句俗语:人贵有自知之明。老子也说:"知人者智,自知者明;胜人者力,自胜者强。"(《道德经·三十三章》)个体无论是强化"拒恶向善"的能力,还是强化自律精神和自律机制,都离不开"自知"。一个人只有"知己之过",才能谈得上"改过自新",只有知道自己的不足,才能去追求更高、更完美的东西。"自知"乃是"自胜"和"自强"的前提,这是极其明了的道理。但事实上,要正确客观地把握自己,尤其是客观把握自我的道德不足和毛病,并不是一件容易的事情。在日常生活中,人们总是自觉或不自觉地采用"对人马克思主义,对己自由主义"的道德评价方式,自我感觉良好,缩小、淡化、回避自己的缺点或问题。孔子说:"已矣乎!吾未见能见其过而内自讼者也。"(《论语·里仁》)之所以个体难以正确认识和把握自己,因为人们总是容易受到自己的狭隘私利和个人偏好的干扰和影响。因此,站在社会和他人的立场,做一个"公正的旁观者",对自己的行为与品性进行客观的审视和分析,是正确认识自己的必要前提。古人说:"君子不镜于水,而镜于人。镜于水,见面之容,镜于人,则知吉与凶。"(《墨子·非攻》)所谓"镜于人",就是个人自己的行为正确与否,不能单凭个人自身的感受,而应该要多听听他人的意见,把他人的评议作为判断自己行为好坏的重要参照系。

"自知"只是主体道德修养的前提,鲍曼在探寻现代性问题的伦理学解决方案时,提出:"不论追寻中的道德将会是其他什么样子,首要的、最重要的一点就是,它必须是一种自我限制的伦理学(就像近距离伦理学一直并且不得不是自我

---

① 陈会昌.道德发展心理学[M].合肥:安徽教育出版社,2004:222.

限制的伦理学一样）。"①这里所说的"自我限制"，可以从两个向度来把握。第一，主体对自身爱好和欲望的合理把握。个体道德修养过程就是理性对感性的驾驭调控过程。作为自然人，个体的欲望和需要是多种多样的，任何自然、社会和集体都不可能提供完全满足其成员的一切需求。这样，无限的个人需求与有限的社会供给之间，就必然会存在着潜在的矛盾。如果个体沉沦于肉体欲望的无限循环之中，缺乏道德自制能力，那么就完全有可能违背正常的社会规范，破坏个体道德行为的内在驱动力，影响个体的道德价值判断。所以无论西方还是东方都强调个体要做自己情欲的主人。"以理节欲、以理导欲、以理制欲""克己复礼为仁"，都是从这个意义上说的。第二，主体自己为自己立法。个体作为社会中的一员，只能与他者共生共存，尊重他者、善待生命、敬畏自然是一个有德之人的应然追求。在现代技术性社会中，个体行为的影响力已经远远超出了个体的道德想象力。作为个体不能再以"我不知道"或者"我不想这么做"作为自己行为的借口，而应该尽力摆脱冷漠"旁观者"现代生产机制的影响，勇敢地承担起自己行为对他人包括"遥在"他人的责任。乔纳斯认为，"未来的伦理学应当被对恐惧的探索所引导"②，其实质就是要增强对不确定性和厄运的预测，进一步激发个体的道德敏感性。

苏格拉底有句名言：未经反省的人生是没有价值的人生。道德反省强调的是主体在没有外力的压制下，道德自我对过失的追悔和觉醒，是道德自律趋向成熟的重要表现。修身做人不仅要有自知之明，还必须坚持"吾日三省吾身"，经常反省自己、检查自己，要有知错就改的态度。人非圣贤，孰能无过？有过错不可怕，面对过错而心安理得才是最可怕的事情。道德反省是个体由他律走向自律的关键一环。"知错能改"，"改过"以"知错"为前提。一个人如果缺乏自省意识，就难以认识到（或者不想认识到）自身行为的过错，也就不可能有改过的行为。自省是一个痛苦的自我磨砺过程，它要求道德主体直面自己的缺点和不足，自觉纠正言行偏差，并对自己以后的行为提出更高的道德要求。只有具有自省意识和自省行为的人，才能自觉运用社会道德规范约束自身的行为，不断地实现自我超越以完善自我。

三、道德生活的投身与体验

刘少奇在评价古人修养方法时，曾经有过这么一段话："古代许多人的所谓修养，大都是唯心的、形式的、抽象的、脱离实践的东西。他们片面夸大主观的作

---

① 齐格蒙特·鲍曼.后现代伦理学[M].张成岗，译.南京：江苏人民出版社，2003：58.
② 齐格蒙特·鲍曼.后现代伦理学[M].张成岗，译.南京：江苏人民出版社，2003：259.

用,以为只要保持他们抽象的'善良之心'就可以改变现实、改变社会和改变自己。这当然是虚妄的。"①如果道德修养只是搞"闭门思过""向内用功夫",这显然是不够的。对于道德主体,道德自觉性的确立、道德"自知、自制、自省"都只是完成了个体道德内化过程中的一个阶段,个体只有投身于社会生活实践,才能产生强烈的道德情感,并真正把握和领会善恶价值的真谛。离开了社会生活,人们心里想得再美好,也不过是水中月、镜中花,只有实践才是造就人们德性的真正熔炉。

道德起源于人类现实生活的需要。在原始社会时期,生产力水平极端低下,为了维护种族的生存与发展,人们只能以群体的方式进行劳动,以谋取物质生活资料。在群体劳动中,人们不可避免地要进行一定的分工与协作,当这种分工与协作日趋复杂化时,就会产生某种习惯或秩序,来明确群体内部各自的职责和义务,这就是早期的习惯与道德。恩格斯指出:"在社会发展某个很早的阶段,产生了这样一种需要:把每天重复着的产品生产、分配和交换用一个共同规则约束起来,借以使个人服从生产和交换的共同条件。这个规则首先表现为习惯,不久便成了法律。"②这个过程既适用于法律规范产生的过程,也适用于道德规范产生的过程。而且,这种分工和协作越是复杂,人们对道德调节关系的需求也就越是强烈。

同时,作为一种关系性存在,人能够通过对他人和社会的奉献来感受和体验一种特殊的精神满足(如内心的充实,快乐和幸福的获得,等等)。老子曰:"圣人不积,既以为人己愈有,既以与人自己愈多。"(《道德经》)意思就是说,圣人愈是在帮助别人,愈能感受到自己生活的充实和精神的富有。显然,道德存在的第一要义便是生活。"道德的产生是有助于个人的好的生活,而不是对个人进行不必要的干预。"③当代学者赵汀阳先生认为:"伦理学的根本目的是为了询问生活的意义,它所关心的是什么样的行为方式、生活方式和社会制度最能够创造幸福生活。生活意义/好生活/幸福是三位一体的伦理学基本问题。这一点本来当然是显而易见的,因为人的行为是为了构成某种有意义的生活而不是别的。"但是,"随着社会机制日益发达,尤其是现代的生产、分配和传播制造了大量的表面目标和利益掩盖了生活的真实意义,各种体制和标准把生活规划为盲目的机械行为,人们在利益的昏迷中失去了幸福,在社会规范中遗失了生活,就好像行为仅

---

① 刘少奇.论共产党员的修养[M].北京:人民出版社,1997:14.
② 马克思,恩格斯.马克思恩格斯选集:第3卷[M].北京:人民出版社,1995:211
③ 威廉·K.弗兰克纳.善的求索[M].关键,译.沈阳:辽宁人民出版社,1987:247.

仅是为了实现体制的规范目标的行为,而不是为了达到某种生活的意义"。① 从道德与生活的关系来看,生活是第一位的,道德是第二位的,道德始终存在于人类的生活之中,道德的存在是为了让人们的生活变得更加美好,提升人们生活的品质。一个具有崇高道德追求的人,如果不热爱生活,不积极投身到火热的生活之中,就不能感受到道德的力量,也就无法产生情真意切的积极道德情感。

投身道德生活,就要了解和认识道德生活。道德生活有广义和狭义之分,广义的道德生活泛指一切可以用善恶进行评价的人类活动的总和,是人类精神生活的重要组成部分。狭义的道德生活,是符合道德要求并受到社会舆论肯定性评价的行为和活动。本书所提到的道德生活,兼具广义和狭义两种含义,其要义在于以广义的道德生活为基础而以狭义的道德生活为追求和目标。道德生活源于社会生活,但只是社会生活中必须而且应该追求的一个方面,而不是全部。与一般社会生活相比,道德生活有以下几个明显的特征。

第一,道德生活是基于利益而又高于利益的生活。马克思主义认为,人们的物质利益是第一需要,是个体生存发展的前提。"我们首先应该确定一切人类生存的第一个前提,也就是一切历史的第一个前提,这个前提是:人们为了能够创造历史,必须能够生活。但是为了生活,首先就需要吃喝住穿以及其他一些东西。"②一方面,任何人都必须得到最起码的生存权利保障,只有这样,人类道德生活才得以可能。另一方面,人与人之间的关系是基于利益而形成的,道德调整的就是人与人之间的利益关系。但道德又绝不囿于个人物质利益的漩涡,而常常能从社会整体利益出发,从全人类稳定、和谐、发展的高度来调整和处理各种利益关系,这就是道德的高尚之处。

第二,道德生活是基于个体自由意志又受社会规范制约的生活。"意志而没有自由,只是一句空话,同时自由只有作为意志,作为主体,才是现实的。"③道德选择的前提之一是意志自由,没有意志自由就没有道德选择,道德责任便也无需存在。不承担道德责任和不履行道德义务的生活不可能是道德生活。但意志自由不是不受一切制约的天马行空,不是摆脱了一切欲望、冲动、需要等束缚的纯粹精神性的自由,而是具体的、现实的自由。恩格斯说:"意志自由只是借助于对事物的认识来做出决定的那种能力。"④"如果他要进行选择,他也总是必须在他的生活范围里面、在绝不由他的独立性所造成的一定的事物中间去进行选择

---

① 赵汀阳.论可能生活[M].北京:中国人民大学出版社,2004:9.

② 马克思,恩格斯.马克思恩格斯选集:第1卷[M].北京:人民出版社,1995:78-79.

③ 黑格尔.法哲学原理[M].范扬,张企泰,译.北京:商务印书馆,1961:12.

④ 马克思,恩格斯.马克思恩格斯选集:第3卷[M].北京:人民出版社,1995:455.

的。"①道德生活同社会生活一样,对每个个体而言都是前在的、既定的,个体行为选择总是要受一定社会规范制约的,离开了一定社会道德规范的制约和评价,道德也就无所谓存在。由此可见,道德自由是建立在对一定时期社会道德规范必然性认识基础上的自由。

第三,道德生活既是一种规范性生活,又是一种创造性生活。美国著名伦理学家威廉·K.弗兰克纳曾经说过:"道德规范的目的在于使个人和社会的生活成为一种可能,道德行为具有促成个人和社会利益的倾向。可以说,道德划了一个圆圈,人们在圈内可以安全地追求各自的目的而不会相互损害。"②人们之所以需要道德,因为人们按照一定的道德规范办事,就能让生活更加富有秩序和规律,使人真正成其为人。但人们又不能成为道德规范的奴隶,随着社会经济关系的变化,人们又要不断创造新的道德生活。恩格斯在《反杜林论》中就明确指出,无产阶级道德是"代表着现状的变革、代表着未来的那种道德"③。既然先进道德代表着对现状的变革,代表着道德的未来,也就是说人们必然会在实践中超越现实,迈入更新的道德境界。亚里士多德曾经把人的生活分为三类:享乐的生活、政治的生活、沉思的生活。在他看来,沉思的生活是第一位的或最好的生活。"如果一种活动在以合乎它特有的德性的方式完成时就是完成得良好的,那么人的善就是灵魂的合德性的实现活动,如果有不止一种的德性,就是合乎那种最好、最完善的德性的实现活动。"④创造性的道德生活就是沉思的生活,人们只有在不懈的道德追求中才能体验到有限生命中的无限,真正获得最高层次的幸福。

了解道德生活的目的是为了更好地投身道德生活,个体只有真实地投入道德生活,才能产生强烈而持久的道德情感,才能真正因自己的不作为后果而萌生羞耻感。在道德生活中,每个人都是主客体的统一。深入道德生活就要主动地扮演道德生活中的"主角",而不仅仅是充当看客。个体只有积极参与道德生活,才能理解他人的道德处境,与他人有平等的道德对话权。道德发展心理学家科尔伯格非常重视情景参与和角色认同在道德情感培育中的作用。他认为,道德教育要想取得实效,仅仅依靠苏格拉底式的对话模式是不够的,必须鼓励人们参与社会生活。"柯尔伯格和帕沃等人在整个20世纪80年代里开展一系列比较研究,研究以柯尔伯格的惯例传统角色扮演理论为依据,将开明平等学校中的学生与传统的'家长式'的学校中的学生分别取样进行对比。研究发现前者比后者

① 马克思,恩格斯.马克思恩格斯全集:第3卷[M].北京:人民出版社,1960:355.
② 威廉·K.弗兰克纳.伦理学[M].关键,译.上海:上海三联书店,1987:184.
③ 马克思,恩格斯.马克思恩格斯选集:第3卷[M].北京:人民出版社,1995:434.
④ 亚里士多德.尼各马可伦理学[M].廖申白,译.北京:商务印书馆,2003:20.

有更多的归属学校感,并以'我们'集体的方式看待学校的规定,还表现出对学校福利有较强的责任感。"①发展心理学家尤尼斯也认为,个体在参与社会活动的过程中,能够切实感受到自己作为一个社会成员的身份和义务,以及自己作为社会成员改造现实世界的能力,从而产生强烈的社会责任感。② 道德生活虽然是一种理性生活方式,但道德行为总是与个体的情感相联系。在道德教育中,情感因素要远远重于理智因素。而个体只有经过亲身切实的体验,才能领悟道德生活的真谛,产生真实的情感。比如,在革命老区看看当年共产党人的艰苦环境,听听红军战士讲述当年战争的残酷性,肯定更能激发个体对社会主义国家的热爱;经常到贫困地区看看农民的生活,在现实生活中更能养成艰苦朴素的习惯;经常参与群体生活,在群体生活中享受互帮互助给自己带来好处的人,看到别人有难时,更容易产生同情心,也会更加乐于帮助别人。因此,亲身参与道德实践,从实践中感知道德生活的意义,是个体获得自我完善和主体精神的重要途径。

四、道德信仰的培育与确立

涂尔干认为,现代西方社会存在道德危机和精神迷惘的一个很重要原因,是因为在"上帝已死"之后,没有能找到承载最根本道德观念的理性替代物。道德起源于社会现实又高于现实、超越现实的本性,决定了道德既需要人性之善的支撑,更需要信仰、信念的支撑。马克思认为"道德的基础是人类精神的自律",自律的精神如果没有信仰的支撑,对道德的敬畏将难以存在,道德也就不成其为道德。道德内在地要求信仰,只有信仰,才能为道德提供源源不断的动力,这是由道德的本质决定的。康德曾说,道德法则"让我们觉察到我们自己的超感性存在的崇高性,并且从主观方面在人之中产生了对于人自己高级天职的敬重,而这些人同时意识到他们感性的此在,意识到与之联结在一起的对于他们易受本能刺激的本性的依赖性"。③ 只要个体能意识到超感性存在的崇高性,就能抵御本能的诱惑,为自身实践理性提供真正的动力。

法学家伯尔曼曾说:"法律必须被信仰,否则它形同虚设。"④法律虽然以国家强制力为后盾,但若不以信仰为基础,这种外在的强制力也会失去其存在的基础,对于以自律为特征的道德而言,更是如此。信仰是道德的本性要求。康德认为,信仰可以分为三类:实用的信仰、学说的信仰和道德的信仰。医生根据病人

---

① 袁贵林.当代西方道德教育理论[M].福州:福建教育出版社,1995:67.
② 杨韶刚.西方道德心理学的新发展[M].上海:上海教育出版社,2007:342.
③ 康德.实践理性批判[M].韩水法,译.北京:商务印书馆,1999:96.
④ 伯尔曼.法律与宗教[M].梁治平,译.北京:生活·读书·新知三联书店,1991:28.

的症状来进行诊断,"此种偶然的信仰,构成行动之实际行使方策之根据者,我名之为实用的信仰"①。而在许多事例中,"吾人能想象一种态度,对于此种态度,吾人自以为具有充分根据,但事实上并无达到其正确性之现存方策。故即在纯然理论的判断中,亦有实践的判断之类似者,就其心理情形而言,极合于信仰之名词,吾人可名之为学说的信仰……吾人今必须承认'神'存在之说,属于学说的信仰"②。"至于道德的信仰则全然不同。盖在此处某事象之必须发生,即我在一切方面必须与道德律相合之一事,乃绝对必然者。"③康德认为,道德信仰"坚强确立"的唯一可能条件是有"神"和"未来世界"的存在。列宁在评价康德道德哲学时指出:"康德:限制'理性'和巩固'信仰'。④宗教哲学家坎默认为:"伦理学在传统上把注意力过于集中在规范和价值上,但看来较明显的是,根据决定我们道德生活的实际情况它们的重要性要弱于我们的世界观和忠诚。"⑤坎默这里所说的忠诚,也就是一种对道德的信仰,即个体在实践活动中,对道德律令的无限敬重之心。

道德需要被信仰,没有信仰的道德,只能是僵死的教条,对人生不可能有半点的指导意义。从信仰的视角看,道德信仰就是对某一道德理想及其价值基础的笃信和奉行。换言之,道德信仰的客体包括两层含义:一是对一定道德理想或规范的信奉,二是对道德价值基础的信奉。如果只是停留在第一层次,那只能是道德信仰的浅层次,因为它并没有涉及对道德价值基础的自觉追问;只有达到对道德价值基础的体认,并能够在此基础上审定具体道德规范,才算得上是真正的道德信仰。有了一定道德信仰的人,并不以自身的"实然"状态为满足,而是力图超越"实然"状态,追求理想中的"应然"。在他的意识中,"应然"作为一种善被追求,从而给主体自身带来宽慰和愉悦;"不应该"则作为一种善的对立面被抑制,一旦自己做出了"不应该"的行为,就会令自身感到厌恶。人是一种未完成性的生物,对"应然"的追求也是无止境的。主体在这种追求中,找到了自身的价值和意义,超越了自身的实然存在,升华了自身的道德情感。因此,康德说:"对于道德法则的敬重是唯一而同时无可置疑的道德动力。"⑥维特根斯坦也强调:"信仰是我的心灵、我的灵魂所需要的。"⑦

---

① 康德.纯粹理性批判[M].蓝公武,译.北京:商务印书馆,1960:565-566.
② 康德.纯粹理性批判[M].蓝公武,译.北京:商务印书馆,1960:566.
③ 康德.纯粹理性批判[M].蓝公武,译.北京:商务印书馆,1960:567.
④ 列宁.哲学笔记[M].北京:人民出版社,1974:99.
⑤ 查尔斯·L.坎默.基督教伦理学[M].王苏平,译.北京:中国社会科学出版社,1994:29.
⑥ 康德.实践理性批判[M].韩水法,译.北京:商务印书馆,1999:85.
⑦ 维特根斯坦.文化与价值[M].黄正东,唐少杰,译.北京:清华大学出版社,1987:47.

　　道德信仰作为一种观念意识形态,是精神自我对肉体自我的超越。从根本上说,主体自身提升与增强道德修养的自觉性,进行道德自我的限制与反省,积极投身道德生活,其目的和归宿就在于培育和确立道德信仰,促进个体道德人格的完善。培育和确立道德信仰的第一步,就是要确立道德信仰的对象,如果信仰的对象错了,就会陷入道德狂热,就会出现南辕北辙的结果。18世纪的资产阶级思想家将"完善和幸福的个人"作为理想人格,把合乎天性的享乐和幸福作为道德理想的价值基础;德国唯意志主义的代表人物尼采则以追求"权力意志"和"超人"的极端个人主义作为自己理想人格的标准。这些道德理想,其结果只能造成人格的贪婪、残忍和虚伪。青年不光要有坚定的信念,还要有正确的信念。在政治信仰上是如此,在道德信仰上同样是如此。马克思在《青年在选择职业时的考虑》一文中写道:"人类的天性本来就是这样:人们只有为同时代人的完美、为他们的幸福而工作,才能使自己也达到完美……历史承认那些为共同目标劳动因而自己变得高尚的人是伟大人物;经验赞美那些为大多数人带来幸福的人是最幸福的人;宗教本身也教诲我们,人人敬仰的理想人物,就曾为人类牺牲了自己——有谁敢否定这类教诲呢?"①个体如果能够在内心确立这样的道德信念,在现实生活中,他必然能够以"人民的利益"为原则,来获得自己一切道德决断的权利。因为,在他那里,"自私和不自私、内在和外在之间的分歧"已经消失,"完成自我和实现的目的已被内化,成为自我的一部分,因此世界与自我已不再有分别"。②

　　从理论上讲,每个普通人都有追求更高层次价值的需求,也有成就崇高理想人格的可能,但如果缺乏坚定的道德意志,缺乏排除外在干扰的毅力,形成理想的道德人格和品质,只能是一句空话。亚里士多德认为,个人要想成为有德性的人,必须具备三个条件。"第一,他必须知道那种行为;其次,他必须是经过选择而那样做,并且是因为那行为自身故而选择它的。第三,他必须是出于一种确定了的、稳定的品质而那样选择的。"并且他还特别提到:"说到有技艺,那么除了知这一点外,另外两条都不需要。而如果说到有德性,知则没什么要紧,这另外的两条则极其重要。""如果不去做,一个人就永远无望成为好人。"③亚里士多德认为,道德德性通过习惯而养成,也在习惯中毁灭。黑格尔也认为,人在良好的习惯中能够得到个性自由与解放。他说,在习惯中"直接的感受被确定为被否定了的,即无关紧要的……灵魂的普遍存在……作为抽象独立的被保持住,而自身感

---

　　①　马克思,恩格斯.马克思恩格斯全集:第40卷[M].北京:人民出版社,1982:7

　　②　马斯洛.马斯洛谈自我超越[M].石磊,译.天津:天津社会科学院出版社,2011:242.

　　③　亚里士多德.尼可马各伦理学[M].廖申白,译.北京:商务印书馆,2003:42.

觉本身、意识、反思、其余的目的和活动都不再与之纠缠在一起"。① 譬如一个已经养成了读书思考习惯的人,能够自然地将读书思考看作自己生命中的重要组成部分,而完全无视在常人看来是难以抵御的诱惑和干扰。"由于人的诸个别行动通过反复练习获得了习惯的性质,即某种被纳入记忆中、也就是精神内心的普遍性中的东西的形式,灵魂就把一种也能够传递给其他人的普遍的行动方式即一条规则带进它的种种表现之中。"黑格尔看来,只有通过不断的多次反复练习,才能够让那些特殊的经验纳入记忆,并转化为一种精神般的习惯存在。对于个体而言,如果能够经常帮助别人,那么他就能够从助人行为中感受到人生境界的提升,即便在日常做好事的过程中,遭遇冷嘲热讽,甚至误会和诬陷,也会义无反顾地按照道德要求办事。

第三节　旁观者向见义勇为者转化的社会之举

18 世纪法国唯物主义哲学家爱尔维修曾这样说道:"一切构造得同样完善的人,都拥有获得最高观念的体力;我们在人与人之间所见到的精神上的差异,是由于他们所处的不同环境,由于他们所受的不同的教育所致。"② 人是社会的人,人自出生之日起,就不可能不受客观环境的影响,接受社会文化对他的塑造。"如果一个人生活在埃及、巴基斯坦或印度尼西亚的穆斯林家庭,那么他很可能成为一名穆斯林;如果一个人生活在西藏、斯里兰卡或日本的佛教徒家庭,那么他很可能成为一名佛教徒;如果一个人生活在印度教徒家庭,那么他很可能成为一名印度教徒;如果一个人生活在墨西哥、波兰或意大利的基督徒家庭,那么他很可能成为一名天主教徒。"② 马克思和恩格斯也认为,社会环境对人的思想行为养成有着极大的影响,他们说:"既然人的性格是由环境造成的,那就必须使环境成为合乎人性的环境。"③ 因此,促进旁观者向见义勇为者的转化,既需要以个体德行修养为基础和前提,也离不开社会因素的影响和社会环境的熏陶。在社会转型时期,新旧道德规范发生冲突,社会价值观念领域呈现出纷繁复杂的态势。在这样的态势下,有效转化旁观者,尤其需要社会方方面面的综合力量,从见义勇为精神的大力弘扬、公民意识教育的深度推进、社会公正制度的全面构建等多方面着手,才能真正取得实效。

---

① 黑格尔.精神哲学——哲学全书:第 3 部分[M].杨祖陶,译.北京:人民出版社,2006:189.

② 约翰·希克.信仰的彩虹——与宗教多元主义批评者的对话[M].南京:江苏人民出版社,1999:9.

③ 马克思,恩格斯.马克思恩格斯全集:第 3 卷[M].北京:人民出版社,1960:167.

一、见义勇为精神的培育与弘扬

众所周知,个体作为社会性动物,或多或少都有遵守道德规范而做好人的需要和欲望。但在现实生活中,"言教、奖惩和身教使受教育者形成的,恰恰只是抽象的、笼统的、模糊的和非现实的道德理想"①。这种抽象的道德理想教育无疑难以有效地激起人们情感上的认同与心灵上的共鸣。而榜样则是现实的、具体的、生动的,极易激起人们敬仰的情感和模仿的愿望。学习具体的典型榜样,不仅比接受抽象的原则方法要容易得多,而且也更能打动人心。特别是发生在身边的榜样人物,则能让人不知不觉地受到影响,从而产生由近及远、相互感染、竞相仿效的良好效果。因此,人们常说:"榜样的力量是无穷的。"即便是强调道德理性在道德生活中决定作用的古典哲学家康德,也从来没有否定过感性的、经验的道德榜样的鼓舞教育作用。他说,例证把"规律所规定的东西变成可行的、无可怀疑的。它们把实践规则以较一般的方式表现出来的东西,变成看得见、摸得着的"②。在回答好友苏尔采,德性说教在理论上看来头头是道,而实际却收效甚微的原因时,康德说道:"纯洁的行为可以提高人的心灵、鼓励人的意愿去做同样的事情。即使那些少年儿童也会受到感染,用这同样的态度而不用相反的态度去对待责任。"③这里所说的纯洁的行为,就是那种全然不考虑个人能否从这个世界或彼岸世界得利,而以坚定的灵魂去做出的实际行为,就是在我们身边发生的蕴含着感人力量的许多看似平凡的伟大行为。

我们不能否认,榜样的力量能够产生一种精神效应场,但它同样需要社会舆论力量的支持。人们在日常生活中常说的"众口铄金,积毁销骨",强调的就是社会舆论所具有的力量强度。人们日常的街谈巷议,以及报纸、杂志、网络等媒体的评论,都是社会舆论发挥作用的重要途径。只要有人群存在的地方,就会有社会舆论的存在。社会舆论的权威性,就在于它是众人意志的表现,"众目睽睽""众怒难犯"说的就是这个意思。强烈的社会舆论能够营造一种善恶分明的氛围场,使被谴责者感受到强大的精神压力,从而羞愧难当甚至无地自容,受赞扬者则能感受到无上的尊敬与光荣。社会舆论是信息传播载体,有着"传播与宣传、沟通与交流、教育与引导、示范与榜样、娱乐与审美"④等功能,在潜移默化中影响着公众的价值观。无论在革命时期还是社会主义建设初期,中国共产党都能

---

① 王海明.论道德榜样[J].贵州社会科学,2007(3):4-7.
② 伊曼努尔·康德.道德形而上学原理[M].苗力田,译.上海:上海人民出版社,2005:26.
③ 伊曼努尔·康德.道德形而上学原理[M].苗力田,译.上海:上海人民出版社,2005:67.
④ 张冬素.善德善报[J].新闻实践,2012(6):4-5.

从实践中发现并大力宣传一定的道德典范,如革命年代的刘胡兰、张思德、白求恩,社会主义建设初期的雷锋、焦裕禄、王进喜等,他们都曾以巨大的人格力量,发挥了楷模的辐射力和影响力,对提升人们的精神风貌起了巨大的示范作用。

现阶段,我国社会中存在大量的冷漠旁观者,在一定程度上与社会舆论支持力度不够存在关联。见义勇为者是一个国家和平时代的英雄,他们的行为体现出与旁观者的冷漠截然对立的崇高精神。"崇高的道德行为是一种美,由此而产生公民的荣誉感和自豪感。"①也许见义勇为者没有渊博的学识,没有显赫的财富和地位,但他们的高尚品质却是维护社会和谐不可或缺的重要因素。宣传鼓励他们,就是宣传社会主义核心价值观,倡导社会正能量,为社会其他成员提供正确的行为模式。然而,我们现在对他们的报道,无论从数量还是力度上都略显不足。习近平 2013 年在全国宣传工作会议上的讲话中提出:"现在,一些小报小刊、少数电视栏目、网络等媒体充斥着怪异新闻、花边新闻等内容,一些明星大款等名人住在哪儿了、在哪儿吃饭了、开什么车了、去哪儿旅游了、穿什么衣服了,或者是同谁好了、嫁给谁了啊,等等,许多媒体猎奇、猎艳,趋之若鹜啊!对名人不是不能报道,但整天报道那些鸡零狗碎、风花雪月的事情有什么教育意义呢?对社会只能起负面作用。"当新闻媒体在宣传报道过程中,唯经济效益是论,把低俗当作通俗,把欲望当作希望,宁愿花费大量的版面免费捧星,整天关注明星的爱情、失恋、苦闷等琐事,也不愿花费精力去讴歌血气方刚、大义凛然的见义勇为志士,不愿歌颂社会的脊梁,社会中的浩然正气如何能够得到弘扬,社会中的利他行为怎能不匮乏?

其实,在现实生活中,处处都有真善美,但从媒体的角度来看,一般的好人善举往往都是平淡的行为,难以一下子就抓住人的眼球,产生轰动效应。相反,奇闻异事则因为违背人伦纲常,容易引起人们的注意,许多媒体为了自身的经济效益,往往对之比较"偏爱"。久而久之,就会给社会大众造成一种错觉,似乎救人者都会被讹诈,做好事都难以有好报,进而使整个公众对社会道德状况感到悲观失望。"舆论导向正确,人心凝聚,精神振奋;舆论导向错误,后果严重。"②坚持正确的舆论导向,就要强化媒介本身的道德素养,充分发挥社会舆论弘扬社会正气的功能,对日常生活中好人好事投入更多的报道热情,善于发现好人好事,让见义勇为、助人为乐的好人好事在新闻报道中"唱主角",让见义勇为精神在社会中得到更多的关注和敬重。十八大代表吴菊萍,在参加十八大时,曾发出这样的感慨:"'最美现象',已经从开始的一株株'盆景'发展成为一片引人入胜的'风

---

① 苏霍姆林斯基.公民的诞生[M].黄之瑞,张佩珍,译.北京:教育科学出版社,2002:317.
② 中共中央宣传部.毛泽东邓小平江泽民论思想政治工作[M].北京:学习出版社,2000:182.

景'，形成生命力极强的'蒲公英效应'，持续释放巨大的正能量……"以"最美妈妈"吴菊萍、"最美女教师"张丽莉代表的见义勇为群体之所以能够产生如此大的社会反响，就在于他们都是来自现实生活中的真实个体，是有血有肉的普通人。沛西·能曾说："模仿趋势表现在行动、情感和思想三个方面。意识生活的这些因素是那么密切地相互结合在一起，以致在一个方面开始的模仿，通常会扩散到其他方面。所以，在女孩子中间，对一个被崇拜的女教师的模仿，可能开始是仿效她的笔迹、她的口吻和她的头饰，结果往往全盘地采取她的情操和意见。"①试想一下，有什么道德教育能够比文天祥舍弃荣华富贵而牺牲生命的榜样更富有感染力、说服力？他的那一句"人生自古谁无死，留取丹心照汗青"又胜过多少苍白无力的道德说教。正因此，苏霍姆林斯基才说："人只能用人来建树"，因为"只有人格才能影响到人格的发展和规定。"②

但是，媒体在弘扬见义勇为典型时，切忌不切实际、夸大其词，过度拔高典型。"任何强迫模仿的企图，都会引起抵制或冷淡的态度，使它不能达到目的。这一事实，可以说明有很多使年轻人崇拜文学、艺术和道德行为上优秀范例的用意很好的努力，为什么会遭到失败。"③那么什么样的榜样人物才能真正打动人心呢？对此，当代学者曾钊新这样说："值得我们仰慕和追求的范例，必须以真实性为基础。"④确实，凡是能持久打动人心的道德榜样必定都是真实的，英雄人物不应该只是抽象的道德符号。只有将有血有肉的英雄呈现给社会公众，才能激发人们的道德情感，增强人们的道德责任心。最美人物的"美"，不在于他们生活的平凡，而在于他们所具有的震撼人心的伟大人格。在吴菊萍的报道中，她说过这样一段话："阿里巴巴奖励的 20 万元以及省市给的一些奖励，我要留给父母和孩子。像我这样的家庭，也不富裕，还是需要钱的，我想大家也能理解。一个人如果对家人都不好，就不可能对社会好。我想做一个真实的人，就是这样。"⑤这番话，如果从传统英雄的报道来看，似乎不是很完美，但事实上，吴菊萍的真情表达反而让人们对她更生敬佩。"至诚而不动者，未之有也；不诚，未有能动者也。"（《孟子·离娄章句上》）发生在现实生活中的真实案例，行为者尽管不是道德上十全十美的人，事实上也不可能是十全十美的人，但只要他们是真实的，在一定程度上体现了人性的光辉，就足以拨动人的心弦，引起人的心灵共鸣。苏珊·沃尔夫（Susan Wolf）就曾这样说过："巴顿将军勇敢但没有耐心，也不够宽容。比

---

① 沛西·能.教育原理[M].北京：人民教育出版社，1964：167.

② 崔相录.德育新探[M].北京：光明日报出版社，1987：132.

③ 沛西·能.教育原理[M].北京：人民教育出版社，1964：167.

④ 曾钊新，李建华.道德心理学[M].长沙：中南大学出版社，2002：154.

⑤ 朱海兵.从"最美"现象谈平民典型报道[J].中国出版，2012(12)：61-62.

尔·克林顿富有同情心但在美女面前不能自制。甘地是勇敢、正义、正直的楷模,但也是一个冷酷而没有同情心的丈夫。特蕾莎修女是一个无私奉献的人,但也是一个苛刻、很难相处的人。"①

弘扬见义勇为的崇高精神,就必须对见死不救、见义不为现象进行道义上的批评、针砭、揭露。常言道"众口所毁,无病也死",丑恶的东西总是害怕"阳光"的,有了强硬的舆论监督,见死不救者就会受到强大的精神压力,从而产生罪恶感、羞耻感、内疚感,并努力避免今后再发生类似的行为。英国著名思想家赫胥黎曾经说过:"在许多情况下,人们之所以这样做而不那样做,并非出自对法律的畏惧,而是出自对同伴舆论的畏惧。"②虽然说,舆论谴责并非强制性的,但由于任何个人都不可能离开他人和社会而生存与发展,而舆论的好坏评议,在一定程度上又体现和关系到个人社会价值的实现以及人格的尊严。因此,当个人的行为与社会道德舆论要求不一致时,他们就会感受到自己处于孤立无援的处境,而不得不屈从于这种"情感的威逼",或者对自己的行为产生怀疑,从而调整自己错误的行为。

弘扬见义勇为精神,谴责见义不为丑恶现象,并不是要提倡不讲客观条件的蛮干,更不是要否认生命的价值。任何个体的生命都是可贵的,正因为如此,见义勇为壮举才具有崇高的道德价值。我们对公共利益的承诺,目的就在于最大程度地创造生命的价值。亚里士多德认为,"在信心上过度的人是鲁莽的……在恐惧上过度的人是怯懦的"③;在他看来,勇敢是鲁莽和怯懦的中道。我们颂扬见义勇为,但这个"勇"不是受盲目自信激励的鲁莽,"鲁莽与勇敢的程度无关,而与勇敢是否含有智慧有关:鲁莽是不智之勇,是违反智慧不受智慧指导的勇敢,是得不偿失的勇敢。例如,'暴虎冯河'的蛮干之勇、拍案而起不计后果的血气之勇、初生牛犊不怕虎的无知之勇等等都是鲁莽;而其为鲁莽,显然不是因其勇敢过了头,而是因其不智","英勇是智慧之勇,是合乎智慧而在其指导下的勇敢,是得胜于失的勇敢"。④ 作为公民,需要具备基本的自救与救人的方法与常识;作为社会,不仅需要培育公民的善心、爱心,也要培育公民的道德理性,珍视每个个体的生命价值,反对任意的、随时随地的牺牲生命,提倡"见义智为、见义巧为"。只有这样,见义勇为的精神才能真正落地生根、开花结果。

黑格尔曾把公共舆论视为人们表达意志和意见的无机方式,他说:"无论哪

---

① Susan Wolf. Moral Psychology and the Unity of the Virtues[J]. Ratio,2007 (20):146.
② 唐凯麟,龙兴海. 个体道德论[M]. 北京:中国青年出版社,1993:239.
③ 亚里士多德. 尼各马可伦理学[M]. 廖申白,译. 北京:商务印书馆,2003:81.
④ 王海明. 新伦理学(下册)[M]. 北京:商务印书馆,2001:1420.

个时代,公共舆论总是一支巨大的力量。"①达尔文也强调,社会舆论制约着人们行为的一定方向和行为路线。在一定的社会舆论下,人们就会向着一定的方向,遵从一定的路线去行动,以至于树立了科学道德信仰的人群,常常为了他人的幸福和快乐,撇开自己的快乐甚至于做出自我牺牲。达尔文认为,道德行为在舆论中产生,舆论是道德力量得以实现的重要手段。② 这里所说的公共舆论,包括一切可能影响人们思想行为的舆论力量。由于"电子城市"(telecity)的发展,观看饥荒、无家可归、大规模的死亡和完全的绝望这些画面,使得电视迷的体验与冷漠的反应之间有着显著的亲密关系。③ 在电子媒介盛世,完全禁止人们接触手机、电视不仅是不现实的,而且也是有违人性的。我们在看到电子媒介的消极影响的同时,更应该看到,它也有为我所用的一面。据中国互联网络信息中心(CNNIC)2015 年 7 月 23 日发布的第 36 次《中国互联网络发展状况统计报告》,截至 2015 年 6 月 30 日,我国网民规模达 6.68 亿,手机网民规模达 5.94 亿,2015年上半年,中国网民的人均周上网时长达 25.6 小时。与传统媒体相比,新媒体发展的技术趋势是与移动互联网接入终端的深度融合,信息传播以图文并茂、形声俱佳、碎片化的方式,冲破地域、时间、文化、民族的限制,实现对受众的包裹和浸润,从而潜移默化地影响着人们的道德水平。很多年轻人整天手机不离手,对传统主流媒体根本不关注,大部分信息都是从网上获取。因此,弘扬见义勇为精神,要注意传统媒体与现代新型媒体的有机融合。引导社会舆论的责任部门,一定要正视这个事实,加大投入,在舆论引导上,抢占微信、微博等新兴媒体阵地,在新媒体舆论场所抢占主动权,传播社会正能量。只有全方位的宣传力量,才能使"见义不为"的行为犹如"过街老鼠,人人喊打",使旁观者真正纠正和扭转错误的价值取向,从而在全社会形成见义勇为、匡扶正义的浩然正气。

二、公民意识教育的深度推进

"没有公民道德,社会就会解体。""公民道德和个人道德对于一个善的世界同样是必要的"④,推进公民意识教育是现代文明的基本要求。那么,什么是公民? 就概念而言,"公民"一词古已有之,《韩非子·五蠹》中有"是以公民少而私人众矣",这里所说的"公民"即是为公之民。西方理论中,公民一词最早见之于古希腊时期,在古代城邦国家政体中,公民是法律所赋予的拥有一定财产地位的

---

① 黑格尔.法哲学原理[M].范扬,张企泰,译.北京:商务印书馆,1961:382.

② 宋希仁.西方伦理思想史[M].北京:中国人民大学出版社,2010:392.

③ 齐格蒙特·鲍曼.被围困的社会[M].郇建立,译.南京:江苏人民出版社,2005:223-224.

④ 伯特兰·罗素.伦理学与政治学中的人类社会[M].肖魏,译.北京:中国社会科学出版社,1992:15.

自由民的特定身份，"不能认为每一位公民属于他自己，而要认为所有公民都属于城邦"①。由此看来，古代中国和西方在对公民这一概念的理解上，都强调一个"公"字，即公民是公共生活中的人，这蕴涵着对公共精神的服膺。现代意义上的公民有广义和狭义两个层面。从狭义层面看，公民是一个政治概念，反映的是个人和国家的关系。《不列颠百科全书》将"公民"界定为，"个人同国家之间的关系，这种关系是个人应对国家保持忠诚，并因而享有国家保护的权利"②。《辞海》中的定义则是：公民是指拥有本国国籍，并依据宪法和法律规定，享有权利和承担义务的自然人。随着全球化的发展，人类的诸多活动逐渐跨越了民族国家的界限，"过去那种地方的和民族的自给自足和闭关自守状态，被各民族的各方面的互相往来和各方面的互相依赖所代替了"③，"全球一体化""世界性社会""全球公民社会"等事实上成为一种新的主体景观描述。全球化引起的生态问题、资源问题、人口问题、贫困问题等，使得"共在"这样一种人类生存状态日益明朗，也促使公民概念突破了政治的范畴，跨越了民族国家的限制，延伸到社会生活的各个领域，并形成了广义上的"全球公民""世界公民"概念。

从最宽泛的意义上来理解公民概念，并不是否定国家、民族的整体利益，"世界公民""全球公民"同样是有根的。比如，美国在 20 世纪 50 年代，就强调要保持和巩固美国"世界第一"的地位，就必须培育具有全球意识的"美国公民"。《2000 年目标：美国教育法》提出："所有学生都要了解关于本国和世界其他地区在多元文化传统方面的知识……引导学生更加重视尊重和理解其他文化，使他们具备能与不断缩小中的地球上的所有人的共同生活与工作的意识与态度。"④从伦理学的意义上讲，公民作为社会生活中最基本、最普遍的主体，是社会成员的基准性身份和角色，公民是一种角色要求，即做一个符合自己身份的"好公民"或"有道德的公民"，它侧重的是公民个人应有的行为态度和品质。"从本土性角度看，世界公民首先应是合格的民族精英，热爱自己的国家，以本民族的优秀文化为荣。从全球性角度看，'有根'的世界公民不仅是血缘性的民族后裔，也是民族精神的传承者，更是世界各个民族文化的欣赏者、沟通者。他们有博爱之心，有感恩之心，有责任之心。他们具有竞争合作意识，互惠共赢意识，和谐共存、共同发展意识。世界公民以本土文化和民族精神为根，学习和吸收世界其他民族优秀文化之长，形成服务世界和平正义事业和本民族现代化事业的品格。"⑤

---

① 亚里士多德. 政治学[M]. 吴寿彭，译. 北京：商务印书馆，1965：267.
② 不列颠百科全书：第 4 卷[M]. 北京：中国大百科全书出版社，1999：236.
③ 马克思，恩格斯. 马克思恩格斯选集：第 1 卷[M]. 北京：人民出版社，1995：276.
④ 徐辉，王静. 国际理解教育研究[J]. 西南师范大学学报（人文社会科学版），2003(6)：85-89.
⑤ 刘经南，陈闻晋. 论培养"有根"的世界公民[J]. 中国高等教育，2008(1)：4-7.

公民意识是公民对自身在社会共同体中主体地位的心理认同和理性自觉，表现为主体对权利与义务、个人与公共善认识的高度统一。① 从这个概念上看，公民意识形成的前提是主体通过生活实践和伦理反思发展成人格体，意识到自身就是道德建设的主体，能够主动参加各种道德实践活动，自觉履行应有的道德义务。"所谓人格体是指通过生活实践和伦理反思体悟到人作为社会存在的事实和遵守基本道德规范的必要性的个体，是主体对主体性和主体间性的社会历史本质的能动反思和自我改造的结果。通过这样的反思和行动，人格体得以将自身定位为具有社会属性和道德反省能力的个体，这样才能成长为现代意义上的公民。"②英国著名哲学家大卫·休谟在《人性论》中指出，有三条基本的自然法则，"即稳定财物占有的法则，根据同意转移所有物的法则，履行许诺的法则。人类社会的和平与安全完全依靠那三条法则的严格遵守，而且在这些法则遭到忽视的地方，人们也不可能建立良好的交往关系"③。在休谟看来，作为个体在公共生活中的角色，公民正当性权利的存在乃是其合法存在的基础，缺乏这一基础，公民资格就不复存在。公民意识正是由于对公民权利及其价值的弘扬，从而抛弃了专制制度下的"依附""服膺"理念，进而获得现代性意义。但权利不能离开对义务和责任的考量和确证，"公民身份是一种成员地位，它包含了一系列的权利、义务和责任"④。只有唤醒公民角色身份认同，张扬个体的权利与义务感，才能增强人的自我意识，培育独立、有责任感的公民主体。

古希腊思想家亚里士多德曾说过："做一个善良的人，和做一个善良的公民，似乎并非一回事。"⑤在常识意识中，"做人"基本上只是一个同日常生活紧密相关的问题，如做一个好的父亲/母亲、丈夫/妻子、朋友/同事等，即在各种特定的关系体中尽自己的责任和义务问题。而对于与"不相识的陌生人"交往，则似乎不涉及"做人"的问题。因此，鲍曼认为，道德对人们行为的调整似乎符合视觉法则："靠近眼睛，它就庞大而厚实；随着距离增大，对他人的责任就开始萎缩，对象的道德层面就显得模糊不清，直到两者达到消失点，并逸出视野之外。"⑥这种从前现代时期继承下来的"亲近道德"，对早期小型群体的人群生存确实发挥了重要作用。但小型群体主要依靠个体情感进行维持，人们社会情感能力界限的狭隘性，决定了"小群体的社会道德主要限制在小群体本身，它对所有外部群体施

---

① 黄岩."旁观者"的现代生产及其超越[J].南昌大学学报.2013(6):18-23.
② 焦国成.公民道德论[M].北京:人民出版社,2004:141.
③ 休谟.人性论(下册)[M].关文运,译.北京:商务印书馆,1980:566.
④ 焦国成.公民道德论[M].北京:人民出版社,2004:4.
⑤ 苗力田.亚里士多德全集:第8卷[M].北京:中国人民大学出版社,1994:98.
⑥ 齐格蒙特·鲍曼.现代性与大屠杀[M].杨渝东,史建华,译.南京:译林出版社,2006:251.

行歧视政策"①。但在人们行为的后果远远超出了道德视野消失点的今天,这种亲近道德是如此令人痛苦地不恰当,它使我们陷入一种两难境地。"我们继承了人类在史前史中形成的道德倾向结构,可在战胜现代生活世界的挑战中这些道德倾向结构对我们人类与其说是帮助还不如说是一种障碍。"②互联网的出现使世界各地的人们能够信息共享,现代技术的强大力量让一个人的行为可能会改变千千万万人的命运,甚至下一代乃至几代人的命运。但我们的道德依然是如此紧密地依靠空间、时间和群体上的亲近,超出这种亲近的范围,道德的影响力就会消失得无影无踪。"一直在指引我们,现在仍在指引我们的道德具有强有力的手,然而这只道德之手太短了。实际上,现在需要很长很长的手。"③

那么,使道德之手生长的机会在哪里呢? 对此,汉斯·尤纳斯(Hans Jonas)认为,在全球化时代,近距离道德不是过时了,而是不够用了。要克服远距离行为模式下的同情疲劳,就要增添一种新的伦理学,即"远距离伦理学":一种对在时间、空间和情感上都很遥远的人负责的伦理学。"从时间上看,不仅目前活着的人是道德的对象,而且那还没有出生、当然也不可能提出出生之要求的未来的人也是道德的对象。"④"从空间上看,人不再仅仅是对人才有义务,而且对人类以外的大自然、作为整体的生物圈也有保护的义务,并且这种保护并不是为了我们人类自己,而是为了自然本身。"⑤汉斯·尤纳斯的远距离伦理学观念将自然和后代人看作道德的客体,是对康德道德客体观的超越。在康德看来,"人只有对人才有义务",道德关系应该是对称的、相互的。然而,在尤纳斯看来,既然我们的行动对自然的侵害已经造成了全球性的恶果,并进一步造成了我们后代人生存基础的破坏,我们就有一种无可推卸的责任和义务,为他们留下一个适合生存和居住的环境。汉斯·尤纳斯:"未来的伦理学应当被对恐惧的探索所引导。"⑥所谓对恐惧的探索,就是要增加对厄运和不确定性的预测,增大人们的道德想象力,激发人们的道德敏感性。远距离伦理学当然更强调对"陌生"他者的博爱情怀,这种情怀是无条件的、非理性的、无可争辩的,"道德责任不考虑并且不能考虑任何逻辑"⑦。鲁迅先生在多年前曾说过:"无穷的远方,无数的人们,都和我有关。"只要我们对"遥在"的他人多一份关心和责任,对人类生存的大自

---

① 克劳斯·德纳.享用道德——对价值的自然渴望[M].朱小安,译.北京:北京出版社,2002:9.
② 克劳斯·德纳.享用道德——对价值的自然渴望[M].朱小安,译.北京:北京出版社,2002:7-8.
③ 齐格蒙特·鲍曼.后现代伦理学[M].张成岗,译.南京:江苏人民出版社,2003:256.
④ 甘绍平.应用伦理学的前言问题研究[M].南昌:江西人民出版社,2002:115.
⑤ 甘绍平.应用伦理学的前言问题研究[M].南昌:江西人民出版社,2002:115.
⑥ 齐格蒙特·鲍曼.后现代伦理学[M].张成岗,译.南京:江苏人民出版社,2003:260.
⑦ 齐格蒙特·鲍曼.后现代伦理学[M].张成岗,译.南京:江苏人民出版社,2003:292.

然多一份敬畏,我们的社会就不仅仅是利益共同体,而且是精神共同体的存在,一个充满友爱之心的共同体。

从某种意义上说,公民道德意识超越个体美德的优势就在于,个体美德总是某种特殊境遇的产物,而公民道德意识则要求将这种义务普遍化。公民角色规定了公民自身应尽的道德责任和义务,公民不仅要理解和掌握这些责任和义务,而且还必须完成这些道德义务。"组成地球人'命运共同体'的问题现已深刻、广泛、现实地摆在我们面前。所有人都摆脱不了沉沦的命运。所有人都生活在人类共同的生命花园中,居住在人类共有的家里。所有人都卷入了全球人纪元的共同历险。所有人都受到核死亡和生态死亡的威胁。"①现代公民意识要求公民能够从普遍性而非特殊性出发,遵从社会正义观念,以社会共同体的利益为至高利益,主动参与公共生活,在共同体中寻找自身的价值与尊严。任何一个现代意义上的公民,都应该明白,人类的幸福生活,要靠每一个公民自己去争取、去创造,在全球风险面前,在人类的共同命运面前,损害者和受损害者的最终命运是一样的。"公民感是道德纯洁的主要源泉。具有深刻的、高度发展的公民尊严感的人有自己个人对世界的看法。他从社会意义的角度来观察周围发生的一切:"即使那种似乎与他个人无关的事情也作为他个人的事情而使他感到关切。"②志愿者精神、雷锋精神,就是公共精神的当代体现。既然作为社会成员的公民在人格上是平等的,法律也不承认有特殊公民,那么无论一个人的社会地位有多高,权力有多大,都必须履行其责任与义务。如果一个人只是一心为自己打算,而不能完成其该承担的责任,那么,他就很难配得上公民的称号,或者说没有获得完全的公民角色。

美国著名教育学家内尔·诺丁斯认为:"远距离关怀至少面临两大困难。第一,我们无法接近要关心的人,我们无从得知他们是否接受了我们的关心。第二,有一个弄巧成拙的可能,我们的行为也许会给那些我们要帮助的人带来痛苦。"③毫无疑问,面临这两大困难,教育显然难以单独承担培育人们的远距离道德观念的重任。但是,显而易见的是,公民远距离道德意识的培育离不开教育。2001年,我国颁布的《公民道德建设实施纲要》指出:"提高公民道德素质,教育是基础。"法国思想家霍尔巴赫更是提出:"人的各种恶行和美德……他们所养成的各种可褒或可贬的习惯,他们所获得的各种品质或才能,我们应当在教育中寻

---

① 埃德加·莫林.地球祖国[M].马胜利,译.北京:生活·读书·新知三联书店,1997:208.

② 苏霍姆林斯基.公民的诞生[M].黄之瑞,译.北京:教育科学出版社,2002:317.

③ 内尔·诺丁斯.学会关心——教育的另一种模式[M].于天龙,译.北京:教育科学出版社,2003:146.

找它们的主要来源。"①

　　推进公民道德意识教育,就要高度重视家庭教育的基础性作用。"国之本在家"(《孟子·离娄上》),中国是典型的家国同构社会,家庭文化在国民道德素质的培育中起着非常重要的作用。2014年"六一"儿童节前夕,习近平同志在北京市海淀区民族小学提出:"任何一个思想观念,要在全社会树立起来并长期发挥作用,就要从少年儿童抓起。让社会主义核心价值观在少年儿童中培育起来,家庭、学校、少先队组织和全社会都有责任。"从调研的结果来看,家庭教育在培育儿童公民意识方面尚存在几个不足。(1)重智育,轻德育。为了让孩子能不输在起跑线上,家长花费大量精力放在孩子的智力开发、特长班、课外辅导班上面,物质上尽量保障,至于对不尊重父母、不团结朋友等这些显而易见的品德问题,关注度则相对不足。(2)重权威,轻民主。尽管现在家长的民主意识比过去增强了很多,但"打是亲骂是爱""不打不成材"的理念,依然在许多家长心中根深蒂固,孩子若敢反抗家长的权威,轻则辱骂,重则体罚,全然不顾孩子的心理感受。(3)重竞争,轻合作。望子成龙、望女成凤,是绝大多数家长的心愿。有些家长既希望孩子宽容友善,又担心孩子不适应残酷的竞争,担心孩子长大后吃亏上当,因此不自觉地给孩子灌输"不要与陌生人说话"等价值观。法国启蒙思想家卢梭曾说:"一个做父亲的,当他生养了孩子的时候,还只不过完成了他的任务的三分之一。他对人类有生育人的义务;他对社会有培养合群的人的义务;他对家有造就公民的义务。"②要完成家庭公民教育的责任与使命,家长首先要学习、了解、认同社会主义核心价值观,结合自己的家庭特色,将"爱国、敬业、诚信、友善"价值观,融入家庭日常生活之中,让孩子不仅学会做事,还学会做人。在教育的方式方法上,尤其要注意"言传身教"与"主体性教育"相结合的原则。所谓言传身教,就是强调家长要言行一致,为孩子树立良好的榜样。父母是孩子的一面镜子,育人先育己,在孩子身上能够反映出父母为人处世的哲学和做人的原则。所谓主体性教育,就是强调要尊重孩子,让孩子在民主氛围中健康成长。

　　推进公民道德意识教育,在社会教育中,要注重激发人类成员的共同命运感。"人类始终被组织成群体"③,个体总是处于一定的群体之中,离开群体的个体是无法想象的。因此,公正、互助、勇敢等"群体逻辑",在群体内部能自然形成。但许多群体内部的东西,却往往难以适用于外群体,"对原始人来说,属于自

① 周辅成.西方伦理学名著选辑:下卷[M].北京:商务印书馆,1987:94.
② 卢梭.爱弥儿——论教育[M].北京:人民教育出版社,2001:23.
③ 厄内斯特·盖尔纳.民族和民族主义[M].韩红,译.北京:中央编译出版社,2002:70.

己氏族、部落的就是'善'的,属于别的氏族、部落的就是'恶'的"①。很多现实的群体都存在类似的情况,只对自己群体的成员充满关心、关爱,而对其他群体成员则充满冷漠、贬低甚至仇视。尽管我们的生活范围在不断扩大,我们的群体也从氏族发展到部落、种族、宗教、民族、国家等不同的层次,但"异类恐惧症"并没有随着人类交往范围的扩大而消失,与陌生群体的成员"保持距离并憎恨他们的接近是人类群体普遍与永久的特征"②。教育者应该告诉受教育者,群体主义也有自身的问题,"一个群体的所有成员团结一致维系它的存在,促进它的发展。作为它的成员,我们受其支持也受其局限。我们可能被这个群体的风俗习惯所影响,而自己却意识不到这种影响。不管我们自己对个性特点多么引以为荣,我们的个性已经深深打上集体的烙印"③。作为个体而言,只有对群体有清醒认识,对他人有正确评价,才可能真正学会换位思考,在他人需要帮助的时候,设身处地地为他人着想,积极伸出援助之手。

"由于每天都面对着相互依存的迹象,我们迟早会认识到,没有谁有权把地球,或地球的任何一部分,视为他的个人财产。从相互依存的观点出发,'共同命运'(solidarity of fate)并不是选择问题。"④虽然说,我们迟早会对"共同命运"有所认知,但毫无疑问,认识得越早,人类需要付出的代价就会越小。激发人类成员的共同命运感,要做到以下几点。第一,要注重多元文化的教育。了解其他文化有百利而无一害,只有了解其他文化中成员的喜怒哀乐、风俗和习惯,才能减少对陌生人的偏见和误解,从而能更好地站在他人的立场思考问题。第二,要充分发挥我国传统文化中"义"的积极因素。"路见不平,拔刀相助"等思想已在传统的侠义文化中广为传诵,在民间的风俗习惯中有着深厚的积淀。着力宣传和开发这种道德资源,使任何平凡个体都能无一例外地得到这种"风俗习惯"的关注,无疑非常容易引起人们心灵的共鸣。第三,要吸收和借鉴国外在培育公民道德方面的优秀成果。现代资本主义国家也非常重视对公民道德意识的培育。如1992年春天,美国一些行政与研究机构共同拟订一份《阿斯彭品格教育宣言》,向学生传授"尊重、责任心、可靠、关心、公平、正义、公民美德与公民素质"等核心价值观。⑤ 德国的教育家鲍勒诺夫提出所谓"朴素道德"的德育观,"即认为人类社会中实际上蕴涵着一种更一般、更纯情、更长久且保持同一性的道德,如诚实、

---

① 罗国杰.伦理学[M].北京:人民出版社,1989:102.
② 齐格蒙特·鲍曼.现代性与大屠杀[M].杨渝东,史建华,译.南京:译林出版社,2006:84.
③ 内尔·诺丁斯.学会关心:教育的另一种模式[M].于天龙,译.北京:教育科学出版社,2003:151.
④ 高德胜.超越群体的自私[J].教育研究与实验,2008(1):32-36.
⑤ 焦国成.公民道德论[M].北京:人民出版社,2004:313.

信赖、同情心、爱、关心等,它们是一切道德的基础"。① 社会主义核心价值观在公民个体层面倡导的"爱国、敬业、诚信、友善",大力弘扬社会主义核心价值观,必将解除个人内心深处的顾虑,帮助公民个体明确互助的深刻意义,进而在全社会形成团结和睦的精神纽带。

推进公民道德意识教育,要不断变革公民道德意识生长的实践模式。个体良好道德品质的形成,单纯依靠教育是不够的,"对德性来说,知的作用是非常微弱的,而其他条件却作用不小,而且比一切都重要。因为公正和节制都是由于行为多次重复才保持下来。这些事情,只有在恰如公正和节制的人所做那样做时,才可以被称为公正和节制的"②,实践才是人们道德完善的真正熔炉。内尔·诺丁斯也认为:"在社会交往过程中学到的知识往往比书本知识对学生更有影响。我们在日常生活里观察思考,与形形色色的人打交道。我们随时检测自己的知识,也依靠想象来判断自己在各种环境里的行为。"③人们通过道德学习,明白哪些是道德的、哪些是不道德的,就应该把这些规范、原则运用到自己的实践中去,使之不断地内化为坚定的道德信念,从而有效化解自身道德认知失调的弊端,真正实现道德知行的统一。因此,积极引导公民参与社会公共生活,加强公民与他人的沟通与交流,让他们在服务社会的过程中砥砺品质,是培育公民对自身角色认同的一个重要途径,也是提升个人道德素质的重要经验。

三、社会公正制度的全面构建

对于现代社会的和谐运行来说,规范、合理尤其是公正的制度是必要前提。邓小平曾说:"制度好可以使坏人无法任意横行,制度不好可以使好人无法充分做好事,甚至会走向反面。"④好制度的标志是什么?怎样才能建立马克思所说的"合乎人性"的良好制度环境?黑格尔认为,现代社会制度与前现代制度相比,有两个重要区别:其一是具有独立人格及其权利的个人;其二是实现了权利与义务的统一,即不再是一部分人享有权利,另一部分人履行义务。因此,在黑格尔的视野中,现代制度就是"善"的制度。马克思和恩格斯也曾对那种"几乎把一切权利赋予一个阶级,另方面却几乎把一切义务推给另一个阶级"⑤的制度进行过强烈抨击。当代哲学家罗尔斯认为:"正义是社会制度的首要价值……某些法律

---

① 焦国成.公民道德论[M].北京:人民出版社,2004:312.
② 苗力田.亚里士多德全集:第 8 卷[M].北京:中国人民大学出版社,1994:32-33.
③ 内尔·诺丁斯.学会关心:教育的另一种模式[M].于天龙,译.北京:教育科学出版社,2003:152.
④ 邓小平.邓小平文选:第 2 卷[M].北京:人民出版社,1994:333.
⑤ 马克思,恩格斯.马克思恩格斯选集:第 4 卷[M].北京:人民出版社,1995:178.

和制度,不管它们如何有效率和有条理,只要它们不正义,就必须加以改造和废除。"①习近平同志 2014 年在主持中央政法工作会议上曾指出,"治国要道,在于公平正直",并多次提出,要把促进社会公平正义作为核心价值追求。

那么究竟何为"公正"？可以说,"公正"问题是当前世界性的热点问题,又是伦理学、政治学、法理学等多学科的跨学科难题。这个问题是如此之难,以致博登海默说:"正义有一张普罗透斯似的脸,可随心所欲地呈现出极不相同的模样。当我们仔细辨认它并试图揭开隐藏于其后的秘密时,往往会陷入迷惑。"②公正究竟是什么？亚里士多德认为:"公正是一切德性的总汇。"③公正的经典定义,来自古罗马法学家乌尔比安:"正义乃是使每个人获得其应得的东西的永恒不变的意志。"④从哲学意义上说,公正就是给人以应得,它强调的是权利与义务的对等性。作为一种宏观上的价值评价活动,社会公正是为绝大多数社会成员所共同接受的价值共识,

之所以社会制度公正对于道德的维护,有着不同于个人美德的特殊效能,这是由制度自身的特点所决定的。制度经济学早期代表人物康芒斯认为,制度是集体行为对个体行为的控制;另一代表人物诺思认为:"制度是一系列被制订出来的规则、守法程序和行为的道德伦理规范,它们旨在约束追求自身福利和效用极大化的个人行为。"⑤在通常的理解中,制度就是明示并强制性地规定人们什么可以做、什么不可以做,对人们行为进行约束、激励,并为多数社会成员所认同的、相对稳定的规范体系和行为模式。制度是一种公共理性,与个体德性不同,制度的道德理性相对稳定,且对道德的维护是集体的和系统的,因此它对道德的维护比个人更为强大,也更为稳定、持久和有效。作为一种既定的社会现象,制度存在并作用于社会生活的方方面面,包括经济制度、政治制度、思想文化制度等。任何人一出生,就不可避免地在一定的制度环境之中,受这种制度环境的制约、塑造和影响。国内学者高兆明认为,马克思"不满意于一般停留在对资本主义社会的道义谴责,不满足于一般的道德要求,而是要揭示产生这种现象的社会结构与制度原因,主张坚持无产阶级的或人民大众的道德,主张通过革命实践改变旧世界,创造出一个合乎人性生长的新世界"。⑥

创造"合乎人性的公正制度环境",通过公正的制度来培养和塑造具有美德

① 约翰·罗尔斯.正义论[M].何怀宏,译.北京:中国社会科学出版社,2003:3.
② 博登海默.法理学——法律哲学及其方法[M].邓正来,姬敬武,译.北京:华夏出版社,1987:238.
③ 苗力田.亚里士多德全集:第 8 卷[M].北京:中国人民大学出版社,1997:96.
④ 博登海默.法理学——法律哲学及其方法[M].邓正来,姬敬武,译.北京:华夏出版社,1987:253.
⑤ 道格拉斯·C.诺思.经济史中的结构与变迁[M].上海:上海三联书店,1994:211.
⑥ 高兆明.马克思的唯物史观与道德观三问[J].道德与文明,2007(3):11-14.

的个体,是有效转化旁观者的社会必然之举。陈筠泉先生指出:"离开制度的正义性来谈个人道德的修养和完善,甚至对个人提出各种严格的道德要求,那只是充当一个牧师的角色,即使本人真诚相信和努力遵奉这些要求,充其量也只是一个好牧师而已。造成社会道德'失范'的原因主要不在于个人品德修养,而是制度本身的正当性发生了问题或引起社会成员的怀疑乃至否定……不可能指望政治体制、法律制度尚未健全和正常运转,政治秩序和法律规则还不能有效得以维持,而公民道德规范却普遍受到尊重,社会的道德井然有序。"①

实现制度伦理,构建公平正义的制度环境,需要从经济、政治、思想道德等多方面着手。

第一,在经济制度建设方面,要"结束牺牲一些人的利益来满足另一些人的需要的情况",使"所有人共同享受大家创造出来的福利"②。从最近的一些调查来看,"中国社会存在普遍的底层认同"③。它极容易导致个体在突发事件面前,产生"心里不爽"的感觉,进而缺乏助人的道德意愿和动力。因此,让社会成员共享经济发展成果,既是现代社会文明的标志,也是缩小贫富差距、促进社会和谐的根本所在。经济上的公平公正,并非绝对意义上的给每个人以同样待遇,更不是强调绝对的平均主义。相反,社会如果能够在充分激发整个社会创造活力的同时,通过合理的社会福利和社会保障机制构建,给弱势群体更多的照顾、更多的政策倾斜,让他们感受到社会的关爱,消除人们之间的离心因素,这恰恰是社会公正的基本要求。

第二,在政治制度建设方面,要保证"一切人,或至少是一个国家的一切公民,或一个社会的一切成员,都应当有平等的政治地位和社会地位"④。党员干部是制度伦理精神的最主要体现者。中国传统有着"以吏为师"的悠久历史,"君子之德风,小人之德草。草上之风,必偃"(《论语·颜渊》)。孟子也说:"不仁者在高位,是播其恶于众也。"(《孟子·离娄上》)在当今社会,官德仍然是整个社会道德的风向标,对公民道德发挥着重要的示范和教化功能。习近平多次强调,领导干部特别是高级领导干部的作风如何,对党风政风乃至整个社会风气都具有重要影响。因此,强化制度创新和制度落实,用制度的强制力量规范和约束官员的行为,是当前我国公民道德建设的一个重要突破口。以优良的党风政风带动民风社风,就要以踏石有印、抓铁有痕的信心和勇气,坚持老虎苍蝇一起打,通过

① 陈筠泉.制度伦理与公民道德建设[J].道德与文明,1998(6):6-11.
② 马克思,恩格斯.马克思恩格斯选集:第1卷[M].北京:人民出版社,1995:243.
③ 王俊秀.关注人民的尊严和幸福促进社会的公正与和谐[J].民主与科学,2011(3):68-73.
④ 马克思,恩格斯.马克思恩格斯选集:第3卷[M].北京:人民出版社,1995:444.

一系列制度设计,把权力关进制度的笼子里,消弭特权现象,真正打造不敢腐的惩戒机制、不能腐的防范机制、不易腐的保障机制,实现干部清正、政府清廉、政治清明。

第三,在道德制度建设方面,就是强调"尊重他人的人,应当受人尊重;奉献社会的人,社会应使他有所获得,这是道德权利与道德义务特殊关系的要求,也是体现在道德领域的一种公正,履行义务就应获得公正客观的回报,行善就应得福,这应当成为一条普遍客观的道德法则"①。比如说,做坏事而得到了恶报,做好事得到了善报,这都是公正的,因为恶人应得恶报,好人应得善报。在日常生活中,人们常常存在一种误解,即利害关系只能适用于经济领域,道德领域只能讲义务,而不能谈论权利,讲权利就会有损道德的崇高性。儒家所设计并大力倡导的社会伦理规范"三纲",虽然说建立了一种对应关系,但这种对应关系并非对等:在通常情况下,君可以不明,臣却不可以不忠;父可以不慈,子却不可以不孝;夫可以不义,妻却不可以不顺。这种不对等的关系到了封建社会后期,变得更加片面化,以至于出现了"君要臣死臣不得不死,父要子亡子不得不亡,夫要妻从妻不得不从"的单向义务性指令,这不能不说是道德上的悲剧。

从道德主体来说,确实有许多人的"善行"并不以谋取回报为动机,但这只能说明道德主体自身行为的崇高性,而不能由此证明社会伦理秩序的合理性。当社会、集体或他人利益受到侵害时,能够勇敢地站出来,不做冷漠的旁观者,这种行为体现了个体对社会责任的主动承担,彰显了个体对其赖以生存的社会共同体的认同感和责任心。尽管说,道德义务不以获取道德权利为目的,但在个体对社会承担义务时,社会也应对个体承担相应的义务。如果舍己为人、自我牺牲等道德品质受到质疑,不尽义务甚至不讲道德的人反而享有荣华富贵,这是道德上极大的不公正。在《理想国》中,柏拉图这样问道:"如果不正义的人过得比正义的人更幸福,那我们为什么还要成为一个正义的人?""没有无义务的权利,也没有无权利的义务"这个论断适应于一切权利、义务关系,同样也适应于道德领域。只有当每个成员都能确信自己的个人利益就在他所捍卫、维护的社会公共利益之中,集体主义的公正理念才能不断得到强化,社会正气才能得到弘扬。

人们的日常生活,是一种常识性的生活。在这种生活中,左右人们道德选择和价值评价的,不是高深的理论或抽象的逻辑推理,而是在漫长历史岁月中逐步积淀而约定俗成的价值准则与行为规范,对此,我们称之为常识性道德。对于大多数人而言,在实际行为的层面上,"常识是人们在日常道德实践中必要的和可

---

① 罗国杰.道德建设论[M].长沙:湖南人民出版社,1997:110.

靠的支柱"①。与常识性道德相对应的是"学理化道德",尽管它也是产生于日常生活之中,但它是一种独立于日常生活之外而又高于日常生活的道德力量,对日常生活起着制约与导向作用。这种学理化道德是否具有生命力,是否能够得到不断的延续与发展,主要取决于日常生活对它的接受程度,即是否能够经得起常识性道德的检验。如果它经不起常识性道德的检验,那就只能悬置于理论层面,而让人觉得"高不可攀"。比如,墨家的"兼爱",就只能停留于人们的记忆之中。对此,我国学者于树贵认为:"在'学理化道德'与常识化道德之间,促使学理道德转化为常识道德,同时引导常识道德接受学理道德的中介,是那种被称之为制度化道德的东西。"②什么是制度化道德?简单地说,就是制度本身(包括制度的产生方式与程序、制度内容以及制度运作方式等)的合道德性。

"制度存在的目的——培养公民美德。"③只有在经济、政治和道德文化等多方面,全面构建公正的社会制度,在宏观上创造出"老实人"不吃亏的"德福一致"道德环境,在实践中建立起普遍关怀和救助每一个平凡个体的制度体系,让社会真正成为一个有爱的社会,保证德行成为社会的通行证,在这种氛围中,行为主体才会对自己的旁观行为萌生强烈的羞耻感,并对见义勇为者的崇高行为产生深刻的认同感和敬重感。

四、法律规范调控的合理适度

道德和法律是规范调节社会的两个基本维度,其主要区别就在于:法律以显性的强制手段,规定公民权利与义务,以维护社会的应有秩序;道德则主要关注的是人的价值、精神等层面,以隐性的方式维护社会的和谐有序。建设社会主义和谐社会,营造互助互爱的良好人际环境,既需要发挥道德的教化和引领作用,也需要发挥法律的规范和强制作用。小悦悦事件发生后,无论民间还是学术界,要求刑法增设"见死不救罪"的呼声不断,很多人认为这是用法律方法减少不道德行为的根本方法。这种提议自然有其合理性,毕竟法律是道德的底线,法律义务归根到底来自道德义务。法律的强制力对于推动社会主义思想道德的传播和践行,促进良好社会风气的形成,有着非常好的促进作用。

问题在于道德的法律强制在某种程度上体现着对个体自由的一种限制,而人的自由又是人的本质性规定。因此,道德的法律强制是有限的,超过一定限

---

① 科诺瓦洛娃.道德与认识[M].杨远,石毓彬,译.北京:中国社会科学出版社,1983:72.
② 唐凯麟.中华民族道德生活史研究[M].北京:金城出版社,2008:5.
③ 施特劳斯,约瑟夫·克罗波西.政治哲学史(上)[M].李天然,译.石家庄:河北人民出版社,1993:176.

度,不但不能起到导"善"的功效,反而可能会使约束机制遭到破坏。对于这个限度,哲学家们从不同的视角进行了阐述,如罗尔斯提出了"责任"和"超责任",富勒提出了"义务的道德"和"向往的道德",康德提出了"完全的义务"和"不完全的义务",博登海默提出了第一类道德规范和第二类道德规范,等等。尽管表述方式各异,但哲学家们普遍认为,法律只涉及维护社会存在的基本道德义务,而不涉及提高生活质量、追求最高善的超越层次。那么,这两个层次之间的界限在哪儿呢?对此,富勒说:"在讨论两种道德之间的关系的时候,我曾经提到过一把向上延伸的标尺这个比喻,这把标尺的低端横档代表着义务的道德;而它的高端则伸展到愿望的道德领域。隔开这两者的是一条上下摆动的分界线,我们很难准确地标出它的位置,但它却是至关重要的。这条分界线充当着两种道德之间的关键堤坝。"①也就是说,在富勒看来,这种界限的划分不是绝对的,而是相对的。齐格蒙特·鲍曼在谈到是否要把旁观行为定罪时,也提出:"即使我们愿意把权威授予法律条款,而不是说不清、道不明的道德情感,那么,在由犯罪引起的不可争议的罪行(crime)和由'旁观'导致的不仅是可惜的而且是可原谅的过失(misdeed)之间,也有一个广阔而富有争议的区域。"②美国的法哲学家博登海默则认为,目前还不宜将见死不救转入强制性的法律领域,但"也许在将来的某个时候,随着其他国家的发展,帮助处于严重危难中的人的义务,会在某些适当的限制范围内从普通的道德领域转入强制性法律的领域"。③

那么,究竟现在是否到了立法惩治见死不救的时候?究竟是否要承认行为人的一般救助义务?对此,德弗林提出了正常理性人(right-minded man)的概念,即当且仅当一个行为超出了一个正常理性人所能够容忍的必要限度时,对其进行法律打击才具有正当性。毫无疑问,类似小悦悦事件中的旁观行为确实挑战了普通国人的道德底线,超出了正常理性人所能够容忍的必要限度;社会主义核心价值观也明确提出了"诚信友善"的要求。但从另一个角度看,毕竟一般性救助义务具有道德理想的成分,不能强求人人都能在危难时刻见义勇为。本书认为,对于有效转化旁观者,法律既不能缺位,又不能越位,既要考虑公民的心理承受能力,又要考虑道德法律化的可操作性,一定要采取审慎的态度。基于此,结合我国当前法律建设的状况来看,在引导见义勇为行为方面,法律可以从四个方面加以调控。

首先,有区别地审慎追究旁观者的违法行为。从旁观者的不同职责义务来

---

① 富勒.法律的道德性[M].郑戈,译.北京:商务印书馆,2009:34.
② 齐格蒙特·鲍曼.被围困的社会[M].郇建立,译.南京:江苏人民出版社,2005:211.
③ 博登海默.法理学:法律哲学与法律方法[M].邓正来,译.北京:中国政法大学出版社,2004:392.

看,可以分为有职责义务的与无职责义务的两类。对有职责义务的人,依照相应职责追究法律责任,对这一类人旁观行为的入法,人们已经达成共识,没有任何争议,前文也已经进行了分析;对无职责义务的人的旁观行为是否要入法,人们则存在较多争议。其争议的焦点在于,见危救助究竟属于"义务的道德"还是"向往的道德"。对于这个问题,如果我们不加区别,一味凭着充满激情的道德宣泄或冷漠理性,而强调入法与否,这远远是不够的。笔者认为,对于这类人的旁观行为,我们可以从事件发生时需要救助的难易程度,进一步深入分析。一方面,法律所规定的"应当"(ought to do)意味着"能够"(be able to do),法律不能要求任何公民冒着健康乃至生命危险去救助另一个公民,这只是高层次道德的要求。这种高层次的道德要求所展示的是一种道德的理想境界,"这一层次的道德存在恰恰在于它的内在体验性和个体性,它无法由法律来表达,更不能由法律来强制"①。对于这种高层次的英雄道德行为,我们应该给予肯定,大力弘扬,但不能上升为法律义务,否则就有可能造成人们不堪道德重负,而导致种种不良后果。

但另一方面,类似小悦悦事件中,路人确实发现并确定小悦悦处于危险之中,只要打个求救电话或者大喊几句,对自己秋毫无损,却不愿为之,任凭小悦悦重伤离世,而法律却袖手旁观,这显然不应该是法律的应有姿态。2016 年 12 月颁布的《关于进一步把社会主义核心价值观融入法治建设的指导意见》也明确提出,要"注重把一些基本道德规范转化为法律规范……推动文明行为、社会诚信、见义勇为、尊崇英雄、志愿服务、勤劳节俭、孝亲敬老等方面的立法工作"。为了更好地厘清道德义务与法律义务的关系,在立法前一定要对救助义务人设置一定的前提条件:(1)救助对象是生命和健康处于危险状态而不能自救的他人,且这种危险状态具有现实紧迫性;(2)救助义务人明确知道被救助对象处于危险状态;(3)救助义务人具备实施救助行为的能力,这种能力因时因地而有所不同,且不需要做过分刚性的规定;(4)救助义务人实施救助行为不会因此对自己和第三人带来危险。有了这一限制,就能够很好地平衡救助人和被救助人的利益,不会做出强人所难的规定。

当然,对这类旁观行为追究法律责任时,我们还应考虑这一法律在我国的现实可能性以及社会大众的可接受性。毕竟,一般救助义务相对于特殊救助义务而言,具有更强的道德义务性质,如果将这种义务"刑罚化",即设立"见死不救罪",可能会超出普通公民的心理接受能力。正如马克思所说,任何事物的发展"不可能不否定自己从前的存在形式"②。因此,在对旁观行为立法时,可以考虑

---

① 唐凯麟,曹刚.论道德的法律支持及其限度[J].哲学研究,2000(4):61-67.
② 马克思,恩格斯.马克思恩格斯全集:第 6 卷[M].北京:人民出版社,1961:329.

通过《民法》或者《治安管理处罚法》来进行规制。比如,在《民法》或者《治安管理处罚法》中,可以设定,非特定义务的人群,对于处于危险状态而不能自救的人,要有通知相关部门、保护现场和对危难者实施一定救助的义务。如果当事人不能履行该义务,证据确凿,就可以依照社会危害后果的严重性进行一定的处罚。通过一定程度的道德法律化,能让每一个公民都意识到救助义务不仅是道德义务,也是法律义务,从而更好地树立道德责任感,调整自己的行为。

其次,完善和落实见义勇为的法律补偿和奖励政策。对于积极的"好撒马利亚人",即为防止灾难的发生而与犯罪或自然灾害搏斗(在我国通常称为见义勇为)的人,世界各国的法律无一例外地都给予高度肯定。改革开放以来,我国各级政府在相关立法建设上也做出了大量努力。1991 年,全国人大常委会通过了《关于加强社会治安综合治理的决定》,将弘扬见义勇为精神作为发动群众参与维护社会稳定,维护社会治安的重要措施。随后,全国各省、市、自治区分别根据自己的情况,制订了相应的表彰与保护见义勇为条例。据统计,截止到 2012 年,关于见义勇为的地方性法规或政府规章,除了青海、西藏以外,有 29 个省、直辖市、自治区先后出台了地方政府规章、地方性法规共 72 部,现行有效的涉及见义勇为方面的法规和规章共 46 部。在地方性法规中,省级地方性法规占 24 部,较大市地方性法规占 9 部,经济特区法规占 1 部,地方政府规章占 12 部。2012 年,国务院办公厅又转发了民政部等部门《关于加强见义勇为人员权益保护意见的通知》(国办发〔2012〕39 号),明确提出了保障低收入见义勇为人员及其家庭的基本生活、提高见义勇为负伤人员医疗保障水平、扶持就业困难的见义勇为人员就业、加大对适龄的见义勇为人员或其子女受教育的保障力度等多种举措。

2017 年 3 月 18 日,公安部网站公布了《见义勇为人员奖励和保障条例(草案公开征求意见稿)》(以下简称《征求意见稿》),并向社会公开征求意见。该《征求意见稿》明确,有以下行为之一的,且事迹突出,可在事发两年内申请确认见义勇为:同正在实施危害国家安全、公共安全或者妨害社会管理秩序的违法犯罪行为做斗争的;同正在实施侵害国家、集体财产和他人人身财产安全的违法犯罪行为做斗争的;主动协助司法机关抓捕犯罪嫌疑人、破获重大刑事犯罪案件的;为保护国家、集体财产或者他人人身财产安全抢险、救灾、救人的;其他见义勇为的。《征求意见稿》明确了对见义勇为行为的奖励制度,其奖励形式包括:通报嘉奖;颁发奖励金;授予荣誉称号;其他奖励。对事迹特别突出、有重大影响的见义勇为人员,可以授予"见义勇为英雄"称号;对事迹突出、有较大影响的见义勇为人员,可以授予"见义勇为模范"称号。见义勇为人员奖励金标准由国家有关部门或者地方人民政府确定,且所得奖励金免征个人所得税。对见义勇为者的权益保护也提出了许多规定。对正在实施见义勇为行为的人员,任何单位和个人应当及时予以援助和保护。医疗机构应当建立绿色通道,及时救治,不得拒绝、推诿或拖延,如拒绝、推诿或者拖延救治见义勇为人员的,由卫生行政主管部门给予处分;造成损害的,依法承担赔偿责任;构成犯罪的,依法追究刑事责任。见义勇为人员的医疗费、康复费等因见义勇为引起的合理费用,由加害人、责任人、受益人依法承担;无加害人、责任人、受益人的,参保见义勇为人员的医疗费用由基本医疗保险按规定支付;加害人、责任人、受益人逃避或者无力承担的,参保见义勇为人员的医疗费用由基本医疗保险按规定先行支付,并有权依法追偿;其余部分由见义勇为行为发生地的县级人民政府解决。见义勇为负伤人员治疗期间,有固定收入的,用人单位不得扣发其工资、奖金等待遇;无固定收入的,由见义勇为行为发生地县级人民政府按照每月不低于当地上年度城镇单位在岗职工月平均工资的标准给予生活补助。对见义勇为牺牲人员,符合烈士评定条件的,依法评定为烈士,其家属按照《烈士褒扬条例》享受相关待遇;不符合烈士评定条件,属于因公牺牲情形的,按照《军人抚恤优待条例》有关规定予以抚恤;属于视同工伤情形的,享受一次性补助金以及相当于本人 40 个月工资的遗属特别补助金。见义勇为牺牲人员不符合烈士评定,按照上一年度全国城镇居民人均可支配收入的 20 倍加 40 个月的中国人民解放军少尉军官工资标准发放一次性补助金。除此之外,见义勇为人员还可以享受一系列福利待遇:对县级以上人民政府表彰的见义勇为人员及其子女,应当给予就学、升学照顾;对符合条件的见义勇为人员家庭,应当优先配租、配售保障性住房或发放住房租赁补贴;对符合农村危房改造条件的,应当给予优先安排;对受到表彰奖励的见义勇为人员,户籍地见义勇为工作部门应当实施动态服务,建立档案,定期走访慰问,帮助解决生产生活中的困难。[①]

《征求意见稿》充分吸纳了现有各地同类规定的优点,明确了对见义勇为行为的态度和立场,彰显了公义至上的制度性关照。相信在落地执行后,无论是对见义勇为者及其家属,或者对于弘扬社会正义,都将会产生非常积极的现实意义。但《征求意见稿》真正落地运行,还需要配套细则进一步加以细化,比如:见义勇为人员奖励金标准由国家有关部门或者地方人民政府确定,但由于各地方人民政府财政状况差别较大,极有可能会出现相同的行为,其奖励标准的地区差异过大现象。笔者认为,在见义勇为者奖励金标准方面,可考虑由国家有关部门实施统一标准。毕竟在流动性现代社会中,见义勇为行为涉及的不是地域性问题,而是全国性的,见义勇为人员的保障涉及异地协商落实,也需要相关部门的

---

① 见义勇为人员奖励和保障条例(草案公开征求意见稿)公开征求意见[EB/OL]. (2017-03-21). http://www.toutiao.com/i6399910733571686914/.

统筹协调。总体来说,《征求意见稿》还需要各相关部门认真斟酌,逐条对实施细则加以细化,狠抓落实。只有这样,这部条例才能真正不负立法者的初心,法治之"善"才能真正得到彰显。

再次,要真正贯彻落实紧急援助依法免责的法律条款。十二届全国人大五次会议表决通过(2017年3月15日)的《中华人民共和国民法总则》明确规定:"因自愿实施紧急救助行为造成受助人损害的,救助人不承担民事责任。"这一法律条文极大地增强了《民法总则》的道德底蕴,对于营造崇德向善的良好社会风尚,有着非常重要的价值意义。古人云:"立善法于天下,则天下治;立善法于一国,则一国治。"(《王安石文集·周公》)紧急援助依法免责的价值意义体现在四个方面。

一是回应了道德领域的突出问题。从2006年的南京彭宇案,到2011年佛山小悦悦事件,再到今天随处可见的"见义不敢为"现象,一桩桩发人深思的案例让人不寒而栗。中华民族究竟怎么啦? 对此,有网友如此评论:"不是我们没有爱心,而是我们不敢救,万一被讹上了怎么办?"紧急情况下伸出援助之手,是一种高尚的行为,但我们不能让高尚成为冒险。人倒了可以扶起来,人心要是倒了就扶不起来了!"法与时转则治,治与世宜则有功。"(《韩非子·五蠹》)紧急援助免责条例,顺应民众期待,直面道德领域的突出问题,运用法治手段为"善意救助"保驾护航,让德行善举没有后顾之忧,体现了我国《民法总则》的现实关切意识。

二是体现了公义之上的制度性观照。紧急援助的价值不仅在于受助对象财产或生命权得到尊重,更在于其对整个社会风气的引领和导向价值,从某种角度来说,这种价值是其他任何价值所无法比拟的。比如,"最美妈妈"吴菊萍、"最美教师"张丽莉等最美人物的报道,曾引起了社会强烈反响。一时间,学习"最美人物"、争做"最美人物"在中华大地蔚然成风。因此,只看到紧急援助对于被救助者个人的价值,显然弱化了这种行为的意义。但由于突发事件的紧迫性,紧急援助者常常很难完全做出恰当的判断,因而援助中存在对施救者造成更大伤害的可能,当然这也不是援助者所愿意看到的。正因为如此,法律明确规定,"因自愿实施紧急救助行为造成受助人损害的,救助人不承担民事责任"。"自愿"二字,表明救助者没有任何法定或约定的救助义务,其行为完全是出于善意的,对这种行为给受助人造成的损害免责,体现了立法者对紧急救助人行为的宽容,从制度层面确保了社会正义的优先性。

三是蕴含了社会主义核心价值观的宗旨要义。诚信友善是中华民族的优秀传统道德,也是社会主义核心价值观的重要内容。"人无信不立""诚者,物之终始。不诚无物",讲的就是诚信的重要性。友善是对仁爱精神的弘扬与超越,它不仅指执政者对民众的"仁",更强调建立在"人就是根本"基础上的对等的相互关爱。一个人只有真正具备了诚心与爱心,才能克服人际交往的物化影响,养成高尚的道德情操;一个社会只有倡导诚信友善,才能最大限度地减少各种内耗和摩擦,让人们在彼此信任和相互关爱中,感受到做人的价值和尊严。当前,诚信友善等美德缺失已引起群众的强烈不满。"不敢扶""不敢救""不敢帮",从根本上还是担心被讹,担心自己的善意给自己、给家人带来不必要的麻烦。路见不平一声吼,并非人们的法律义务,却是每个优秀公民都应该承担的道德义务,它体现了个体对赖以生存的共同体及其成员的责任心,闪耀着互助友善的人性光辉。因此,以法律强化对紧急援助者权益的保护,破解"英雄流血又流泪"的制度悲剧,给善行一份庄重承诺,必将极大地弘扬社会正能量,激发公民诚信友善精神。

四是反映了兼收并蓄的开放立法精神。国外的《好心人免责条款》《好撒玛利亚人法》等法律,基本精神是一致的,就是赋予救助人损害赔偿责任的豁免权,承认出于善意且不求回报的个人,不用承担因紧急救助而导致的损害赔偿责任。我国《民法总则》通过的紧急援助依法免责条例,就从中国的国情出发,吸收和借鉴了国外相关法律的立法经验,体现了开放的立法精神。同时,该条文的制定也充分听取了各方面的意见,进行了多次修改和调整。2016年12月,民法总则草案三审稿增加了规定:"实施紧急救助行为造成受害人损害的,除有重大过失外,救助人不承担民事责任。"2017年3月8日,民法总则草案四审稿修改为:"因自愿实施紧急救助行为造成受助人损害的,救助人不承担民事责任。但是救助人因重大过失造成受助人不应有的重大损害的,承担适当的民事责任。"2017年3月15日,民法总则表决稿再次修改为"因自愿实施紧急救助行为造成受助人损害的,救助人不承担民事责任"并最终得以通过。立法者对紧急援助依法免责之所以"锱铢必较",其目的只有一个,就是为了让"好人有好报"的道德理想能够实现,真正激发起社会成员守望相助、同舟共济的精神。

最后,对受救助者讹诈救助者的行为予以惩罚。如果说《民法总则》规定的紧急援助依法免责,解决了救助人的后顾之忧,那么,救助者可能还会面临另外一种风险,即被救助人主张其损害是由救助人造成。事实上,不敢扶摔倒老人的重要原因就是人们担心受助人诬告。比如,2011年,中央电视台曝光"公交车司机扶起老太反被诬告是肇事者",江苏南通大巴司机殷红彬停车将年迈倒地的老太扶起送到医院,却被老太说成是肇事者,最后还是车内录像还殷红彬清白。对于类似这样的救人者被诉案件,法院应严格按照"谁主张谁举证"的法律规定,即受助方需承担举证责任(证明自己的伤害是有救助者造成的),如果受助者无法提供充分的证据,其主张就不能得到公安机关和司法机关的认可。

如果救助者遭受助者讹诈,即便免于诉讼,可能仍然会对其产生一定的心理影响,从而导致今后遇到类似现象时理性地选择躲避。其实,在国外就有一些法律,对讹诈救助者的当事人,从法律上予以重罚。以新加坡为例,该国法律就明文规定,被救助者如果对救助者进行诬陷,须亲自上门向见义勇为者赔礼道歉,并对被救助者施以本人实际医药费 1 至 3 倍的处罚,如果情节严重、影响恶劣,则判定为污蔑罪。从某种意义上说,诬陷救助者的行为虽然可恶,但毕竟不是蓄谋已久的阴谋,无非是在趋利避害动机下的慌不择路。之所以在现实中会愈演愈烈,是因为即便被查出来也不用承担任何责任。因此,只要让讹人者面临得不偿失的法律后果,类似的现象就会大幅减少。只有当这些奖惩制度成为一种长期的、稳定的机制之后,行为主体才能切实感受到有德者高尚、奉献者光荣,法律及道德维护社会正义立场的功效才能得到充分发挥。

　　法安天下,德润人心。只要法律界能不断推动文明行为、社会诚信、见义勇为、尊崇英雄、志愿服务、勤劳节俭、孝亲敬老等方面的立法工作,形成有利于培育和弘扬社会主义核心价值观的良好政策导向和利益引导机制,我们有理由期待,随着相关条款的落地运行,善行必将得到更多的赞许和鼓励,人们的法治意识和道德自觉程度也将进一步提高。

结 束 语

自古以来，人们总是向往和追求政通人和、安居乐业的稳定和谐生活状态。传统中国社会很早就有"内睦者家道昌，外睦者人事济""亲仁善邻，国之宝也"之说。西方也有众多学者提出过构建和谐社会的理想，如古希腊哲学家毕达哥拉斯的"整个天就是一个和谐"，柏拉图的"理想国"等，都反映了人们对美好未来的憧憬和向往。马克思把共产主义直接定义为"人和自然之间、人和人之间的矛盾的真正解决"。可以说，建立平等互助、团结友爱的人际关系、人与自然的关系，既是社会发展的一种理想目标，也是社会发展的一种价值取向。一个社会是否和谐，整体人民生活的幸福指数能否提高，主要取决于社会成员的公民道德素质状况。因为道德是调整社会关系、规范人们行为的基本准则，并以创建和谐融洽的社会关系为使命。没有普遍认可和遵循的道德规范，个体的精神境界就无法有效提升，不同利益主体的相互关系也难以协调，整个社会的精神气就难以得到提振。因此我们说，良好社会风尚是社会和谐的重要标志，和谐社会本身就应该是一个道德化的社会。

马克思曾说："整个历史也无非是人类本性的不断改变而已。"[①]在整个人类历史发展进程中，人性有时表现为自私，有时表现为高尚。在社会转型的当今时代，旁观现象的出现，无疑是人性自私卑劣的表现。但从整个人类历史发展的长河来看，人们的精神境界总是不断进步的。人类能够不断健全自己的理智和意志，逐步调整规范自身的言行，人类社会才会一步步走向文明。精神的力量是无穷的，道德的力量也是无穷的。今天，我们培育和弘扬社会主义核心价值观，倡导爱国、敬业、诚信、友善的公民道德，其目的就是要改善当前社会物质主义盛行、工具主义喧嚣造成部分公民道德行为失范的状况，积极创建一个明荣知耻的优良道德环境，为社会发展提供精神动力。尽管社会主义核心价值观的建设不能一蹴而就，促进旁观者向见义勇为者的转化需要多方面的接力。但我们有理由相信，只要公民个体能够提升道德修养的自觉性，积极投身道德生活，确立道

---

① 马克思，恩格斯. 马克思恩格斯文集：第 1 卷[M]. 北京：人民出版社，2009：632.

德信仰，同时，全社会一致努力，通过多种方式和多个渠道，强化媒体责任，着力弘扬见义勇为精神，构建远距离道德，深度推进公民意识教育，从经济、政治、道德等多领域，全面构建公正的社会制度，那么，知耻尚荣、抑恶扬善的良好社会道德氛围就会形成，见死不救、见义不为的旁观现象就能得到抑制，"爱国、敬业、诚信、友善"的社会主义公民核心价值观就能深入人心，并逐渐成为公民指导自身行为的自由道德意志，心心相通、助人为乐的和谐社会就会以迷人色彩出现在我们面前。我们期待着这一天的到来！

参考文献

一、中文部分

[1] J. P. 蒂洛. 伦理学——理论与实践[M]. 孟庆时,程立显,刘建,译. 北京:北京大学出版社,1985.

[2] R. A. 巴伦,D. 伯恩. 社会心理学:下册[M]. 黄敏儿,王飞雪,译. 上海:华东师范大学出版社,2004.

[3] 阿尔贝·雅卡尔. 科学的灾难?一个遗传学家的困惑[M]. 阎雪梅,译. 桂林:广西师范大学出版社,2004.

[4] 阿尔汉格斯基. 马克思主义伦理学[M]. 郑裕人,译. 北京:中国人民大学出版社,1989.

[5] 阿尔诺·格鲁恩. 同情心的丧失[M]. 李健鸣,译. 北京:经济日报出版社,2001.

[6] 阿格妮丝·赫勒. 日常生活[M]. 衣俊卿,译. 重庆:重庆出版社,1990.

[7] 埃·弗洛姆. 马克思论人[M]. 陈世夫,张世广,译. 西安:陕西人民出版社,1991.

[8] 埃德加·莫林,等. 地球祖国[M]. 马胜利,译. 北京:生活·读书·新知三联书店,1997.

[9] 安东尼·吉登斯. 现代性的后果[M]. 田禾,译. 南京:译林出版社,2011.

[10] 奥特弗利德·赫费. 作为现代化之代价的道德[M]. 邓安庆,朱更生,译. 上海:上海世纪出版集团,2005.

[11] 巴伯. 科学与社会秩序[M]. 顾昕,译. 北京:生活·读书·新知三联书店,1991:47.

[12] 柏拉图. 理想国[M]. 吴献书,译. 上海:上海三联书店,2009.

[13] 保罗·肯尼迪. 大国的兴衰[M]. 王保存,译. 北京:求实出版社,1988.

[14] 保罗·库尔茨. 21世纪的人道主义[M]. 肖锋,译. 北京:东方出版社,1998.

[15] 北京大学哲学系. 古希腊罗马哲学[M]. 北京:生活·读书·新知三联书

店,1957.

[16] 北京大学哲学系.十八世纪法国哲学[M].北京:商务印书馆,1963.

[17] 北京大学哲学系.西方哲学原著选读:上卷[M].北京:商务印书馆,1981.

[18] 彼得·布劳,马歇尔·梅耶.现代社会中的科层制[M].马戎,译.上海:学林出版社,2001

[19] 彼得·辛格.实践伦理学[M].刘莘,译.北京:东方出版社,2006.

[20] 伯特兰·罗素.伦理学与政治学中的人类社会[M].肖魏,译.北京:中国社会科学出版社,1992.

[21] 博登海默.法理学:法律哲学与法律方法[M].邓正来,译.北京:中国政法大学出版社,1999.

[22] 布鲁姆.走向封闭的美国精神[M].缪青,等,译.北京:中国社会科学出版社,1994.

[23] 陈立胜.王阳明"万物一体论"——从"身一体"的立场看[M].上海:华东师范大学出版社,2007.

[24] 程立显.伦理学与社会公正[M].北京:北京大学出版社,2002.

[25] 慈继伟.正义的两面性[M].上海:上海三联书店,2001.

[26] 崔相录.德育新探[M].北京:光明日报出版社,1987.

[27] 达尔文.人类的由来(上册)[M].潘光旦,胡寿文,译.北京:商务印书馆,2005.

[28] 达尔文.人类的由来及性选择[M].叶笃庄,杨习之,译.北京:北京大学出版社,2009.

[29] 大卫·洛耶.达尔文:爱的理论[M].单继刚,译.北京:社会科学文献出版社,2004.

[30] 丹尼尔·贝尔.资本主义文化矛盾[M].严蓓雯,译.南京:江苏人民出版社,2007.

[31] 丹尼斯·史密斯.后现代性的预言家[M].萧韶,译.南京:江苏人民出版社,2002.

[32] 单兴缘.开放社会中人的行为研究[M].北京:时事出版社,1993.

[33] 邓小平.邓小平文选:第2卷[M].北京:人民出版社,1994.

[34] 迪帕·纳拉扬,等.谁倾听我们的声音[M].付岩梅,崔惠玲,译.北京:中国人民大学出版社,2001.

[35] 厄内斯特·盖尔纳.民族和民族主义[M].韩红,译.北京:中央编译出版社,2002.

[36] 樊浩.伦理精神的生态价值[M].北京:中国社会科学出版社,2001.

[37] 斐迪南·滕尼斯.共同体与社会:纯粹社会学的基本概念[M]林荣远,译.
北京:商务印书馆,1999.

[38] 费尔夫.西方文化的终结[M].丁万江,曾艳,译.南京:江苏人民出版
社,2004.

[39] 费孝通.乡土中国[M].北京:生活·读书·新知三联书店,2013.

[40] 费孝通.乡土中国生育制度[M].北京:北京大学出版社,1998.

[41] 弗里德里希·包尔生.伦理学体系[M].何怀宏,译.北京:中国社会科学出
版社,1988.

[42] 富勒.法律的道德性[M].郑戈,译.北京:商务印书馆,2005.

[43] 甘绍平.伦理学的当代建构[M].北京:中国发展出版社,2015.

[44] 甘绍平.应用伦理学的前言问题研究[M].南昌:江西人民出版社,2002.

[45] 高德胜.道德教育的时代境遇[M].北京:教育科学出版社,2008.

[46] 高兆明,李萍.现代化进程中的伦理秩序研究[M].北京:人民出版
社,2007.

[47] 高兆明.制度公正论[M].上海:上海文艺出版社,2001.

[48] 高中华.环境问题抉择论[M].北京:社会科学文献出版社,2004.

[49] 歌德.浮士德[M].郭沫若,译.北京:人民文学出版社,1983.

[50] 葛晨虹.人性论[M].北京:中国青年出版社,2001.

[51] 葛力.十八世纪法国哲学[M].北京:社会科学文献出版社,1991.

[52] 郝士钊.西方先哲思想全书[M].北京:中国城市出版社,2011.

[53] 何怀宏.底线伦理[M].沈阳:辽宁人民出版社,1998.

[54] 贺麟.文化与人生[M].北京:商务印书馆,1988.

[55] 赫尔穆特·施密特.全球化与道德重建[M].柴方国,译.北京:社会科学文
献出版社,2001.

[56] 黑格尔.法哲学原理[M].范扬,张企泰,译.北京:商务印书馆,1961.

[57] 黑格尔.逻辑学:上卷[M].杨之一,译.北京:商务印书馆,1981.

[58] 黑格尔.美学:第1卷[M].朱光潜,译.北京:商务印书馆,1979.

[59] 胡乔木.胡乔木文集:第2卷[M].北京:人民出版社,1993.

[60] 黄岩.旁观者道德研究[M].北京:人民出版社,2010.

[61] 焦国成.公民道德论[M].北京:人民出版社,2004.

[62] 瞿葆奎.教育学文集·教育目的[M].北京:人民教育出版社,1989.

[63] 卡尔·古斯塔夫·荣格.未发现的自我[M].张敦福,赵蕾,译.北京:国际
文化出版公司,2000.

[64] 卡尔·雅斯贝斯.时代精神的状况[M].王德峰,译.上海:上海译文出版

社,1997.

[65] 康德.纯粹理性批判[M].蓝公武,译.北京:商务印书馆,1960.

[66] 康德.实践理性批判[M].韩水法,译.北京:商务印书馆,1999.

[67] 科诺瓦洛娃.道德与认识[M].杨远,石毓彬,译.北京:中国社会科学出版社,1983.

[68] 克劳斯·德纳.享用道德——对价值的自然渴望[M].朱小安,译.北京:北京出版社,2002.

[69] 库利.人类本性与社会秩序[M].包凡一,王源,译.北京:华夏出版社,1989.

[70] 拉法格.思想起源论[M].王子野,译.北京:生活·读书·新知三联书店,1963.

[71] 雷蒙·阿隆.社会学主要思潮[M].葛志强,译.上海:上海译文出版社,1988.

[72] 李大钊.李大钊文集:第2卷[M].北京:人民出版社,1999.

[73] 李华兴,吴嘉勋.梁启超选集[M].上海:上海人民出版社,1984.

[74] 李鹏程.当代文化哲学沉思[M].北京:人民出版社,1994.

[75] 李萍.公民日常行为的道德分析[M].北京:人民出版社,2004.

[76] 李肃东.个体道德论[M].武汉:华中理工大学出版社,1994.

[77] 里夫金,霍华德.熵:一种新的世界观[M].吕明,袁舟,译.上海:上海译文出版社,1987.

[78] 里奇拉克.发现自由意志与个人责任[M].许泽民,罗选民,译.贵阳:贵州人民出版社.1994

[79] 理查德·桑内特.肉体与石头:西方文明中的身体与城市[M].黄煜文,译.上海:上海译文出版社,2006.

[80] 梁漱溟.中国文化的命运(珍藏版)[M].北京:中信出版社,2013.

[81] 梁漱溟.中国文化要义[M].上海:上海人民出版社,2003.

[82] 廖申白.伦理新视点[M].北京:中国社会科学出版社,1997.

[83] 列宁.列宁全集:第1卷[M].北京:人民出版社,1955.

[84] 列宁.列宁选集:第3卷[M].北京:人民出版社,1995.

[85] 林语堂.吾国与吾民[M].黄嘉德,译.西安:陕西师范大学出版社,2006.

[86] 卢梭.爱弥儿——论教育[M].李平沤,译.北京:人民教育出版社,2001.

[87] 卢梭.爱弥尔[M].李平沤,译.北京:人民教育出版社,1985.

[88] 鲁迅.鲁迅全集:第1卷[M].北京:人民文学出版社,1981.

[89] 罗伯特·比斯瓦斯-迪纳.勇气[M].萧潇,译.北京:中信出版社,2013.

[90] 罗国杰,马博宣,余进.伦理学教程[M].北京:中国人民大学出版社,1985.

[91] 罗国杰.道德建设论[M].长沙:湖南人民出版社,1997.

[92] 罗国杰.伦理学[M].北京:人民出版社,2014.

[93] 罗国杰.中国革命道德规范卷[M].北京:中共中央党校出版社,1999.

[94] 罗永忠.心理学基础[M].北京:高等教育出版社,2012.

[95] 马丁·海德格尔.存在与时间[M].陈嘉映,王庆节,译.北京:生活·读书·新知三联书店,2006.

[96] 马丁·霍夫曼.移情与道德发展[M].杨韶刚,万明,译.哈尔滨:黑龙江人民出版社,2003.

[97] 马克思,恩格斯.马克思恩格斯全集:第3卷[M].北京:人民出版社,1960.

[98] 马克思,恩格斯.马克思恩格斯文集:第1卷[M].北京:人民出版社,2009.

[99] 马克思,恩格斯.马克思恩格斯选集:第1-4卷[M].北京:人民出版社,1995.

[100] 马克思.1844年经济学哲学手稿[M].北京:人民出版社,2000:123.

[101] 马克斯·韦伯.经济与社会:上册[M].林荣远,译.北京:商务印书馆,1997.

[102] 马克斯·韦伯.学术与政治[M].冯克利,译.北京:生活·读书·新知三联书店,2013.

[103] 马斯洛.马斯洛谈自我超越[M].石磊,译.天津:天津社会科学院出版社,2011.

[104] 马斯洛.人的潜能和价值[M].北京:华夏出版社,1987.

[105] 麦金太尔.德性之后[M].龚群,译.北京:中国社会科学出版社,1995.

[106] 麦金太尔.谁之正义?何种合理性?[M].万俊人,译.北京:当代中国出版社,1996.

[107] 毛泽东.毛泽东选集:第5卷[M].北京:人民出版社,1977.

[108] 苗力田,李毓章.西方哲学史新编[M].北京:人民出版社,1990.

[109] 莫蒂默·艾德勒.西方思想宝库[M].西方思想宝库编委会,译.长春:吉林人民出版社,1988.

[110] 内尔·诺丁斯.学会关心——教育的另一种模式[M].于天龙,译.北京:教育科学出版社,2003.

[111] 诺贝特·埃利亚斯.文明的进程[M].王佩莉,译.北京:生活·读书·新知三联书店,1998.

[112] 帕特森.布莱克维尔哲学和法律理论指南[M].汪庆华,译.上海:上海人民出版社,2013.

[113] 齐格蒙特·鲍曼.被围困的社会[M].郇建立,译.南京:江苏人民出版社,2005.

[114] 齐格蒙特·鲍曼.个体化道德[M].范祥涛,译.上海:上海三联书店,2002.

[115] 齐格蒙特·鲍曼. 后现代伦理学[M]. 张成岗,译. 南京:江苏人民出版社,2003.

[116] 齐格蒙特·鲍曼. 后现代性及其缺憾[M]. 郁建立,译. 上海:学林出版社,2002.

[117] 齐格蒙特·鲍曼. 流动的现代性[M]. 欧阳景根,译. 上海:上海三联书店,2002.

[118] 齐格蒙特·鲍曼. 生活在碎片之中——论后现代道德[M]. 郁建兴,译. 上海:学林出版社,2002.

[119] 齐格蒙特·鲍曼. 通过社会学去思考[M]. 高华,译. 北京:社会科学文献出版社,2002.

[120] 齐格蒙特·鲍曼. 现代性与大屠杀[M]. 杨渝东,史建华,译. 南京:译林出版社,2006.

[121] 齐格蒙特·鲍曼. 现代性与矛盾性[M]. 邵迎生,译. 北京:商务印书馆,2003.

[122] 乔·萨托利. 民主新论[M]. 冯克利,阎克文,译. 北京:东方出版社,1993.

[123] 日本刑法典[M]. 张明楷,译. 北京:法律出版社,1998.

[124] 萨特. 他人就是地狱——萨特自由选择论集[M]. 关群德,译. 天津人民出版社,2007.

[125] 塞缪尔·斯迈基. 品格的力量[M]. 刘曙光,译. 北京:北京图书馆出版社,1999.

[126] 佘双好. 毕生发展心理学[M]. 武汉:武汉大学出版社,2013.

[127] 盛洪. 经济学精神[M]. 广州:广东经济出版社,1999.

[128] 施特劳斯,约瑟夫·克罗波西. 政治哲学史(上)[M]. 李天然,译. 石家庄:河北人民出版社,1993.

[129] 斯宾诺莎. 伦理学[M]. 贺麟,译. 北京:商务印书馆,1983.

[130] 斯蒂芬·弗兰佐. 社会心理学[M]. 葛剑桥,译. 上海:上海人民出版,2010.

[131] 斯蒂格利茨. 自由市场的坠落[M]. 李俊青,杨玲玲,译. 北京:机械工业出版社,2011.

[132] 斯金纳. 超越自由与尊严[M]. 王映桥,栗爱平,译. 贵阳:贵州人民出版社,2006.

[133] 宋健. 现代科学技术基础知识[M]. 北京:科学出版社,1994.

[134] 宋希仁. 西方伦理思想史[M]. 北京:中国人民大学出版社,2004.

[135] 苏霍姆林斯基. 公民的诞生[M]. 黄之瑞,张佩珍,译. 北京:教育科学出版社,2002.

[136] 苏珊·桑塔格.关于他人的痛苦[M].黄灿然,译.上海:上海译文出版社,2006.

[137] 孙立平.断裂——20世纪90年代以来的中国社会[M].北京:社会科学文献出版社,2003.

[138] 泰国刑法典[M].吴光侠,译.北京:中国人民公安大学出版社,2004.

[139] 唐凯麟,龙兴海.个体道德论[M].北京:中国青年出版社,1993.

[140] 唐凯麟.中华民族道德生活史研究[M].北京:金城出版社,2008.

[141] 梯利.西方哲学史[M].葛力,译.北京:商务印书馆,2004.

[142] 万俊人.我们都住在神的近处[M].沈阳:辽宁人民出版社,1998.

[143] 王海明.新伦理学[M].北京:商务印书馆,2008.

[144] 王勤.非理性的价值及其引导[M].北京:中央党校出版社,2001.

[145] 王松江.个人自由与社会责任:一种社会中间阶层的人生哲学[M].北京:中国国际广播出版社,2009.

[146] 王威海.韦伯:摆脱现代社会两难困境[M].沈阳:辽海出版社,1999.

[147] 王小锡.伦理与社会[M].南京:江苏人民出版社,1998.

[148] 威廉·K.弗兰克纳.伦理学[M].关键,译.上海:上海三联书店,1987.

[149] 魏星.开心钥匙——心理现象探幽[M].厦门:福建科学技术出版社,2002.

[150] 魏英敏.新伦理学教程[M].北京:北京大学出版社,1993.

[151] 吴灿新.当代中国伦理精神[M].广州:广东人民出版社,2001.

[152] 吴潜涛.社会主义荣辱观研究[M].北京:中国人民大学出版社,2014.

[153] 西班牙刑法典[M].潘灯,译.北京:中国政法大学出版社,2004.

[154] 肖雪慧.守望良知:新伦理的文化视野[M].沈阳:辽宁人民出版社,1998.

[155] 谢利·泰勒.社会心理学[M].崔丽娟,王彦,译.上海:上海人民出版社,2010.

[156] 休谟.道德原则研究[M].曾晓平,译.北京:商务印书馆,2001.

[157] 雅科布松.情感心理学[M].王玉琴,译.哈尔滨:黑龙江人民出版社,1988.

[158] 亚当·斯密.道德情操论[M].余涌,译.北京:中国社会科学出版社,2003.

[159] 亚当·斯密.国富论[M].唐日松,等译.北京:华夏出版社,2005.

[160] 亚当·斯密.国民财富的性质和原因的研究:下卷[M].郭大力,王亚南,译.北京:商务印书馆,1974.

[161] 亚里士多德.尼各马可伦理学[M].苗力田,译.北京:中国社会科学出版社,1990.

[162] 亚里士多德.亚里士多德全集:第8卷[M].苗力田,译.北京:中国人民大学出版社,1992.

[163] 亚里士多德.政治学[M].吴寿彭,译.北京:商务印书馆,1998.

[164] 杨峻岭.道德耻感论[M].北京:中国编译出版社,2013.

[165] 杨韶刚.西方道德心理学的新发展[M].上海:上海教育出版社,2007.

[166] 叶浩生.西方心理学的历史与体系[M].北京:人民教育出版社,2005.

[167] 伊冯·朱克斯.传媒与犯罪[M].赵星,译.北京:北京大学出版社,2006.

[168] 伊曼努尔·康德.道德形而上学原理[M].苗力田,译.上海:上海人民出版社,2002.

[169] 意大利刑法典[M].黄风,译.北京:中国政法大学出版社,1988.

[170] 袁贵林.当代西方道德教育理论[M].福州:福建教育出版社,1995.

[171] 约翰·罗尔斯.政治自由主义[M].万俊人,译.北京:译林出版社,2000.

[172] 约翰·密尔.功用主义[M].北京:商务印书馆,1957:17.

[173] 约翰·奈斯比特,等.高科技·高思维[M].尹萍,译.北京:新华出版社,2000.

[174] 约翰内斯·韦塞尔斯.德国刑法总论[M].李昌珂,译.北京:法律出版社,2008.

[175] 约瑟夫·熊彼特.经济发展理论[M].何畏,易家祥,译.北京:商务印书馆,2009.

[176] 越南刑法典[M].米良,译.北京:中国人民公安大学出版社,2005.

[177] 曾钊新,李建华.道德心理学[M].长沙:中南大学出版社,2002.

[178] 张彩萍,高兴国.弱势群体社会支持研究[M].兰州:兰州大学出版社,2008.

[179] 张岱年.中国伦理思想研究[M].南京:江苏教育出版社,2005.

[180] 张岱年.中国哲学大纲[M].北京:中国社会科学出版社,1982.

[181] 张世英.论黑格尔的逻辑学[M].上海:上海人民出版社,1982.

[182] 张心萌.工作就是责任[M].北京:中国致公出版社,2010.

[183] 赵汀阳.论可能生活[M].北京:生活·读书·新知三联书店,1994.

[184] 甄琦.责任的力量[M].北京:中华工商联合出版社,2013.

[185] 中共中央文献研究室.毛泽东文集:第2卷[M].北京:人民出版社,1993.

[186] 中共中央文献研究室.十一届三中全会以来重要文献选编:上卷[M].北京:中共中央党校出版社,1981.

[187] 中国社科院近代史研究所.孙中山全集:第3卷,第6卷[M].北京:中华书局,1984.

[188] 中央宣传部.毛泽东邓小平江泽民论思想政治工作[M].北京:学习出版社,2000.

[189] 周辅成.西方伦理学名选辑:上卷[M].北京:商务印书馆,1964.

[190] 周辅成.西方伦理学名选辑:下卷[M].北京:商务印书馆,1987.

［191］朱贻庭.伦理学大辞典［M］.上海：上海辞书出版社，2002.

［192］左群英.同情教育论［M］.北京：人民出版社，2012.

［193］陈伟宏，黄岩.道德的个体价值［J］.江西社会科学，2004(1).

［194］池应华."见死不救"行为的事实认定与法律评价［J］.法商研究，2005(6).

［195］崔宜明.道德哲学之重建［J］.时代与思潮，2006(6).

［196］代山.国外对见死不救的处罚［J］.人民论坛，2014(6).

［197］窦炎国.论道德认知［J］.西北师大学报，2004(6).

［198］杜凤娇，王慧."弱势"缘何成了普遍心态——不同群体"弱势"感受对比报告［J］.人民论坛，2010(34).

［199］范玉华.青少年同情心缺失问题分析及其对策［J］.思想理论教育，2005(4).

［200］高德胜.道德冷漠与道德教育［J］.教育学报，2009(3).

［201］高德胜.电子媒介与"旁观者"的生产［J］.华东师范大学学报(教育科学版)，2007(4).

［202］高兆明."道德冷漠"辨［J］.河北学刊，2015(1).

［203］葛晨虹."道德冷漠"及社会问题思考［J］.苏州大学学报，2012(2).

［204］郭哲.对见死不救的法理学再思考［J］.安徽大学学报(哲学社会科学版)，2006(9).

［205］黄岩."旁观"现象成因的多维审视［J］.南昌大学学报，2015(4).

［206］黄岩."旁观者"的现代生产及其超越［J］.南昌大学学报，2013(6).

［207］鞠晓飞，王莹.新闻报道切忌人性的丧失［J］.记者摇篮，2013(9).

［208］李光辉.关于见危不救的刑法学思考［J］.西南师范大学学报(人文社会科学版)，2004(6).

［209］李建华.道德情感培育的个体之维［J］.衡阳师范学院学报，2000(5).

［210］李建华.道德情感培育的社会举措［J］.吉首大学学报，2000(3).

［211］李金鑫.道德判断视域下的道德冷漠［J］.河北学刊，2015(1).

［212］刘经南，陈闻晋.论培养"有根"的世界公民［J］.中国高等教育，2008(1).

［213］刘书林.注重做好弱势群体的思想政治工作［J］.前线，2001(5).

［214］刘曙辉.论道德冷漠［J］.道德与文明，2008(4).

［215］罗玲妹.成本—收益视角下的"见义勇为冷漠"现象探析［J］.天水行政学院学报，2011(5).

［216］舒毅彪.道德冷漠产生的社会文化根源探析［J］.中共中央党校学报，2011(10).

［217］王海明.论道德榜样［J］.贵州社会科学，2007(3).

［218］肖保根.国外如何惩处见死不救［J］.中国青年，2011(23).

[219] 肖群忠.道德的约束性与道德自由[J].甘肃社会科学,1992(5).

[220] 肖士英.道德冷漠感与制度性道德关怀[J].陕西师范大学学报,2000(3).

[221] 徐辉,王静.国际理解教育研究[J].西南师范大学学报(人文社会科学版),2003(6).

[222] 许起鹏.和谐社会:制度与信任机制分析[J].经济师,2008(5).

[223] 曾建平.追寻公正:和谐社会的价值取向[J].马克思主义与现实,2005(3).

[224] 赵鑫.精神病时代——当代中国社会全民焦虑解读与对策[J].社会科学论坛,2011(11).

[225] 朱海兵.从"最美"现象谈平民典型报道[J].中国出版,2012(12).

[226] 朱力.旁观者的冷漠[J].南京大学学报(哲学·人文·社会科学版),1997(2).

[227] 出庭作证难道仅仅是公民的义务?[N].重庆日报,2008-09-05.

[228] 党国英.何以"人人都有弱势心理"?[N].新京报,2010-12-11.

[229] 窦晨.小悦悦事件:愤怒说明还有希望[N].国际先驱导报,2011-12-29.

[230] 杜强.83岁老人突发疾病保安拒绝夜间开门[N].华西都市报,2014-04-08.

[231] 扶人却被判撞人南京小伙好心没好报[N].成都日报,2007-09-07.

[232] 郭玉红.见死不救特定义务人可能获罪[N].兰州晨报,2009-08-07.

[233] 何慧蓉.海口流浪汉倒地身亡群众怕惹麻烦不愿报警[N].南国都市报,2010-07-21.

[234] 李文姬.盘点5年16起见义勇为惹麻烦事件:被救讹人无人受惩[N].法制晚报,2014-07-23.

[235] 两岁女童被两车先后碾过十多冷漠路人经过视若无人[N].今日早报,2011-10-19.

[236] 毛磊.人大代表建议增加"见死不救"罪名[N].人民日报,2004-12-15.

[237] 石闯.避雨男子跳河救轻生女孩遇难遗体保持救人姿势[N].郑州晚报,2014-06-06.

[238] 收入差距加大致国民"弱势心理"蔓延[N].人民日报,2010-11-11.

[239] 万俊人.再谈道德冷漠[N].中国青年报,1995-05-09.

[240] 汪金友.让座风波与社会公德[N].长沙晚报,2012-08-29.

[241] 王广永.女童遭碾事件冷漠路人忏悔:后悔内疚几夜没睡好[N].广州日报,2011-10-18.

[242] 王鹤,陈翔.77%受访网友反对立法惩罚"见死不救"行为[N].广州日报,

2011-10-20.

[243] 邬佳文,杨洁.女大学生跳楼被围观者起哄最终纵身跳下受伤[N].东方早报,2011-08-24.

[244] 辛闻.10余学者称立法制裁见死不救难令道德回升[N].京华时报,2011-10-24.

[245] 徐机玲.南京官方披露:彭宇承认与徐老太碰撞[N].瞭望新闻周刊,2012-01-16.

[246] 杨斌.我们其实就是那18个路人[N].南方都市报,2011-10-25.

[247] 俞吾金.生命高于财富,还是财富高于生命[N].文汇报,1992-10-03.

[248] 张成敏.路人们真的都见死不救吗? 小悦悦事件的证据学分析[N].南方周末,2011-10-28.

[249] 邹宇.受骗民工挥刀自残冷漠看客高呼再来一刀[N].重庆时报,2005-03-01.

[250] 14岁女生在寝室内被多名男生强奸同学围观加油[EB/OL]. http://www.takefoto.cn/viewnews-223074.html.

[251] 关于进一步把社会主义核心价值观融入法治建设的指导意见[EB/OL]. http://www.gov.cn/zhengce/2016-12/25/content_5152713.htm.

[252] 湖北三名大学生为救人溺亡事件追踪打捞者"挟尸要钱"风波[EB/OL]. http://news.sina.com.cn/o/2009-11-06/072016563557s.shtml.

[253] 见义勇为人员奖励和保障条例(草案公开征求意见稿)公开征求意见[EB/OL]. http://www.toutiao.com/i6399910733571686914/.

[254] 经济困难无钱为孩子治病,狠心父雇凶杀病婴[EB/OL]. http://news.cz001.com.cn/2009-07/29/content_1228130.htm.

[255] 孙权.无锡法院发布2011年度十大典型案件[EB/OL].[2011-12-30]. http://www.js.chinanews.com/wx/news/2011/1230/43309.html.

[256] 温家宝.加强道德文化建设必须深化政治体制等改革[EB/OL].[2014-04-18]. http://www.china.com.cn/policy/txt/2011-04/18/content_22381602.htm.

[257] 中华人民共和国民法总则[EB/OL]. http://www.npc.gov.cn/npc/xinwen/2017-03/15/content_2018907.htm.

二、英文部分

[1] Anthony Giddens. Modernity and Self-identity:Self and Society in the Late Modern Age[M]. Cambridge:Polity Press,1991.

〔2〕 Bibb Latane,John M Darley. The Unresponsive Bystander：Why doesn't He Help? 〔M〕. New York：Appleton-Century-Crofts,1970.

〔3〕 Charles A Ellwood. An Introduction to Social Psychology〔M〕. New York：D. Appleton and Company,1920.

〔4〕 Charles Darwin. Descent of Man and Selection in Relation to Sex〔M〕. London：Penguin Group,2004.

〔5〕 Hans Jonas. The Imperative Responsibility〔M〕. Chicago & London：The University of Chicago Press,1984.

〔6〕 Max Weber,Peter Lassman. Weber Political Writings〔M〕. Cambridge：Cambridge University Press,1994.

〔7〕 Max Weber. Essays in Sociology〔M〕. New York：Oxford University Press, 1946.

〔8〕 Nel Noddings. Caring：A Feminine Approach to Ethics and Moral Education〔M〕. Berkeley and Los Angeles：University of California Press,1984.

〔9〕 Patricia Smith. The Nature and Process of Law〔M〕. Oxford：Oxford University Press,1993.

〔10〕 Robert Nozick. Morality and Conflict〔M〕. Mass Cambridge：Harvard University Press,1983.

〔11〕 S Dennis Ford. Sins of Omission：A Prime on Moral Indifference〔M〕. Minneapolis：Augsburg Fortress Press,1990.

〔12〕 Samuel P Oliner,Pearl M Oliner. The Altruistic Personality：Rescuers of Jews in Nazi Europe〔M〕. New York：The Free Press,1988.

〔13〕 Miriam Gur-Arye. A Failure to Prevent Crime—Should it be Criminal? 〔J〕. Criminal Justice Ethics,2001(2).

〔14〕 Susan Wolf. Moral Psychology and the Unity of the Virtues〔J〕. Ratio, 2007 (20).

〔15〕 Wirth Louis. Urbanism as a Way of Life〔J〕. The American Journal of Sociology,1938.

附录一　当代公民见义勇为观调查问卷

您好！

为了解当代公民对见义勇为行为的认知、践行状况，我们进行这次抽样调查。问卷采取不记名方式，所有数据均用于统计研究。请按实际情况和真实想法回答问题，衷心感谢您对本次调查的大力支持！

杭州电子科技大学道德旁观现象调查课题组

2013 年 12 月

1.您的性别是（　　　）

（1）男　　（2）女

2.您的民族是＿＿＿＿＿＿族。（请填写）

3.您的年龄是（　　　）

（1）16—25 周岁　　（2）26—35 周岁　　（3）36—45 周岁

（4）46—55 周岁　　（5）55 周岁以上

4.您的受教育程度是（　　　）

（1）小学及以下　　（2）初中　　（3）高中(中专)

（4）大学(专科和本科)　　（5）硕士研究生及以上

5.您目前的就业状况是（　　　）

（1）在职　　（2）离退休　　（3）学生　　（4）无业、失业　　（5）其他

6.您所属职业领域是(在职人员填写)（　　　）

（1）机关、事业单位领导干部　　（2）机关办事人员

（3）科教文卫专业技术人员　　（4）企业管理人员

（5）企业员工　　（6）商业服务人员

（7）私营企业主　　（8）个体从业人员　　（9）农业劳动者

（10）农村外出务工人员　　（11）军人　　（12）其他

7.您认为您的家庭经济状况属于（　　　）

（1）贫困型　　（2）温饱型　　（3）小康型　　（4）富裕型　　（5）富豪型

8.您认为现在整体社会道德风气状况(　　)

(1)很好,社会就像大家庭处处有爱

(2)较好,人际关系总体和谐

(3)一般,没特别冷漠也没特别温暖

(4)较差,很难让人有温暖感

(5)十分冷漠,毫无温暖可言

9.对那种不顾个人安危,舍身救人的英雄行为,您的态度是(　　)

(1)很高尚,自已也能做到

(2)敬佩英雄,但自己可能做不到

(3)这是喜欢出风头的行为,不值得提倡

(4)只有傻瓜才会选择做英雄,我瞧不起这类人

(5)说不清

10.如果您善于游泳的朋友,见一小孩落水后无动于衷,您对他的态度是(　　)

(1)理解他,朋友关系不会有任何变化

(2)认可并赞同他的做法,更加愿意与他做朋友

(3)从心底里鄙视他,淡化与他的朋友关系

(4)讨厌他,与他断交

11.当您在公交车上看见旁边站着老人、孕妇等人时,您会怎么做?(　　)

(1)毫不犹豫把座位让给他们

(2)看周围人的反应,若无人让座,就自己让座给他们

(3)视而不见,继续坐着　　(4)看当时的心情决定

12.假如在公共场所您看见小偷行窃您会怎么做?(　　)

(1)立即上前阻止小偷的行为　　(2)提醒被偷者

(3)悄悄报警或设法引起大家注意　　(4)装作没看见

(5)其他

13.假如在公共场所您看见陌生老人摔倒在地您会怎么做?(　　)

(1)立即上前扶起来,并送往医院

(2)先确定有人作证,再上前去扶

(3)立即拨打110或120,自己不会去扶起老人

(4)不提供帮助,又于心不忍,犹豫不决

(5)装作没看见,尽快离开　　(6)其他

14.假如您目击了一起团伙杀人案,当有罪犯落网时,您是否愿意出庭指证?(　　)

(1)只要需要,一定会　(2)不一定,在有其他证人的情况下才出庭

(3)想出庭,但担心被报复　(4)肯定不会出庭

15.您觉得自己在什么情况下会做出见义勇为的行为?(　　)

(1)只要生命安全不受威胁时　(2)在有经济报酬时

(3)无论什么时候都会　(4)无论什么时候都不会

(5)视心情而定

16.如果您发现您的朋友在公共场所被流氓殴打时您会(　　)

(1)挺身而出并报警　(2)先报警再静等警察的到来

(3)就当没看见,赶紧走人　(4)其他(请填写)

17.您认为人们不愿见义勇为的主要原因是什么?(　　)

(1)担心伤及自己　(2)不愿招惹麻烦

(3)对见义勇为后的保障存在顾虑　(4)其他(请填写)

18.对于完善见义勇为的社会保障,您更倾向于(　　)

(1)提高一次性补偿费用

(2)形成一个见义勇为后就业扶持、医疗保障等保障体制

(3)授予更多荣誉,增加报道力度

(4)其他(请填写)

19.俗话说,远亲不如近邻,你和你邻居的关系状况是(　　)

(1)关系紧张,有时争吵　(2)关系淡漠,互不往来

(3)关系一般,基本和气　(4)邻里团结,互相帮助

20.对于以下说法,您的态度是(请在选项相应的空格内打"√")

	① 非常 赞同	② 比较 赞同	③ 说不 清楚	④ 不太 赞同	⑤ 很不 赞同
(1)助人为快乐之本。					
(2)不要怕吃亏,吃亏是福。					
(3)善有善报,恶有恶报。					
(4)各人自扫门前雪,休管他人瓦上霜。					
(5)现在社会上见义勇为的人越来越少了。					
(6)维护良好的社会风气,主要是警察等公职人员的职责。					

续表

	① 非常 赞同	② 比较 赞同	③ 说不 清楚	④ 不太 赞同	⑤ 很不 赞同
(7)英雄流血又流泪的现象在当今社会是 常态。					
(8)人不为己,天诛地灭。					
(9)党员干部的道德水平对社会风气影响 很大。					
(10)我国公民文明素质和社会文明程度将 明显提高。					

21.请您对当前社会风气现状或提高社会文明程度的措施,写下一句最想说的话:

再次对您的支持与参与表示真诚的感谢!

附录二　当代大学生见义勇为观调查问卷

同学您好!

　　为了解当代大学生对见义勇为行为的认知、践行状况,我们进行这次抽样调查。问卷采取不记名方式,所有数据均用于统计研究。请按实际情况和真实想法回答问题,衷心感谢您对本次调查的大力支持!

杭州电子科技大学道德旁观现象调查课题组
2013 年 12 月

　　1.您的性别是(　　　)

　　(1)男　　(2)女

　　2.您的民族是_____族。(请填写)

　　3.您现在是(　　　)

　　(1)专科生　　(2)本科生　　(3)硕士研究生　　(4)博士研究生

　　4.您的年级是(　　　)

　　(1)一年级　　(2)毕业班　　(3)其他年级

　　5.您的专业所属学科门类是(　　　)

　　(1)人文社科类　　(2)理工农医类　　(3)财经政法类

　　(4)艺术体育军事类

　　6.您入学前的户籍在(　　　)

　　(1)城镇　　(2)农村

　　7.您是否属于家中的独生子女?(　　　)

　　(1)是　　(2)否

　　8.您认为您的家庭经济状况属于(　　　)

　　(1)贫困型　　(2)温饱型　　(3)小康型　　(4)富裕型　　(5)富豪型

　　9.您认为现在整体社会道德风气状况(　　　)

　　(1)很好,社会就像大家庭处处有爱

(2)较好,人际关系总体和谐

(3)一般,没特别冷漠也没特别温暖

(4)较差,很难让人有温暖感

(5)十分冷漠,毫无温暖可言

10.对那种不顾个人安危,舍身救人的英雄行为,您的态度是(　　)

(1)很高尚,自己也能做到

(2)敬佩英雄,但自己可能做不到

(3)这是喜欢出风头的行为,不值得提倡

(4)只有傻瓜才会选择做英雄,我瞧不起这类人

(5)说不清

11.如果您善于游泳的朋友,见一小孩落水后无动于衷,您对他的态度是(　　)

(1)理解他,朋友关系不会有任何变化

(2)认可并赞同他的做法,更加愿意与他做朋友

(3)从心底里鄙视他,淡化与他的朋友关系

(4)讨厌他,与他断交

12.当您在公交车上看见旁边站着老人、孕妇等人时,您会怎么做?(　　)

(1)毫不犹豫把座位让出

(2)看周围人的反应,若无人让座,就自己让座给他们

(3)视而不见,继续坐着

(4)看当时的心情决定

13.假如在公共场所您看见小偷行窃您会怎么做?(　　)

(1)立即上前阻止小偷的行为　(2)提醒被偷者

(3)悄悄报警或设法引起大家注意　(4)装作没看见

14.假如在公共场所您看见陌生老人摔倒在地您会怎么做?(　　)

(1)立即上前扶起来,并送往医院

(2)先确定有人作证,再上前去扶

(3)立即拨打110或120,自己不会去扶起老人

(4)不提供帮助,又于心不忍,犹豫不决

(5)装作没看见,尽快离开

15.假如您目击了一起团伙杀人案,当有罪犯落网时,您是否愿意出庭指证?(　　)

(1)只要需要,一定会

(2)不一定,在有其他证人的情况下才出庭

(3)想出庭,但担心被报复

(4)肯定不会出庭

16.您觉得自己在什么情况下会做出见义勇为的行为?(　　)

(1)只要生命安全不受威胁时　(2)在有经济报酬时

(3)无论什么时候都会　(4)无论什么时候都不会

(5)视心情而定

17.如果您发现您的同学在公共场所被流氓殴打时您会(　　)

(1)挺身而出并报警　(2)先报警再静等警察的到来

(3)就当没看见,赶紧走人　(4)其他(请填写)

18.您认为人们不愿见义勇为的主要原因是什么?(　　)

(1)担心伤及自己　(2)不愿招惹麻烦

(3)对见义勇为后的保障存在顾虑　(4)其他(请填写)

19.对于完善见义勇为的社会保障,您更倾向于(　　)

(1)提高一次性补偿费用

(2)形成一个见义勇为后就业扶持、医疗保障等保障体制

(3)授予更多荣誉,增加报道力度

(4)其他(请填写)

20.在您的成长过程中,您的父母更倾向于对您说下面哪一类的话语(　　)

(1)不要多管闲事,多一事不如少一事

(2)在坏人坏事面前要敢于揭发和斗争

(3)只要一心一意把学习搞上去,其他的事都不用操心

(4)遇到坏人坏事,要先选择报警,不要自己上前

(5)父母不对我讲这些人格养成的话,只管吃饭用钱

(6)其他(请填写)

21.对于以下说法,您的态度是(请在选项相应的空格内打"√")

	①非常赞同	②比较赞同	③说不清楚	④不太赞同	⑤很不赞同
(1)助人为快乐之本。					
(2)不要怕吃亏,吃亏是福。					
(3)善有善报,恶有恶报。					
(4)各人自扫门前雪,休管他人瓦上霜。					
(5)现在社会上见义勇为的人越来越少了。					

	① 非常 赞同	② 比较 赞同	③ 说不 清楚	④ 不太 赞同	⑤ 很不 赞同
(6)维护良好的社会风气,主要是警察等公职人员的职责。					
(7)英雄流血又流泪的现象在当今社会是常态。					
(8)大学生应成为良好社会风气的引领者。					
(9)人不为己,天诛地灭。					
(10)党员干部的道德水平对社会风气影响很大。					
(11)我国公民文明素质和社会文明程度将明显提高。					

22.请您对当前社会风气现状或提高社会文明程度的措施,写下一句最想说的话:

再次对您的支持与参与表示真诚的感谢!

图书在版编目（CIP）数据

旁观现象的理论探讨与实证研究 / 黄岩著. —杭州：
浙江大学出版社，2018.6
ISBN 978-7-308-18101-3

Ⅰ.①旁… Ⅱ.①黄… Ⅲ.①公民教育—社会公德教
育—研究—中国 Ⅳ.①D648.3

中国版本图书馆 CIP 数据核字（2018）第 060472 号

旁观现象的理论探讨与实证研究

黄 岩 著

责任编辑	钱济平	
责任校对	杨利军　严　莹	
封面设计	春天书装	
出版发行	浙江大学出版社	
	（杭州市天目山路 148 号　邮政编码 310007）	
	（网址:http://www.zjupress.com）	
排　　版	杭州中大图文设计有限公司	
印　　刷	虎彩印艺股份有限公司	
开　　本	710mm×1000mm　1/16	
印　　张	18.5	
字　　数	363 千	
版 印 次	2018 年 6 月第 1 版　2018 年 6 月第 1 次印刷	
书　　号	ISBN 978-7-308-18101-3	
定　　价	68.00 元	